在高维中探索时间旅行，
超弦理论统一十维宇宙，
物理学定律将在高维中得到简化！

　　超空间理论认为：我们的宇宙存在于四维时空以外的更高维度；它预言了超空间的精确维度是十维；它可以将所有已知的自然力统一起来；它可以计算时空曲率及打开虫洞所需的精确能量；它的高级表现形式为超弦理论。

　　人们总是不断追问，"我们从哪儿来？""我们现处何处？""我们将走向哪儿？"科学界普遍认为大爆炸是宇宙的起点，万物皆起源于大爆炸。科学证明，我们的宇宙现处于膨胀状态。我们的宇宙是无限膨胀下去直至温度接近绝对零度，还是膨胀到某个时刻开始逆向大坍缩直至整个宇宙焚灭？这取决于宇宙临界密度。

　　无论宇宙以何种趋势演化，似乎都难逃终极死亡的命运。人类或者任何智慧生命似乎都难逃终极死亡。超空间为我们提供了一种方式：掌握了超空间的技术，运用超空间的能量，我们可以打开"虫洞"、建造时间机器实现隧穿而免于死亡。

　　这是一场科学的革命，我们需要何种技术水平才能成为超空间的主人？爱因斯坦的广义相对论和质能方程告诉我们：物体的速度越快，时间越慢（放置其上的钟表走得越慢）；物体的速度越快，能量随之增长，故而质量也无限增大。因此，如试图让时间无限慢，甚至停止或逆向行走，就必须给物体无限大的速度，而这就需要无限大的能量。爱因斯坦受光速和能量的限制，终未解决这个难题。而超空间可以将这个问题简单化，超空间为时间机器的建造提供了可能性，这将是智慧生命在未来几个世纪甚至几千年将要实现的愿景。

　　《超空间》由理论物理学家加来道雄编写，他是弦理论创始人之一。他曾出版有多部著名畅销科普读物《平行宇宙》、《物理学的未来》、《心灵的未来》等。

科学可以这样看丛书

Hyperspace
超空间

科学家的冒险之旅：平行宇宙、时间弯曲、第十维度

〔美〕加来道雄（Michio Kaku）著
伍义生 译

探知四维之外的维度
科学革命：超空间理论预言十维宇宙
建造时间机器，成为超空间的主人

重庆出版集团 重庆出版社

HYPERSPACE: A SCIENTIFIC ODYSSEY THROUGH PARALLEL UNIVERSES, TIME WARPS, AND THE TENTH DIMENSION By MICHIO KAKU

Copyright © 1994 by Oxford University Press

"Cosmic Gall." From *Telephone Poles and Other Poems* by John Updike. Copyright © 1960 by John Updike. Reprinted by permission of Alfred A. Knopf, Inc. Originally appeared in *The New Yorker*.

Excerpt from "Fire and Ice." From *The Poetry of Robert Frost*, edited by Edward Connery Lathem. Copyright 1951 by Robert Frost. Copyright 1923, © 1969 by Henry Holt and Company, Inc. Reprinted by permission of Henry Holt and Company, Inc.

Simplified Chinese edition copyright: 2018 Chongqing Publishing House Co., Ltd.
All rights reserved.

版贸核渝字(2017)第 159 号

图书在版编目(CIP)数据

超空间 /(美)加来道雄著;伍义生译. —重庆:重庆出版社, 2018.6(2020.9 重印)
(科学可以这样看丛书 / 冯建华主编)
书名原文:Hyperspac
ISBN 978-7-229-13017-6

Ⅰ.①超… Ⅱ.①加… ②伍… Ⅲ.科学知识—普及读物 Ⅳ.①Z228

中国版本图书馆 CIP 数据核字(2018)第 019441 号

超空间

Hyperspace

〔美〕加来道雄(Michio Kaku) 著　伍义生 译

责任编辑:连　果
审　　校:冯建华
责任校对:何建云
封面设计:博引传媒·何华成

重庆出版集团　出版
重庆出版社

重庆市南岸区南滨路 162 号 1 幢　邮政编码:400061　http://www.cqph.com
重庆出版集团艺术设计有限公司制版
重庆市国丰印务有限责任公司印刷
重庆出版集团图书发行有限公司发行
E-MAIL:fxchu@cqph.com　邮购电话:023-61520646
全国新华书店经销

开本:710mm×1000mm　1/16　印张:21.5　字数:330 千
2018 年 6 月第 1 版　2020 年 9 月第 4 次印刷
ISBN 978-7-229-13017-6
定价:59.80 元

如有印装质量问题,请向本集团图书发行有限公司调换:023-61520678

版权所有　侵权必究

Advance Praise for Hyperspace
《超空间》一书的发行评语

加来道雄的这本充满奇幻和惊喜的书不能仅用当今的技术水平来审视。他精妙的科学构想让普通读者、科幻迷和物理爱好者兴奋不已。

——《出版周刊》(*Publishers Weekly*)

对超空间的描述只是一种夸张？大部分的人都认为我们陷于一个宇宙，而加来道雄自信地将我们带入了另一个维度——十维宇宙。用科学的方法探索宇宙为什么是平行的、多元的，以及虫洞存在的可能性。

——约翰·D.巴罗（John D. Barrow），
《万物理论》(*Theories of Everything*)一书作者

这是一本最棒的关于高等物理的通俗读物！

——吉姆·霍尔特(Jim Holt)，
《华尔街日报》(*Wall Street Journal*)

《超空间》文字优美，它将复杂的科学概念变得通俗易懂，易于大众理解。加来道雄推演的十维空间之旅让人陶醉。

——达纳·佐哈(Danah Zohar)，独立撰稿人

这是一次在时间旅行和高维理论中的冒险。

——《每日电讯》(*Daily Telegraph*)

加来道雄的作品涵盖了现代物理学中最复杂的领域……这与相关领域的其他书籍大不相同，加来道雄给人们带来了更贴近问题本质的体验。

——《福克斯杂志》(*Focus*)

本书的描述异常清晰，结构完整。作者对每个章节的论述都提供了丰富的实例。

——约翰·格里本(John Gribben)，
《新科学家》(*New Scientist*)

This book is dedicated to my parents

谨以此书献给我的父母

目录

1□前言
1□致谢

1□第一部分　进入第五维空间
　3□1　超越时空的世界
　28□2　数学家和神秘主义者
　51□3　看见四维的人
　75□4　光的秘密:四维中的振动

101□第二部分　统一在十维中
　103□5　量子异端
　125□6　爱因斯坦的复仇
　140□7　超弦
　164□8　来自第十维度的信号
　176□9　创世之前

199□第三部分　虫洞:通往另一个宇宙的关口?
　201□10　黑洞和平行宇宙
　215□11　建造时间机器

234□12 碰撞的宇宙

251□**第四部分　超空间的主人**
253□13 超越未来
279□14 宇宙的命运
290□15 结论

310□**注释**

前言

科学革命，顾名思义，就是向常识挑战。

如果我们此前所有对宇宙常识的认知都是正确的，那么，几千年前科学就解决了宇宙的秘密。科学的目的就是剥去事物外表，揭露内在本质。事实上，如果外表和本质完全相同，科学也就失去了存在的意义。

也许，我们根深蒂固地认为：世界是三维的。不言而喻，长度、宽度、高度，足以描述我们可见宇宙中的所有物体。对婴儿和动物的实验表明，我们固有的观念——世界是三维的——是与生俱来的。如果我们将时间作为另一个维度，那么，这四个维度足以记录宇宙中的所有事件。无论我们的仪器探测到哪儿，从原子深处到最远的星群，我们所发现的都是这四个维度的踪迹。公开否认这种看法，即可能存在其他维度或者我们的宇宙可能与其他宇宙共存，都会招来冷嘲热讽。对我们这个世界的根深蒂固的偏见认知，最早是由2 000年前的古希腊哲学家们推测而出。今天，它将屈服于科学的进步。

本书涉及一场科学革命，这场革命由"超空间理论"所引发[1]，超空间理论认为，有超越于人们普遍接受的四维时空以外的维度存在。世界范围内的物理学家，包括若干诺贝尔奖得主，越来越承认我们的宇宙可能确实存在于更高维的空间中。如果这个理论被证明是正确的，它将对我们理解宇宙产生深远的影响和哲学的革命。在科学术语上，超空间理论被称为卡鲁扎-克莱因（Kaluza-Klein）理论和超引力理论。但它最高级的表述形式是——超弦理论。这一理论甚至预言了超空间的精确维度：十维。通常的四维空间（长、宽、高、时间）的认知，现在被6个更加宽广的维度所扩充。

我们提醒大家，超空间理论还没有得到实验证实。事实上，在实验室证实这个理论会异常困难。然而，这个理论已经席卷了世界上的大多数物理研究实验室，已经不可逆转地改变了现代物理学的科学绘景。在科学文献中产生了数量惊人的与此相关的研究论文。然而，几乎没有人为外行的读者著书解释高维空间的迷人性质。因此，如果确实有这场革命的话，公众也只是模糊地意识到。事实上，在大众文化中肤浅地介绍其他维度和平行宇宙往往会对读者带来误导。这是令人遗憾的，因为理论的重要性在于它能在一个惊人的简单框架中统一所有已知的物理现象。本书首次在科学上就有关超空间的引人入胜的现行研究作了可信易懂的描述。

为解释为什么超空间理论在理论物理界产生了巨大的骚动，我设立了四个基本主题，像一根主线贯穿全书。这四个主题将该书分成四个部分。

在第一部分，我强调的主题是：自然法则在高维空间中表达时将更加简单而优雅，并由此展开了超空间的早期历史。

为了理解为何添加更高的维度可以简化物理问题，可以考虑下面的例子：对古埃及人来说，天气变化是个谜。是什么引起季节的更替？为什么他们向南旅行时，天气会变得暖和？为什么风通常吹向一个方向？受到地势的限制，古埃及人无法解释天气问题。他们认为地球似乎是扁平的，就像二维平面。但是，现在假想我们用火箭将古埃及人送到外层空间，在那里，他们可以看到简单而完整的地球正在它的轨道上环绕太阳转动。刹那间，这些问题迎刃而解。

从外层空间看地球，可以清楚地看到地球的轴偏离竖直方向约23度（"竖直方向"是指地球环绕太阳的轨道平面的垂直方向）。因为有了这种偏离，地球北半球在它的部分轨道上所接收到的太阳光会低于另一部分轨道上接收到的太阳光。因此，地球有了冬天和夏天。又因为赤道比北极和南极地区接收的阳光多，所以当我们接近赤道时气候会变得暖和。同理，由于地球相对于站在北极的人作逆时针自转，因此，寒冷的极地空气朝着赤道方向向南移动时会突然转向。这个由地球自转运动引起的热空气团和冷空气团的运动有助于解释为什么风通常吹向一个方向，而风的方向取决于你在地球上所站的位置。

概括地说，一旦我们从太空眺望地球，原本模糊的天气规律就变得易于理解了。因此，解决问题的办法就是进入太空，进入第三维度。当你在太空眺望三维地球时，在扁平世界难以理解的事情就突然变得易于理解了。

同样，万有引力定律和光的定律似乎完全不同。它们服从不同的物理假设和不同的数学规律。人们试图将它们拼接起来总是归于失败。但是，如果我们在先前的四维（三维空间加一维时间）中增加一维，即第五维。那么，控制光和引力的方程就像两块拼图一样融合起来。光事实上可以被理解为第五维度中的振动。以这种方式，我们发现光的规律和引力的规律在第五维度中变得简单。

因此，许多物理学家现在相信，传统的四维理论"太小"而不能充分地阐明描述宇宙中的那些力。在四维理论中，物理学家用笨拙的不自然的方式将这些自然力挤压在一起。此外，这种混合杂配理论是不正确的。在超出四维之外，我们有了足够的空间以优雅的自我一致的方式来解释基本力。

在第二部分，我强调超空间理论可以将所有已知的自然力统一到一个理论中，并详尽阐述了这一简单思想。因此，超空间理论可能是 2 000 年来科学研究的最高成就：所有已知物理力的统一。它可以赠予我们"万物理论"这个物理学的圣杯，爱因斯坦为此曾追求了几十年。

在过去半个世纪，科学家们一直困惑为什么宇宙的四种力——宇宙引力、电磁力、强核力、弱核力——存在巨大的差别。20 世纪伟大的思想家们所进行的将所有已知力统一起来的尝试均以失败告终。然而，超空间理论给出了解决这个问题的可能性，它以一种优雅的方式解释四种自然力，并同时解释了看似随机的亚原子粒子的组合。在超空间理论中，"物质"也被看作是整个空间和时间织物的振动。因而可以得出一种迷人的可能性，即我们所看到的周围的一切，从树木、山脉到星星本身，不过是超空间中的振动。如果这是真的，那么它给了我们一种漂亮而简单的几何方法，对整个宇宙提供了一种条理清晰、令人信服的描述。

在第三部分，我们探讨了在极端情况下，空间可以被拉伸乃至被撕裂的可能性。换句话说，超空间可以提供一种穿越时空的手段。虽然我们强调这在目前尚处于猜测阶段，但物理学家们正在认真地分析"虫洞"的性质。"虫洞"是连接互相远离的各部分时空的隧道。例如，加利福尼亚理工学院的物理学家已认真地提出了建造时间机器的可能性，它由连接过去和未来的虫洞构成。时间机器现在已不再是猜测和幻想，而成为了科学研究的合法领域。

宇宙学家甚至提出了一种惊人的可能性——我们的宇宙只是无数个平行宇宙中的一个。这些宇宙可以被比作悬浮在空气中的肥皂泡的巨大集合。通常情况下，这些气泡宇宙之间并不会相互接触。但是，通过分析爱因斯坦的方程，宇宙学家已经证明可能存在虫洞或管的网络连接这些平行宇宙。在每个肥皂泡上，我们可以定义我们特有的空间和时间。空间和时间只在气泡的表面有意义；在这些气泡以外，空间和时间毫无意义。

尽管这个讨论的诸多结果尚处于纯理论阶段，但超空间旅行有可能为我们提供最实际的应用：拯救包括我们在内的智慧生命免于宇宙的死亡。科学家们普遍认为，宇宙及随它演化了几十亿年的所有生命终将死亡。例如，根据时下流行的大爆炸（Big Bang）理论，150 亿年至 200 亿年前发生的大爆炸造成了宇宙膨胀，被抛出的恒星和星系以巨大的速度远离我们。然而，如果宇宙在某一天停止扩张，开始收缩，它将最终毁灭于一场叫做大坍缩（Big Crunch）的火灾。宇宙中的所有智慧生命将被巨大的热量蒸发。然而，一些物理学家已经推测，超空间理论可能为智慧生命提供一种逃亡的希望，也是唯一的希望。我们在宇宙死亡的最后几秒，智慧生命可以通过躲进超空间而逃脱这场大坍缩给我们带来的灾难。

在第四部分，我们对一个最终具有实用性的问题作了推断：如果理论证明超空间是正确的，那么我们什么时候才能驾驭超空间这股力量？这不仅是一个学术问题。因为在过去，仅仅掌握了四种基本力中的一种就不可逆转地改变了人类历史的进程，使我们摆脱了古代的无知和肮脏，从工业社会走到现代文明。在某种意义上说，人类如果渐次掌握了这四种基本力，我们就能用新的眼光看到人类历史的巨大胜利。随着这些力被逐个发现并掌握，文明史将逐次经历着意义深远的变化。

例如，当艾萨克·牛顿写下经典的引力定律时，他发展了力学理论。这给了我们控制机器的定律，反过来又大大加快了工业革命。工业革命引发了各种政治力量，并最终推翻了欧洲的封建王朝。在 19 世纪 60 年代中期，詹姆斯·克拉克·麦克斯韦（James Clerk Maxwell）写下了电磁力的基本定律，他开创了电气时代。它给了我们发电机、收音机、电视、雷达、家用电器、电话、微波、消费电器、电子计算机、激光和许多其他的电子奇迹。不懂和不会利用电磁力，文明就会停滞并冻结在电灯和马达发现之前的时代。在 20 世纪 40 年代中期，当核力被利用时，随着该星球上最具破坏性的武器原子弹和氢弹的成功研制，世界又一次被颠倒过来。因为我们还未能认识主宰宇宙的全部自然力，所以人们可以猜想——谁（某个文明）掌握了超空间理论，谁就能成为宇宙的主人。

由于超空间理论是界定明晰的数学方程，我们可以计算时空弯曲成圆号（或称法国号）或创造出连接宇宙遥远的地方的虫洞所需的精确能量。不幸的是，计算结果令人失望，需求的能量远远超过我们星球所能利用的所有能量。事实上，这个能量是我们最大的原子加速器能量的一万亿倍。我们必须等待几个世纪甚至几千年，直到我们的文明发展到能掌握时空的能力，或者是联系上已掌握了超空间的先进文明。因此这本书的结尾探索了一个有趣的、具有猜测性的科学问题：我们需要什么技术水平才能成为超空间的主人。

因为超空间理论远超出了通常概念下我们对时空（时间和空间）的认知，所以我在书中穿插了几个纯粹假想的故事以帮助大家理解。我使用这种教学技巧是受到了诺贝尔奖得主伊西多尔·拉比（Isidore I. Rabi）与他的物理学听众讨论问题的启发。拉比感叹美国科学教育的糟糕状态，斥责物理学界忽略为公众特别是为青年普及科学进展的事实。实际上，他告诫道：科幻作家比所有的物理学家做了更多的科学普及工作。

我在此前出版的《超越爱因斯坦：探索宇宙理论》（合著者詹尼弗·特雷纳）一书中，研究了描述亚原子粒子性质的超弦理论。并详细讨论了"可见宇宙"，以及物质的复杂性如何用微小的振动弦来解释。在这本书中，我扩展了一个不同的主题——探索"不可见宇宙"，即几何和时空的世界。这本书的重点并非讲述亚原子粒子的性质，而是它们可能生活的高维世界。在阅读本书的过程中，读者会看到更高维度空间并非夸克发挥它们永恒作用的空洞的、被动的舞台，高维空间实际上已成为大自然这出戏中的主角。

在讨论超空间理论的迷人的历史中，我们将会看到，由 2 000 年前古希腊人开启的对物质终极本质的探索是一部漫长而曲折的历史。当未来的科学史学家书写这段漫长历史的最后一篇时，他们很可能会记录下：决定性的突破是三维或四维常识理论的失败以及超空间理论的胜利。

加来道雄
1993 年 3 月于纽约

致谢

在撰写这本书的过程中,我幸运地邀请到杰夫瑞·罗宾斯(Jeffrey Robbins)担任本书的编辑。我之前出版的三本理论物理教科书也是罗宾斯担任的编辑工作,他悉心的指导为图书的出版提供了帮助。它们分别与统一场论、超弦理论、量子场论有关。这本书是我的第一本针对普通读者而创作的科普书,专为大众读者而著。可以和罗宾斯一起紧密合作,我感到万分荣幸。

我要感谢詹尼弗·特雷纳(Jennifer Trainer),她是我前两本书的合著者。她再次应用了她的写作技巧使我的文章尽可能流利和连贯。

我还要感谢帮助过我的其他人,他们对本书的初稿提出了宝贵的意见:伯特·所罗门(Burt Solomon)、莱斯利·梅瑞狄斯(Leslie Meredith),尤金·梅拉乌(Eugene Mallove),和我的经纪人斯图尔特·克里切夫斯基(Stuart Krichevsky)。

最后,我要感谢普林斯顿高等研究院,感谢它的"好客"。本书的大部分内容撰写于此。爱因斯坦曾在这个研究院度过了他生命的最后几十年。这是一个适合科学革命发展的地方,在这个地方,它的开创性工作得到了扩展和美化。

Part I

Entering the Fifth Dimension

第一部分

进入第五维空间

1 超越时空的世界

> 我想知道上帝如何创造这个世界，我对这种或那种现象不感兴趣。我想知道"他"的思想，其他都是细节。
>
> ——阿尔伯特·爱因斯坦

一个物理学家的教育

童年时的两次偶然事件极大地丰富了我对世界的理解，并引领我走上成为理论物理学家的道路。

我记得父母有时会带我参观三藩市著名的日本茶园。我当初最幸福的记忆是，蹲在池塘边沉迷于荷花下缓慢游动的鲜艳的鲤鱼。

在这些安静的时刻，我自由地让我的想象漫游。我会问自己傻傻的只有孩子才会问的问题，如池塘的鲤鱼会如何看它周围的世界。我想，它们的世界一定奇妙无比！

鲤鱼一生都生活在这浅水池塘中，它们相信它们的"宇宙"是由浑水和荷花构成的。它们绝大部分时间在池塘的底部觅食，它们会模糊地意识到，在水面之上可能存在一个陌生的世界。我们所处世界的性质超出了它们的理解范围。有趣的是，我坐的地方距鲤鱼仅有英寸远的距离，但我与它们却似乎相距甚远。鲤鱼和我生活在两个不同的宇宙，但我们并不会侵犯到彼此的世界，两个不同的宇宙仅被水的表面这个最薄的屏障分开。

我曾经想象过，可能鲤鱼中也有鲤鱼"科学家"。我想，它们会嘲笑提出在荷花之上存在一个平行世界的任何一条鱼。对一位鲤鱼"科学家"

来说，唯一真实的东西是鱼能够看到或触摸到的东西。这个池塘就是一切。超出这个池塘的看不见的世界是没有科学意义的。

有一次下暴雨，成千上万的小雨滴落到池塘的水面上。池塘水面被雨水扰乱了，荷花被水波推得四面摇晃。我躲避着风雨，心里想着，这一切对鲤鱼来说会是什么样子。对它们来说，荷花似乎是自己在移动，没有任何东西推它。因为它们生活在水中（如同我们周围的空气和空间），而看不见水外的世界。它们会为荷花可以自己晃动而感到困惑。

我曾想，它们的"科学家"也许会编造一个巧妙的叫做"力"的发明来掩饰它们的无知。它们无法理解在看不见的水的表面存在波，它们会得出这样的结论——荷花之所以能在不被触摸的状况下运动，是因为存在一种看不见的神秘的力作用在它的身上。它们可能会给这个幻觉一个令人印象深刻的，崇高的名称（如超距作用，或荷花有不受接触就能移动的能力）。

我继续假想，如果我将手伸到水里，从池塘里捞出一条鲤鱼"科学家"会发生什么？在将它放回水里之前，在我检查它时它会剧烈地扭动。我想，其他鲤鱼会如何看待此事。对它们来说，这将是一个真正令其不安的事件。它们首先会注意到它们的一位"科学家"从它们的宇宙消失了，且没有留下任何痕迹。它们在自己的世界中四处寻找，却了无音讯。然后，几秒钟后，我将它放回到池塘中，"科学家"又突然从它们的世界中冒了出来。对其他鲤鱼来说，这真是一个奇迹。

这个鲤鱼"科学家"惊魂稍定，给鲤鱼们讲述了一个令人吃惊的故事。它说，"没有任何预告，不知怎么我就被举出了宇宙（池塘），被抛到一个神秘的虚空世界，看见了从未见过的炫目的灯和奇形怪状的物体。最奇怪的是抓住我的那个动物一点也不像鱼。我震惊地发现它没有鳍，更神奇的是，它没有鳍也能运动。我吃惊地发现我们熟悉的自然规律在这个幽冥世界不再适用。然后，我突然发现自己又被扔回到我们的宇宙中。"（当然，这个超越宇宙之旅是荒诞的，大多数鲤鱼会将这个"科学家"的言论当作胡话。）

我常想，我们与那些心满意足地生活在池塘中的鲤鱼也许没什么区别。我们生活在自己的"池塘"中，相信我们的宇宙只有那些我们可以看到或触摸到的东西。像鲤鱼一样，我们的宇宙仅由熟悉的和人类可见的事物组成。我们自以为是地拒绝承认在我们生活的宇宙周围存在我们尚不能

4

第一部分　进入第五维空间

掌握和认知的平行宇宙或多维空间。我们的科学家发明了像力这样的概念，也许只是因为他们无法想象我们周围的空虚空间的无形的振动。一些科学家甚至嘲笑高维世界的说法，是因为他们不能在实验室中便利地验证它。

从那时起，我就一直对存在高维世界的可能感到痴迷。像大多数孩子一样，我如饥似渴地阅读这一类型的冒险故事。这些故事中的时间旅行者进入其他维度探索不可见的、常规物理定律不再适用的平行宇宙。我越来越想知道，那些漫游于百慕大三角的船只是否神秘地消失在太空的一个洞中；我惊叹于艾萨克·阿西莫夫的"基地"系列科幻小说，书中对超空间旅行的发现导致了一个银河帝国的崛起。

我童年的第二个事件也深深地、持久地影响着我。当我8岁时，我听到一个故事，此后，这个故事一直留在了我的脑海。我记得我的老师给我们讲述了一个已故的伟大科学家的故事。老师对他非常崇敬，称他为历史上最伟大的科学家之一。老师说很少有人能理解他的想法，但他的发现改变了整个世界和我们周围的一切。我当时并不清楚老师希望通过这个故事给我们传达什么，但我对这个故事中的科学家产生了极大兴趣。他在去世前也未能完成自己的伟大发现。老师说这个科学家花费了若干年的时间在这个理论研究上，直到他去世时，他的桌子上仍放着未完成的文章。我对此产生了极大的好奇。

我被这个故事迷住了。在孩子的眼中，这是一个伟大的秘密——他的未完成的工作是什么？在他书桌上的这篇文章写的是什么？什么问题如此困难以至这样伟大的科学家用毕生的精力追求？我小心翼翼地决定学习有关阿尔伯特·爱因斯坦（Albert Einstein）的一切以及他那未完成的理论。我记得，我花了很多的时间安静地阅读我能找到的关于这个伟人和他的理论的每一本书。当我读完我们当地图书馆中所有与他有关的书籍后，我开始搜寻整个城市的图书馆和书店，急切地希望寻找更多的与他相关的线索。我很快了解到，这个故事远比精彩的谋杀案的秘密更刺激，甚至比我们能想象到的任何事情都重要。我决定要对这一秘密刨根问底，即便是为此必须成为一名理论物理学家也在所不辞。

我很快得知，爱因斯坦桌上未完成的文章就是他试图构造的所谓的统一场论。这是一个可以解释一切自然规律的理论，从最小的原子到浩瀚的星系。然而，作为一个孩子，我不能理解畅游在茶园池塘里的鲤鱼与爱因斯坦桌上未完成的文章也许存在的关联。我更不可能理解只有高维空间才是解决统一场论的关键。

后来，在高中阶段，我读遍了本地大部分图书馆中这方面的书籍，并常常造访斯坦福大学的物理图书馆。在那里，我偶然发现了一个事实，爱因斯坦的工作使一种新的被称为反物质的物质具有存在的可能性。反物质的作用与普通物质相似，反物质与物质相接触，自身就会消失并产生能量爆发。我知道当时的科学家已建造了大型机器（或称为"原子加速器"），这种机器能在实验室中产生微量的这种奇特物质——反物质。

年轻的优点是对世俗的约束无所畏惧，而这些约束通常对大多数成年人来说是不可逾越的。我开始建立自己的原子加速器，却丝毫没有考虑其间可能会经历的困难和障碍。我不停地研究科学文献，直到相信自己拥有建立一个电子感应加速器的能力。这种加速器可以将电子激发到数百万电子伏特（100万电子伏特是指电子被100万伏电场加速所获得的能量）。

首先，我购买了少量的钠22，它是一种能自然地放射正电子（电子的反物质对应）的放射性物质。然后，我建造了一个云室，使亚原子粒子留下的轨迹可见。我拍摄了成百上千张反物质留下的痕迹的精美照片。接下来，我在周围地区清理了一个大型电子仓库以组装必要的硬件，包括几百磅废旧变压器钢。在我的车库，我将组装230万伏的电子感应加速器，它强大到足以产生反电子束。为建造电子感应加速器所需的强大磁力，我说服了我的父母，让他们帮助我在我读高中的那个学校的足球场中缠绕了22英里（35公里）长的铜线。我将整个圣诞假日都花费在了这条50码（46米）长的线路上，以便缠绕和安装笨重而巨大的线圈，这种线圈可以使高能电子的运动路径发生弯曲。

最后建成的300磅（136公斤）重，6 000瓦的电子感应加速器耗尽了我的房子所有的每一盎司能量。当我打开它时，通常会烧断每根保险丝，房子变得漆黑一团。随着房子周期性地陷入黑暗，我的母亲常常摇头（我想，她可能困惑于她的孩子为何不去打棒球或篮球，而一定要在车库里建造这些巨大的电气设备？）。我庆幸的是，这台机器成功地产生了比地球磁场强20 000倍的为加速电子束所需的磁场。

直面第五维度

由于家境并不宽裕，我的父母担心我不能继续我的试验和我的教育。幸运的是，我赢得的各种科学项目的奖励引起了原子科学家爱德华·泰勒（Edward Teller）的注意。他的妻子慷慨地为我作了安排，让我收到了一份为期4年的哈佛大学的奖学金，允许我在那里可以实现自己的梦想。

具有讽刺意味的是，尽管在哈佛我开始了自己在理论物理学方面的正规教育，但也正是在这里，我对高维度的兴趣逐渐熄灭。像其他物理学家一样，我开始严格而彻底地分别学习自然界中每一种力所对应的高等数学的表达形式。这些自然力彼此之间是完全孤立的。我记得，曾经为我的导师解电动力学的一个问题，然后我问他，如果空间在高维中是弯曲的，这个问题的解将会是什么。他用一种奇怪的眼光看着我，好像我是个精神失常的疯子。像比我先来的人一样，我很快学会了放下孩提时关于高维空间的幼稚观念。我被告知，超空间理论不是严肃学习的合适对象。

我对这种脱节的研究物理的方法感到不满，我的思绪常常会飘回到生活在茶园池塘里的鲤鱼身上。虽然我们常用的电学和磁学的方程式在19世纪就被麦克斯韦发现且一直被完美地应用，但这些方程式似乎也是武断的。我认为物理学家像鲤鱼一样发明了这些"力"来掩盖我们对物体互不接触而能移动的无知。

我在研究中了解到，19世纪有一场大争论——光是如何在真空中传播的（事实上，从恒星发出的光可以通过外部空无一物的空间毫不费力地传播好几万亿英里）。实验也毫无疑问地证明了光是一种波。如果光是一种波，那就需要一些使它发生"波动"的介质。声波需要空气，水波需要水，但真空中没有东西可以使光波动。于是，我们设立了一个悖论。如果没有使光波动的介质，光如何成为波呢？所以，物理学家创造出了一种称为以太的物质，以填补真空中光的介质。然而，实验结果却无可辩驳地证明了"以太"并不存在。（奇怪的是，直到今天，物理学家对这一难题仍没有作出正确回答。但几十年来，我们却对这样的思想习以为常：即使不存在介质，光也能在真空中以波的形式传播）

后来，我成为伯克利加州大学物理系研究生。我十分偶然地发现了一个替代理论。尽管这个理论存在争议，但它能解释光为何可以通过真空旅行。这一理论是如此古怪，当我偶然发现它时十分震惊。这种震惊与美国人乍闻肯尼迪总统被枪杀的感觉颇为相似。他们能永久记住听到这个惊闻消息的那一刻，自己正在干什么，正在和谁说话。我们物理学家在第一次邂逅卡鲁扎-克莱因理论时也受到了极大震动。因为这个理论被认为是一种疯狂的推测，因而从不在研究生课程上讲述。于是，年轻的物理学家只能在有关读物中偶然地去发现它。

这个替代理论给光作了最简单的解释：它实际上是一个五维（或如神秘主义者通常所说的那个第四维度）的振动。如果光可以穿过真空，这是因为真空本身是振动的，因为"真空"实际存在于四个维度的空间和一个维度的时间之中。通过添加第五维度，引力和光就能以惊人的简单的方式统一起来。回顾我童年的茶园经历，我突然意识到这正是我一直在寻找的数学理论。

然而，老的卡鲁扎-克莱因理论存在许多困难的技术问题，这使它在面世半个世纪以来一直被束之高阁。但是，过去10年中所有这一切都发生了改变。基于这一基础理论的更高级的翻版理论，如超引力理论，特别是超弦理论，已最终消除了该理论的不自洽性。突然间，高维理论的研究在全世界的研究实验室中被检验并倡导。现在世界上许多顶尖物理学家相信，在普通的思维时空之外，存在更高的维数。这个想法，实际上已成为了激烈的科学研究的焦点。事实上，许多理论物理学家现在认为，更高的维度可能是创造一个统一自然规律的全面理论——超空间理论——的决定性步骤。

如果超空间理论被证明是正确的，那么未来的科学史家可能会记录下：在20世纪的科学中实现了一个伟大的概念革命，超空间理论可能是解开自然最深处的秘密与"创世"的钥匙。

这个开创性的概念已引发了科学研究的雪崩：全世界的重要的实验室写下几千篇文章致力于探索超空间的性质。《核物理》和《物理快报》两大领先科学杂志都发表了大量文章分析这个理论。200多个国际物理会议已资助探索高维空间的研究。

不幸的是，我们还远远不能用实验验证宇宙存在于更高维度。（需要什么才能证明该理论的正确性，以及可能的开发超空间能力的问题，将在本书后部分讨论。）然而，这一理论现已成为现代理论物理学的一个合法分支并牢固地确立起来。例如，爱因斯坦度过他生命最后几十年的普林斯顿高等研究院（本书的写作地），现在正是高维时空研究的活跃中心之一。

史蒂文·温伯格（Steven Weinberg），1979年获得诺贝尔物理学奖。他最近总结这个概念革命时评论说，理论物理似乎越来越变得像科幻小说。

为什么我们不能看到更高的维度？

这些革命性的思想初看起来似乎很奇怪，因为我们理所当然地认为我们生活在三维世界之中。已故物理学家海因茨·帕格尔斯（Heinz Pagels）指出，"我们的物理世界的一个特征是如此之明显，以至于大多数人从未怀疑过空间是三维的这一事实"。几乎是出于本能，我们知道任何物体都可以通过给出它的高度、宽度和深度来描述。通过给出三个数字可以找到空间中的任何位置。如果我们想约某人在纽约吃午饭，我们说，"在四十二街和第一大道拐角处的大楼24层见。"头两个数字为我们提供了街道的角落，第三个数字则描述了约会地离地面的高度。

飞机上的飞行员也能用三个数字来确定他们的准确位置——高度和地图上确定其位置的两个坐标。事实上，指定这三个数字可以确定世界上的任何位置，从鼻尖到可见宇宙的末端。即使幼儿也明白这个道理：对幼儿的测试表明，他们如果爬到一个悬崖的边缘，会在边缘处望一望，再爬回来。幼儿除了本能地理解"左"、"右"、"向前"、"向后"外，他也能本能地理解"上"、"下"。因此，直观的三维概念从童年时代就扎根于我们的脑海。

爱因斯坦将这个概念作了扩展，将时间作为第四维度包括了进来。例如，为了与某人共进午餐，我们必须指定时间。比如，下午12：30在曼哈顿见面。即规定了一个事件，我们还需要描述它的第四个维度——事件发生的时间。

今天的科学家有兴趣超越爱因斯坦的四个维度的概念。当前科学兴趣集中在第五维度（在一维时间和三维空间之外的那个维度）和更高维度。（为了避免混乱，贯穿本书，我按照习俗称第四维为超过长度、宽度和高度的空间维度。物理学家们实际上称此为第五维度，但我遵循历史先例。

Hyperspace

我们称时间为第四时间维度。)

我们如何看见第四个空间维度（即第五维度）？

问题是我们无法看见。高维空间是不能用人类的眼睛观察到的。因此，即使尝试也是徒劳。德国著名物理学家赫尔曼·冯·亥姆霍兹（Hermann von Helmholtz）将不能"看见"第四维与盲人无法构想颜色的概念相比较。不管我们如何滔滔不绝地向盲人描述"红色"的特征，但任何语言都不能确切地将颜色含义告知盲人。即使是在超空间领域工作多年的有经验的数学家和理论物理学家也会承认他们无法将其可视化。相反，他们只能返回到数学方程的世界。尽管数学家、物理学家、计算机专家在解多维空间的方程时并没有什么困难，但人类却不可能想象可视化超出他们自己的宇宙。

充其量，我们可以使用上世纪末本世纪初数学家兼神秘主义者查尔斯·辛顿（Charles Hinton）设计的各种数学技巧，可视化高维物体的投影。其他数学家，如布朗大学的数学系主任托马斯·班科夫（Thomas Banchoff）也写出了一个计算机程序，他能将高维物体的投影投射到二维的计算机屏幕上，使我们能操纵它。就像古希腊哲学家柏拉图说的那样，如同洞穴居民抱怨只能看到洞外丰富生活的暗淡的灰色的阴影，班科夫的计算机也只允许我们看到高维物体的投影。（事实上，由于进化的原因，我们不可能可视化更高的维度。我们的大脑已经进化为可以处理三维中的无数的紧急事件。我们可以通过及时地不停地思考对扑面而来的狮子或恶意进攻的大象作出反应。一个人如果能更好地可视化物体在三个维度中如何移动、旋转和扭曲，相比于那些不能可视化这些运动的人就具有了明显的生存优势。遗憾的是，从进化的角度，人类并无必要去掌握四维空间中的运动。能够看到四维空间无助于人们抵御杀气腾腾的剑齿虎。狮子和老虎不会通过第四维度袭击我们。）

超空间 自然法则在更高维度上更简单

彼得·弗罗因德（Peter Freund）是芝加哥大学著名的恩里科费米学院的一位理论物理学教授，他喜欢用有关高维宇宙的性质来愉悦观众。弗罗因德是一位超空间理论的早期开拓者，那个时候主流物理学认为超空间是一种奇谈怪论。多年来，弗罗因德和一小组科学家孤立地研究高维科学。但现在，它终于成为时尚的和合法的科学研究分支。使他高兴的是，他发现他的早期努力终于得到了回报。

弗罗因德不是那种狭隘的、顽固的、凌乱的、传统的科学家形象。相反，他彬彬有礼、善于表达、有教养，并具有狡猾的、顽皮的笑容。他常常将快速突破的科学发现以迷人的故事形式讲述给普通听众。他能轻松自如地在黑板上书写密密麻麻的杂乱的方程式或在鸡尾酒会上轻松地开玩笑。他说话带着浓郁的罗马尼亚口音。弗罗因德有一种罕见的本领，他总能以一种生动的迷人的风格解释最神秘的复杂的物理概念。

弗罗因德提醒我们，传统上的科学家是以怀疑的态度看待高维的，因为它们不能被测量，也没有任何特别的用途。然而，今天越来越多的科学家认识到，任何一种三维理论都"太小了"，三维理论无法描述支配我们宇宙的力。

正如弗罗因德强调的，在物理学过去10年间贯穿的一个主题是：自然法则在高维中变得越来越简单，越来越优雅，高维是它们的天然的家。光和引力的规律在高维时空中表达时找到了一个天然的表达式。统一自然规律的关键一步是增加时空的维数，增加到可以容纳更多的力。在更高的维度我们有足够的"空间"来统一所有已知的物理力。

弗罗因德在解释为什么高维度激发了科学世界的想象时使用了以下比喻："思考一下猎豹这个溜光的、美丽的在地球上跑得最快的动物，它自由漫步在非洲的大草原上。在它的自然栖息地，它是一个瑰丽的动物，几乎是一件艺术品，它的奔跑速度和奔跑动作的优雅简直无与伦比。现在，"他继续说道，

"想象一只被捕获并被扔进动物园笼子里的悲惨的猎豹。它失去了原来的优雅和美丽，被迫表演以取悦人们。我们看到的是笼中猎豹的消沉的意志，而看不到它原有的威力和优雅。我们可以将猎豹比作物理规律，它在自然环境中是美丽的。物理规律的自然栖息地是高维时空。然而，只有在它们支离破碎地摆放在笼子里时才能被测量，这个笼子就是我们的三维实验室。我们只有在猎豹的优雅和美丽被剥夺之后才能看到它。"

Hyperspace

几十年来，物理学家一直在思考为什么自然界的四种力看起来如此支离破碎，为什么"猎豹"在它的笼子里看起来如此可怜和消沉。弗罗因德说，这四种力看起来大不相同的根本原因是我们一直在观察"笼中的猎豹"，我们的三维实验室是物理定律的毫无生机的动物园的笼子。但是，当我们在它们的自然栖息地高维时空中制定定律时，我们才能看到它们真正的辉煌和力量。在那里，定律变得简单而强大。现在席卷物理的革命是认识到超空间也许是猎豹的天然家园。

为说明为何添加更高的维度可以使事情变得更简单，试想古罗马人是怎样打那些重大战役的。罗马战争包含很多较小的战场，战争双方都收到来自不同方向的谣言和误传，将战事弄得混乱不堪。由于战斗在几个前沿地带猛烈地进行，罗马将领经常是盲目指挥。罗马人通常是因为野蛮力量而取得胜利，并非优雅的战略。这就是为什么战争的首要原则之一是占领高地——上到第三维度审视二维战场。从一个大山的有利位置观察全景战场，战争的混乱程度骤然降低。换句话说，从第三维度看（即从山顶看），众多较小的混乱战场将集成一个连贯的单一画面。

这个原理——自然规律在高维中表达将变得更简单——的另一个应用，是爱因斯坦狭义相对论背后的中心思想。爱因斯坦揭示了时间是第四维，他表明了空间和时间可以方便地在四维中统一起来。这反过来又不可避免地导致用空间和时间测量的所有物理量（如质量和能量）的统一。他还找到了质量和能量统一的精确的数学表达式：$E = mc^2$。也许，这是所有科学方程中最著名的质能公式。（高维理论绝不仅是一个学术理论，因为爱因斯坦理论最简单的结果是原子弹，它改变了人类的命运。在这个意义上，高维理论的引进是人类历史上最关键的科学发现。）

为了欣赏这种统一的巨大力量，现在我们来描述这四种基本力。强调它们如何不同，如何在高维中给出这四种力的统一表述。在过去 2 000 年间，科学家们发现宇宙中的所有现象可以化归为四种力，它们从一开始就彼此互不相似。

电磁力

电磁力以多种形式存在，包括电、磁和光本身。电磁力照亮了我们的城市，可使收音机和音响播出的音乐填满整个空间，可让我们看电视，可用电器减轻家务劳动，可用微波炉加热我们的食物，可用雷达跟踪飞机和空间探测器，可使我们的发电厂电气化。最近，电磁力已被用于电子计算机（这使办公室、家庭、学校、军队大为改观）和激光（这对于通信、外科手术、光盘、五角大楼高级武器系统，甚至杂货店的收银台都具有重大意义）。在某种意义上，整个地球超过半数的国民生产总值（它代表着人类积累的财富）都依赖于电磁力。

强核力

　　强核力为恒星燃烧提供能量。它使群星闪耀，创造出灿烂的、给予生命的阳光。如果这个强大的力量突然消失，太阳会变暗，地球上的所有生命将终结。事实上，一些科学家认为恐龙是在 6 500 万年前灭绝的，那时彗星撞击的碎片进入了地球的大气层，让大地昏暗，整个行星的温度暴跌。具有讽刺意味的是，强核力也可以在一天之内收回它曾经赠与的那些生命。如果不限制氢弹爆炸，强核力将有可能在一天之内结束地球上的所有生命。

弱核力

　　弱核力支配某些形式的放射性衰变。因为放射性物质在衰变或破裂时会放出热量，弱核力有助于加热地球内部深层的放射性岩石。这个热量反过来又驱动火山，造成罕见但强大的熔岩爆发到达地球表面。弱核力和电磁力也常被用来治疗严重的疾病：放射性碘被用来杀死甲状腺肿瘤与医治某种形式的癌症。放射性衰变也可以是致命的：它造成了三英里岛和切尔诺贝利的大破坏；它还产生了放射性废物（核武器生产和商业核电厂产生的不可避免的副产品），这些废料有可能会持续保持危害性长达几百万年时间。

引力

　　引力使地球和行星保持在它们的轨道上运动，引力也约束了银河系的平衡。如果没有地球的引力，地球的自转将使我们像布娃娃一样被抛进太空。我们用以呼吸的空气也会很快弥散到太空中去，从而使我们窒息，使地球上的生命不复存在。如果没有太阳的引力，所有的行星（包括地球）将被抛出太阳系进入寒冷的深层太空，在那里，微弱的阳光将无法支持生物的生命。事实上，没有引力，太阳自身也会发生爆炸。太阳是引力（它倾向于收缩太阳）和核力（它倾向于胀开太阳）微妙平衡的结果。没有引力，太阳将会像千万亿颗氢弹爆炸那样轰然爆裂。

当前理论物理学面临的挑战是将这四种力统一为一个单一力。从爱因斯坦开始，20世纪的许多物理学巨人就试图找到这种统一的力，但都没有成功。然而，困扰了爱因斯坦生命最后30年的问题的答案也许就在超空间。

统一问题

爱因斯坦曾说，"自然只让我们看到狮子的尾巴。但我从未怀疑狮子和狮尾是一体的，尽管狮子太大我们看不到它"。如果爱因斯坦是正确的，那么也许这四种力就是狮子的尾巴，而狮子就是高维时空。这一理念已燃起希望，摆满图书馆书架的密密麻麻的有着丰富图表的图书所描述的宇宙的物理定律也许某天可以由一个简单的方程来描述。

这个有关宇宙的革命性观点的中心是——高维几何也许是宇宙统一的最终源泉。简言之，宇宙中的物质和将它们聚在一起的力，以一种使人困惑不解和变化无穷的复杂形式出现，但它们也许只是超空间上的不同振动而已。然而，这个概念不同于科学家的传统思维，他们将空间和时间视为一个被动的舞台，星星和原子是这个舞台上的主角。对这些科学家来说，可见的物质宇宙比起不可见的时空宇宙来说更加丰富且多样化。从历史的角度看，粒子物理方面几乎所有的科学努力以及大量的政府基金都被投入到了"夸克"、"胶子"这样的亚原子粒子研究上。而不是彻底理解时空的几何性质。现在，科学家们正逐渐认识到，时间和空间这个"无用的"概念也许是大自然之美与简单性的最终源头。

高维空间的第一个理论被称为卡鲁扎－克莱因（kaluza-klein）理论。这个理论以两位科学家的名字而命名。他们提出了一种新的引力理论，将引力解释为第五维度的振动。我们如果将这个理论扩展到N维空间（N可以代表任何数），这个看似笨拙的亚原子粒子理论将戏剧性地呈现出惊人的对称性。然而，老卡鲁扎－克莱因理论不能确定N的正确值，在描述亚原子粒子时也存在许多技术问题。基于这个理论还有一个更为先进的版本称为超引力理论，但它依然存在问题。近来，对这个理论的兴趣是1984年由米迦勒·格林（Michael Green）和马蒂亚斯·舒瓦茨（John Schwarz）引发的。他们给出了卡鲁扎-克莱因理论最先进的版本，即超弦理论的一致性。这个理论假定所有物质都是由微小的振动弦组成。令人惊讶的是，超弦理论精确地预测了时间和空间的维度：十维。[弗罗因德被问及我们何时可以看见这些高维空间时，他报以一笑。我们看不到这些高维空间，因为它们卷成的小球是如此之小，以至于检测不到。根据卡鲁扎-克莱因理论，这些卷曲的维度的尺寸叫做普兰克长度[2]。相当于质子的万亿亿分之一，它太小了以至于我们用最大的原子加速器也无法探测。高能物理学家曾指望造价110亿美元的超导超级碰撞机（SSC）能间接揭示超空间的某些线索。但SSC于1993年10月被美国国会否决了。]

十维空间的优势在于我们拥有足够的空间以容纳所有四种基本力。此外，我们有一个简单的物理绘景来解释由大型原子加速器产生的亚原子粒子的杂乱的混合物。过去30年中，物理学家分类研究了通过粉碎质子、电子、原子产生的碎片中的几百种亚原子粒子。像昆虫收藏家耐心地给一大批昆虫命名一样，物理学家有时被这些亚原子粒子的多样性和复杂性压得喘不过气来。今天，这个扑朔迷离的收集亚原子粒子的工作可以用超空间理论的纯粹振动来解释。

穿越时空

超空间理论也重新打开了"超空间是否可以用于穿越时空旅行"的问题。要理解这个概念，想象生活在一个大苹果上的小的扁平的扁虫。对扁虫而言，它们认为苹果的世界显然与它们一样是一个扁平的二维世界。然而，有一个叫哥伦布的扁虫被一种说法迷住了——苹果世界在某种方式上是有限的、弯曲的、三维的。然而，它的朋友称它为傻瓜，嘲笑它相信苹果世界竟会在看不见摸不着的某个三维中弯曲。一天，哥伦布踏上漫长而艰苦的旅程，消失在地平线上。最终他回到起点，他的旅程证明苹果世界存在于一个更高的不可见的维度，第三维度是弯曲的。虽然旅行使它疲倦，哥伦布还是发现了在苹果上彼此远离的两点之间旅行还有另外一种方法：通过在苹果上挖洞，挖出一条隧道，创造一条捷径通往遥远的地方。

Hyperspace

这条捷径大大减少了长途旅行的时间和身体疲惫，它称这条隧道为虫洞。这条隧道证明了两点之间最短的路径不一定是别人告诉它的直线，而是一个虫洞。

哥伦布发现了一个奇怪的效应，当他进入某条隧道并从另一端出口出去时，他发现自己回到了过去。显然，这些虫洞连接着苹果上的不同地方，而这些不同地方的时间有着不同的节拍。一些虫子甚至声称这些虫洞可以被塑造成一个可行的时间机器。

后来，哥伦布又做出了一项更加重要的发现——它发现的苹果世界其实并非宇宙中的唯一，它只是一个大苹果园中的一个苹果。哥伦布发现这个苹果与大苹果园中成百上千的苹果共存。有些苹果上有像它们一样的扁虫，有些苹果上没有。他猜想，在某些罕见的情况下，这些扁虫甚至可以在果园中不同的苹果之间旅行。

我们人类就像那些扁虫。常识告诉我们，我们的世界与它们的苹果一样，是平坦的三维世界。无论我们跟随我们的宇宙飞船走到哪里，宇宙似乎总是平坦的。然而，事实上，我们的宇宙像苹果世界一样，在一个超出我们对空间理解的看不见的维度上是弯曲的。这个事实已被一些严格的实验验证了。科学家对光的路径进行的实验，证明了星光穿过宇宙时是弯曲的。

多连通宇宙

早晨，当我们醒来打开窗户让新鲜空气进来时，我们期待看到前面的院子。我们并不希望打开窗户后，面对巍峨的埃及金字塔。同样，当我们打开前门时，我们期待看到街道上的汽车，而不是火山口和死火山那种荒凉的月球景观。甚至不必考虑，我们就假定我们能安全地打开窗户和门，不会被吓得灵魂出窍。幸运的是，我们的世界不是史蒂文·斯皮尔伯格（Steven Spielberg）的电影。我们有一个根深蒂固的偏见（这个偏见总是正确的）——我们的世界是单连通的（简单连接的），我们的窗户和门都并非是连接我们的家和另一个遥远宇宙的虫洞入口。（在普通的空间中，一根绳子的套索可以收缩成一点。如果套索可以收缩成一点，我们则说该空间是单连通的。然而，如果将套索放在虫洞的入口周围，它无法收缩成某一点。事实上，这个套索进入了虫洞。这种套索不能收缩的空间，我们说它是多连通的。虽然，我们的宇宙在不可见的维度中弯曲已通过实验测量，但虫洞的存在和我们的宇宙是否是多连通的仍是当今科学界长期争论的话题。）

在乔治·波恩哈德·黎曼（George Bernhard Riemann）那个时代的数学家研究了多连通空间的性质。在这个空间中不同区域的空间和时间是拼接在一起的。物理学家曾以为这仅是一个智力练习，现在，他们正在把多连通世界作为我们宇宙的实际模型而加以研究。这些模型是爱丽丝镜子的科学模拟。当刘易斯·卡罗尔的白兔掉进兔子洞而进入仙境时，它实际上是掉进了一个虫洞。

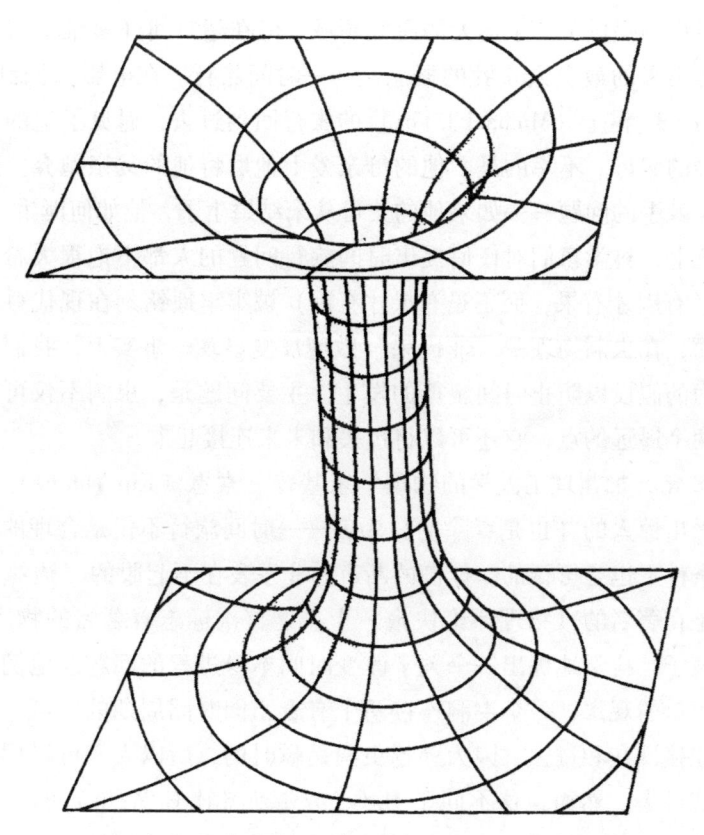

图 1.1 平行宇宙可以用两个平行平面图形表达。通常情况下，它们从不互相接触。然而，有时虫洞或管道可以在它们之间打开，使它们之间的沟通和旅行成为可能。这也是当今理论物理学家极感兴趣的课题。

Hyperspace

虫洞可以用两个平行平面来解释。取两张纸和一把剪刀，我们在每张纸上剪一个洞，然后用一根长管连接两个孔（图 1.1）。只要你避免走进虫洞，我们的世界就似乎是正常的，你在学校里学的通常的几何定律在这里都是成立的。然而，如果你落入了虫洞，你会瞬间被传送到空间和时间的不同区域。只有通过追溯你的脚步，撤离刚才掉进的虫洞，你才能回到之前熟悉的世界。

时间旅行与婴儿宇宙

虽然虫洞提供了一个迷人的研究领域，但在超空间（多维空间）的讨论中显露出来的最引人入胜的概念是——时间旅行。在电影《回到未来》中，米高·J. 霍士（Michael J. Fox）的旅行回到过去，遇见了他的尚未结婚的年轻的父母。不幸的是，他的母亲爱上他后将他的父亲抛弃。这就提出了一个棘手的问题——如果他的父母从未结婚生子，他如何诞生。

传统上，科学家们对任何提出时间旅行问题的人都不抱很大希望。因果关系（有因才有果，而不是有果才有因）被牢牢地铭刻在现代科学基础中。然而，在虫洞物理中"非因果"效应反复显现。事实上，我们必须做出强有力的假设以防止时间旅行的发生。主要问题是，虫洞不仅可以连接空间中两个遥远的点，它还可以将过去和未来连接起来。

1988 年，加州理工大学的物理学家基普·索恩（Kip Thorne）和他的合作者做出惊人的（也是冒险的）断言——时间旅行不仅是合理的，而且在一定条件下也是可行的。他们的断言并非发表在不起眼的"边缘"杂志上，而是在著名的《物理评论快报》上。这首次标志着著名的物理学家，而不是疯子，科学地提出一个关于改变时间本身进程的问题。他们的断言是基于简单的观察，一个虫洞连接两个有着不同时间周期的区域。因此虫洞可以连接现在和过去。因为穿越虫洞是瞬时的，所以人们可以用虫洞逆时退行到过去。然而，这不同于 H. G. 威尔斯（H. G. Wells）的《时间机器》一书中描绘的场景，主人公只要拨动一下表盘就可以被抛到几十万年后的英国的未来。因为虫洞的产生需要巨大的能量，甚至超出了在未来几个世纪技术上的可能。

虫洞物理的另一个奇怪的推论是在实验室中创造"婴儿宇宙"。当然，我们无法重新创造大爆炸和见证我们宇宙的诞生。然而，对宇宙学上做出了重要贡献的麻省理工学院的阿兰·古斯（Alan Guth）声称，虫洞物理可以使我们在实验室创造婴儿宇宙成为可能。他的见解震惊了许多物理学家。他提出，在一个密闭室内集中大量的热量和能量，虫洞最终可能被打通，这个虫洞可作为连接我们的宇宙与另一个极小宇宙的脐带。如果可能的话，它会给科学家带来前所未有的宇宙观，因为它是在实验室里创造的。

神秘主义和超空间

这些概念中有些并不是新的。在过去的几个世纪，神秘主义者和哲学家纷纷猜测存在其他宇宙和它们之间的隧道。他们长期以来一直沉迷于可能存在的其他世界，这些世界听不见、看不着，却与我们的宇宙共存。他们被那些可能存在而未探知的冥冥世界所吸引。这些世界甚至可能近在咫尺，事实上包围着我们并渗透到我们所到之处，只是它们正好超出了我们的物理理解力，避开了我们的直观感觉。不过，这样的没有根据的议论是无用的。因为没有实际的方法可以对这些思想列出正确的数学表达，这些思想也不能通过实验得到验证。

我们的宇宙和其他维度之间的通道（虫洞）也是一个讨人喜欢的文学题材。科幻作家发现高维是星际旅行必不可少的媒介。因为在天上，星星之间的距离非常大，科幻作家便将高维作为星星之间联系的一个巧妙的捷径。火箭不需要走漫长的路程到达其他星系，仅需在超空间中由围绕它的时空弯曲实现加速后到达。例如，在电影《星际大战》中，超空间是一个避难所，天行者卢克在那里可以安全地逃避帝国战舰。在电视连续剧《星际迷航：深空九号》中，一个遥远的空间站附近的虫洞打开了。这使得在几秒之内穿越巨大距离的银河系成为可能。空间站突然变成了激烈的竞争中心，谁能控制住这里，谁就能掌握银河系中通往其他地区枢纽的关键环节。

10年前，美国一批军用鱼雷轰炸机第19飞行大队在加勒比地区消失。神秘小说作家也用高维空间作为揭开百慕大三角区（或魔鬼三角区）之谜的便捷的工具。有人推测，在百慕大三角区消失的飞机和船只实际上进入了通往另一个世界的某种类型的通道。

这些难以捉摸的平行世界的存在也产生了无休止的长达几个世纪的宗教推测。唯心论者在想，离去亲人的灵魂是否进入了另一个维度。17世纪英国哲学家亨利·莫尔（Henry More）认为鬼和灵魂确实存在，并声称他们居住在第四维度。1671年他在《玄学手册》中主张，存在一个超出了我们感官的虚空境界，它是幽灵和灵魂的家园。

19纪的神学家困惑于找不到天堂和地狱，心想是否能在更高的维度中找到它们。一些人提出一个由三个平行平面组成的宇宙：地球、天堂和地狱。根据神学家亚瑟·威林克（Arthur Willink）的说法，上帝本人的家是在离这三个平面最遥远的地方，他生活在无限维中。

1870—1920年，人们对高维空间的兴趣达到顶峰。那时"四维"（一个不同于我们知道的时间第四维）抓住了公众的想象力，并逐步渗透到艺术和科学的每一个分支，成为陌生和神秘的隐喻。第四维度在奥斯卡·王尔德（Oscar Wilde）、费奥多尔·陀思妥耶夫斯基（Fyodor Dostoyevsky）、马塞尔·普鲁斯特（Marcel Proust）、H. G. 威尔斯（H. G. Wells）、约瑟夫·康拉德（Joseph Conrad）的文学作品中出现了。第四维度还启发了亚力山大·斯克里亚宾（Alexander Scriabin）、乔治·安塞尔（George Antheil）的音乐作品。第四维度迷住了心理学家威廉·杰姆斯（William James），文学家格特鲁德·斯坦（Gertrude Stein）和社会主义革命家弗拉基米尔·列宁（Vladimir Lenin）那种多样化的性格。

第四维度也启发了巴勃罗·毕加索（Pablo Picasso）和马塞尔·杜尚（Marcel Duchamp）的作品，极大地影响了立体派和表现主义的发展，这是两个在20世纪最具影响力的艺术运动。艺术历史学家琳达·达尔林普尔·亨德森（Linda Dalrymple Henderson）写道，"像黑洞一样，'第四维度'具有神秘的特质，即使科学家自己也不完全理解。然而，它的影响却比黑洞或任何其他最近的科学假说更加广泛（1919年的相对论除外）。"

这种否定每一个常识性公理，符合逻辑而又奇异的另一种形式的几何学，同样久久地引起了数学家们的好奇心。例如，在牛津大学任教的数学家查尔斯·道奇森（Charles L. Dodgson）以路易斯·卡罗尔（Lewis Carroll）为笔名写书并传播知识为学生们带去快乐。他常将奇怪的数学思想写进他的书中。当爱丽丝掉进兔子洞或踏进瞭望镜时，她进入了奇境，一个奇怪的柴郡猫消失的地方（只留下了微笑）；神奇的蘑菇将孩子们变成了巨人，疯子哈特斯庆祝"未出生日"；瞭望镜以某种方式把爱丽丝的世界与一个陌生的地方连接起来，在那里，人们用谜语交流，常识也不再成其为常识了。

路易斯·卡罗尔的一些灵感极有可能来自19世纪伟大的德国数学家乔治·波恩哈德·黎曼（George Bernhard Riemann）。黎曼是第一个为高维空间奠定几何数学基础的数学家。黎曼改变了下一个世纪数学研究的航向，他证明了宇宙虽然从表面上看很奇怪，但却是完全自我一致的，服从它们自己的内在逻辑。为了阐明这类思想，请设想摞在一起的很多张纸，它们一张压在另一张的上面。现在想象每张纸代表一个世界，每个世界服从它自己的物理定律，不同于其他世界。这样，我们的宇宙就不是孤独的，而是许多可能的平行世界中的一个。智能生物可能居住在某个平面上，完全不知道其他世界的存在。在一张纸上可能会有爱丽丝的田园般的英国乡村。在另一张纸上可能是一个奇怪的世界，住着奇境世界中的神秘生物。

通常，每个平行平面上的生命都是独立于其他平面的。然而，在罕见的情况下，这些平面也会相交，片刻间撕裂空间本身的织物，打开这两个宇宙之间的洞或通道。像在《星际迷航：深空九号》中出现的虫洞，这些通道使这些世界之间的旅行成为可能，像一个宇宙桥连接两个不同宇宙或同一宇宙的两点（图1.2）。毫不奇怪，卡罗尔发现儿童相比成人，可以更开放地接受不同观点存在的可能性。成年人对空间和逻辑的偏见则日益僵化。事实上，黎曼的更高维度的理论，正如卡罗尔解释的，已经成为儿童文学和民间传说的一个永恒的一部分。几十年来，还诞生了其他的儿童经典，如多萝西的《绿野仙踪》和潘裕文的《从来没有土地》。

然而，由于缺乏实验证据或引人注目的物理动机，因此平行世界的理论作为科学的一个分支失去了活力。2 000多年来，科学家偶尔捡起更高维度的概念，结果却因为不可测被认为是愚蠢的想法而抛弃。虽然黎曼的高等几何理论在数学上很有趣，但却被人们认为技巧性太强缺乏实际用处而不被人们重视。在高维理论上甘愿以他们的声誉冒险的科学家发现，自己正被科学界嘲笑。高维空间变为了神秘主义者、思想怪诞者和江湖术士们的避难所。

在本书中，我们将会研究这些早期开拓者的工作。主要是因为他们设计了一种巧妙的方法，使非专业人士可以"可视化"更高维度的物体的样子。这些技巧将被证明是有用的，让公众可以更好地掌握这些高维理论。

Hyperspace

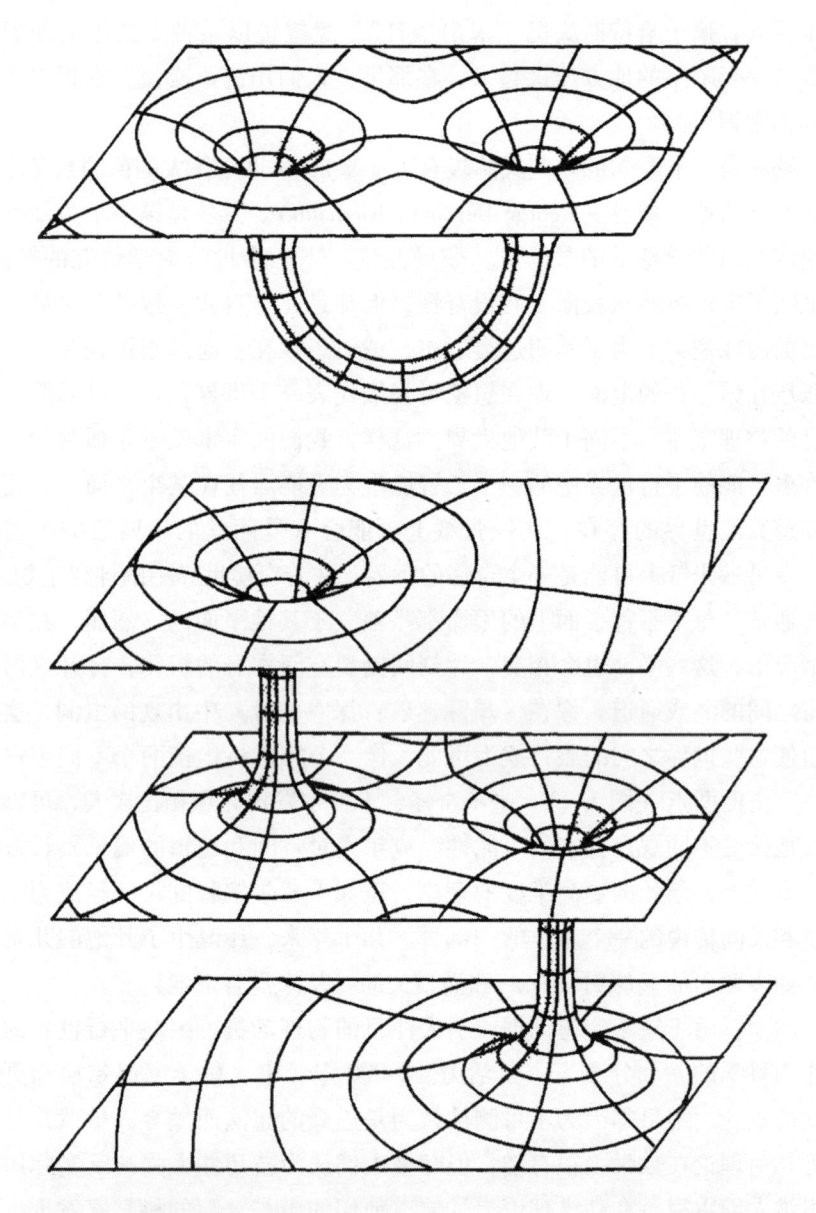

图 1.2 虫洞可以将宇宙和自己连接起来,可能提供了一种星际旅行的方式。因为虫洞可以连接两个不同的时间纪元,因此也提供了一种时间旅行的方式。虫洞还可以连接无限系列的平行宇宙。我们希望,超空间理论能够确定虫洞的存在只是物理上的可能,还是数学上的奇想。

通过研究这些早期的神秘主义者的工作，我们也能更清楚地看到他们的研究的缺陷。我们看到他们的推测缺乏两个重要概念：物理和数学原理。从现代物理的视角，我们认识到他们丢失的物理原理是——超空间简化了自然定律，超空间提供了仅靠纯粹的几何论证就能统一所有自然力的可能性。他们丢失的数学原理是——场论，它是理论物理学中普遍使用的数学语言。

场论：物理学的语言

场的概念最先是由伟大的 19 世纪英国科学家迈克尔·法拉第（Michael Faraday）引进的。法拉第是一个穷铁匠的儿子，他是一位自学的天才，他设计了精心的电力和磁性的实验。他将"力线"直观化（像植物展开的长藤），"力线"从磁和电荷发射到四面八方并充满所有的空间。他在他的实验室中，用他的仪器可以测量任何一点的磁力或电荷的力线的强度。因此他可以在这一点（和空间中的任何点）指定一系列数表示力的大小和方向。他把空间任何点的这些数字的总和作为一个单一的实体——一个场。[这里，有一个著名的关于迈克尔·法拉第的故事。由于法拉第的名声远扬，经常有好奇的旁观者去拜访他。当人们问他的工作有什么用时，他会回答："孩子有什么用？那就是他能长大成人。"有一天，当时的财政大臣威廉·格拉斯顿（William Gladstone）参观了法拉第的实验室。格拉斯顿对科学一无所知，他讽刺地问法拉第在他的实验室里的这些巨大的电气装置对英国有什么用。法拉第回答："先生，我不知道这些机器将作何用，但我可以肯定有朝一日你能通过它们征税。"今天，英国总财富的大部分都要归功于法拉第的劳动成果。]

简单地说，一个场是空间每一点上完全描述了在那个点上的力的数据的集合。例如，在空间的每个点上的 3 个数字可以描述磁力线的强度和方向。空间每一点的另外 3 个数字可以描述电场。法拉第在思考农民耕种土地时得到场这个概念。农民的土地占有二维空间区域。在农民土地的每一点可以指定一系列的数字（例如，描述在那一点上有多少种子）。然而，法拉第的场占据空间的三维区域。在每一点上，都有一系列的 6 个数字描述力的磁力线和电力线。

法拉第的场的概念有如此强大的威力，是因为自然的所有的力都能表述为场的形式。不过，在我们能够理解这些力的本质之前，我们还需要一个要素——我们必须建立这些场所遵守的方程。过去几百年理论物理的进展可以简洁地概括为"寻找自然力的场方程"。

例如，19世纪60年代的苏格兰物理学家詹姆斯·克拉克·麦克斯韦（James Clerk Maxwell）写下了电场和磁场的方程。在1915年，爱因斯坦发现了引力的场方程。经过无数次错误的尝试后，在20世纪70年代，通过杨振宁（C. N. Yang）和他的学生R. L. 米尔斯（R. L. Mills）的早期工作，亚原子力的场方程最终被建立。这些控制亚原子粒子相互作用的场方程现在称为杨-米尔斯（Yang-Mills）场。然而，使这个世纪物理学家困惑的是亚原子力的场为什么与爱因斯坦的场方程截然不同，即为什么核力与引力差别如此之大。一些物理学中的伟人一直致力于解决这个问题，但都未获得成功。

也许他们失败的原因是落入了常识的俗套。如果仅局限在三维或四维，亚原子世界的引力的场方程就很难统一。超空间的优点在于：杨-米尔斯场、麦克斯韦场、爱因斯坦场，都可以舒适地放置在超空间场中。我们看到，这些场在超空间中，非常合理地结合在一起，就像拼图一样。场论的另一个优势是，它允许我们精确地计算"空间和时间形成虫洞所需的能量"。因此，与古人不同，我们有了数学工具来指导自己建造机器。也许有一天，我们能通过这些机器，弯曲空间和时间并实现我们的幻想。

创世的秘密

这是否意味着捕猎大型野兽的猎人现在可以开始筹备去中生代猎杀大恐龙并展开狩猎之旅了？不，索恩、古思和弗罗因德会告诉你，调查这些太空中的异常所需的能量远超出了地球上的任何能量。弗罗因德提醒我们，探测第十维度所需的能量是我们的最大的原子加速器所产生的能量的1 000万亿倍。

将时空弯曲成结所需的能量非常大，大到在今后几百年甚至几千年我们也无法获得。即便世界上所有的国家都团结起来，建设一个可以探测超空间的机器，最终的结果也是失败。并且，正如古思指出的，在实验室创建一个婴儿宇宙需要的温度是 1×10^{27} 摄氏度，远远超过我们能提供的温度。事实上，这个温度甚至高于任何恒星内能中的温度。因此，虽然爱因斯坦定律和量子论定律有可能允许时间旅行，但这难以在我们地球人的能力范围内实现。我们现有的能力只允许我们可以勉强逃脱我们星球的微弱引力场。我们对虫洞研究的含意大为惊讶的同时，也体会到虫洞的潜力只能为更先进的外星文明所利用。

只有一个时间周期实际具有这样巨大的能量规模，那就是在创世的瞬间。事实上，超空间理论不能用我们最大的原子加速器测试，因为这个理论实际上是创世理论。只有在宇宙大爆炸的瞬间可以看到超空间理论在发挥作用。这就提出了一个激动人心的可能性，超空间理论可以解开宇宙起源的秘密。

引入更高的维度可能是撬开创世秘密必不可少的钥匙。根据这个理论，在大爆炸之前，我们的宇宙是一个完美的十维宇宙，一个可能实现超时空旅行的宇宙。然而，这个十维度宇宙是不稳定的，它最终"破解"为两个宇宙，创建了两个分离的宇宙：一个四维宇宙和一个六维宇宙。我们生活的宇宙即是在这次宇宙灾难中诞生的。我们的四维宇宙爆炸式膨胀，而孪生的六维宇宙剧烈收缩，直到它收缩到无穷小。这也许解释了大爆炸的起源。如果这是正确的，这个理论则说明宇宙的迅速膨胀只是一个更大的宇宙灾难性事件的一个很小的余震，在这个大灾难中空间和时间本身裂开了。于是，驱使可观测到的宇宙膨胀的能量，正是存在于十维空间和时间的坍缩之中。根据这个理论，遥远的恒星和星系便以天文数字般的速度远离我们而去（因为十维空间和时间的坍缩）。

这个理论预言，我们的宇宙有一个矮人双胞胎，一个伴宇宙。它卷曲成一个六维的小球，其尺寸太小，我们无法观察。这个六维度的宇宙并非是我们世界无用的附属物，它最终极可能成为我们的救赎。

逃避宇宙的死亡

人们常说，人类社会唯一不变的就是死亡和税收。对于宇宙学家，唯一可以确定的是宇宙终有一天会死亡。一些人认为宇宙的最终死亡会以大坍缩的形式到来。引力会逆转大爆炸产生的宇宙膨胀，并将恒星和星系再次拉回到一起,成为一个原始的质量。随着恒星的收缩,宇宙中的温度将急剧上升,直到宇宙中所有的物质和能量集中陷入一个巨大的火球,并将我们所认知的宇宙摧毁。所有的生命形式都将被毁灭,不会存在任何侥幸者。像查尔斯·达尔文(Charles Darwin)和伯特兰·罗素(Bertrand Russell)那样的科学家和哲学家也悲哀地写道,"我们可怜的努力都是徒劳,因为我们的文明在世界末日时终将无情地死亡。"物理规律显然已向宇宙中所有的智慧生命发布了最终的、不可撤销的死亡令。

据已故哥伦比亚大学物理学家杰拉尔德·费因伯格(Gerald Feinberg)的说法,有且只有一个逃避最终灾难的希望。他推测,几十亿年后智慧生命最终能掌握高维空间的奥秘,将使用其他维度作为一个逃生舱口逃出危机。在我们的宇宙崩溃的最后时刻,我们的姐妹宇宙将再次开放,超空间旅行将成为可能。因为在世界末日到来之前的最后时刻,所有的物质都被粉碎,所有的智慧生命形式都可以通过隧道进入高维空间或另一个宇宙,避免看似不可避免的我们的宇宙的死亡。然后,在高维空间这个避难所这些智慧生命也许能够见证崩溃的宇宙陷入一片火海。当我们的宇宙家园被粉碎得面目全非时,气温将剧烈上升创建另一次大爆炸。这些智慧生命在多维空间的有利位置,将能在前排座位上看到罕见的科学现象,看到另一个宇宙和他们的新家的诞生。

超空间的主人

场论表明,要创造这些奇妙的空间和时间弯曲所需要的能量远超现代文明能掌握的一切。这也引出了两个重要的问题:其一,我们的知识和能力正在以指数的形式增长,我们的文明要何时才能达到掌握超空间理论的地步?其二,在宇宙中的其他智慧生命又是什么样的,他们是否已经达到了可以利用超空间理论的地步?

这个讨论使人感兴趣的原因是那些严肃的科学家们试图对未来的文明进程作出定量判断——到那时,空间旅行将变得司空见惯;邻近的恒星系统甚至星系也可能被人类殖民。虽然操控超空间所需要的能量是巨大的,但这些科学家指出,在未来几个世纪科学技术的增长可能会继续以指数形式上升,超过了人类的大脑理解它的能力。自第二次世界大战以来,科学总量大约每 10—20 年就翻一番，所以科学技术在 21 世纪的进展可能超越我们最大的期望。今天只能梦想的技术在未来世纪可能变得司空见惯。因此，我们可以讨论这个问题，我们何时能成为超空间的主人。

时间旅行、平行宇宙、多维窗口

这些概念本身就处在我们理解物质宇宙的前沿。然而，由于超空间理论是一个真正的场论，我们最终希望它能给出一种数量上的答案，来确定这些使人感兴趣的概念是否具有可能性。如果这个理论给出的答案是荒谬的，与物理学数据相违背，那么，无论它在数学形式上多么优雅也必须遭到我们的抛弃。最后的决定权在物理学家而不在哲学家。但是，如果超空间理论被证明是正确的，且解释了现代物理学的各种对称性，那么它将开创一场也许等同于哥白尼或牛顿式的革命。

为了对这些概念有一个直观的理解，我们需要从头开始讲述。在我们习惯十维之前，我们首先要学会如何操控四维空间。我们将利用历史的例子探讨几十年来科学家所做的巧妙的尝试，给出高维空间一个有形的视觉表现。因此，本书的第一部分将强调发现高维空间背后的历史，从开启它的数学家乔治·波恩哈德·黎曼（George Bernhard Riemann）开始。黎曼在预期下一个世纪科学的进步时，他首次说出："自然在高维空间几何中可以找到它的天然归宿。"

Hyperspace

2　数学家和神秘主义者

> 魔法是一种足够先进的技术。
>
> ——亚瑟·C. 克拉克（Arthur C. Clarke）

1954年6月10日，一种新的几何学诞生了。

乔治·波恩哈德·黎曼引进了高维理论。他在德国哥廷根大学的著名的演讲中，面对大学的教师们对他的高维理论作了详细的解释。像打开一间发霉的、黑暗的房间，放入温暖的、灿烂的夏季阳光一样，黎曼的演讲一下子就娴熟地把高维空间的耀眼的性质展示在世人面前。

他非常重要的和异常优雅的论文《论几何基础的假说》颠覆了2 000年来成功地战胜了怀疑论者所有攻击的经典希腊几何的支柱。旧的欧几里得几何所有的图像都是二维或三维的。这个理论轰然倒下，新的黎曼几何在它的废墟上崛起。黎曼革命对艺术和科学的未来产生了深远的影响。在他的演讲之后的30年间，"神秘的四维"在欧洲影响了艺术、哲学和文学的发展。在它演讲之后的60年，爱因斯坦利用四维黎曼几何解释宇宙的由来及其演化。在他演讲之后的130年，物理学家利用十维几何试图统一物理宇宙的所有定律。黎曼工作的核心是，他认识到在高维空间中物理法则将被简化，这正是本书的主题。

穷困中的辉煌

具有讽刺意味的是，黎曼一点也不像能在数学和物理学领域开创如此深刻和彻底革命的人。他非常害羞，几乎有点神经质，他遭受着经常性的精神衰弱带来的痛苦。他还得了两种伴生的疾病：贫穷和肺病（结核）。事实上，整个历史长河中，世界上的许多伟大科学家都遭受着这两种疾患的困扰。从他的性格和气质中看不出他作品中所表现出的惊人大胆、果断和非凡的自信。

黎曼1826年出生于德国汉诺威，他是一个贫穷的路德派牧师的儿子，在家里的六个孩子中他排行老二。他的父亲，曾在拿破仑战争中作战，作为一个乡村牧师挣扎着供养他的大家庭。正如传记作者 E. T. 贝尔（E. T. Bell）指出，"黎曼家的大多数孩子出现身体脆弱并夭亡是年轻时营养不良的结果，而并不是由于他们的耐力差。在孩子长大之前，他的母亲也死了。"

在很早的时候，黎曼就展示了他著名的特质：超凡的计算能力、个性胆怯，终身对公众场合演讲感到恐惧。他很害羞，总是被别的男孩当作笑柄，这使他进一步沉浸在他的私人的数学世界中。

他对自己的家庭高度忠诚。尽管自己健康状况不佳且伴有肺病，但他依然尽力为他的父母特别是他心爱的妹妹买礼物。为了取悦父亲，黎曼决心成为一名神学学生。他的目标是尽快拿到牧师的报酬，以资助他的家庭。（很难想象这样一个口吃的胆小的年轻人能够做激烈的、热情的演讲——反对罪恶、驱逐魔鬼。）

在高中，他努力学习《圣经》，但他的思想总会飘回到数学上。他甚至试图提出"创世纪"正确的数学证据。他学习进步很快，以至于他很快超越了他老师所掌握的知识。他的老师们很快发现，他们已跟不上这个男孩的节奏。最后，这个学校的校长给了黎曼一本厚重的书让他看，让他无暇做别的事情。这本书是阿德里安-玛丽·勒让德（Adrien-Marie Legendre）的《数论》，这是一本拥有859页的巨作，也是一本关于"数论"这一难题的世界最高级的著作。黎曼用了6天时间就把它读完了。

当校长问他"你读了多少了？"年轻的黎曼回答说，"这是一本奇妙的书，我已掌握了它。"这个校长并不相信年轻人的回答，几个月后，他问了黎曼这本书中的一个模糊的问题，黎曼做了完美的回答。[3]

黎曼的父亲每天为将食品放在餐桌上而挣扎，但他依然凑足了足够的费用送他19岁的儿子去闻名的哥廷根大学上学。在这里，黎曼首次遇到被称为"数学王子"的卡尔·弗里德里希·高斯（Carl Friedrich Gauss）。高斯是人类历史上最伟大的科学家之一。即使今天，如果你要对历史上最伟大的数学家排名，阿基米德、艾萨克·牛顿、卡尔·高斯的名字将永无变化地出现。

然而，黎曼的一生遇到无数的挫折和艰难，总是被极大的困难和脆弱的健康所压倒。他的每一次胜利后都伴随着不幸与失败。例如，他的运气刚刚好转，开始在高斯手下学习，而一场大规模的革命就席卷德国。在非人道的状态下，受苦受难的工人阶级开始反对政府，全德国很多城市的工人拿起了武器。1848年早期的游行示威和起义鼓舞了另一位德国人卡尔·马克思（Karl Marx）写出了他的著作，深深地影响了后50年整个欧洲的革命运动。

随着整个德国陷入混乱，黎曼的研究被迫中断了。他被选中参加了学生军，在那里，他花费了令人生厌的16个小时保护了一位甚至比他还要胆小的人——国王，从而得到了一个值得怀疑的荣誉。当时国王正在柏林的王宫里害怕得发抖，企图躲过工人阶级的愤怒。

超越欧几里得几何

如同德国的革命，当时的数学界也正被一场强劲的革命之风席卷。吸引黎曼兴趣的是另一个权威的堡垒，欧几里得几何即将崩溃。欧几里得几何认为空间是三维的。此外，这个三维空间是"平的"（在平的空间中，最短距离是两点之间的直线距离；这忽略了空间是弯曲的可能性，如在球体上）。

事实上，欧几里得的《几何原本》（简称《原本》）可能是在《圣经》之后的所有时代最具影响力的书。2 000年来，西方文明最敏锐的头脑都在惊叹它的优雅和它的几何之美。成千上万欧洲最好的教堂是根据它的原则建立的。回想起来，也许它太成功了。几个世纪以来，它成为了一种宗教，任何敢于提出弯曲空间或更高维度的人都将被视为疯子或异教徒。无数代的学童学习欧几里得的几何定理：圆的周长等于它的直径乘以 π、一个三角形的内角之和为180度。然而，尽管尽了最大努力，几个世纪以来的最精妙的数学家头脑仍不能证明这些貌似简单的命题。事实上，欧洲的数学家们开始慢慢意识到，人们持续不变地敬仰了2 300年的欧几里得的

《原本》依然存在不完整的地方。如果人们只局限在平面内，欧几里得几何一定是可行的；但如果放眼到曲面世界，欧几里得几何就难以通行了。

对黎曼来说，欧几里得几何不足以表现世界的丰富多样性。在自然的世界中，没有地方能看到欧几里得理想的平面的几何图形。山脉、海洋波浪、云、漩涡，它们都是非完美的圆、三角形、矩形。它们都是无限多样性弯曲和扭曲的物体。

革命的时机成熟了，但谁会引导这个革命呢？用什么替换旧的几何呢？

超空间 黎曼几何的崛起

黎曼反叛表面上精确的希腊几何。他发现，这个几何的基础是建立在常识和直观感觉的移动的沙子上，而并非建立在坚固的逻辑基础上。

欧几里得认为，"显而易见的，点没有维度；线是一维的，即长度；面是二维的，即长度和宽度；固体是三维的，即长度、宽度和高度。到此为止，没有物体是四维的。"这些观点得到哲学家亚里士多德的附和，亚里士多德是第一个详细陈述不可能存在第四空间维的人。他在《论天》中写道，"线在一维有大小，平面在两维有大小，固体在三维有大小，此外没有其他的量，因为三就是一切。"此外，在公元150年，亚历山大的天文学家托勒密比亚里士多德走得更远，他在他的《论距离》一书中，给出第一个巧妙的"证据"认为第四维是不可能存在的。

托勒密说，首先画三条相互垂直的线。例如，立方体的角由三条相互垂直的线组成。然后，他争辩说，尝试画第四条线并垂直于其他三条线。他推理说，不管如何尝试也无法画出。托勒密声称，第四条垂直线是"无法测量且没有定义的"。因此第四维度是不可能的。

托勒密实际证明的是，用我们的三维大脑不能将第四维直观化。（事实上，我们今天知道，数学中的许多对象不能可视化，但它们依然可以得到证明是存在的。）托勒密可能会遗臭万年，他反对科学上两个伟大的思想：以太阳为中心的太阳系和第四维。

事实上，几个世纪以来一些数学家走了另外一条谴责第四维度的路。1685年，数学家约翰·沃利斯（John Wallis）反对这个概念，称它为"自然界的怪物"。他认为"第四维度比喀迈拉（狮头、羊身、蛇尾的吐火女怪）和桑托尔还不可思议……长度、宽度、高度占据了整个空间，超出这三维以外，无法想象还能有第四维。"几千年来，数学家们重复着这个简单且致命的错误——第四维度不能存在，因为在我们的脑海里它不可想象。

所有物理规律的统一

欧几里得几何的决定性的突破来自高斯要求他的学生黎曼准备"几何基础"的口头介绍。高斯对观察他的学生是否能提出欧几里得几何学以外的其他方案有着强烈的兴趣。（几十年前，高斯曾私下表示对欧几里得几何持有深刻而广泛的保留意见。他甚至对他的同事们讲到，可能存在生活在二维表面上的假想的"书虫"。他说要把这推广到高维空间的几何学中去。然而，高斯是一个非常保守的人，他从未公开发表过任何他的有关更高维度的作品，因为这将必然引起心胸狭隘的保守的老后卫们的愤怒。他嘲弄地称他们为"笨蛋"，一个智力低下的古希腊部落的名字。[4]）

然而，黎曼吓坏了。这个胆小的人害怕在公众面前讲话，他的导师要求他准备一个在全体教师面前的，有关本世纪最困难的数学问题的演讲。在接下来的几个月里，黎曼开始痛苦地建立更高维度的理论，这使他的身体健康退化到神经衰弱的地步。由于他令人沮丧的财务状况，他的体力进一步恶化了。他被迫接受低薪的家教工作以驰援他的家庭生活。此外，他还要分心试图解释物理问题。特别是，他还要帮助另一位教授威廉·韦伯（Wilhelm Weber）从事新的研究领域——有关电力的有趣的实验。

电力在古代就以闪电和电火花的形式为人们所知了，但在19世纪早期，这个现象成为了研究的焦点。特别是，一根通电导线经过指南针时能使后者发生偏转，这引发了物理学家界的注意。相反，垂直于磁场运动的金属棒会在导线中感生出电流。（这被称为法拉第定律，今天所有的发动机和变压器——大多数现代技术的基础——都以这个定律为基础。）

对黎曼来说，这个现象说明，电和磁是同一种力的不同表现形式。黎曼被这一发现所激动，他相信他能给出数学解释以统一电和磁。他每天都泡在韦伯的实验室里，相信新的数学将能为这些力给出新的解释。

第一部分　进入第五维空间

黎曼要准备一次重要的关于"几何基础"的公众讲演，要支持他的家庭维持生活，要继续进行科学实验。这些沉重的负担压得他喘不过气来，1854 年，他的健康最终崩溃了，他患上了神经衰弱症。后来，他写了一封信给他的父亲，"我被'所有物理定律的统一的研究'深深吸引，因此当演讲的题目给我之时，我激动不已，不能离开我的研究。部分是由于焦急地考虑这些问题的结果，部分是由于在这个讨厌的天气中待在屋里的时间太多，我病倒了"。这封信是有意义的，因为它清楚地表明，即使在生病的几个月里，黎曼依然坚定地相信，"他将发现'所有物理定律的统一'，并用数学最终铺平统一的道路。"

超空间　力 = 几何

尽管经常生病，黎曼依然最终建立了一个惊人的关于"力"的含义的新描述。自牛顿之后，科学家将力看作是两个远距离的物体之间的瞬时作用。物理学家称其为远距作用，这意味着一个物体可以瞬间影响远距离物体的运动。牛顿力学毫无疑问能够描述行星的运动。然而，几个世纪以来，批评者认为远距作用是不自然的，因为它意味着一个物体甚至无需接触就能改变另一个物体的方向。

黎曼建立了一个全新的物理描述。像高斯的"书虫"一样，黎曼想象了生活在一张纸上的二维生物种族。他做出的决定性突破是，将这些书虫放在一张皱褶的纸上。[5]这些书虫会如何看待它们的世界呢？黎曼认为，它们的结论是它们的世界仍然是平的，因为它们的身体也皱褶了。这些书虫绝不会注意到它们的世界发生了扭曲。然而，黎曼指出，如果这些书虫试图在这些皱褶的纸上运动，它们会感到一个神秘的看不见的"力"阻止它们沿直线运动。每当它们走过纸上的一个皱褶，它们都会被推得左右晃动。

这样，黎曼做出了自牛顿 200 年历史以来的首次重大突破。他排除了超距作用原理。对黎曼而言，"力"是几何的结果。

接着，黎曼用在第四维中被弄皱褶的我们的三维世界来代替二维的纸。对我们来说，我们看不出我们的宇宙是弯曲的。然而，当我们试图走一条直线时，我们会立刻意识到有些事情出现了差错。我们像醉鬼一样行走,好像有一种看不见的力在拉拽我们,推得我们左摇右晃。

黎曼得出结论,电、磁和引力皆是我们的三维宇宙在看不见的第四维皱褶引起的。因此"力"本身并不存在,它只是几何变形引起的表观效果。黎曼通过引进第四空间维度,无意中发现了现代理论物理最重要的主题之一,即自然定律用更高维度去表达会更简单。

黎曼度规张量:新的毕达哥拉斯定理

黎曼花了几个月时间治愈了他的神经衰弱。所以,当他在1854年作口头报告时,有着非常好的反应。回顾起来,毫无疑问,这是数学史上最重要的公开演讲之一。黎曼突破了统治数学长达2 000年的欧几里得几何学的演讲很快传遍了整个欧洲的所有研究中心,他对数学的贡献博得了整个理论界的称道。他的演讲被翻译为好几种语言,且在数学家中产生了相当大的轰动。没有什么地方需要回到欧几里得的工作。

像物理学和数学中最伟大的著作一样,黎曼伟大论文背后的基本内核很容易被人理解。黎曼从著名的毕达哥拉斯定理(勾股定理)出发,它是古希腊人在数学中最伟大的发现之一。这个定理建立了直角三角形三边长度的关系:直角三角形两条短边的长度的平方和等于最长斜边的长度的平方(即,如果 a 和 b 是两短边的长度,c 是斜边的长度,那么 $a^2+b^2=c^2$。)(当然,勾股定理是一切建筑的基础,地球上的每一座建筑物都以这个定理为基础。)

这个定理很容易推广到三维空间中。它指出立方体的三个相邻边长度的平方和与对角线长度的平方刚好相等。所以如果 a、b、c 分别表示一个立方体的三个边,而 d 是它的对角线的长度,那么 $a^2+b^2+c^2=d^2$(图2.1)。

现在,将这个定理推广到 N 维也非常简单。想象有一个 N 维立方体。如果 a、b、c、d、…分别为"超立方体"的边的长度,z 是对角线的长度,那么 $a^2+b^2+c^2+d^2+\cdots=z^2$。值得注意的是,尽管我们的大脑难以想象 N 维立方体的形状,但在数学上,我们可以轻松地写出 N 维立方体的边长的公式。(这是一个在超空间中工作的普遍特征。从数学的角度考虑,掌握 N 维空间并不比掌握三维空间更困难。令人惊奇的是,在一张平平的纸上,

$$a^2+b^2+c^2=d^2$$

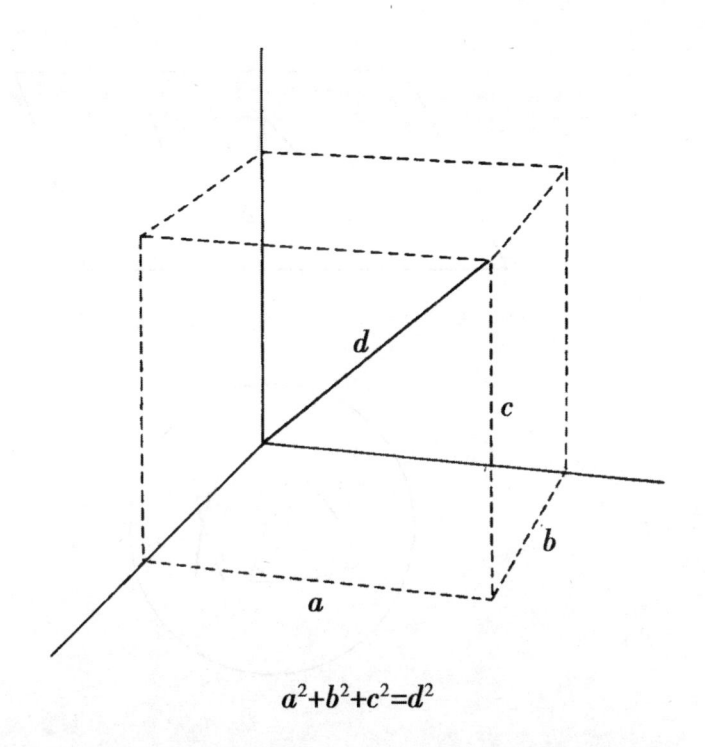

图 2.1 一个立方体对角线的长度由三维毕达哥拉斯定理给出：$a^2+b^2+c^2=d^2$。通过简单地添加更多项到毕达哥拉斯定理，这个方程很容易推广到 N 维超立方体的对角线。因此，尽管高维度无法直观化，但在数学上 N 维却很容易表示。

你能用数学语言描述一个我们的脑子不可形象化的高维物体的性质。)

黎曼然后将这些方程推广到任意维度的空间。这些空间可以是平的也可以是弯曲的。如果是平的，则欧几里得通常是适用的：两点之间直线最短、平行线永不相交、三角形内角之和为 180 度。但黎曼还发现，面可以具有"正曲率"，就像球体的表面。这些面上的平行线总会相交，而且，这些面上的三角形的三个内角之和可以超过 180 度。面也可以具有"负曲率"，如马鞍形或喇叭形的表面。在这些表面中的三角形的内角之和小于 180 度。给定一条直线和直线外的一个点，通过这个点，人们可以画出无穷多的与这条直线平行的平行线（图 2.2）。

黎曼的目标是在数学中引入一个全新的对象，使他能够描述所有的表面，无论这个表面多么复杂。这必然促使他重新引进法拉第的场的概念。

Hyperspace

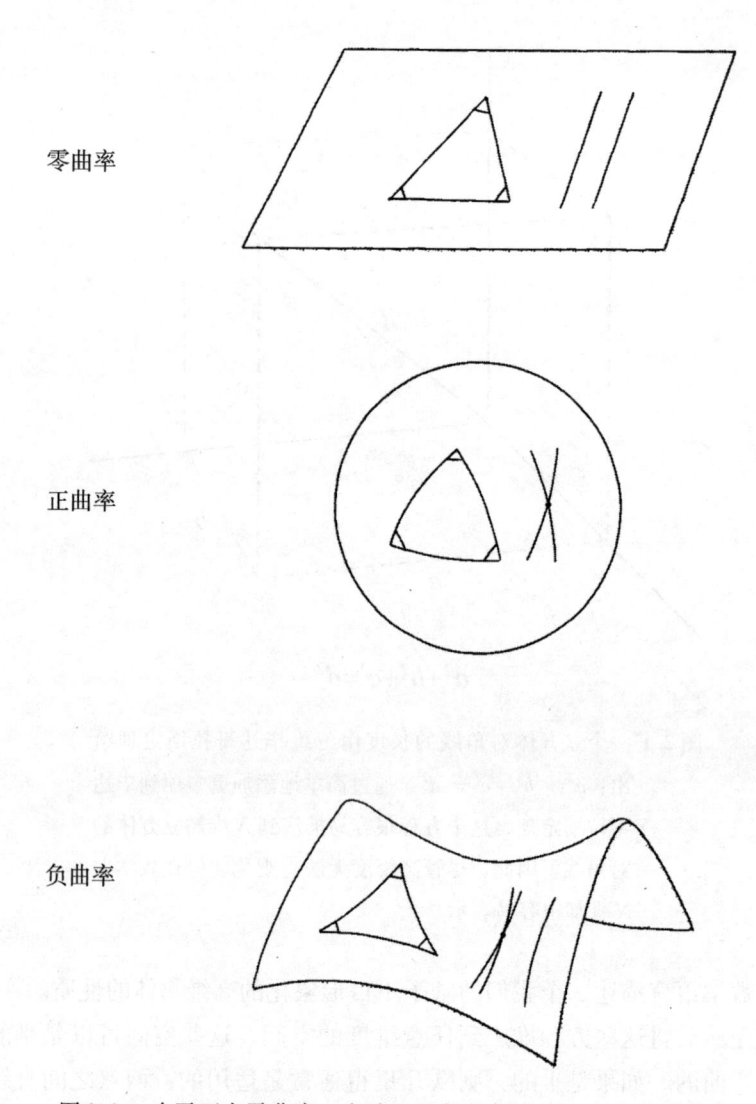

零曲率

正曲率

负曲率

图 2.2 一个平面有零曲率。在欧几里得几何中，一个三角形的内角和为 180 度，平行线从不相交。在非欧几里得几何中，球面具有正曲率。一个三角形的内角和大于 180 度，平行线总是相交（平行线包括中心为球心的弧线。这个规则排除了纬度线）。马鞍形表面具有负曲率，三角形三内角之和小于 180 度。过直线外的一点有可作无穷多条线与它相平行。

我们记得，法拉第的场就像是一个农民的农场。我们认识的农场会占据二维空间的一个区域。法拉第的场则占据一个三维空间的区域。在这个空间中的任意一点，我们通过对其指定一个数字集合，就能描述这个点上的磁力或电力的数。黎曼的想法是为空间的每一点引进一个数字的集合，这组数将描述空间在这一点被弯曲的状态或曲率值的多少。

例如，对于一个普通的二维表面，黎曼在每一个点引进三个数字的集合，完全描述了这个表面的弯曲。黎曼发现，在四维空间，人们需要为每个点引进一组 10 个数的集合以描述其性质。无论空间如何皱褶或扭曲，在每个点的这 10 个数字的集合足以编码所有关于那个空间的信息。让我们把这 10 个数字标上符号 g_{11}、g_{12}、g_{13}、…（分析四维空间时，下标可以从 1 到 4 变化。）这时，黎曼的 10 个数字的集合可以如图 2.3 那样对称性地安排。[6]（看上去似乎有 16 个分量。然而，$g_{12} = g_{21}$、$g_{13} = g_{31}$、…所以，实际上只有 10 个独立的分量）今天，这个数字集合称为黎曼度规张量。大约说来，度规张量的值越大，纸的皱褶越大。无论纸张多么皱，度规张量为我们提供了一种测量任何点曲率的简单方法。如果皱褶的纸完全展平，那么我们会回到毕达哥拉斯公式。

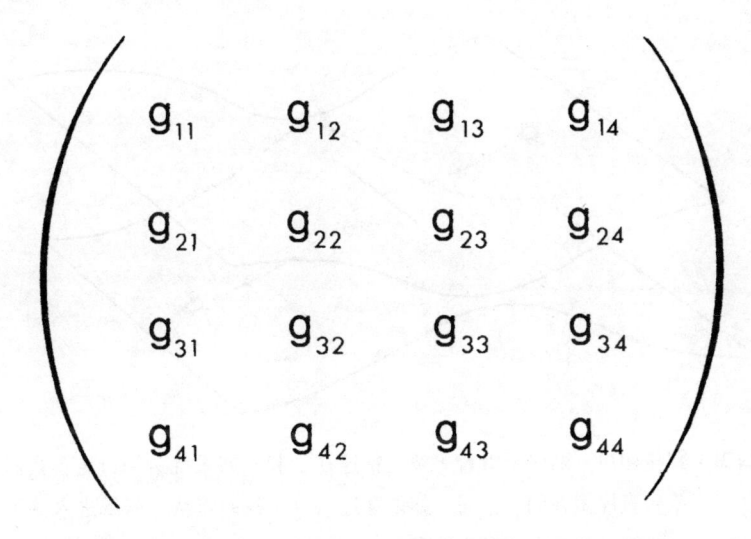

$$\begin{pmatrix} g_{11} & g_{12} & g_{13} & g_{14} \\ g_{21} & g_{22} & g_{23} & g_{24} \\ g_{31} & g_{32} & g_{33} & g_{34} \\ g_{41} & g_{42} & g_{43} & g_{44} \end{pmatrix}$$

图 2.3 黎曼度规张量包含数学上描述 N 维弯曲空间所需要的所有信息。它用 16 个数描述四维空间每点的度规张量。这些数可以安排成方阵（这些数中的 6 个实际是多余的，因此这个度规张量有 10 个独立的数）。

Hyperspace

黎曼的度规张量使他能够建立一个强有力的工具描述具有任何曲率的任何维度的空间。他惊奇地发现，所有这些空间都可以被明确定义且具有自洽性。早先的人们认为，在研究被禁止的高维世界时，会出现可怕的矛盾。令黎曼惊奇的是，他没有发现任何矛盾。事实上，把黎曼的工作扩展到 N 维空间几乎轻而易举。度规张量很像棋盘上的方格，尺寸为 $N \times N$。这在我们后面几章讨论所有力的统一时有着深刻的物理意义。

我们将看到，统一的秘密在于扩大黎曼度规到 N 维空间，然后切成一些矩形片。每个矩形片对应不同的力。用这种办法我们可以描述大自然中的各种力量，像智力拼图一样将它们放进度规张量。这是高维空间统一自然法则原理的数学表示，即在 N 维空间中有"足够的空间"统一它们。更确切地说，在黎曼度规中有足够的空间统一自然力。

黎曼预期了物理学的另一种发展，他是讨论多连通空间或虫洞的第一人。为了可视化这个概念，我们先拿出两张纸，把一张纸放在另一张纸的上面。用剪刀在每张纸上剪一个短的切口，然后将两张纸沿着切口粘在一起（图2.4）。（从拓扑学角度看，此图与图1.1是相同的，只是图2.4中虫洞颈部的长度为 0 而已。）

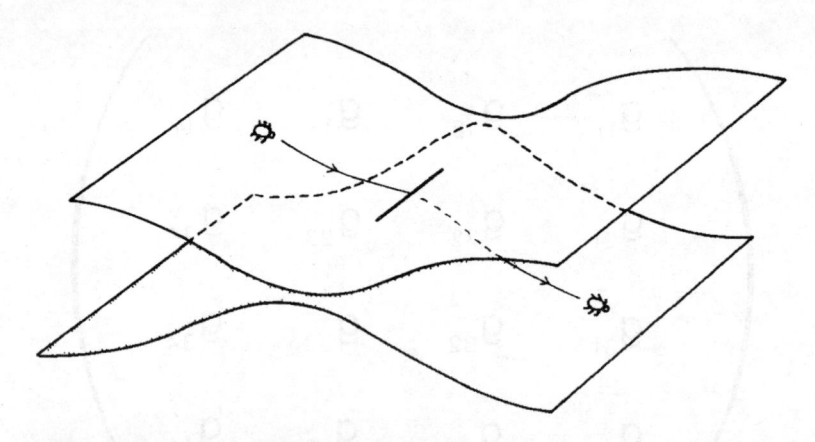

图 2.4 黎曼切口，两张纸沿着一条线粘连在一起。如果绕着切口走，我们就一直停留在同一空间。如果穿过切口，我们将从一张纸进入到另一张纸。这是一个多连通表面。

如果一个虫子住在上面这张纸上，它也许某天不小心走进了切口，发现自己到了下面这张纸上。它会感到困惑，因为每件东西都在错误的地方。经过多次试验，这个虫子将发现，只要重新进入切口它可以重新回到它通常的世界中。如果它绕着切口走，那么它的世界看上去会非常正常；如果它试图取捷径通过切口，那就出现问题了。

黎曼切口是连接两个空间的虫洞的一个例子（只是这个虫洞的长度为0）。数学家路易斯·卡罗尔在他的书《爱丽丝镜中世界奇遇记》中极有效地利用了黎曼切口，连接英国与仙境的黎曼切口是镜子。今天，黎曼切口以两种形式被保存了下来。其一，它在世界上每一个数学研究生的教程上会出现，在"静电理论"或"共形映射"中会被引用。其二，黎曼切口可以在《暮光之城》的情节中发现。（需要强调的是，黎曼本人并未将他的切口看作宇宙之间的一种旅行方式）

黎曼的遗产

黎曼坚持着他在物理学方面的工作。1858年，他甚至宣布自己成功地统一了光和电的描述。他写道，"我完全相信自己的理论是正确的，过不了几年，它会得到大家的公认"。虽然他的度规张量给了他一个强大的工具描述任何维度中的任何弯曲空间，但他不知道度规张量服从的精确方程。也就是说，他不知道是什么使纸张产生皱褶。

不幸的是，黎曼解决这个问题的努力不断因贫穷而受挫。他的成功没有转化为钱。1857年，他又遭受了神经衰弱的打击。多年后，他终于得到了哥廷根大学高斯曾担任过的那个令人垂涎的职位，但为时已晚。贫困的生活破坏了他的健康，像历史上很多伟大的数学家一样，他在39岁时早逝于肺结核。他未能完成自己的引力、磁、电力的几何理论。

总体来说，黎曼的工作不仅是给超空间的数学理论打下了基础，它的意义甚至更为深远。回想起来，我们看到黎曼预期了现代物理学中一些重大的课题。特别是：

1. 他利用高维空间来简化自然法则。对他来说，电、磁和引力都是超空间皱褶或变形引起的。
2. 他预期了虫洞的概念。黎曼切口是多连通空间的最简单的例子。
3. 他将引力表示为一个场。因为度规张量描述了空间每一点的引力

(通过曲率),所以它正是应用在引力上的法拉第的场概念。

因为黎曼没有电、磁、引力服从的场方程,所以他无法完成他的引力场工作。换句话说,他不能精确地知道为了产生引力,宇宙应该如何皱褶。他试图发现电场和磁场的场方程,但他去世前未能完成这个项目。在他去世时,他仍然没有办法计算需要多少皱褶才能描述这个力。这些至关重要的发展将留给麦克斯韦和爱因斯坦。

生活在空间弯曲中

咒语终于被打破了。

黎曼,在他短暂的一生中,解除了2 000年前欧几里得投下的咒语。黎曼的度规张量是一个强大的武器,使年轻的数学家可以无视那些一提到高维空间就号叫的人。追随黎曼脚步的人发现用度规张量谈论那些人们看不见的世界会更加容易。

很快,超空间的研究风靡全欧洲。杰出的科学家开始将这个思想普及到公众。赫尔曼·冯·亥姆霍兹(Hermann von Helmholtz)也许是他那代人中最著名的德国物理学家,他深受黎曼的影响,并通过广泛地写作和宣讲向公众介绍生活在球体上的智慧生命的数学知识。

根据亥姆霍兹的看法,球面上的那些生物具有与我们相似的推理能力,欧几里得的所有假设和定理在他们那里都是没用的。例如,在球面上的三角形的三个内角之和并非180度。高斯最先提出的"书虫"们发现,他们竟然居住在亥姆霍兹的二维球面上。亥姆霍兹写道:"几何定理必须根据这些与我们推理能力相同的生物居住的空间的类型而变化。"然而,亥姆霍兹在他的"科学主题的普及演讲"(1881年)中警告读者说,"我们不可能将第四维直观化。"他说:"事实上,这样的表现是不可能的,就像天生的盲人无法表现颜色一样。"

一些科学家惊叹黎曼著作的高雅,试图找到这个有力工具的物理应用。[7] 当一些科学家们正在探索黎曼数学在更高维度的应用时,其他一些科学家们提出了更为实用的、世俗的问题。如:一个二维生物如何吃饭?为了让高斯的二维人能吃饭,他们的嘴将不得不面对侧面。但如果画出他们的消化道，我们可以注意到，这个通道将他们的身体完全分成了两半（图 2.5）。因此，如果他们吃饭，他们的身体将分裂成两块。事实上，任何一条连接他们身上两个开口的管子都将会把他们的身体分成互不相连的两块。这给我们提出了困难的选择。要么这些人像我们一样吃饭并且他们的身体将被破开，要么他们遵循着与我们不同的生物学规律。

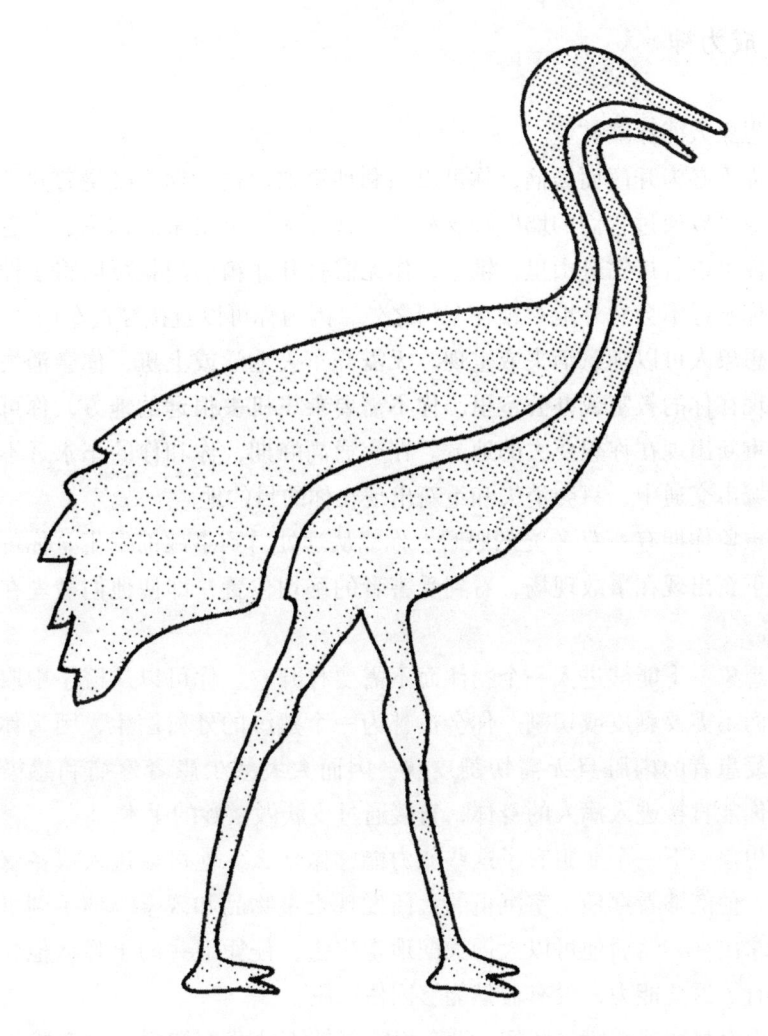

图 2.5 二维的生物不能吃饭。一旦他吃饭，他的消化道必然将他分成不同的两块，身体就散架了。

不幸的是，黎曼的高等数学超出了 19 世纪相对落后的物理学的认知。

没有物理原理来指导高等数学进一步的研究。为了让物理学家赶上数学家，我们必须等待又一个世纪。但这并没有阻止19世纪的科学家无止境地推测四维世界的生物是什么样子。很快，他们意识到这样的四维生物几乎拥有如上帝般的力量。

成为神

想象人能穿墙破壁。

你不必为开门而烦恼，你可以顺利地穿墙而过。你不必绕着建筑物行走，你可以通过它们的墙壁和支柱进入，并从后墙出来。你不必绕着山绕道，你可以直接钻进山里。饿了，你无需打开冰箱的门就可以将手伸进冰箱。你永远不会意外地被锁在车门之外，因为你可以直接穿过车门。

想象人可以随意消失或重现。无需开车去上学或上班，你会消失和重新出现在你的教室或办公室里。你不需要乘飞机去很远的地方，你可以消失和重新出现在你想要去的地方。在交通高峰期，你和你的车永远不会被困在城市交通中，只会消失和重新出现在你的目的地。

想象你拥有一双X光的眼睛。你能从远处看到事故的发生。你可以消失和重新出现在事故现场，看到受害者的确切位置，即使他们被埋在废墟之下。

想象一下能够进入一个物体而不需要打开它。你可以从橙子中取出橙子瓣而不需要剥皮或切割。你会被誉为一个熟练的外科医生，因为你有能力修复患者的内脏且无需切割皮肤，因而大大减少患者疼痛和感染的风险。你能直接进入病人的身体，直接通过皮肤做微妙的手术。

想象一下一个罪犯有了这些能力能够做什么。他可以进入戒备森严的银行。他能够看穿地下室沉重的大门发现贵重物品和现金，伸手到里面把它们拿出来。然后他可以大摇大摆地走出去，任凭卫兵的子弹从他身边穿过。有了这些能力，没有监狱能够囚住罪犯。

没有秘密能够瞒过我们。没有珍宝能够不让我们知道。没有障碍能够阻止我们。我们成了神奇的人，能够完成各种技艺，超出了人类的理解能力。我们真的变得无所不能。

什么生物能够具有这样的像神一样的能力？答案是：来自高维世界的

生物。当然，这些技艺超出了任何一个三维人的能力。对我们来说，墙是坚固的，监狱的铁壁是不可打破的。试图穿墙而过，必然碰得头破血流。但对四维人来说，这些本领只不过是小孩玩意儿。

要理解怎样完成这些奇迹，再次考虑生活在二维桌面上的高斯的神秘二维生物。要把一个罪犯囚禁起来，平地居民只需围绕着他画一个圈。无论罪犯向哪边走，他都会碰到穿不过的圈。然而，对我们来说，让囚犯跳出这个监狱是轻而易举的事。我们只要弯下腰，抓住平地居民，把他拽出二维世界，再把他放回他的世界中的别的地方（图2.6）。这种在三维世界十分平常的本领，在二维世界中看上去却非常神奇。

图2.6 在平地上，"监狱"就是围绕囚犯画的一个圈。在二维空间中希望囚犯逃出这个圈是不现实的。然而，一个三维的人可以把平地居民拉出监狱到三维空间中。对监狱看守来说，就好像囚犯神秘地消失在稀薄的空气中。

对他的监狱看守来说，这个囚犯突然从无法逃脱的监狱中丢失了，消失在稀薄的空气中。之后，他又突然地重新出现在别的地方。如果你向监狱看守解释，囚犯向上移动并离开了平面世界，他绝不会理解你说的是什么。在平地居民的词典中，不存在向上这个词语，也不可能对这个概念直观化。

其他一些事情也可以通过类似的方式解释。例如，平地居民的内部器官（如胃和心脏）对我们来说是完全可见的，就像我们在显微镜载玻片上看细胞的内部结构一样。进入平地居民的体内，无需切开皮肤而对他们进行外科手术也是很平常的事情。我们还能将平地居民从他们的世界中剥下来，翻个身，再把他们放下。注意，他现在左右器官的位置发生了反转。就这样，他的心脏在右边了（图2.7）。

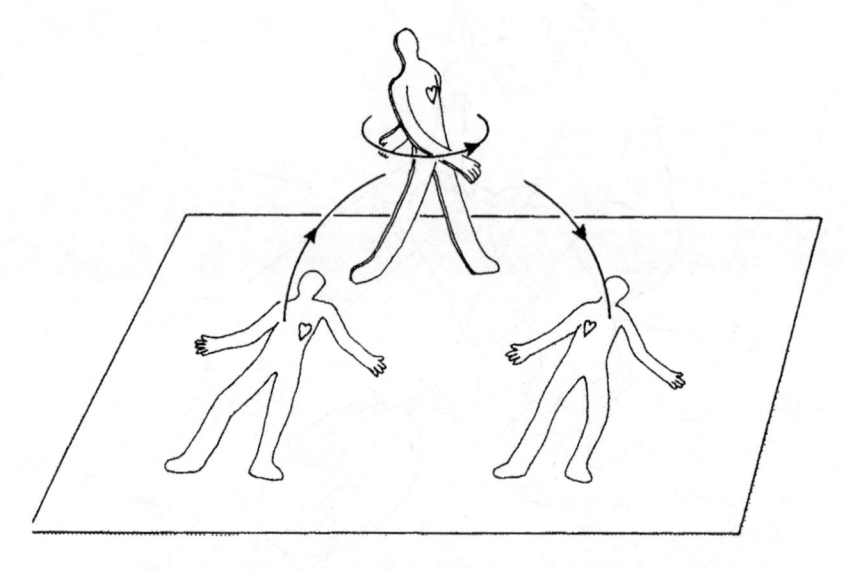

图2.7 如果将平地居民从他们的世界剥下来，在三维中将他翻个身，他的心脏将出现在右手侧。他的所有的内部器官都已经被反转。对于严格生活在平地上的人来说，这种变换在医学上是不现实的。

观察平地居民，我们会发现自己非常万能。即便平地居民藏在屋子里或在地下，我们也能轻松看到他。他会认为我们的能力是神奇的。然而，对我们来说，我们并不认为自己很神奇。这只是一种更高的视野在起作用。（虽然在原则上，这样神奇的本领在超空间物理领域内是有可能性的。

但我们应该注意到，驾驭多空间—时间所必需的技术远远超过了地球上所能拥有的任何技术水平，这个问题甚至在几百年内也无法改变。驾驭超空间的能力有可能的确存在于宇宙中某些地外生命的能力范围中。他们的能力远高于地球上所能发现的任何事物。他们拥有的技术所能控制的能量，要比我们最强有力的机器产生的能量还要大 1 000 万亿倍。）

虽然黎曼的著名演讲通过亥姆霍兹和其他许多人的工作而被推广，但普通公众并不了解其意，或者说他们对二维生物的饮食习惯并无兴趣。对一般人来说，更直接的问题是：什么样的人可以穿墙而过且能看穿钢铁并创造奇迹？什么样的众生是无所不能的且遵守一套不同于我们的定律？

当然是鬼了！

在缺乏物理原理激励的条件下引进高维思想，使第四维的理论突然有了意想不到的转变。在多维空间的历史上，我们将开始一段奇怪的但又不可忽视的弯路，并将考察它对艺术与哲学产生的意想不到的，但意义深远的影响。这种对大众文化的巡视，将表明神秘主义者如何给我们一些聪明的方法，而使高维空间"可视化"。

第四维度的鬼

1877 年，第四维在公众中引起了轩然大波。那时，在伦敦的一个可耻的审判让第四维臭名昭著。

伦敦各大报纸广泛宣传了巫师亨利·斯莱德（Henry Slade）耸人听闻的声称和离奇的审批。当时的一些著名的物理学家卷入了这场哄闹的审判。宣传的结果是，对第四维的讨论从抽象的数学家的黑板上蹦进了上流社会，并成为了整个伦敦餐桌上的谈资。"臭名昭著的第四维"成为了伦敦街谈巷议的话题。

一位来自美国的巫师斯莱德访问了伦敦并参加杰出市民举行的降神会。他一开始是完全无辜的，后来他因诈骗罪被捕，并被指控"使用微妙的手法和道具，通过手相术和其他办法"欺骗顾客。通常情况下，这种审判并不会引起大众的注意。但当杰出的物理学家出面为他辩护时，伦敦社会震惊了，大众也产生了浓厚的兴趣。为他辩护的物理学家说，这个巫师的特异功能证明他能召唤第四维度的灵魂。这个丑闻被推波助澜，因为为斯莱德辩护的不是普通的英国科学家，而是世界上最伟大的物理学家。他们中的许多人获得过诺贝尔物理学奖。

煽动这起丑闻的主要人物是约翰·佐尔拉（Johann Zollner），莱比锡大学的物理学和天文学教授。佐尔拉率领一群显赫的物理学家来为斯莱德辩护。

当然，神秘主义者为皇家法院和公众社会表演小把戏并没有什么新奇。几个世纪以来，他们都宣称：他们能用心灵读出封闭信封里的字；从密闭的瓶子里取出物体；重新封装折断的火柴棒；将戒指套在一起。对这场官司最奇怪的曲解是，杰出的科学家声称，通过掌握四维空间的物体将有可能实现这些通灵技艺。在这个过程中，他们让公众初步了解了如何通过第四维表演这些神奇的把戏。

佐尔拉赢得了物理研究协会一些国际杰出的物理学家，甚至是这个组织的领导人的帮助。包括19世纪一些最著名的名字：威廉·克鲁克斯（William Grookes），他是阴极射线管的发明家，他的发明在今天主要用于世界上的电视机和电脑显示器[8]；威廉·韦伯（Wilheim Weber），他是高斯的合作者和黎曼的导师（今天，磁场的国际制单位正是以"韦伯"命名）；J. J. 汤普森（J. J. Thompson），他在1906年因发现电子赢得了诺贝尔奖；瑞利勋爵（Lord Rayleigh），他是历史学家公认的19世纪后期最伟大的古典物理学家之一和1904年诺贝尔物理学奖获得者。

克鲁克斯、韦伯、佐尔拉对斯莱德的工作产生了特殊的兴趣。斯莱德最终被法院认定为诈骗罪。然而，他坚持他可以通过在科学团体面前重复他的技艺来证明他的清白。出于好奇，佐尔拉接受了这个挑战。1877年佐尔拉进行了一系列控制实验，测试斯莱德是否具有通过第四维度传送物体的能力。佐尔拉邀请了几个杰出的科学家和自己一起对斯莱德的能力进行评判。

首先，他们给了斯莱德两个独立的、完整的木环。斯莱德能把一个木环放到另一个木环中，使它们交织在一起而不破坏木环吗？佐尔拉写到，如果斯莱德成功，它将"代表一个奇迹，即一种直到此前我们的物理概念和生理过程绝不能解释的现象"。

其次，他们给了斯莱德一个蜗牛壳，向右扭曲的或向左扭曲的。斯莱德能把右旋贝壳变成左旋贝壳吗，或者反之？

再次，他们给了斯莱德一个干的动物内脏制成的绳子。他能在不切断绳子的情况下在圆圈的绳子上做一个结吗？

斯莱德还受到了诸如此类的各种类似试验。例如，绳子打一个右手结，两端用蜡封住，盖上佐尔拉个人的印章。要求斯莱德不破坏封的蜡，解开这个结，在左手端重新打个结。因为在四维空间结总是解开的，所以对四维的人来说这个技艺是很容易实现的。他们还要求斯莱德从瓶子里取出东西，而不破坏瓶子。

斯莱德有表演这些奇迹的惊人的能力吗？

第四维度的魔法

今天我们意识到操纵更高维度空间所需要的技术，正如斯莱德所说，远超出了本行星在可以预见的未来能够掌握的任何事情。然而，这个臭名昭著的案例令人感兴趣的是，佐尔拉正确地得出了这样一个结论——如果能有什么办法将物体移动到第四维度，斯莱德的巫师专长就可以得到解释了。因此，由于教学上的原因，佐尔拉的实验是非做不可且值得探讨的。

例如，在三维中，两个分离的独立的环如果其中一个不被折断，它们就很难交织纠缠在一起。同样，封闭的圆形的绳子不破坏就不能扭成结。任何为得奖牌而拼命要解开结的男孩或女孩都知道，圆形的闭合的绳子的结是不能解开的。然而，在更高的维度，结很容易解开，环可以交织在一起。这是因为有"更多的空间"互相移动绳子和将环交织在一起。如果第四维度存在，绳索和环可以跳出我们的宇宙，交织在一起，然后回到我们的世界。事实上，在第四维度，结绝不能永远结在一起的。不用切开绳子就能解开结。这样的奇迹在三维中是不可能的，但在第四维中这是轻而易举的事。原来，三维是唯一能使打的结不被解开的维度。（注解中给出了这个意想不到结果的证据。[9]）

同样，在三维中也不能将无法改变的左旋物体转换成右旋物体。人类的心脏生来就在左边，外科医生不管多熟练，也不能逆转人体的内部器官。正如数学家奥古斯特·莫比乌斯（August Mobius）在 1827 年首先指出的，如果我们能把物体举出我们的宇宙，在第四维中实现翻转，然后再回到我们的宇宙这才可以成为可能。这些奇迹中的两个如图 2.8 所示，只有物体能移动到第四维度，才能进行这样的表演。

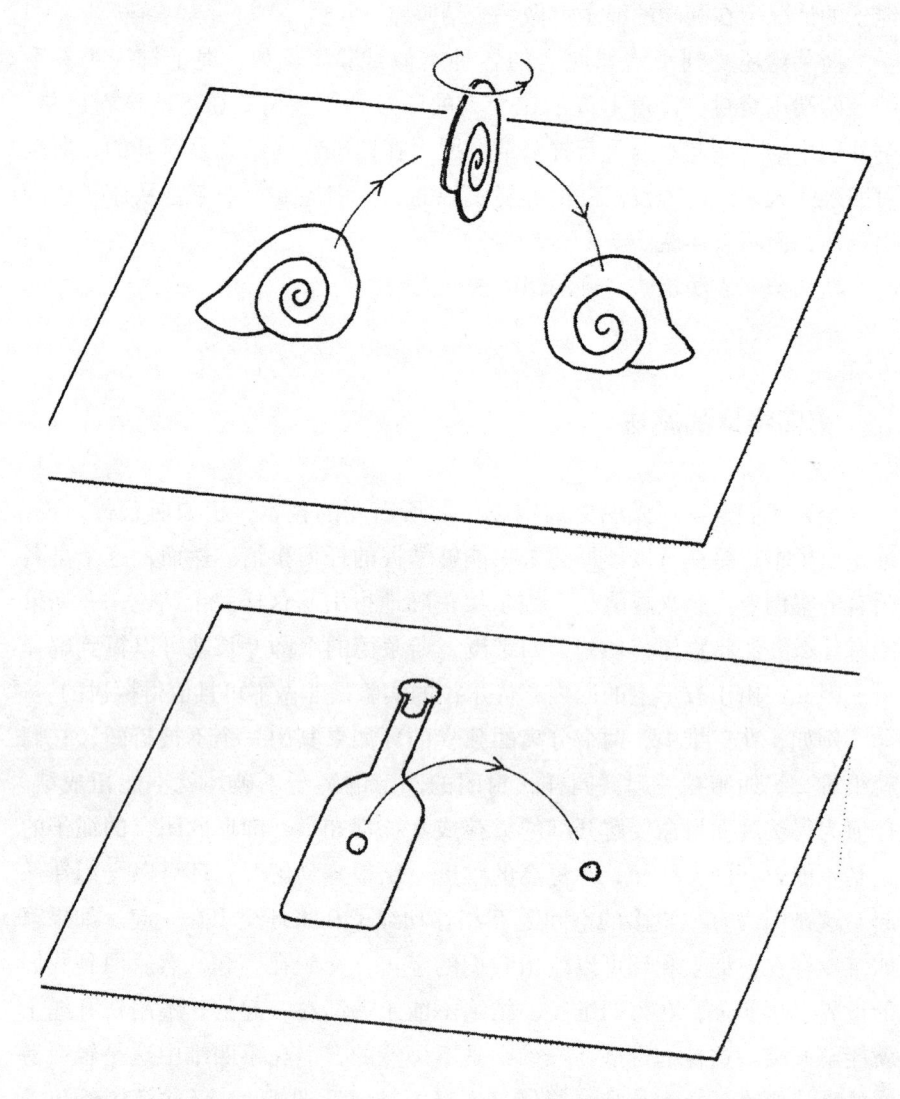

图2.8 神秘的亨利·斯莱德（Henry Slade）说他能将右旋贝壳变成左旋的，能从封闭的瓶子中取出物品。这些奇迹在三维空间中是无法实现的，但如果能将物体移动到四维空间，这些问题都可以得到解决。

科学团体的两极分化

佐尔拉在《科学季刊》和《抽象物理学》杂志上都发表了文章,引发了一场争论的风暴。他说,斯莱德在降神会上,在有杰出科学家在场的情况下所表演的神奇魔法让观众吃惊。(然而,有些在受控条件下进行的测试,斯莱德也没做成功。)

佐尔拉激烈地为斯莱德的技艺辩护,在伦敦社会中到处炒作。(事实上,这是19世纪后期几个涉及唯心论者和巫师的备受瞩目的事件之一。维多利亚时代的英国显然着迷于这类神秘事件。)科学家以及普通百姓很快地开始袒护这件事。支持佐尔拉说法的是他的著名的科学家的圈子,包括韦伯和克鲁克斯。他们不是普通的科学家,而是科学艺术大师和老练的实验观察者。他们花费了毕生的时间研究自然现象,现在,就在他们的眼前,斯莱德表演了只有生活在四维空间的精灵才能拥有的技艺。

但是,贬损佐尔拉的人指出,科学家是最不适合评论魔术师的,因为他们接受的训练是相信感觉。而魔术师接受的专业训练是转移注意力、掩人耳目以及将这些感觉相混淆。一位科学家可能正仔细地观察魔术师的右手,但魔术师却正用左手出其不意地完成了魔术。批评家也指出,只有另一个魔术师才能聪明地发现一位同行魔术师空手套白狼的把戏。只有贼才能抓住贼。

在季刊杂志《基本原理》上发表的一篇特别严厉的批评文章是针对另外两位杰出的物理学家,W. F. 巴雷特爵士 (Sir W. F. Barrett) 和奥利弗·洛奇爵士 (Sir Oliver Lodge) 的,他们的工作是有关心灵感应的研究。这篇文章毫不留情地批评道:

> 无需将所谓的心灵感应现象看作是不可解释的,也无需将巴雷特爵士和洛奇爵士的智力表演当回事。这里也许还有第三种可能,主观意愿使他们接受了一些证据,但如果他们接受过实验心理学的训练,他们就会重新看待自己之前找到的证据。

一个世纪后,在对以色列巫师尤里·盖勒 (Uri Geller) 特异功能的争论上出现了同样的讨论，赞成和反对。尤里·盖勒说服加利福尼亚斯坦福研究所的两位著名科学家，说他可以只用精神力量就能弯曲一把钥匙和表演其他特异功能。（评论这件事时，一些科学家津津乐道地引用古罗马人的一句谚语："想受骗者必受骗。"）

英国科学界内蔓延的激情触发了一场生动的辩论，迅速传过英吉利海峡。不幸的是，在黎曼死后的几十年里，科学家忘记了他最初的目标——通过更高维度简化自然法则。结果，高维理论徘徊在许多有趣却问题百出的研究方向上。这是一个重要的教训。没有清楚的物理动机或没有指导性的物理绘景，纯粹的数学概念有时会演变成投机活动。

然而，这几十年来高维理论并未完全迷失方向，因为像查尔斯·欣顿（Charles Hinton）那样的数学家兼神秘主义者想出了一些很机敏的方法，可以用来观察第四维。最终，第四维度普遍的影响峰回路转，全面流行起来并再次影响了物理世界。

3 看见四维的人

> 到了 1910 年,第四维已经几乎成为家喻户晓的话题……谈话范围从理想的柏拉图或康德的现实——或者甚至天堂——到困扰当代科学的所有问题的答案,第四维让所有人感到满意。
>
> ——琳达·达尔林普尔·亨德森(Linda Dalrymple Henderson)

由于审判臭名昭著的斯莱德先生所唤起的大众关注效应,长期的争论最终酿成一部畅销小说也许是必然的事情。

1884 年,在 10 年的激烈辩论后,伦敦城市学校校长,牧师埃德温·阿博特(Edwin Abbot)撰写了一部惊人的成功的长久不衰的小说——《平地居民:方先生多维空间浪漫史》。牧师能写小说并不奇怪,因为英国教堂的神学家是首批参加这场具有轰动效应的审判所产生争吵的人。若干世纪以来,牧师一直巧妙地回避着一个长期存在的问题——天堂和地狱在哪儿?天使住在何处?现在,他们发现了这些问题的答案:四维空间。基督徒巫师 A. T. 斯科菲尔德(A. T. Schofield)在他 1988 年写的书《另一个世界》中详细论述了神和精神居住在第四维。[10] 神学家亚瑟·威林克(Arthur Willink)也不甘示弱,他在 1893 年写了《看不见的世界》一书。在这本书中,他提到,上帝不适合居住在低级的第四维世界。上帝唯一神圣的居住地是无限维世界。[11] 由于公众对高维的强烈兴趣,该书立即在英国取得成功,到 1915 年已实现了 9 次重印。今天,该书的版本已多到无法计数。

小说《平地居民》的惊人之处,是阿博特首次把围绕第四维的长期争

Hyperspace

论作为辛辣社会的批评和讽刺的载体。阿博特开玩笑般地批评那些固执的拒绝承认可能存在其他世界的伪善的人。高斯的"书虫"变成平地居民。高斯所害怕的"笨蛋"变成了高级牧师，这些高级牧师将以西班牙宗教法庭的严酷和公正来迫害那些胆敢提出看不见第三维的人。

阿博特的《平地居民》是对英格兰维多利亚时代盛行的阴险的偏执和令人窒息的偏见的一个变相的批评。这部小说的英雄是方先生，他是一个生活在二维国等级社会中的保守绅士，在这片土地上的每个人都是一个几何物体。妇女处于这个社会阶层中的最底层——线；贵族是多边形；高祭司是圆。人们具有的边的数量越多，社会地位越高。

书中严格禁止人们讨论第三维度的问题。任何提到三维的人都会被判重刑。方先生是一个自鸣得意和自命正直的人，从未想过要挑战当权派的不公平。然而，有一天，一个神秘的球大人（一个三维球体）访问了他，他的生命发生了根本性的改变。在方先生的眼里，球大人似乎是一个可以神奇地改变大小的圆（图3.1）。

球大人试图耐心地解释他来自另一个叫做立体国的世界，这个世界上的所有物体都有三个维度。然而，方先生并不相信。他顽固地抗拒存在三维世界的想法。球先生很沮丧，决定诉诸行动，而不只是单纯的语言表达。他将方先生从二维平地中拽出，扔到立体国。这是一个奇妙的神秘的经历，它改变了方先生的生活。

当平的方先生像一片纸在风中飘荡在三维空间中时，他只能看到立体国的二维切片。因为方先生只能看到三维物体的横截面，所以他看到一个梦幻的世界，物体的形状改变，甚至忽而出现，忽而消失在空中。然而，当他试图告诉他的平地居民，告诉他们自己访问三维空间看到的奇迹时，高祭司却将他定性为一个胡言乱语的煽动言论的疯子。方先生变成高祭司的一个威胁，因为他挑战了他们的权威和只可能存在二维的神圣的信仰。

这本书以一种悲观的语气结尾。尽管人们相信他确实访问了立体国的三维世界，但方先生被投入监狱，并被判在狱中铁窗之内度过余生。

在第四维度中的晚宴

阿博特的小说之所以重要，是因为它是首部拜访更高维度世界的广为

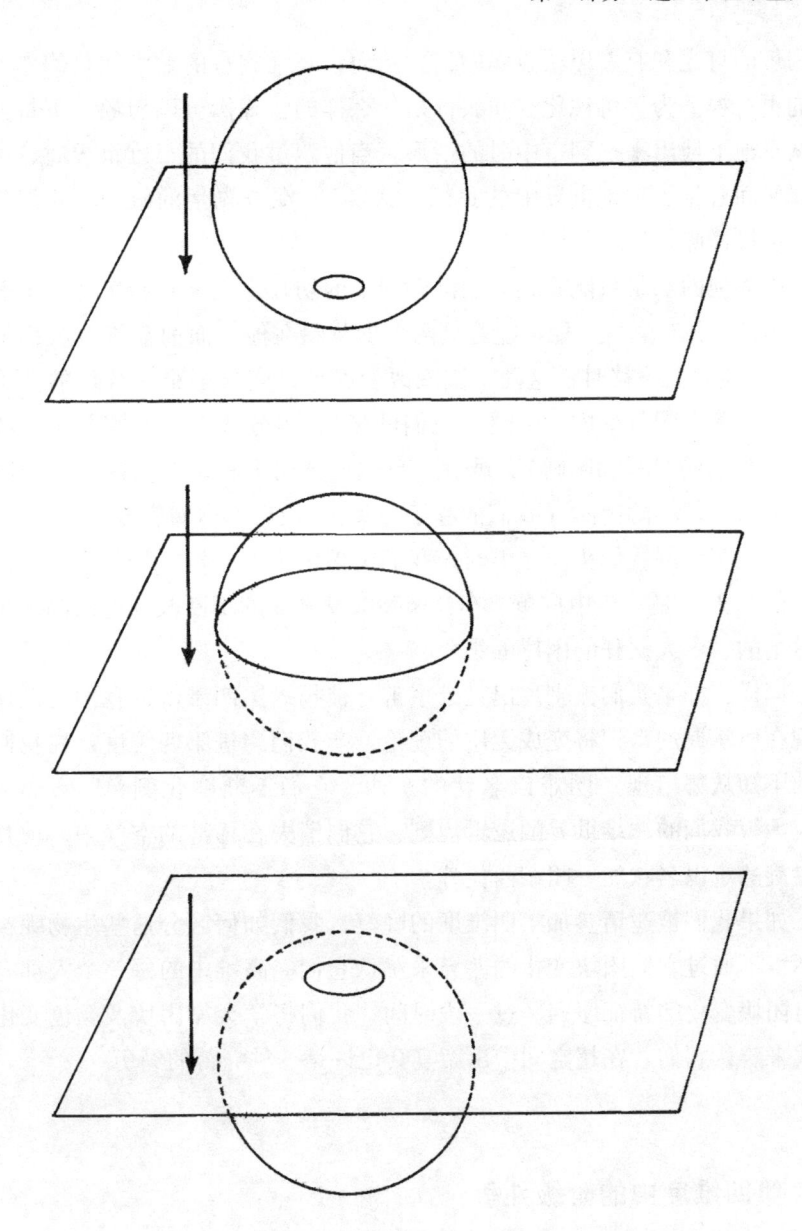

图 3.1 在平地中,方先生遇到了球大人。当球大人通过平地时,他看上去是一个圆,尺寸不断变大,然后不断变小。因此,平地居民不能直观化三维物体,但能够理解横截面。

流传的通俗小说。他对方先生进入立体国的迷幻之旅的描述在数学上是正确的。在流行的解释和电影中,穿越超空间的维度之间的旅行通常被描绘

Hyperspace

为闪烁的灯光和有着黑暗漩涡的云。然而，高维旅行的数学比科幻作家想象的更有趣。为了可视化空间旅行是什么样的，我们可以想象一下将方先生从平地上拽出来扔到空中时的情形。当他飘过我们的三维世界时，可能在偶然间看见了三维世界中的我们（人类）。在方先生的眼中，我们又是怎样的模样呢？

因为他的双眼只能看到我们世界的平的切片，人类看起来像一个丑陋而可怕的物体。首先，他可能看见两个皮革圈在他的面前盘旋（我们的鞋子）。当他向上飘移时，这两个圆圈改变颜色，变成了布（我们的裤子）。然后，这两个圈凝聚成一个圈（我们的腰），再分成三个布圈并再次改变颜色（我们的衬衫和胳膊）。再后，当他继续向上飘浮时，这三个布圆圈合并成一个较小的肉圈（我们的脖子和头）。最后，肉圈变成了一团头发。当方先生飘浮到我们头顶之上时，我们突然消失了。对方先生来说，这些神秘的"人"是一个由皮革、布、肉和头发做成的不断改变的由圆圈组成的可怕的、令人疯狂的困惑的集合。

同样，如果我们被剥离出三维宇宙并被扔入第四维度，我们会发现我们现在所掌握的常识将变成无用的理论。当我们飘进第四维度，在我们的眼前不知从哪出现一团难以名状的东西。它们不断变化颜色、大小、组成，无视我们的三维世界的逻辑规则。它们消失在稀薄的空气中，被其他的盘旋的难以名状的一团东西代替。

如果我们被邀请参加第四维度的晚宴，我们如何区分这些生物呢？我们不得不通过它们团块变化的差异来辨认它们。高维中的每一个人都有其自身团块变化的特征序列。过一段时间，我们将学会靠团块及颜色变化的方式来辨认它们。在超空间中出席宴会也许是一种痛苦的经历。

第四维度中的阶级斗争

及至 19 世纪末，第四维度的概念已经如此普遍地感染了知识界，以至于剧作家们都可以用它来嘲弄时弊了。1891 年，奥斯卡·王尔德写了一个关于这些鬼故事的恶作剧《肯特威尔鬼》。它讽刺某些愚蠢的"心理学会"的勋绩（毫不掩饰地指向克鲁克斯的社会心理研究）。王尔德写了一个长期受苦的鬼魂遇到新来的美国房客肯特威尔。王尔德写道："这个鬼显然没有时间逃跑,所以匆忙采用第四空间作为逃避的手段,他幽灵般地通过护墙板消失了,房子安静了下来。"

H. G. 威尔斯(H. G. Wells)的著作对第四维度文学的贡献更大。虽然人们主要由科幻作品而想起他的名字,但他当时也是伦敦社会知识界最有影响力的人物之一。他通常以文学批评、评论和才华横溢而著称。在他1894年出版的小说《时间机器》中,他将数学、哲学、政治主题结合在一起。他推广了科学上的一个新思想——第四维也许可以看作时间,而不一定是空间〔威尔斯并非第一个推测时间可以视为异于空间维的新型第四维的人。吉恩·达兰贝尔(Jean d'Alembert)在他1754年的文章"维度"中已将时间看作第四维度〕:

> 显然,任何现实的物体必须在四个方向延伸,长度、宽度、高度,以及——持续时间。但是,由于人类的天生缺陷……我们通常倾向于忽略这一事实。实际有四个维度,其中三维被称为空间的三个方向,还有一个第四维度——时间。然而,存在着在前三维和后一维之间划一道并非真实存在的鸿沟的趋势,因为恰巧我们的意识自始至终沿着这后一方向断断续续地运动着。

与在它之前出版的《平地居民》相似,使《时间机器》在出版后一个世纪长盛不衰的原因是它尖锐的政治和社会评论。威尔斯作品的主人公发现,802701年的英国不是实证主义者所预言的闪闪发光的现代科学奇迹的城堡。与此相反,未来的英国是一个充满阶级斗争的地方。工人阶级被残酷压迫在底层社会,直至变为一个新的物种——野蛮的莫洛克人。而放纵于声色犬马之中的统治阶级则因腐败而发展为像小精灵似的无用的种族——埃洛伊人。

威尔斯是一位著名的费边(Fabian)社会主义者,用第四维度对阶级斗争作了最大的讽刺。穷人和富人的矛盾走向疯狂。无用的埃洛伊人由勤劳的莫洛克人喂养,衣食无忧。故事的最终,工人们复仇成功:莫洛克人吞食了埃洛伊人。换言之,第四维度成为马克思主义批判现实社会的陪衬。不同的是:工人阶级不会如马克思预测的那样打破富人的枷锁,而是吃掉富人。

威尔斯在一篇短篇小说《普拉特纳故事》中甚至谈到用左手或用右手

的悖论。戈特弗里德·普拉特纳（Gottfried Plattner）是一个科学教师。他进行了一次精心准备的化学实验，但他的实验失败了，他被送到另一个宇宙。当他从阴间返回到现实世界中时，他发现他的身体已经以奇怪的方式改变了：他的心脏在右侧出现，同时，他还成为了左撇子。医生对他进行身体检查时，惊讶地发现普拉特纳的整个身体发生了翻转。这是我们这样的三维世界的生物无法想象的事情："普拉特纳左侧和右侧的逆转是一个证据，证明他离开我们的宇宙到了第四维，然后他又回到了我们的世界。"然而，普拉特纳拒绝在他死后进行尸体解剖，从而将"确凿地证明他整个身体的左右边已经倒置的证据"推迟到"也许是无限的将来"。

威尔斯清楚知道有两种方法可以直观化左手物体如何转换为右手物体。例如，一个平地居民被举出他的世界，翻个身再放回到平地，从而实现了器官在方向上的翻转。或者，一个平地居民可以生活在一个莫比乌斯（Möbius）带上。莫比乌斯带是将一个纸带扭转180度，然后将两端粘在一起形成的。如果一个平地居民围绕这个条带走一圈再回来，他发现他的器官在方向上同样发生了翻转（图3.2）。这个条带还有另一个惊人的性质让科学家着迷了过去整个世纪。例如，你环绕它的表面走一圈，你将发现它只有一面。此外，如果你沿着中心条带把它切成两半，它将继续以条带形式存在，而不会断成两块。这就产生了一首数学家的打油诗：

> 一个数学家相信，
> 莫比乌斯带是单面的。
> 你会开怀大笑：
> 因为如果把它切成两半，
> 分开时它仍然是连在一起的。

威尔斯在他的名著《隐形人》中推测，通过"一个公式、一个相关四维的几何表达式"，人是可以实现隐形的。威尔斯知道，一个平面居民如果从他的二维世界剥离出去，他就会从他的世界消失；同理，如果一个人想办法跳入四维空间，也会在我们的三维世界中消失（隐身）。

威尔斯在短篇小说《戴维森眼里的非凡的案例》中探索了一个想法，"在空间中扭结"可能使一个人跨越辽阔的距离。戴维森是这个故事中的主角，有一天，他发现自己拥有了令人不安的本领，能够看到遥远的南海

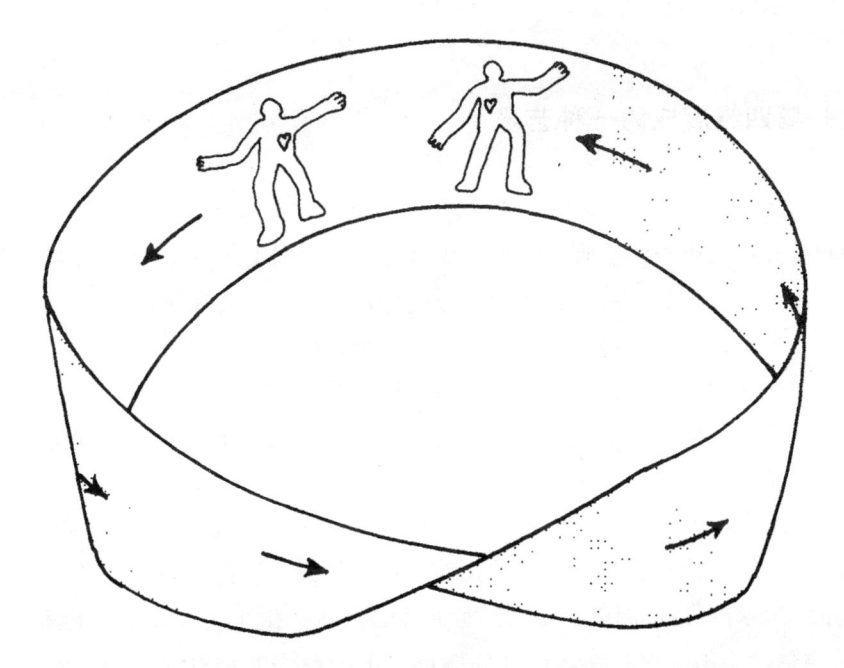

图3.2 一个莫比乌斯带是一个只有一面的带子。它的外侧和内侧都是相同的。如果一个平面居民沿着这个条带走一圈,他的内部器官将发生逆转(左右倒置)。

岛上发生的事情。这个"空间扭结"是一种空间弯曲,所有从南海来的光穿越了超空间进入了身在英国的他的眼中。因此,威尔斯在他的科幻小说中将黎曼的虫洞应用到了他的文学构思中。

在《精彩的访问》中,威尔斯探索了天堂存在于平行世界或平行维度中的可能性。故事情节涉及一个天使偶然地从天堂掉落到一个英国乡村而陷入了困境。

威尔斯作品的普及开辟了一个新的虚幻小说的体裁。数学家刘易斯·卡罗尔(Lewis Carroll)的朋友乔治·麦当劳(George McDonald)也猜测过有关天堂位于第四维度可能性。麦当劳在1895年撰写了幻想小说《莉莉丝》,书中的主角通过操纵镜子里的倒影在我们的宇宙和其他世界之间创造了一个二维窗口。《继承者》于1901年由约瑟夫·康拉德(Joseph Conrad)和福特·马多克斯(Ford Madox)合作撰写。故事描述了从第四维来的一族冷酷无情的超人进入了我们的世界,并开始接管我们的世界。

第四维度成为一种艺术

1890—1910年可以视为第四维度的黄金年。它是这样一个时期：高斯和黎曼开创的思想渗透到文学界、先锋派和公众的思想中，极大影响了艺术、文学、哲学的发展。新哲学的分支神智学就深受高维的影响。

一方面，严肃的科学家为这种发展感到惋惜，因为黎曼的严格结论在宣传中被放到了次要地位。另一方面，第四维度的普及有积极的一面。它不仅使公众可用的数学取得进步，而且也暗示了更加丰富和互相渗透的文化动向。

艺术史学家琳达·达尔林普尔·亨德森（Linda Dalrymple Henderson）在《第四维和现代艺术中的非欧几何》中详细说明了这一点，并认为第四维度对艺术世界的立体主义、表现主义的发展产生了重要影响。她写道："在立体派中间，建立在新的几何图形之上的最好的和最连贯的艺术理论已发展起来。"对先锋派来说，第四维象征着对资本主义横行霸道的反抗。他们把压抑的实证主义与庸俗的唯物主义看作是对艺术表现中的创造性的扼杀。例如，立体派强烈反对科学狂热者的傲慢，认为它们的创作是非人性化的。

先锋派把第四维度作为他们的工具。一方面，第四维度将现代科学的边界推到了极限。它比科学家更科学。另一方面，它是神秘的。炫耀四维使僵硬的万事通实证主义者感到难堪。特别是，它采取了艺术反叛的形式反对透视法。

中世纪的宗教艺术很有特色，它故意缺乏透视效果。农奴、农民、国王被描绘成好像是扁平的，就像儿童画人那样。这些画极大地反映了教会的观点，上帝是无所不能的，因此他可以平等地看到我们世界的所有部分。艺术不得不反映他的观点，因此世界被画成二维的。例如，著名的贝叶挂毯（图3.3）描绘了1066年4月英国国王哈罗德二世的一个迷信的士兵惊叹于不祥的彗星在头顶飞过的场景。（6个世纪后，这颗彗星被取名为哈雷彗星。）哈罗德在黑斯廷斯的残酷战斗中输给了征服者威廉。威廉加冕英国国王，英国的历史揭开新的一章。然而，贝叶挂毯像其他的中世纪的艺术作品一样，把哈罗德士兵的臂膀和脸画成平的，好像一块玻璃板放在他们身体上，把他们压进挂毯。

图 3.3 这是贝叶挂毯中的一幕。它描绘了恐惧的英国军队指向天上的一个幽灵（哈雷彗星）的场景。画面中的人物是平的，这与中世纪所作的大多数艺术品一样，它标志着上帝是万能的。因此这张图是画成二维的。

文艺复兴艺术反对这种以上帝为中心的平面透视法，于是，以人为中心的艺术开始繁荣起来。这种艺术从人的视觉出发，画出全景式的实际中的三维的人。在达·芬奇的关于透视法的有力的研究中，我们可以看到在他的素描中，线条都消失在地平线的某一点。文艺复兴艺术反映了人观察世界的方式，是从观察者的视角出发。在米开朗基罗的壁画或达·芬奇的素描画中，我们看到大胆的有气势的人物跳出二维。换句话说，文艺复兴艺术发现了第三维（图 3.4）。

随着机器时代和资本主义的萌芽，艺术世界开始反叛于支配着工业社会统治地位的冷漠的唯物主义。对立体派艺术家而言，实证主义是个紧箍咒，它把我们局限在实验室可以测量的内容上，压制了人们的想象力。他们问：为什么艺术必须是客观"真实的"？这个反对透视的立体派艺术家抓住了四维，因为它从所有可能的透视效果触及到第三维。简言之，立体派艺术家拥抱了第四维。

毕加索的画是一个极佳的例子，它们表明了透视法被完全抛弃。画中

Hyperspace

图 3.4 在文艺复兴期间,绘画家发现了第三维。图是用透视法画的,视角是从人眼的有利位置发出,而不是从上帝的眼发出。注意在达·芬奇的壁画《最后的晚餐》中所有的线条都汇聚到地平线上的某一点。

妇女的脸可以同时被多个角度观看。取代单一视点,毕加索的画不是单视角的,而是多视角透视的。就像是从四维来的人所绘画的,能够同时看到所有的视角(图 3.5)。

有一次,毕加索在火车上碰到一位认识他的陌生人走过来和他说话。陌生人抱怨,问他为什么画的人像与实际情况不相符,为什么要用看上去扭曲的方式来绘画呢。之后,毕加索向这个陌生人索要了他的家庭照。在扫了一眼后,毕加索回答,"啊,你的妻子真的那样又小又平吗?"对毕加索来说,一幅画即便再真实,它的观察效果也只取决于观察者的视角。

抽象派画家试图将人们的脸画出立体效果,他们通常将时间当作第四维度。在马塞尔·杜尚(Marcel Duchamp)的画《下楼梯的裸女》中,我们看到一个妇女的模糊的阴影。因为当她走下楼梯时,整个过程中她的无穷多个像重叠起来。如果时间是第四维度,这就是一个四维人看人的方式,他一次可以观察到全过程的效果。

1937 年,艺术批评家迈耶·舍皮罗(Meyer Schapiro)总结这些新几何学对艺术世界的影响,他当时写到,"正像非欧几里得几何的发现给了'将数学看作是独立的存在'以巨大的动力,抽象绘画也同样切断了经典

图 3.5 立体派受到四维的极大影响。例如，它试图通过四维人的眼来看真实的物体。这样一个人看人的脸时会同时从所有视角审视。因此，四维人立即看见了画面中的人的两只眼睛，正如在毕加索画的多拉·玛尔（Dora Maar）肖像中那样。

艺术模拟的古典思想之根。"或者，如艺术史学家琳达·亨德森（Linda Henderson）所说，"四维和非欧几何是统一众多现代艺术和理论的最重要的主题。"[12]

布尔什维克和四维

四维也借助于神秘主义者 P. D. 奥斯本斯基（P. D. Ouspensky）的写作传入沙皇俄国。他将四维的秘密引进了俄国的知识界。它的影响非常深远，甚至影响了费奥多尔·陀思妥耶夫斯基（Fyodor Dostoyevsky）。他在自己的著作《卡拉马佐夫兄弟》一书中，在关于"上帝存在性"的讨论中让书中的主人公推测"高维和非欧几里得几何的存在性"。

在俄国发生的历史事件中，四维在布尔什维克革命中也起了一种奇特作用。今天，在科学历史上这个奇怪的插曲是重要的，因为弗拉基米尔·列宁也参加了有关第四维的争论，最终对苏联的科学施加了长达70年之久的巨大影响。[13]（事实上，俄国科学家在建立今天的十维理论中起了关键性作用。）

在沙皇残酷地镇压了1905年的革命之后，在布尔什维克党内建立了一个叫托派或"上帝的建设者"的派别。他们认为农民还未作好接受社会主义的准备。为了使他们做好准备，布尔什维克应该通过宗教和唯心论说服他们。为了支持他们的异端观点，"上帝的建设者"引证德国物理学家和哲学家厄恩斯特·马赫（Ernst Mach）的著作。他雄辩地写了四维和近来的一种新的叫做放射性的神秘的物质性质。"上帝的建设者"指出，法国科学家亨利·贝克勒尔（Henri Becquerel）在1896年发现的放射性和玛丽·居里（Marie Curie）在1896年发现的镭在法国和德国文学界点燃了激烈的哲学争论。似乎物质可以缓慢地瓦解，能量可以以放射性的形式重新出现。

毫无疑问，新的有关放射性实验证明了牛顿物理的基础是不牢固的。希腊人曾认为物质是永恒不变的，可现在在我们的眼皮底下瓦解了。铀和镭，击败了人们接受的传统观点，它们在实验室变异了。对某些人来说，马赫是带领他们离开困扰的先知。然而，他指向了错误的方向，拒绝唯物主义和声称空间和时间是我们感觉的产物。他徒劳地写到，"我希望，不要有人用我在这个题目上说的或写的为鬼故事辩护"。

在布尔什维克内部产生了分裂。他们的领袖弗拉基米尔·列宁吓坏了。社会主义能容纳鬼和恶魔吗？1908年，他流亡到了日内瓦，写了一部庞大的哲学书《唯物主义和经验批判主义》，猛烈地批评神秘主义和形而上学，并为辩证唯物主义进行辩护。对列宁来说，物质和能量的神秘消失不能证明神灵的存在。他认为，这反而意味着出现了一个新的辩证法能够既包含物质也包含能量。它们不再像牛顿所做的那样把它们看作是分割的实体。现在必须把它们看作为辩证统一的两极。一种新的守恒原理是必要的。（列宁不知道爱因斯坦在 3 年前，在 1905 年提出了正确的原理。）此外，列宁质疑马赫轻松地接受了第四维度。首先，列宁称赞马赫，"他设想并提出了 N 维空间这个十分重要而又有用的问题。"然后，他责备马赫，"没有强调只有三维空间才能被实验证明。"列宁继续写道："数学家可以探索第四维度和可能存在的世界，这是件好事，但沙皇却只能在第三维中被打倒！"

列宁战斗在第四维度和放射性新理论的战场上，他需要若干年时间从布尔什维克党根除托派。然而，他在 1917 年"十月革命"爆发前不久就赢得了这场战役。

重婚者与第四维度

最终，第四维度的思想跨越了大西洋来到美国。它们的信使是一位英国数学家，名为查尔斯·霍华德·辛顿（Charles Howard Hinton）。1905 年，正是阿尔伯特·爱因斯坦在瑞士专利局的办公桌上操劳，并发现了相对论定律的时候。这时的辛顿正在华盛顿的美国专利局工作。虽然他们从未谋面，但他们的道路却在几个有趣的地方交会起来。

辛顿终身痴迷于推广和直观化第四维的概念。他应该作为"看见"第四维的人而被载于科学史册。

辛顿是英国著名的耳外科医生杰姆斯·辛顿（James Hinton）的儿子。他父亲是个自由信仰者。多年来，富有魅力的老辛顿演变成一个宗教哲学家，公开提倡"自由恋爱"和"一夫多妻制"。他最后成为英国一个有影响力的邪教的首领。他被一群极其忠诚的自由思想追随者包围着。他最著名的一句话是"耶稣基督是男人的救世主，但我是女人的救世主，我一点都不羡慕他！"

然而，他的儿子查尔斯似乎注定要成为一个数学家，过着令人尊敬的，无聊的生活。他着迷的不是一夫多妻制，而是多边形！1877 年，他毕业于牛津，成了阿宾汉姆学校的受人尊敬的教师，同时攻读他的数学硕士学位。在牛津，辛顿开始极有兴趣地试图将第四维度直观化。作为一个数学家，他清楚地知道三维生物无法将四维物体整体直观化。他推测，直观化一个四维物体的横截面或解开的四维物体还是具有可能性的。

辛顿在大众媒体上发表了他的观点。他为《都柏林大学杂志》和《切尔滕纳姆女子学院杂志》写了有影响力的文章"第四维度是什么"。1884 年，这篇文章重新印刷时加上了一个诱人的副标题——"鬼的解释"。

辛顿原本过着舒适的学术生活，然而，在 1885 年突然来了个大转弯。他涉嫌重婚罪被捕并被投入了监狱。早些时候，辛顿娶了玛丽·珠峰·布尔，一个他父亲圈子里的成员的女儿，以及伟大数学家乔治·布尔（布尔代数的创始人）的遗孀。此外，辛顿还是莫德·韦尔登（Maude Weldon）生育的一对双胞胎的父亲。

阿宾汉姆学校的校长，在他的妻子玛丽和他的情妇莫德同时在场时就已注意到了辛顿。他错误地认为莫德是辛顿的妹妹。辛顿在他错误地娶了莫德之前一切都好。当校长得知辛顿是一个重婚者后，他立即被解雇了。辛顿被审判为重婚罪，他被监禁 3 年。但他的妻子玛丽·辛顿拒绝起诉自己的丈夫，他们一起离开英国到了美国。

辛顿被聘为普林斯顿大学数学系讲师，他将痴迷的第四维度暂时搁在一边，发明了棒球机。普林斯顿棒球队得益于辛顿的这个机器的发明，它可以将棒球以每小时 70 英里（110 公里）的速度抛射出去。辛顿的这个创作的派生物可以在当下世界的任何一个主要的棒球场看到。

辛顿最终被普林斯顿大学解雇了，但通过他导师的影响力，他在美国海军气象天文台得到了一份工作。他的导师是一位第四维度的虔诚倡导者。此后，在 1902 年，辛顿在华盛顿专利局得到了一份工作。

辛顿的立方体

辛顿花了几年时间建立巧妙的方法，让普通人和越来越多的追随者（不仅是专业数学家）可以"看到"四维物体。最终，他完善了一个特殊立方体，如果一个人足够努力的话，他就能可视化超立方体，或四维立方体。这些立方体最终被称为辛顿立方体。辛顿甚至为解开的超立方体创造了一个正式的名字——超正方体，并成为英语语言的正式词语。

辛顿的立方体在妇女杂志上被广泛宣传，甚至被用在降神会上。在降神会上，它们很快成为不可思议的神秘的重要物体。高等社会的成员声称，通过对辛顿立方体沉思默想就可以看到第四维度，因此，可以看到鬼的幽冥世界和亲人的离去。他的门徒花上几个小时对这些立方体沉思和冥想，直到他们能够通过四维在精神上重新排列和组装这些立方体成为一个超立方体。据说，那些可以完成这种特异功能的人将达到涅槃的最高境界。

作为类比，我们用三维立方体做实验。虽然一个平面居民不能想象这个立方体的全部，但对我们来说，可以在三维中将这个立方体解开，这样就出现了一个呈"十"字形的六个正方形的系列。当然，一个平面居民不能组装这些方形并将其制成一个立方体。在二维中，每个正方形之间的接缝是僵硬的且不能移动的。然而，这些关节在第三维度却很容易弯曲。一位见证这一事件的平面居民会看到方块消失了，在他的宇宙中只留下一个正方形（图3.6）。

同理，四维中的超立方体不能被我们可视化。但我们可以把超立方体分解成它的较低的组件——普通的三维立方体。反过来，这些立方体可以排列成三维十字，成为一个超正方体。我们不可能想象如何将这些立方体组装起来形成超立方体。然而，一个更高维度的人可以把每个立方体"提"出我们宇宙，然后再组装这些立方体形成超立方体。（我们的三维眼睛在观察这个事件时，只会看到其他立方体逐个消失，在我们的宇宙中只留下一个立方体。）辛顿的影响是如此普遍，以至萨尔瓦多·达利（Salvadore Dali）在他著名的画《克里斯蒂超立方体》中引用了辛顿的超正方体。此画展示在纽约大都会艺术博物馆中，它描绘了基督被钉在四维的十字架上（图3.7）。

辛顿还知道另一种可视化高维对象的方法：通过观察他们投射在较低维度的阴影得以实现。例如，一个平面居民可以通过看一个立方体在二维投下的影子来想象这个立方体。一个立方体看上去像两个方块连接在一起。同样，一个超立方体在三维中的影子是一个立方体套在一个立方体之中（图3.8）。

Hyperspace

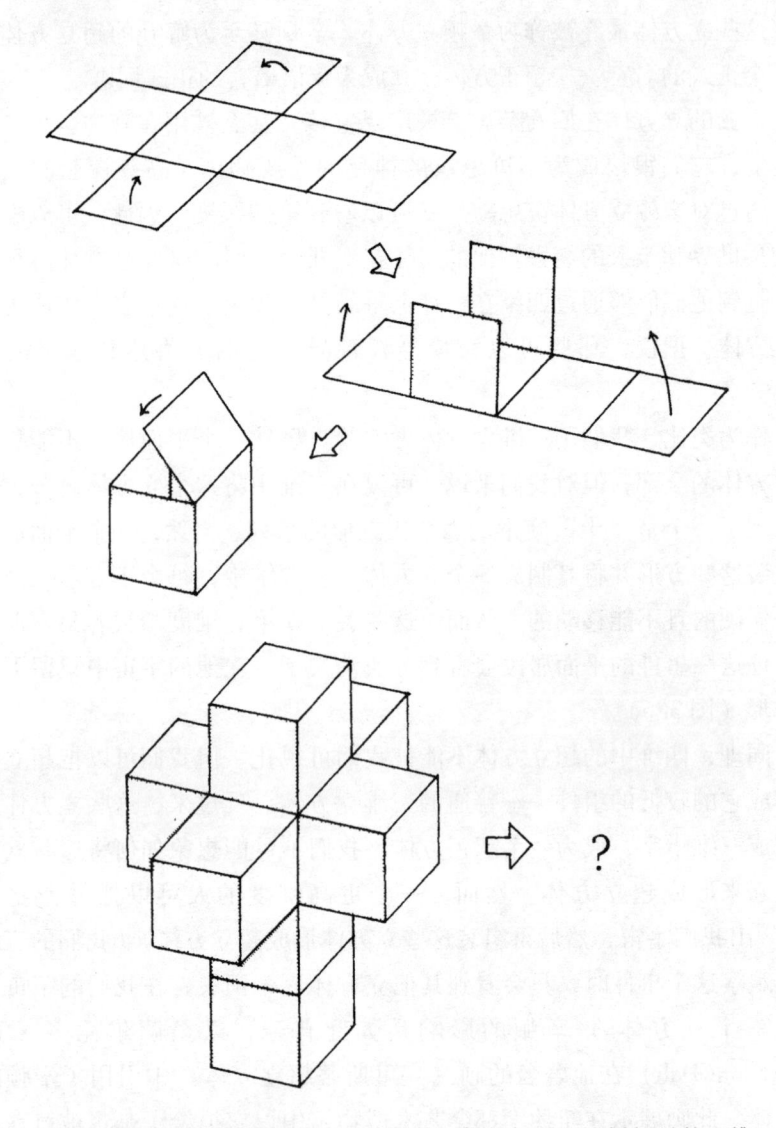

图 3.6 平面居民不能可视化一个立方体，但他们可以对拆解后的三维立方体实现可视化与概念化。对平面居民来说，一个立方体解开之后像一个由 6 个方块组成的"十"字。同理，我们不能可视化一个四维超立方体，但如果我们将超立方体拆解，就能看到呈"十"字状排列的 6 个立方体。尽管我们三维人认为由超立方体分解而来的立方体看上去是无法移动的，但四维人却可以将这些立方体轻松地组装成超立方体。

图3.7 在《克里斯蒂超立方体》中,萨尔瓦多·达利描绘基督被钉在一个超正方体上,这是一个被解开的超立方体。

Hyperspace

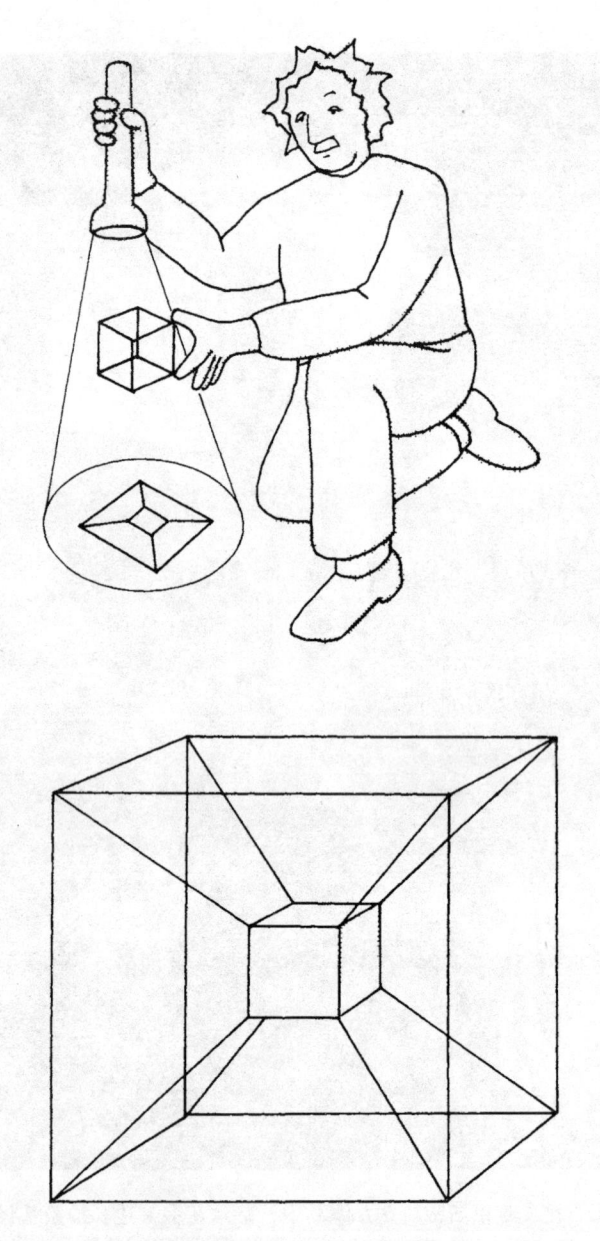

图 3.8 平地居民可以通过考查一个立方体的影子想象它的可视化效果，这些影子看似一个正方形中的正方形。如果立方体转动，这些正方形也会跟着移动，对平地居民来说这看上去是不可能的。类似地，超立方体的影子是一个立方体中的一个立方体。如果超立方体在四维中转动，这些立方体也会跟着移动，对我们的三维大脑来说这似乎是不可能的。

除了可视化解开的超立方体和考查它们的影子，辛顿还知道第三种概念化四维的方法：通过横截面认识第四维度。例如，方先生被送到三维后，他的眼睛只能看到三维物体的二维横切面。这样，他只能看到圆出现，变大，改变颜色，最终消失。如果方先生从一个苹果旁边走过，他会看到一个红圈不知道从哪儿跑出来，逐渐变大然后收缩，最后回到小棕色的圈（茎）之后消失。类推，辛顿认为，如果我们被抛向四维，我们会看到奇怪的物体不知道从哪儿突然跑出来，变大，改变颜色，改变形状，变小，最终消失。

总起来说，辛顿的贡献是他推广高维图形所用的三种方法：考查它们的影子、横截面、解开体。直到今天，这三种方法仍然是专业数学家和物理学家在他们的工作中概念化高维物体的方法。这些现代科学家的图表出现在当今物理杂志上，他们应该深深感谢辛顿的工作。

超空间 在第四维中的竞争

辛顿在他的文章中几乎回答了所有可能会被提出的问题。当人们要他为四维命名时，他用"ana"和"hala"来描述四维中的运动，与三维中的"up（上）"和"down（下）"，或"left（左）"和"right（右）"相应。当问他四维在哪儿时，他也准备好了答案。

现在让我们想象在一个关闭的房间中香烟的烟的运动。因为烟的分子按照热力学定律会扩散到房间中每一个可能的位置，我们希望确定是否存在一些没有烟分子的三维空间区域。然而，实验结果告诉我们，并不存在这样的隐藏区域。因此，如果第四空间维度确实存在，它只能比烟分子的尺寸更小。如果第四空间维度确实存在，它一定是难以置信的小，甚至比原子还小。这是辛顿的哲学，即我们三维宇宙中存在的所有物体都存在于四维宇宙中。但四维宇宙又是如此之小，小到任何实验都不能观察到它。（今天的大多数物理学家也几乎都采用辛顿的说法，认为高维非常小，以至于我们无法看到。当有人问光是什么时，他也有自己的回答。辛顿追寻黎曼，相信光是看不见的四维的振动，这是今天很多理论物理学家采取的基本观点。）

在美国，辛顿独自一人点燃了大众对四维的兴趣。流行杂志如《哈珀周刊》、《麦克卢尔》（McClure）、《流行文学》、《大众科学周刊》，都不惜版面地鼓动着人们对四维的兴趣。但是确保辛顿在美国的名誉的是《科学美国人》在1909年发起的著名竞赛。这个不同寻常的竞赛提供了一个500美元的奖金（在1909年，这是很大一笔资金）给对四维做出最通俗且正确解释的人。杂志的编辑高兴且吃惊地收到像洪水泛滥一样的来信，包括来自远至土耳其、奥地利、荷兰、印度、澳大利亚、法国和德国参加竞赛的人。

竞赛的目标是在不超过2 500字的论文中，给出四维这个名词的意义，让普通的读者能明白。它吸引了大量严肃的论文。有些人哀叹像佐尔拉和斯莱德这样的人将四维和唯心论混为一谈，从而玷污了四维的声誉。然而，很多论文承认辛顿在有关四维问题上所做的前锋工作。（奇怪的是，没有一篇论文提到爱因斯坦的工作。1909年，人们还不清楚爱因斯坦发现了空间和时间的秘密。事实上，当时没有一篇论文提到时间作为四维的思想。）

缺乏实验的证实，《科学美国人》竞赛肯定不能解决高维的存在性问题。但这次竞赛确实讨论了高维物体看上去可能呈现为什么样子的问题。

来自四维的怪兽

遇见一个高维来的怪兽会是什么样子？

去其他维假想的访问会有怎样的惊奇和激动，也许最好的解释方法是通过科幻小说来描绘，作家会试图抓住这个问题的关键。

作家纳尔逊·邦德（Nelson Bond）在他的小说《不知从哪来的人》中试图想象一个在拉丁美洲丛林里的探险家遇到一个来自高维的野兽会发生什么的故事。

我们的英雄是探险家伯奇·帕特森（Burch Patterson）。他是一位美食家，也是一位幸运的士兵。他忽然有了一个想法，要在秘鲁的高山上捕获野兽。各个动物园为探险队支付费用，为这次旅行提供资金，从而换取帕特森能发现的新的动物。当旅行的行程步入尚未开发的领地，报纸开始喧嚣地和大张旗鼓地报道探险队的行程与消息。几周之后，探险队和外界失去了联系，没有任何踪迹地神秘地消失了。经过长期的徒劳的搜索，官方不情愿地宣布探险者死亡。

　　两年后，伯奇·帕特森突然出现了。他秘密地会见记者，告诉他们一个令人惊奇的具有悲剧色彩和英雄气概的故事。就在探险队消失之前，在上秘鲁的马拉坦高原出现了一个奇怪的动物，一个超自然的像豹子一样的生物，不断地以最奇特的方式改变形状。这些黑豹翱翔在半空，忽而消失忽而出现，它们的形状和大小不断发生改变。之后，出人意料地攻击探险队，吃掉了探险队中的大多数人。这些黑豹把剩下的人抛向空中，它们嘶叫着消失在空中。

　　只有伯奇从混乱中逃出。他茫然又害怕，尽管如此，他远距离地研究这些豹子，逐渐形成了"它们是什么"和"如何捕获它们"的理念。几年前他读了《平地居民》，并想象任何人把他的手指戳进和抽出平地，都会使二维居民大吃一惊。平地居民会看见有节奏地舒张及收缩的肉环翱翔在半空中（我们的手指戳进平地）且不断改变大小。同样，帕特森推理到，任何高维生物把它们的脚或胳膊伸进我们的宇宙，就会以三维的活生生的肌肉丰满的豹子形象出现。我们不知道它们是从哪儿出来的，它们不断改变形状和大小。这也解释了为什么伯奇团队的成员消失了，因为他们被拽到高维空间中去了。

　　但仍有一个问题困扰着他。怎样才能捕获高维生物呢？如果一个平面居民看见一个手指戳进了他的二维世界，他如果试图抓住这个手指，他会失败。如果他试图套住我们的手指，我们可以抽出手指，并在他的世界中消失。类似地，帕特森推理，他可以放一张网，网住这些生物中的一个，但是这个高维生物也可以把它的手指或脚抽出我们的宇宙，这个网就失效了。

　　突然间，帕特森找到了答案。如果一个平面居民试图在我们将手指戳进平地时捕捉手指，他可以将一根针刺进这个手指，把它痛苦地钉在二维宇宙中。帕特森的策略就是将一根长钉扎进一个豹子中，把这个生物钉在我们的宇宙中。

　　帕特森在对这个生物观察数月之后，他识别出了这个生物的脚印。他将一把叉插进了这个生物的身体。他用了两年时间捕获这个生物，并把这个因极度痛苦而扭来扭去，不断挣扎的生物运回新泽西州。

　　最后，帕特森申明要召开一个盛大的新闻发布会，他将揭示在秘鲁捕捉的这个奇怪的生物。当新闻工作者和科学家看到这个生物极其痛苦地被

Hyperspace

穿在一个大铁棒中扭来扭去时,他们惊恐得喘不过气来。像电影《金刚》中的场景一样,一位报社记者违规用闪光灯拍摄这个生物的照片。闪光激怒了这个生物,它奋力挣扎,铁杆周围的肉撕裂了。突然,这个生物自由了。人们被撕成碎片,帕特森和其他人被这个生物抓住,然后消失在第四维中。

在悲剧的余波中,一位大屠杀的幸存者决定烧掉所有这个生物的证据。最好让这个秘密永远无法解开。

建一个四维的房间

在上一节中,我们探索了我们在自己的世界遇到高维生物探访时所发生的问题。但在相反的情况下,当我们访问高维宇宙时又会发生什么呢?如上所述,一个平地居民不可能整体可视化一个三维宇宙。然而,正如辛顿指出的,平地居民可以利用几种方法来理解高维宇宙暴露的片段。

罗伯特·海因莱因(Robert Heinlein)在他的短篇小说《造一个扭歪的房子》中探索了生活在解开的超立方体中的各种可能性。

昆塔斯·蒂尔(Quintus Teal)是一个傲慢的爱张扬的建造师,他的雄心是要建一个全新样式的房子:一个超正方体,一个在三维中展开的超立方体。他诱骗他的朋友贝利夫妇购买这个房子。

这个房子建在美国洛杉矶,这个超正方体由八个超现代的立方体组成,这些立方体一个叠一个堆放成"十"字形。不幸的是,就在蒂尔要将他的新创造介绍给贝利时,美国南加州发生了地震导致这栋房屋倒塌了。立方块开始倾倒,但奇怪的是只有一个立方块留下来,还站在那儿。其他的立方块神秘地消失了。当蒂尔和贝利小心地走进房间,现在只有单独的一个立方体了,他们吃惊地发现从一楼的窗户可以清楚地看到其他丢失的房间。但这是不可想象的。这个房子现在只有单独的一个立方体。一个立方体的内部怎么可能与从外面无法看见的其他一系列立方体连接起来呢?

他们爬上楼梯,在通道入口上发现了主人的主卧室。然而,他们没有发现第三层楼,而是发现他们又回到了一楼。贝利以为闹鬼了,吓得跑到前门。结果前门不是通到外面,而是通到另一个房间。贝利夫人吓晕了过去。

第一部分　进入第五维空间

当他们探查这个房子时，他们发现每一个房间都和不可能的一系列其他的房间连在一起。在原来的房子里，每一个立方体都有一个观看外面的窗户。现在，所有的窗户都面对其他的房间，没有外面可言。

他们被吓得魂飞魄散，慢慢地试着打开房间所有的门，结果发现自己永远在其他房间绕来绕去。最后，在书房里，他们决定打开四个软百叶帘向外看。打开第一个软百叶帘，他们发现自己正俯视着帝国大厦。显然，那个窗口接通着恰好在塔顶上空的另一个空间的窗口。他们打开第二个软百叶帘，发现对着一个上下颠倒的辽阔的海洋。他们打开第三个软百叶帘，发现什么也没有。不是空洞的空间，也不是漆黑一团，而是什么都没有。他们打开最后一个软百叶帘，发现对着一片荒凉的沙漠景观，与火星上的景观非常相似。

他们恐怖地搜索房子的各个房间，每一间都不可思议地与其他房间相连。蒂尔最终搞明白了。他推测，地震一定是毁坏了各个立方体的连接，并在四维空间中将这些立方体合在了一起。[14]

在外面，蒂尔的房子原来看上去与一个普通的立方体并无区别。由于在三维中正方块之间的连接是刚性的和稳定的，所以房子没有崩溃。然而，从四维的观点看，蒂尔的房子是一个解开的超立方体，可以重新组装或合并到一个超立方体。这样，当地震发生时，房子摇动，它不知怎么就在四维中合在一起，只留下一个立方体在我们三维中晃来晃去。任何人走进这个单一的剩余的立方体都会看到一系列房间以一种不可理解的方式连接在一起。蒂尔不经意间就跑遍了各个房间，事实上，他已经进入了四维。

看到这里，我们的主人公似乎注定要在这里度过他们的余生，在超立方体中无望地徘徊兜圈子。但另一次猛烈的地震摇动着这个超立方体。蒂尔和吓坏了的贝利屏住呼吸，跳出最近的窗户。当他们着地时，发现自己已身处距离洛杉矶几英里远的约书亚树国家纪念馆中。几小时后，他们搭便车回到这个房子，发现最后剩余的那个房间也不见了。超立方体到哪儿去了？它也许飘进了四维中。

无用的四维

回顾往事，黎曼著名的讲演通过神秘主义者、哲学家、艺术家，逐渐普及到大众中。但这对我们进一步理解自然却并无多少帮助。从现代物理学的观点看，我们也能看到为什么从1860至1905年以来，我们在超空间的认识中始终难以取得实质性的突破。

首先，没有人试图利用超空间简化自然定律。因为没有黎曼原创的原理指导——在高维空间中自然定律变得简单——所以这个时期的科学家一直停留在黑暗中摸索。在这些年中，黎曼的重要思想，利用几何（也即利用超空间皱褶）解释"力"的存在被人们遗忘了。

其次，没有人试图利用法拉第的场概念或黎曼的度规张量去发现高维所遵循的场方程。黎曼建立的数学工具变成了纯粹的数学领地，背离了黎曼最初的意图。没有场论就不能用超空间做出任何预测。

因此，到了20世纪末21世纪初，怀疑者声称（有正当理由）没有四维的实验证据。更糟糕的是，他们声称四维只是用鬼故事让公众感到兴奋，实际上，根本没有引进四维的物理动机。然而，这种可悲的情景不久就发生了改变。在仅仅几十年时间内，四维理论（包括时间）永远地改变了人类历史的进程。它给了我们原子弹和创世本身的理论。完成这个工作的人在当时还是一位默默无闻的物理学家，他的名字就是阿尔伯特·爱因斯坦（Albert Einstein）。

4 光的秘密：四维中的振动

> 按我的期待，如果（相对论）被证明是正确的，那么他（爱因斯坦）将被认为是 20 世纪的哥白尼。
>
> ——马克思·普朗克评论阿尔伯特·爱因斯坦

阿尔伯特·爱因斯坦的一生似乎是一长串的失败和失望。甚至他的妈妈也为他很费劲才学会说话而感到沮丧。他的小学老师认为他是愚蠢的梦想家。他们抱怨他总是用愚蠢的问题打乱课堂的秩序。一位老师甚至直言地告诉孩子们，他情愿让爱因斯坦退学。

爱因斯坦在学校里的朋友很少。他对学校里的课程失去了兴趣，在高中时退学了。由于没有高中文凭，他不得不参加特殊考试才有机会进入大学。但实际情况是他的第一次考试并未通过，不得不参加第二次考试。由于扁平足的问题，他甚至在瑞士的陆军军校的考试中也未被录取。

他在大学毕业后一直没有找到合适的工作。他是一个失业的物理学家。虽然他通过了大学教师职位的考试，但他申请的每一个地方都拒绝给他提供工作的机会。他给一个学生当家教赚取可怜的每小时 3 法郎的家教费。他告诉他的朋友莫里斯·索罗文（Maurice Solovine），"最容易的挣钱方式是在公众场合拉小提琴"。

爱因斯坦拒绝追逐权力和金钱，而这却是大多数人追求的东西。他曾经悲观地写道，"只是由于胃的存在，人们注定要参与那种追逐"。最后，他通过一个朋友的影响，才得以在伯尔尼的瑞士专利局得到一个低级办事员的工作。在那里，他赚的薪水勉强能维持自己的生活，不再需要他父母的支持。依靠微薄的薪水，他养活了他年轻的妻子和新生的婴儿。

在缺乏资金、缺乏科研机构联系的条件下，爱因斯坦单枪匹马地在专利局开始了自己的研究工作。在处理专利申请的空隙间，年轻的爱因斯坦的思绪飘向了他感兴趣的问题之中。然后，他担起一项任务最终改变了人类历史的进程。他使用的工具就是第四维度。

孩子的问题

爱因斯坦天才的本质是什么？雅各伯·布鲁诺斯基（Jacob Bronowski）在他的著作《人类的攀升——科学进化史》中写道："像牛顿和爱因斯坦这样的天才在于他们能提出清澈的、天真无邪的问题，最后得出这些问题具有重大影响力的答案。爱因斯坦是一个能提出非常简单问题的人。"当爱因斯坦还是孩子的时候，他会自问一些看似非常简单的问题：如果一个人能追上光，那么这束光看上去会是什么样子的呢？你会看见一束稳定的波冻结在时间中吗？这些问题让他开始了长达50年的探索空间和时间的奥秘之旅。

想象自己坐在一辆飞驰的汽车里，正超越另一辆列车。如果我们猛踩油门，我们的汽车与列车肩并肩地前行。我们可以看到列车的内部，这列车仿佛是静止的，我们可以看到列车里的座位和乘客，列车似乎没有运动。同样地，爱因斯坦作为一个孩子想象自己正与一条光束旅行。他想，这条光束应该像一系列的稳定的波，在时间上是冻结的，即这条光束看上去应该是静止的。

爱因斯坦16岁的时候，就看出了这种论证的漏洞。他后来回忆：

在经历了10年的思考之后，我从在我16岁时就引起我注意的矛盾中得出了这样一个结论：如果我以真空中的光速c追逐一条光束，我可以看到这条光束在空间中震荡的电磁场是静止的。然而，无论是根据实验还是根据麦克斯韦方程，似乎都不存在这样的事情。

在大学里，爱因斯坦证实了他的怀疑。他知道，光可以用法拉第的电场和磁场表示，并且这些场都服从于詹姆斯·克拉克·麦克斯韦发现的场方程。正如他猜测的那样，他发现静止的、冻结的波是麦克斯韦场方程所不允许的。事实上，爱因斯坦发现，不论我们多么辛劳地追赶光束，这条光束总是以同样的速度 c 前进。

乍看起来，这似乎非常荒谬。这意味着我们永远无法超越光束这列"火车"。更糟糕的是，无论我们把汽车驾驶得多快，这列"火车"似乎总在我们前面以同一个速度前行。换句话说，光束就像老水手们常讲述的有关"幽灵船"的故事。这是一个永远无法捕捉的幽灵船。不论我们如何快速航行，幽灵船总是躲着我们，嘲笑着我们。

1905 年，因为爱因斯坦在专利局的时间非常充裕，他仔细分析了麦克斯韦场方程并得出了"狭义相对论"原理：光在真空中的各个方向上传播速度（即单向光速）的大小均相同（即光速各向同性），光速同光源的运动状态和观察者所处的惯性系无关。这个听起来很单纯的原则是人类思想的最大成就之一。有人说人类在地球上进化的 200 万年中，作为人的心智最伟大的科学创造之一的狭义相对论，与牛顿的万有引力定律并驾齐驱。根据狭义相对论，我们能条理分明地解开恒星和星系释放巨大能量的秘密。

为了弄清这个简单的陈述如何能得出如此深刻的结论，让我们回到汽车试图超越火车的类比案例。例如，一个行人在人行道上测量我们驾驶的汽车车速为每小时 99 英里（159 公里），火车行驶速度为每小时 100 英里（161 公里）。我们从自己驾驶的汽车里的角度向外观察，我们会发现火车在我们前面以每小时 1 英里（1.61 公里）的速度行驶。这是因为速度可以像普通数字一样实现加减。

现在让我们用光线代替火车。假定光的速度为每小时 100 英里，行人测量我们汽车的速度仍是每小时 99 英里。汽车正在追赶速度为每小时 100 英里的光线。根据行人的观点，我们应该接近这条光束。然而，根据相对论的观点，我们在车上实际看到在我们前面的光束并非以预期的每小时 1 英里前行，而是以每小时 100 英里的速度飞驰。显然，我们看到光束在我们前面飞跑，就好像我们是静止不动一样。我们不相信自己的眼睛，继续踩油门让我们的车速达到每小时 99.999 99 英里。我们可以肯定地认为就要超越光束了。然而，当我们向车窗外望去，我们看到光束仍以每小时 100 英里的速度飞驰。

我们忧虑地得出了一些奇怪的令人不安的结论。首先，行人告诉我们，无论我们给汽车加多大的油，汽车也只能无限接近每小时 100 英里的速度而不能达到这个数值，这似乎是汽车的最高速度。第二，无论我们如何接近每小时 100 英里，我们仍然看到光束在我们前面以每小时 100 英里的速度急速前进，好像我们是静止的。

但这是荒谬的。在飞驰的汽车里的人和静止的人测量的光束的速度怎会是一样的呢？通常情况下，这是不可能的。这似乎是大自然的天大的玩笑。

解决这个悖论只有一条出路。我们自然地引导得出一个惊人而震撼的结论。当爱因斯坦第一次意识到它时，他震撼了。解决这个困惑的唯一办法是——对于汽车中的我们而言，时间变慢了。如果行人用望远镜盯住我们的汽车，他会发现汽车里的每个人的移动都异常缓慢。然而，我们在车上的人却丝毫不曾注意到时间慢下来了，因为我们的大脑也慢下来了，一切对我们来说都是正常状态。此外，行人看见汽车在前进的方向上变得扁平，汽车像手风琴一样缩拢起来。然而，我们从未感觉到这个效应，因为我们的身体也缩小了。

空间和时间在捉弄我们。在实际的实验中，科学家已经证明，不管我们的行进速度有多快，光的速度永远是 c。这是因为我们的行进速度越快，我们的时钟就嘀嗒得越慢，我们的尺子就变得越短。事实上，我们的时钟慢了下来，我们的尺子收缩得恰好使得我们无论什么时候测量速度，得出的光速都相同。

但我们为何不能看到或感觉到这种效果呢？因为当我们接近光速时，我们的大脑思考也变得更慢了，我们的身体也变得越来越薄。我们在无忧无虑中变成了迟钝的薄煎饼，而我们却丝毫不曾察觉。

当然，这些相对论效应影响太小，我们很难在日常生活中看到，因为光的速度实在太快了。然而，作为一个纽约人，每当我在地铁站等地铁的时候我都会想起空间和时间这种迷人的扭曲。当我在地铁站的站台上无事可做时，我会让自己的想象力自由飞翔。我想：如果光的速度与地铁列车的速度相同，即每小时 30 英里（48 公里）会出现一种什么状态。结果是，当列车咆哮进站时，它看上去就像一个被挤扁了的手风琴。我想象列车会收缩成 1 英尺厚的扁的金属板，沿着轨道高速行驶，地铁车厢里的乘客薄得像一张纸。他们的时间实际上已经冻结了，他们仿佛是静止的雕像。然而，当列车喘着气停下来时，列车突然膨胀了，直到这块金属厚板逐渐占满整个车站。

与这种扭曲一样荒谬的是，列车上的乘客对此改变完全没有察觉。他们的身体和周围的空间将沿着列车前进的方向收缩，一切似乎都处在正常状态。此外，他们的大脑也会慢下来，这样列车内的每个人的行动都变得正常。当地铁列车安全地进站并停在站台上时，车里的乘客并不知道站台上的人看见列车神奇般地膨胀了，直到占满整个站台。当乘客离开列车时，他们浑然不觉狭义相对论所要求的这种深奥变化。（同样地，列车上的乘客会认为列车是静止的，地铁站相对列车迎面而来。他们会看到站台和站台上的人压缩成手风琴的样子。这就产生了一个矛盾，列车上的人和站台上的人都认为对方被压缩了。这个矛盾的解决有点辣手。[15]）

第四维度和高中同学聚会

当然，对爱因斯坦理论的通俗解释多得数不胜数，它们强调了爱因斯坦工作的不同方面。然而，鲜有解释捕捉到狭义相对论背后的本质——时间是第四维度，自然法则在更高维度被简化和统一。引进时间为第四维度推翻了可以追溯到亚里士多德时代的时间概念。空间和时间将永远通过狭义相对论辩证地连接起来。（佐尔拉和辛顿都认为下一个将被发现的维度是第四空间维。在这点上，他们是错误的，威尔斯是正确的。下一个将被发现的维度是时间，一个第四时间维。要对第四个空间维的认识有进展，还必须再等上几十年。）

想弄明白高维是如何简化自然定律的，我们可以首先回忆一下三维物体的长度、宽度、高度。如果我们自由地将物体旋转 90 度，就可以把它们的长度变为宽度、宽度变为高度。通过简单的旋转操作，我们可以对空间中的三个维度进行自由交换。现在，如果时间是第四维度，那么，通过"旋转"也可能实现空间与时间的转换。这些四维的"旋转"正是狭义相对论要求的时空扭曲。换句话说，空间和时间以一种受相对论支配的本质的方式混合在一起。时间作为第四维度的意义就在于，时间和空间可以用数学上精确的方式彼此旋转。从现在起，时间和空间必须被视为时－空这同一个量的两个方面来看待。因此，增加一个更高维度有助于统一自然法则。

牛顿在 300 年前认为时间在宇宙中的任何地方以同样的节拍在跳动。

无论是地球上、火星上，还是遥远的恒星上，时钟将以同样的速率嘀嗒作响。人们认为，在整个宇宙中时间是以绝对均匀的节奏推移的。时间和空间之间的旋转是不可想象的。时间和空间是两个不同的量，它们之间没有关系。把它们统一成一个量是不可想象的。然而，根据狭义相对论，时间可以以不同的速率跳动，时间的快慢取决于物体移动速度的快慢。时间是第四维度意味着，时间与空间中的运动有着内在联系。时钟嘀嗒的速度快慢取决于它在太空中移动的速度的快慢。我们用送入环绕地球轨道上运行的原子钟做的精确实验证实，地球上的时钟与发射到外层空间中火箭里的时钟以不同的速率嘀嗒走着。

当我参加高中同学的 20 年聚会时，我生动地想起相对性原理。虽然毕业后大多数同学都未曾见面，但我认为他们都会显示出与我相同的老化迹象。正如我的预期，我们大多数人在聚会时都宽慰地发现，我们的老化过程是相同的：鬓角灰了、腰围大了、脸上添了几条皱纹。虽然我们在空间上相距几千英里，在时间上也分开了 20 年，但我们都认为时间对我们而言是均匀流逝的。我们不假思索地认为，人人都以同样的速率老化。

一个想法在我的脑海里徘徊。我想象，如果聚会中有一个同学与他 20 年前毕业时的模样完全相同会引发怎样的场景。结果是，他会使同学们大吃一惊，他是 20 年前我们认识的那个同学吗？当大家确定了他正是 20 年前的那个同学时，整个大厅会涌现出一片恐慌。

我们被这次相遇震惊了，因为我们在传统认知中都心照不宣地默认时钟在任何地方都是以同样的速率跳动的，哪怕是相距遥远。然而，如果时间是第四维度，那么空间和时间就可以实现彼此旋转。时钟可以以不同的速率跳动，这取决于时钟移动速度的快慢。例如，这个同学可能进入了一个接近光速的火箭。对我们来说，火箭之旅可能持续了 20 年。然而，对他来说，因为在飞驰的火箭里时间变慢了，从毕业那天算起他仅仅衰老了几分钟。对他来说，他刚进入火箭，火箭加速进入外层空间几分钟后就回到了地球上。在一个短暂的、愉快的旅程之后，他及时地参加了曾经的高中同学们组织的 20 年聚会，这时的他在一群灰白头发的同学中仍显年轻。

每当我回想自己第一次遇到麦克斯韦场方程时的情景，就会想起第四维度简化了自然定律的法则。每个学习电磁理论的大学生都要花费好几年的时间才能掌握这八个相当难看的晦涩抽象的方程。麦克斯韦的八个方程臃肿而难以记忆，因为时间和空间是被分别处理的。（至今，我不得不在书中查阅它们，以确保得到所有的标志和符号是正确的。）我现在仍清晰地记得，当我学会将这些方程转化成一个看起来十分普通的方程时，我的心情有多么地松弛，此时时间是被作为第四维度来处理的。就这么精彩的一笔，第四维度就把这些方程简化成一个美妙且一目了然的形式。[16]用这种形式书写，方程具有高度的对称性，即空间和时间可以彼此转变。麦克斯韦场方程像一片美丽的雪花。当我们把雪花绕着它的轴心旋转时，它保持着原样；我们将麦克斯韦场方程用相对论的形式书写，如果我们将空间旋转成时间，它仍然保持为原来的形式。

值得注意的是，以相对论的方式写成的这一简单方程与100年前麦克斯韦写下的八个方程一样包含了相同的物理内容。这一方程，反过来控制了发电机、雷达、无线电、电视、激光、家用电器，和出现在人们客厅里的诸多其他消费电子产品的性质。这是我第一次接触到物理学之美，思维空间的对称性能解释足以充满一座工程学图书馆的海量物理知识。

这里，再次展示了本书的主题：添加高维有助于简化和统一自然定律。

超空间 物质是凝聚的能量

到目前为止，统一自然定律的讨论还是相当抽象的。在爱因斯坦走出下一个决定命运的步伐之前，一直维持着这样的一种情况。爱因斯坦意识到，如果空间和时间可以统一成一个单一的实体，称为"空间－时间"。那么，也许物质和能量也能被辩证地统一起来。他推测，如果尺子可以收缩，时钟可以变慢，那么我们用尺子和时钟测量的每一种东西也必将发生改变。然而，在物理学家的实验室里，几乎所有的东西都要通过尺子和时钟进行测量。这意味着，物理学家们不得不重新标定所有的曾经被认为是恒定的实验室的量。

特别是能量，它是一个依赖于我们测量的长度与时间间隔的物理量。一辆飞速前进的试验汽车猛然地撞进砖墙，显然，它具有能量。然而，如果飞速行驶的汽车的速度无限接近光速，它的性质就扭曲了。它像手风琴一样收缩，它里面的钟也开始走得越来越慢。

更重要的是，爱因斯坦发现，汽车的质量随着汽车速度的提高而增大。但这多余的质量从何而来？爱因斯坦得出结论，它来自能量。

这就产生了一些令人不安的后果。19世纪物理学的两个伟大发现是质量守恒和能量守恒定律。也就是说，一个封闭系统的总质量和总能量分别保持不变。如果飞驰的车撞击砖墙，汽车的能量不会消失，而是转换成碰撞的声能、飞砖碎片的动能、热能等。总能量（和总质量）撞车前后是一致的。

然而，爱因斯坦现在却表示，汽车的能量可以转换成质量——一个新的守恒定律——质量加上能量的总和保持不变。物质不会突然消失，能量也不会凭空产生。在这一点上，上帝是错误的，而列宁是正确的。物质的消失以释放大量能量为代价，反之亦然。

爱因斯坦26岁时，他就精确地计算出了能量的变化关系，而且发现了关系式 $E = mc^2$。由于光速的平方（c^2）是一个巨大的天文数字，因此少量的物质就可以释放出大量的能量。封存在最小的物质粒子中的能量超过了一次化学爆炸所能释放能量的100万倍。从某种意义上看，物质可以看作一个几乎消耗不尽的能量库——物质是凝聚的能量。

在这方面，我们发现了数学家查理斯·辛顿和物理学家阿尔伯特·爱因斯坦的工作之间的深刻差异。辛顿花费了他的大部分成年时间试图使更高的空间维变得形象化。他对给第四维度找一个物理解释不感兴趣。然而，爱因斯坦看到第四维度可以作为一个时间的维度。指引他前行的是一种信念和物理直觉——高维的目标在于统一自然法则。通过增加更高的维度，他可以统一在三维世界中那些看似没有联系的物理概念，如物质和能量。

从那时起，物质和能量的概念被当作一个整体：物质-能量（质能）。当然，爱因斯坦有关第四维的工作最直接的反映就是氢弹，它被证明是20世纪科学最强大的创作。

我生活中的最幸福的思想

然而，爱因斯坦并不满意。虽然他靠狭义相对论就能保证他在物理学巨人中占有一席之地，但他认为还有什么遗漏的东西。

爱因斯坦的关键洞察力是，他通过在第四维度中引入两个新概念统一了自然定律:"空间-时间"、"物质-能量"。虽然他已经解开了一些自然界中极为深奥的秘密,但他也同时意识到自己的理论存在漏洞,即这两个新概念之间的关系是什么?更明确地说,在狭义相对论中,被人们忽略的加速度有什么影响?还有万有引力呢?

他的朋友马克思·普朗克,量子理论的创始人,劝告年轻的爱因斯坦,他认为引力问题太难了。普朗克告诉他,他的雄心太大了:"作为老朋友,我劝告你最好别碰引力问题。首先,你不会成功;即使你成功了,也难以得到大家的信任。"然而,爱因斯坦却一头扎了进去,希望揭开引力之谜。再次,他的重要发现的关键在于"自问只有孩子才会提及的问题"。

当孩子乘坐电梯时,他们有时会紧张地提问,"绳子断了怎么办?"回答是,"你将处于失重状态,就像置身外太空那样飘浮在电梯内,你和电梯都以同样的速度下降。此时的你和电梯都在地球的引力场中加速,且拥有相同的加速度(电梯不会为你提供一个向上的支撑力),因此,你在电梯中仿佛失去了重量。"(至少在到达通风井的底部之前)

1907年,爱因斯坦意识到飘浮在电梯中的人可能会猜想有人神秘地关闭了引力。爱因斯坦曾回忆说,"我正坐在伯尼尔专利局的办公椅上,一个思想突然出现在我的脑海中。这个思想就是:'如果一个人自由下落,他将不会感觉到自己的重量。'我大吃一惊。这个简单的想法在我脑海中留下了深刻印象。它促使我得出了一个引力理论。"爱因斯坦称它为"我一生中最幸福的想法"。

反之,他知道在加速上升火箭中的人会感到有一种力将他推到他的座位上,好像存在一股引力在拉他。(事实上,我们宇航员感受到的加速度按惯例是用 g 来测量,即地球引力的倍数。)他得出的结论是:在加速上升的火箭中,被加速的人可能会认为这些力是引力造成的。

通过这个孩子般的问题,爱因斯坦抓住了引力的根本性质:在一个加速框架中的自然定律等效于引力场中的自然定律。这个简单的原理被称为等效原理。在普通人眼里,这可能并不意味着什么,但在爱因斯坦的手中,它成为一个宇宙理论的基础。

(这个等效原理也给出了复杂的物理问题的简单解答。例如,我们都手持着一个氦气球坐在行驶着的汽车里。汽车突然左急转弯,我们的身体会向右倾,但气球会向哪边移动呢?常识告诉我们,气球会像我们的身体一样向右移动。这个微妙问题的正确解答甚至难住了经验丰富的物理学家。这个问题的答案需要用到等效原理。设想有一个引力场从右边拉拽这辆车。引力使我们突然向右倾斜，而氦气球比空气轻，它总是逆着引力的拉拽"向上"飘浮。因此，它必定会向左飘浮，与引力的拉动方向相反。这与我们的常识相反。）

爱因斯坦利用等效原理解决了长期存在的光束是否受引力影响的问题。通常，这是一个不同寻常的问题。然而，通过等效原理，答案变得显而易见。如果我们在加速的火箭中打开手电筒，光束将向着地板方向弯曲。（因为光束在穿过房间所需要的时间里，火箭在光束下面加速了）。因此，爱因斯坦认为引力场会使光束的路径弯曲。

爱因斯坦知道物理学有一条基本原理，即光束将在两点之间走所需时间最少的那条路径（费马最短时间原理）。通常，经过两点之间时间最少的路径是直线，因此光束是直的。（即使光进入玻璃时发生弯曲，它仍然服从最短时间原理。这是因为光在玻璃中的速度变慢了，现在光通过空气和玻璃的结合体所花时间最短的路径是折线。这就是所谓的折射，它是制造显微镜和望远镜的基础。）（例如，设想你是一名离水有一定距离的岸上的救生员。此时，你瞥见某人溺水求救。假定你在柔软的沙滩上的奔跑速度远低于你在水中的游动速度。如果你选择直线距离救人则需要花费太多时间浪费在沙滩上。而此时的最短时间路径是一条折线，即缩短在沙滩上奔跑的时间，将自己在水中的时间最大化。）

然而，如果光在两点之间会选择通过时间最短的路径，且光束在引力的影响下弯曲，那么，两点之间的最短距离就是一条曲线。爱因斯坦被这个结论震惊：如果光能被观察到以曲线传播，这就意味着空间本身是弯曲的。

空间弯曲

爱因斯坦信念的核心是——"力"可以用纯几何学进行解释。例如，想象一下我们骑旋转木马时的场景。大家都知道，我们在换马的时候会在穿过平台时感到一种"力"在拉我们。因为旋转木马的外缘比中心移动得更快。根据相对论原理，旋转木马的外缘必须收缩，这个平台作为一个整体必须是弯曲的。对平台上的人来说，光不再以直线传播，仿佛有一股"力"将它拉向边缘。通常的几何定理不再成立。因此，当我们在旋转木马的马与马之间穿行时所感觉到的"力"可以解释为空间本身的弯曲。

爱因斯坦独立地发现了黎曼原先的方案——给"力"的概念一个纯粹的几何解释。让我们回忆一下黎曼用生活在皱褶纸面上的平地居民所作的类比。对我们来说，在皱褶表面移动的平地居民显然不能是行走在一条直线上。无论他们走哪条路，他们都将受到一个"力"，这个"力"或左或右地作用在他们身上。对黎曼来说，空间的弯曲引起力的出现。因此，力并不真实存在，实际上发生的事情是空间本身被弯曲变形了。

然而，黎曼方案的问题是，他没有提出有关引力和电磁力与空间弯曲的关系的具体想法。他的方法是纯数学的，没有如何实现空间弯曲的具体且精确的物理绘景。在黎曼失败的地方，爱因斯坦成功了。

例如，设想一块岩石放在一块展开的床单上。显然这块岩石要下沉，形成一个平滑的凹陷。我们将一个小弹球扔到这个床单上，它就会沿着一条围绕岩石的圆形或椭圆形轨道路径运动。从远处看到弹球绕岩石运动的人可能会说，有一个发自岩石的"瞬间力"改变了弹球的运动路径。然而，仔细观察你会发现：岩石弯曲了床单，因此也弯曲了弹球的路径。

依此类推，行星在环绕太阳的轨道上运动，是因为它们正运行在被太阳弄弯曲的空间中。这样，我们站在地球上而不会被抛进外太空的答案就浮出了水面——地球在不断地弯曲我们周围的空间（图4.1）。

爱因斯坦注意到由于太阳的存在弯曲了来自遥远的星星的光的路径。因此，这个简单的物理描述给出了一种用实验来检验理论的方法。首先，我们在夜间测量星星的位置，此时我们看不见太阳。然后，在日蚀期间，再次测量这些星星的位置，此时是有太阳的（但太阳光的强度已不能淹没恒星的光）。根据爱因斯坦原理，当太阳出现时，星星的表观的相对位置应该发生变化，因为太阳的引力场会弯曲这些星星发出的到达地球的光的路径。通过比较夜晚星星和日蚀时星星的照片，这一理论将得到检验。

这种绘景可以用马赫原理来概括，它指导爱因斯坦创造了广义相对论。我们记得床单的弯曲是岩石存在而引起的。爱因斯坦总结了这种类比，他指出：物质-能量的存在确定了围绕着它的空间-时间的曲率。这是黎曼没有发现的物理原理的本质，即空间的弯曲是直接与空间内包含的能量和物质的量相联系的。

Hyperspace

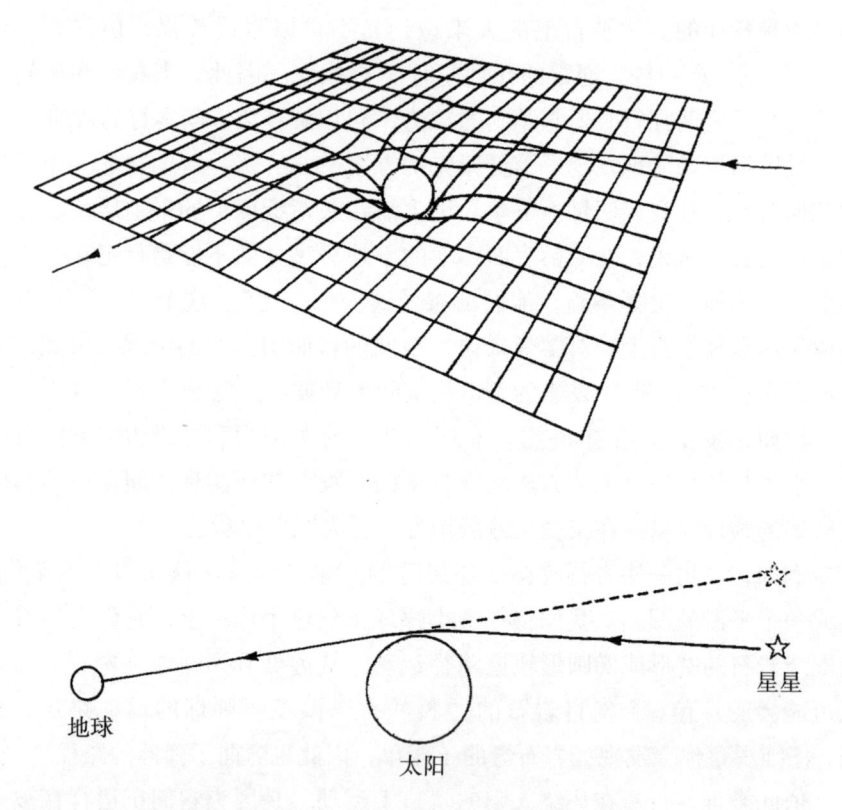

图 4.1 对爱因斯坦来说,"引力"是空间弯曲引起的一种错觉。他预测光通过太阳附近时会弯曲,因此,星星的相对位置在有太阳存在的情况下会发生偏离。这一点已被实验证实了。

反过来,这可以用爱因斯坦的著名方程总结[17],这个方程可以描述为:

$$物质-能量 \rightarrow 空间-时间的曲率$$

在方程式中,箭头意味着"确定",这个看似很短的方程是人类心灵最伟大的成就之一。星星和星系的运动、黑洞、大爆炸、宇宙本身命运背后的原理也许都来自于这个方程式。

然而,爱因斯坦还是缺了一块拼图。他发现了正确的物理原理,但他缺乏严格而强有力的数学公式来表述这个原理。他的引力场缺乏法拉第场的形式。具有讽刺意味的是,黎曼掌握了数学工具却没有指导性的物理原理，爱因斯坦发现了物理原理却缺乏数学工具。

引力的场论

因为爱因斯坦是在不知道黎曼工作的情况下建立的这个物理描述，他缺乏数学语言或技巧来表达他的原理。1912—1915 年是他度过的最为沮丧的 4 年，他拼命地搜索能表达这个原理的数学形式。爱因斯坦写了一封绝望的信给他最亲近的朋友数学家马塞尔·克罗斯曼（Marcel Crossman）。他在信中恳求道，"克罗斯曼，你必须帮我，否则我要疯了！"

幸运的是，克罗斯曼在图书馆仔细查找解决爱因斯坦难题的一些线索时，偶然发现了黎曼的著作。克罗斯曼向爱因斯坦介绍了黎曼的著作和他的被物理学家忽略了 60 年的度规张量。爱因斯坦后来回忆，"克罗斯曼核查了文献并很快发现，这个数学问题已被黎曼、里奇（Ricci）、莱维－奇维塔（Levi－Civita）解决了。黎曼的成就是最伟大的。"

让爱因斯坦震惊的是，他发现 1854 年黎曼的著名讲演是这个问题的关键。他发现他可以用黎曼的工作重写他的原理。几乎是一行一行地，黎曼的伟大工作在爱因斯坦的原理里找到了它真正的家。这是爱因斯坦最骄傲的一项工作，甚至超过了他的著名方程 $E = mc^2$。对黎曼著名的 1854 年的讲演重新作出的物理解释，现在被称为广义相对论。而爱因斯坦的场方程是科学历史上最意义深远的思想之一。

我们记得，黎曼最大的贡献之一是他引进了度规张量的概念，一个在空间所有的点都有定义的场。度规张量不是一个单一的数。在空间的每一点，它由 10 个数的集合构成。爱因斯坦的方案，是追寻麦克斯韦的思想，建立引力场方程。他寻找一种场来描述引力，这一目标实际上是在黎曼讲稿的第 1 页发现的。事实上，黎曼的度规张量正是法拉第的引力场。

当爱因斯坦的方程用黎曼的度规张量充分表达时，它们采取了一种在物理学历史上从未见过的优雅方式。诺贝尔奖得主苏布拉马尼扬·钱德拉塞卡尔（Subrehmanyan Chandrasekhar）曾称它为"曾经有过的最美的理论"。[事实上，爱因斯坦的理论是如此简单且如此强大，以至物理学家有时困惑地说，它怎么工作得如此之好。麻省理工学院（MIT）的物理学家维克多·韦斯考普夫（Victor Weisskopf）曾说，"它好像一位农民问工程师,'蒸汽机是怎样工作的?'工程师向农民准确地解释,'蒸汽跑到了那儿,以及它是如何驱动蒸汽机运行的'。接着,这位农民说:'是的,这些我都懂了,但马在哪儿呢?'这就是我对广义相对论的感觉,我知道各个细节,我懂得蒸汽跑去了哪儿,但我始终不敢肯定我知道马在哪儿。"]

回顾一下,我们看到在爱因斯坦之前的 60 年,黎曼是多么接近于发现引力理论。整个数学工具在 1854 年就已经成熟了。黎曼的方程非常强大,它足以描述任何维度的空间－时间的最复杂的扭曲。然而,他缺乏物理构想(物质－能量确定空间－时间的曲率),也缺乏爱因斯坦敏锐的洞察力。

生活在弯曲空间

我曾有一次观看在波士顿举行的冰球比赛。当然,我所有的注意力都集中在溜冰场上滑行的冰球运动员身上。我看到冰球在不同运动员之间被打来打去,这使我想起在形成化学元素或分子时,原子是如何交换电子的。我注意到,溜冰场肯定是没有参加比赛的,它只是标志出了各种边界,它是冰球运动员得分的一个被动的平台。

之后,我开始想象如果溜冰场实际参与比赛会是什么情景?如果冰球运动员被迫在一个表面弯曲的溜冰场上比赛,这里有起伏的山丘和陡峭的山谷,比赛会发生什么变化?

冰球比赛会突然变得更为有趣。冰场的曲率将扭曲它们的运动,好像有力拉着运动员到这边或那边。冰球将像蛇一样曲线运动,使比赛变得更加困难。

然后,我再进一步想象,运动员被迫在一个圆筒形的溜冰场里比赛,滑得足够快的运动员能头朝下地滑过筒顶,绕圆筒滑一圈。可以设计新的比赛规则,例如,绕着圆柱上下颠簸地滑行,伏击一名对方运动员,在他尚未被察觉时抓住他。一旦溜冰场弯成圆形,在解释物质在他表面上的运动时,空间就变成了决定性的因素。

再举一个与我们宇宙有关的例子,即我们生活在超球面(四维球面)给出的弯曲空间中。[18]如果我们向前看,光将绕超球面的小圆周跑一圈回到我们的眼前。这样,我们将看到有个人站在我们的面前,背对着我们,和我们穿一样的衣服。我们不以为然地看着这人随意而蓬乱的头发,接着记起那天我们忘了梳理自己的头发。

这个人是镜子产生的影像吗？为了查明此事，我们伸手摸他的肩膀。我们发现在我们面前的是真人，并非一个影像。事实上，如果我们看向远处，我们会看到无数个同样的人，每个人都面向前，每个人都有一只手放在他前面那个人的肩膀上。

更让人吃惊的是，我们会感到某个人的手偷偷地摸到了我们的后背，然后抓住我们的肩膀。吓了一跳，我们回头看，看到在我们背后有另外的无数个相同的人，他们的脸都转向了另一个方向。

到底发生了什么？当然，我们是唯一生活在这个超球面上的人。在我们前面的人，其实就是我们自己。我们在盯着我们自己的后脑勺。把我们的手放在我们的前面，实际上我们是将自己的手绕着超球面伸了出去，直到将它放到我们自己的肩膀上。

在超球面上可能发生的违背直觉的事情，在物理学上是很有趣的。因为很多宇宙学家相信，我们的宇宙实际上是一个巨大的超球面。还存在着另一些奇特的拓扑结构，如超环面和莫比乌斯带。尽管它们可能并无什么实际应用，但却有助于说明生活在超空间中的很多特征。

例如，让我们假定自己生活在超环面上。如果我们向左右看，我们会惊讶地发现我们的左右各有一人。光围绕超环面较大的圆周跑一圈，并回到它的起始点。因此，如果我们的头转向看左边，我们看到某个人身体的右侧。转向另一边，我们将看到某个人身体的左侧。无论我们的头转得多快，在我们前面的人和侧面的人的头也会以同样的速度转向，我们绝不能看到他们的脸。

设想我们将自己的胳膊伸向两边。在左边的人和在右边的人也都伸出了他们的胳膊。如果离得近，你就能抓住一侧人的左手和另一侧人的右手。如果你仔细看两边，你能看到无限长的排成直线的人全都手握着手。如果你向前看，有另外一条无限系列的排成直线的人站在你的前面，全都握着手。

实际上发生了什么？实际上是我们的胳膊长到能绕超环面一周，直到手臂接触。这样，我们在事实上是抓住的自己的手（图4.2）！

现在我们发现自己厌倦了这个游戏。这些人似乎在嘲笑我们，他们像复制猫，我们做什么他们就做什么。我们烦了，拿出枪指着我们前面的人，正当我们准备扣动扳机时，我们突然自问："这个人是镜子里的影像

Hyperspace

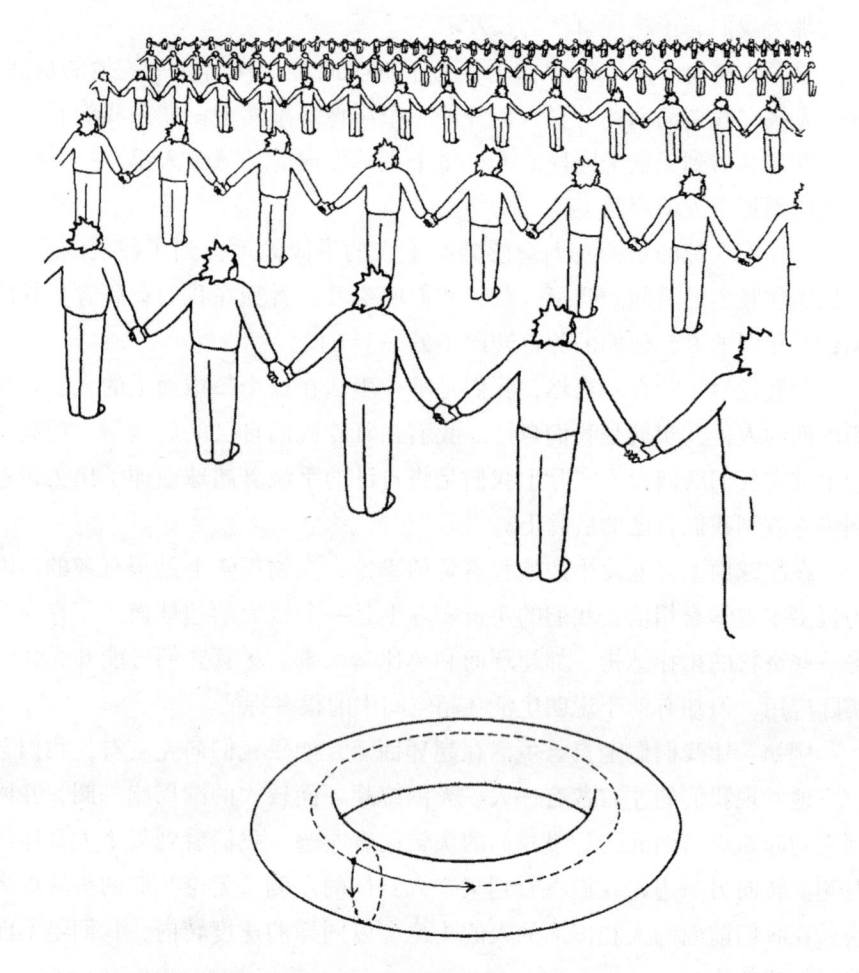

图 4.2 如果我们住在超环面中，我们将看到无限系列的自己。他们在我们的前面，在我们的背后，在我们的侧面。这是因为光有两条绕超环面传播的方式。如果我们握着两侧人的手，实际上是握住的自己的手。也就是说，我们的手臂实际上环绕了超环面一圈。

吗？"如果是，子弹将穿它而过；如果不是，子弹会围绕这个宇宙跑一圈后从背后打到我们。也许在这个宇宙中开枪不是一个好想法。

我们设想一个更加奇特的宇宙，想象自己生活在莫比乌斯带上。这条带像一条长长的纸带，将它扭 180 度，再把两头粘起来成为一个圆条。一个惯用右手的平地居民沿这个带走一圈，会发现自己变成了左撇子。环绕这个宇宙走一圈，方向就逆转了。就像威尔斯写的《普拉特纳故事》，其中的英雄在一次偶然事故后回到地球，发现他的身体发生了左右颠倒。例如，他的心脏跑到了身体的右侧。

如果我们住在超莫比乌斯带上，我们向前看，看到了一个人的后脑勺。起初，我们并不认为那是自己的头，因为我们部分头发的方位发生了改变。如果我们伸出右手放在他的肩膀上，他会伸出左手放在他前面人的肩膀上。事实上，我们会看到无限系列的人，他们的手都放在彼此的肩膀上，只是这只手交替地从左肩换到右肩。

如果我们在一个地方离开我们的朋友，沿这个宇宙走一圈，我们会发现自己又回到了原点。而我们的朋友吃惊地发现，我们的身体左右倒置了。我们一边的头发和手上的戒指都跑到另一侧，我们的内部器官也颠倒了。他们会问，你怎么了？还好吗？事实上，我们自己感觉良好，丝毫没有感觉到变化。对我们来说，是我们的朋友颠倒了！随之而来的争论是——到底谁颠倒了。

当我们生活在空间和时间弯曲的宇宙，我们会遇到这样或那样的可能性。空间不再是一个被动的舞台，它变成了在我们的宇宙中上演戏剧的主动表演者。

总之，我们看到爱因斯坦完成了黎曼在60年前开创的工作，利用高维简化自然规律。然而，爱因斯坦在几个方面比黎曼走得更远。与黎曼一样，爱因斯坦独立地认识到"力"是几何的结果，但与黎曼不同的是，爱因斯坦能找到这个几何背后的物理原理，即空间–时间的曲率是由于物质–能量的存在造成的。与黎曼一样，爱因斯坦知道引力可以用场来描述，用度规张量来描述，但与黎曼不同的是，爱因斯坦能发现这些场服从的精确的场方程。

大理石做的宇宙

到20世纪20年代中期，随着狭义相对论和广义相对论的建立，爱因斯坦在科学史上的地位得到了确立。1921年，天文学家证实，光线通过太阳周围时，正如爱因斯坦预测的那样被弯曲了。到那时，爱因斯坦已被公认为牛顿的继承人。

然而，爱因斯坦并不满足。他试图再拼搏一次，再创一个世界级的理论。但是，他的第三次努力失败了。他的第三个也是最后一个理论，本该是他一生中最辉煌的成就。他想探索"万物理论"，这个理论将解释自然界发现的所有已知的力，包括光和引力。他给这个理论创造了一个词：统一场论。遗憾的是，他探索光和引力的统一场论并未成果。他去世的时候，留下的仅是书桌上未完成的各种手稿。

具有讽刺意味的是，爱因斯坦受挫折的来源是他自己的方程结构。他被这个方程的基本缺陷困扰了30年。方程的一边是空间－时间的曲率，他把它比作"大理石"，这是因为它有一种美丽的几何结构。对爱因斯坦来说，空间－时间的曲率就像希腊建筑的缩影——美丽而安详。然而，他讨厌这个方程的另外一边，物质－能量。他认为它是丑陋的，并把它比作"木头"。一方面，空间－时间的"大理石"是干净和优雅的；另一方面，物质－能量的"木头"是一个混乱的，似乎是没有次序的可怕的杂物——从亚原子粒子、原子、聚合物、晶体到岩石、树、行星、星星。但是，在20世纪20—30年代，当爱因斯坦积极地从事统一场论的研究工作时，物质的真正性质尚是一个未解之谜。

爱因斯坦的基本方法是将"木头"变成"大理石"——也就是说，给予物质一个几何的起源。但是，没有更多的物理线索和对"木头"的深层的物理认识，要完成这件事是不可能的。比如说，在花园中生长了的一棵巨大的扭曲的树。建筑师围绕这棵扭曲的树建了一个广场，是用美丽的一片一片的大理石装配的。建筑师仔细地装配这些大理石片，使它像一个耀眼的花的模式，有着从树发出的藤和根。按照马赫原理的意义：树的存在决定了围绕在它周围的大理石的图案。但是，爱因斯坦讨厌木头和大理石之间的这种不协调，木头看起来是丑陋而复杂的，大理石是简单而纯粹的。他的梦想是将树变成大理石。他理想中的广场完全由大理石建造，在它的中心有一座美丽而对称的大理石树雕像。

回顾起来，我们能够大概地看出爱因斯坦的错误。我们记得自然法则在高维可以简化和统一。爱因斯坦两次正确地应用了这个原理，狭义相对论和广义相对论。然而，第三次他废弃了这个基本原理。因为在他那个时代，人们对原子和原子核物质的结构知之甚少，所以人们就很难知道怎样运用高维空间作为一个统一的原理。

爱因斯坦盲目地尝试了若干纯粹的数学方法。他显然认为"物质"能被看作空间－时间中的扭结、振动、扭曲。在这一绘景中，物质是空间的集中的扭曲。换句话说，我们所见的周围的一切，从树、云到天空的星星也许都是幻觉，它们也许是超空间的某种形式的皱褶。然而，由于缺乏更加过硬的线索或实验数据，这个思想走进了死胡同。

下一步，这个问题留给了一位默默无闻的数学家，它将我们引向了第五维。

卡鲁扎－克莱因理论的诞生

1919年4月，爱因斯坦收到一封信，这封信使他惊讶得说不出话来。

这封信来自德国哥尼斯堡大学（其所在地是苏联的加里宁格勒）的不知名的数学家西奥德尔·卡鲁扎（Theodr Kaluza）。在只有几页简短的文章中，这个不知名的数学家就给出了一个该世纪最伟大难题之一的解决方案。卡鲁扎仅用了几行就统一了爱因斯坦的引力理论和麦克斯韦的光理论，方法是通过引进第五维（即四维空间和一维时间）。

在本质上，卡鲁扎是重新启用了辛顿和佐尔拉的老的"四维"，并用一种新鲜的方式作为第五维把它融入爱因斯坦的理论。像他之前的黎曼一样，卡鲁扎认为光是这个高维的涟漪引起的干扰。这个新的工作与黎曼、辛顿、佐尔拉的工作的关键区别在于，卡鲁扎提出了一个真正的场论。

在这篇短文中，卡鲁扎非常天真地在五维中写下爱因斯坦的场方程，而不是通常的四维。（我们记得可以在任何高维中构建黎曼的度规张量）然后，他继续证明这些五维的方程其中包含了爱因斯坦早期的四维理论（这在预期之中），还增加了一片空间。让爱因斯坦震惊的是这个另外的一片空间正是麦克斯韦的光理论。换句话说，这个无名的科学家一下子就提出了把科学上已知的最伟大的两种场论（爱因斯坦的场论和麦克斯韦的场论）结合起来，即把它们混合在第五维空间中。这是一个用纯大理石构建的理论——纯几何构建的理论。

卡鲁扎在将木头转变成大理石中发现了第一个重要的线索。类比于公园中的大树，我们记得大理石的广场是二维的。卡鲁扎的观察是，如果我们能将大理石的片向上移动到三维中，我们就可以营造一棵大理石"树"。

对于一般的非专业人士而言，光和引力并无联系。毕竟，光是一种熟悉的力，它表现为各种各样的颜色和形式；而引力则是一种看不见的和远距离作用的力。在地球上，是电磁力而不是引力帮助我们驯服自然。电磁力为我们的机器提供动力，为我们的城市供电，点亮霓虹灯和电视机。相反，引力在更大的尺度上起作用——引力引导行星运动并阻止太阳爆炸。引力是一种弥散在宇宙中和将太阳系绑定在一起的宇宙力。（除了韦伯和黎曼，法拉第是第一批在实验室探索光和引力之间的联系的科学家之一。法拉第用来测量这两种力之间联系的实验仪器现在仍然可以在伦敦皮卡迪利皇家研究所找到。虽然他未能用实验找到这两种力之间的任何联系，但是法拉第深信统一的威力。他写到，"如果这种统一的希望被证明是成立的，那么我试图研究的这种力就其不可改变的特征而言，该是多么伟大、有力、惊人，这个可以启人心智的新的知识领域又该是何等博大啊！"）

甚至在数学角度上，光和引力也像油和水一样不相容。麦克斯韦的光的场论要求有 4 个场，爱因斯坦的引力度规理论要求有 10 个场。然而，卡鲁扎的文章是如此之优雅和有吸引力，以致爱因斯坦无法拒绝。

乍一看，它好像只是数学上的雕虫小技，只是简单地把空间和时间的维数从四拓展到五。这是因为，正如我们记得的，没有实验证据证明有第四个空间维度。令爱因斯坦震惊的是，只要将五维场论分解为四维场论，麦克斯韦方程和爱因斯坦方程就都能和谐统一地保留下来。换句话说，卡鲁扎成功地将两块拼图拼在一起，因为它们都是一个大的整体的组成部分，这个整体就是五维空间。

"光"是作为高维空间的几何弯曲出现的。这个理论似乎是完成了黎曼将力解释为纸片皱褶的古老梦想。卡鲁扎在他的文章中声称，他的理论综合了到那时为止的两种最重要的理论，他的理论拥有"实质上无法超越的统一性"。他还坚持说他的理论绝对简单且优美，而并非"一出用眼花缭乱的情节惑人的游戏"。使爱因斯坦震惊的是文章的大胆和简单。卡鲁扎的基本论证，像所有伟大的思想一样是优雅和简洁的。

用拼图板将各部分拼合起来做类比，是一件有意义的事情。我们记得黎曼和爱因斯坦工作的基础是度规张量——也就是定义空间中某个点的 10 个数的集合。这是法拉第场概念的自然推广。在图 2.3 中我们看到在一片 4×4 维的棋盘上这 10 个数是如何布置的。我们可以定义这 10 个数为 g_{11}、g_{12}、…此外，麦克斯韦的场是空间中某个点的 4 个数的集合，这 4 个数可以用符号 A_1、A_2、A_3、A_4 表示。

为了理解卡鲁扎的技巧，让我们在五维中研究黎曼的理论。这时度规张量可以布置在 5×5 的棋盘中。现在，根据定义我们重新命名卡鲁扎场的分量。这样，其中某些部分就成为了爱因斯坦的场，而另一些则成为了麦克斯韦的场（图 4.3）。这是卡鲁扎技巧的精髓，它令人吃惊地抓住了爱因斯坦。卡鲁扎通过简单地添加一个麦克斯韦的场到爱因斯坦的场中，就把二者重新组装为五维的场。

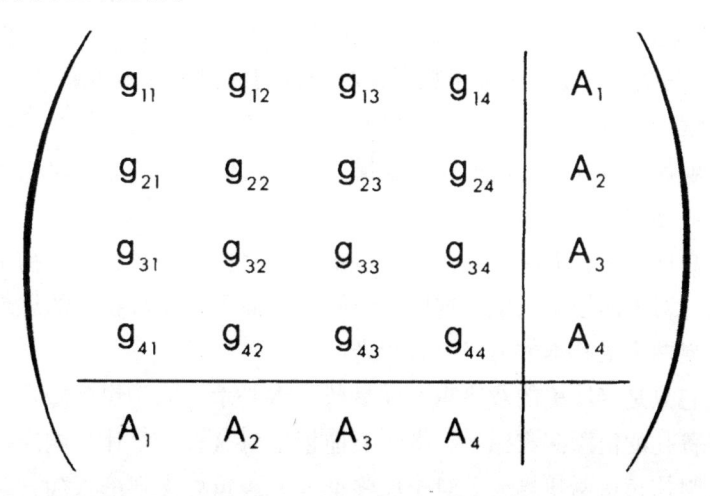

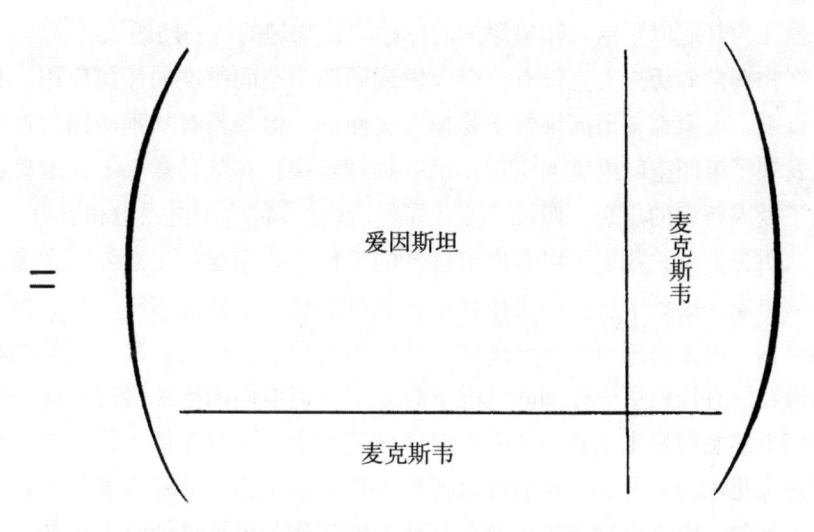

$$\begin{pmatrix} g_{11} & g_{12} & g_{13} & g_{14} & A_1 \\ g_{21} & g_{22} & g_{23} & g_{24} & A_2 \\ g_{31} & g_{32} & g_{33} & g_{34} & A_3 \\ g_{41} & g_{42} & g_{43} & g_{44} & A_4 \\ A_1 & A_2 & A_3 & A_4 & \end{pmatrix}$$

$$= \begin{pmatrix} \text{爱因斯坦} & \text{麦克斯韦} \\ \text{麦克斯韦} & \end{pmatrix}$$

图 4.3 卡鲁扎的光辉思想是在五维中写下黎曼度规张量。第 5 行和第 5 列等同于麦克斯韦的电磁场，而其余 4×4 的块是老的爱因斯坦的四维度规。卡鲁扎用添加一个维度的方法就统一了引力和光的理论。

Hyperspace

注意，黎曼五维引力中的 15 个分量内有足够的容量填充爱因斯坦场的 10 个分量和麦克斯韦场的 4 个分量！因此，卡鲁扎的光辉思想可以粗略地总结为：

$$15 = 10 + 4 + 1$$

（剩余的量是一个标量粒子，对于我们的讨论并不重要。）当我们仔细分析这个五维理论时，我们发现麦克斯韦的场漂亮地包括在黎曼度规张量中，就像卡鲁扎声称的那样。这样，这个看似天真的方程总结了本世纪影响最深远的一个思想。

总体来看，五维度规张量既包括了麦克斯韦的场，也包括了爱因斯坦的场。对爱因斯坦来说，这样一个简单得似乎是不可相信的思想能够解释自然界两个最基本的力：引力和光。

它只是客厅里的戏法吗？或是数字占卜术？或是黑色魔术？爱因斯坦被卡鲁扎的信深深震撼了，事实上他拒绝对这篇文章作出响应。他仔细思索这封信长达两年之久，对于那些推荐发表重要文章的人而言，这是一段非常长的时间。最后，他确信了这篇文章潜在的重要性，并将它送往《科学院会议报告》（*Sitzungsberichte Preussische Akademie der Wissenschaften*）发表。他还为其冠以了给人印象深刻的标题"论物理的统一问题"。

在物理学的历史上，没有一个人发现第四个空间维度的任何应用。自黎曼以来，大家都知道高维数学是惊人美丽的，但却没有物理应用。首次有人发现了第四空间维度的应用：统一物理定律！在某种意义上，卡鲁扎提出了爱因斯坦的思想：四维"太小了"，无法全部容纳电磁力和引力。

从历史上看，我们可以看出卡鲁扎的工作并非完全出于意外。大多数的科学史家一提到卡鲁扎的工作就说，五维的思想是晴天霹雳，是意想不到的原创。由于物理研究的延续性，这些历史学家吃惊地发现一个新的科学通道在没有任何历史先例的情况下打开了。但他们的吃惊表现可能是因为他们不熟悉神秘主义者、文人、前锋派艺术家的非科学的工作。更仔细地审视文化和历史背景，我们可以得出卡鲁扎的工作并非那么意外。正如我们看到的，由于辛顿、佐尔拉和其他人的工作，也许已使高维在艺术界和文学界得到了快速普及，并上升到了准科学思想。从这个较大的文化视角看，物理学家认真地对待辛顿的思想（即光是第四个空间维度的振动）

仅是个时间问题。在这个意义上，黎曼的工作通过辛顿和佐尔拉传播给了艺术界和文学界，之后，又通过卡鲁扎的工作传回到科学界。在支持这一论点方面，近来，弗罗因德（Freund）披露了卡鲁扎实际上并非是第一个提出五维引力理论的人。爱因斯坦的对手贡纳·诺德斯特姆（Gunnar Nordstrom）才是真正的提出五维场论的第一人。可惜它太粗糙，没有把爱因斯坦和麦克斯韦的理论包括进来。卡鲁扎和诺德斯特姆独立地试图探索第五维，这一事实表明，在大众文化中广泛传播的概念影响了他们的思想。[19]

第五维度

任何一个物理学家在他们第一次遇到五维时都会感到震惊。彼得·弗罗因德（Peter Freund）清楚地记得当他第一次遇到第五维和更高维度时的那一刻。这件事在他的思想中留下了深深的烙印。

1953年，弗罗因德出生在罗马尼亚。约瑟夫·斯大林（Joseph Stalin）也在这一年去世。这一个重要事件导致了当时的国际紧张局势得到了缓解。那一年，弗罗因德是一个早熟的大学新生，他参加了乔治·弗朗恰努（George Vranceanu）主持的一个讲座。他回忆自己听弗朗恰努讨论这个重要的问题：为什么光和引力不相干？然后，这个讲师提到了一个古老的理论，它能够包含光理论和爱因斯坦引力方程。其要义是使用在第五维中建立的卡鲁扎-克莱因的理论。

弗罗因德非常震惊，这是一个绝妙的让他吃惊的思想。虽然只是一个大学新生，但他鼓足了胆量提出了一个明显的问题：卡鲁扎-克莱因理论如何解释其他的力呢？弗罗因德问道："即使你实现了光和引力的统一，你也不能解决全部问题，因为还有核力。"弗罗因德意识到核力在卡鲁扎-克莱因理论之外。（事实上，在冷战高峰时期，氢弹像利剑一样悬在地球上的人类头上。它是以核力的突然释放为基础的，而不是靠电磁力和引力。）

演讲者没有回答。仗着年轻气盛，弗罗因德脱口而出，"再增加更多的维度会怎样？"

"但是，再增加多少维呢？"演讲者问道。

弗罗因德措手不及。他不想给出一个低的维度,怕被别人抢先。于是,他提出了一个没人能再超过的数字:无限数量的维度!(不幸的是,对于这个早熟的物理学家来说,一个无限数字的维度在物理上似乎是不可能的。)

生活在圆柱体上

在面对第五维度带来的初始震惊之后,大多数物理学家开始发问了。事实上,卡鲁扎的理论提出的问题甚至多于它能回答的问题。其中,最显而易见的问题是:第五维度在哪里?因为地球上我们所能想见的实验都确凿地表明:我们居住在一个具有三个空间维度和一个时间维度的宇宙中,这个尴尬的问题依然存在。

卡鲁扎的回答很聪明。他的解决方案与辛顿几年前提出的方法几乎一致,即高维是实验不可观察的,有别于其他的低维度。事实上,它塌缩到一个小圆,这个圆甚至小到容纳不下一个原子。因此,第五维度不只是一种用来处理电磁力和引力的数学技巧,他还是一个物理维度,这个物理维度提供了一种胶合剂,从而可以将这两种基本的力统一为一种力。但它太小了,以至于我们无法测量。

任何沿着第五维度方向行走的人最终会发现他们又回到了始发地。这是从拓扑学角度来考虑,第五维度等同于一个圆,而宇宙等同于一个圆柱体。

弗罗因德这样解释道:

> 想象一些生活在单线世界中的假想人,这个单线世界只包含一条直线。在他们的整个历史中,他们认为他们的世界只是一条单一的线。然后,单线世界中的科学家提出,他们的世界并不是一维直线,而是一个二维世界。当有人问这个神秘的看不见的二维在什么地方时,他会回答说,第二个维度蜷缩成了一个小球。所以,生活在单线世界的人其实是生活在一个很长很细的圆柱体上。圆柱的半径太小,以至于无法被测量。事实上,这个半径是如此之小,以至于他们的世界看起来就是一条直线。

如果圆柱的半径较大，生活在单线世界中的人可以垂直于他们的线世界离开他们的宇宙。换句话说，他们可以进行空间的旅行。当他们垂直于他们的线世界移动时，他们能遇到与他们宇宙共存且相似的无数的平行线的世界。当他们进一步深入第二维度时，最终会回到他们自己的线世界。

现在，想象一些生活在一个平面的平地居民。同样地，一个平地科学家可以做出大胆的声明——去三维旅行是可能的。原则上来说，一个平地居民可以向上飘浮离开平地表面。当这个平地居民慢慢地向上飘浮到第三维中时，他的"眼睛"会看到一系列难以置信的不同的平行宇宙，且与他所生活的宇宙共存。因为他的眼睛只能看到与平地宇宙的这个面相平行的东西，所以他将看到出现在他面前的不同的平地宇宙。如果平地居民飘浮到距离这个平面最远的地方，他将最终回到自己原来的平地宇宙。

现在，想象我们居住的三维世界实际上还存在另一个维度，它已卷曲成一个圆。为了便于讨论，我们假设这个第五维度有 10 英尺（3 米）长。只要跳进第五维度，我们就会立刻从现在的宇宙中消失。进入第五维度后我们会发现，自己移动 10 英尺（3 米）后，会回到我们开始出发的地方。为什么第五维度要蜷缩成一个圆呢？1926 年，数学家奥斯卡·克莱恩（Oskar Klein）提出了对这个理论的几点改进。他提出，也许量子理论可以解释第五维度蜷缩起来的原因。在此基础上，他计算出这第五个维度的大小应该是 10^{-33} 厘米（普朗克长度）。这个长度尺寸对任何地球上可以检测它存在的实验来说都太小了，以至于人们无法探知它的存在。（在今天，这一论据同样被用来证明十维理论的正确性。）

一方面，这意味着该理论与实验相符，因为第五维度太小而无法测量。另一方面，这也意味着第五维度小得惊人，以至永远无法建立足够强大的机器来证明这个理论的正确性。〔量子物理学家沃尔夫冈·泡利（Wolfgang Pauli）以他惯有的刻薄的方式排斥他不喜欢的理论，他说，"它也许不能算错"。换句话说，它们是半生不熟的，以至人们不能确定它们的正确性。由于卡鲁扎的理论不能被检验，因此人们也无法确定它的对错。〕

卡鲁扎-克莱因理论的死亡

卡鲁扎-克莱因理论虽然在为自然力提供纯几何学基础方面燃起了希望，但它却在20世纪30年代走到了尽头。一方面，物理学家不相信第五维度真实存在。克莱因的猜想"第五维度蜷缩成普朗克长度大小的一个很小的圈"是无法检验的。探测这个小距离所需要的能量是可以计算的，它就是所谓的普朗克能量（10^{20}电子伏特）。这个难以相信的能量几乎超出了我们最大的理解范围。它比被禁锢在质子中的能量还要大10^{28}倍，这超出了我们在今后几个世纪中所能产生的任何物质的能量。

另一方面，物理学家们成群结队地离开这一领域的研究。因为他们发现了一种新的理论，这个新的理论将给科学世界带来一场革命。由亚原子理论引发的浪潮彻底淹没了卡鲁扎-克莱尔理论的研究。这个新的理论被称为量子力学，在接下来的60年里，它敲响了卡鲁扎-克莱尔理论的丧钟。更糟糕的是，量子力学对力的平滑的几何解释提出了挑战，用一份份离散的能量取代了它。

黎曼和爱因斯坦开创的进程难道是错误的吗？

Part II

Unification in Ten Dimensions

第二部分

统一在十维中

5　量子异端

没有被量子理论震惊的人，就没有理解它。

——尼尔斯·玻尔

木头制成的宇宙

1925 年，一个新的理论出现了。这一理论以惊人的速度，几乎是流星般的速度推翻了希腊人长期以来一直持有的关于物质的观念。它几乎毫不费力地征服了许多长期存在的，难倒了几个世纪物理学家的根本问题，什么是物质？是什么使它结合在一起？为什么物质会以无穷多样的形式出现，如气体、金属、岩石、液体、水晶、陶瓷、眼镜、闪电、星星等？

新的理论被命名为量子力学，它第一次给我们提供了用以撬开原子奥秘的详尽的方法。亚原子世界曾经是物理学家们的禁区，现在它们的秘密被逐步公开。

要理解这个革命颠覆其竞争对手的速度，我们注意到，早在 19 世纪 20 年代的一些科学家还对"原子的存在"持有严重的保留意见。他们对在实验室中不能被看到或不能被直接测量的东西嗤之以鼻，认为这些不可见与不可测量的东西不具有存在性。1925—1926 年，欧文·薛定谔（Schrödinger）、沃纳·海森堡（Werner Heisenberg）和其他科学家已经提出了一个几乎完整的氢原子的数学描述。这些描述具有惊人的精准度，他们可以从纯数学的角度解释氢原子的所有性质。1930 年，量子物理学家，保罗·A. M. 狄拉克（Paul A. M. Dirac）宣布，化学中的一切东西都可以从第一原则推导。他们甚至提出了一个尖锐的说法，即只要有足够的时间，他们就能在计算机上预测宇宙中所有物质的化学性质。对他们来说，化学不再是一门基础科学，它成为了"应用物理学"。

量子理论在这段时间迅速崛起，它不仅明确解释了原子世界的奇异属性，也使爱因斯坦的工作黯然失色了几十年：量子革命的第一批"受害者"之一就是爱因斯坦的几何宇宙理论。在高级研究所的大厅里，年轻的物理学家开始低声说，"爱因斯坦在山上，量子革命完全绕过了他"。年轻一代学者蜂拥而至地阅读关于量子理论的最新论文，他们对有关相对论的论文并不关心。甚至研究所所长罗伯特·奥本海默也私下向他的密友们透露，爱因斯坦的工作毫无希望地落后于时代。甚至爱因斯坦本人也开始认为自己是一个"老古董"。

我们记得，爱因斯坦的梦想是要建立一个由"大理石"建成的宇宙，即纯几何宇宙。爱因斯坦讨厌物质的相对丑陋性，由于其混乱的，无次序的杂乱的形式，他称其为"木头"。爱因斯坦的目标是要使他的理论永远排除这个缺陷，将木头转化为大理石。他最终的希望是建立一个完全基于大理石的宇宙理论。使爱因斯坦震惊的是，他逐渐意识到量子理论是完全由木头构成的理论！具有讽刺意味的是，现在看来他似乎犯了一个大错，宇宙显然更喜欢木头而不是大理石。

在木头和大理石的类比中，我们想起爱因斯坦想把大理石广场的树变成大理石雕像，创造一个完全由大理石制成的公园。然而，量子物理学家从相反的角度看待这个问题。他们的梦想是用大锤粉碎所有的大理石。拆除大理石碎片后，他们将用木头完全覆盖公园。

事实上，量子理论与爱因斯坦的想法完全相反。在几乎所有的层面上，量子理论都站在了爱因斯坦理论的反面。爱因斯坦的广义相对论是一种宇宙理论，是通过时空的平滑结构把恒星和星系联系起来的理论。相比之下，量子理论是一种微宇宙理论，在这个微宇宙中，亚原子粒子被类粒子力聚在一起，这些力在空洞无物的时空舞台上跳舞。因此，这两种理论是完全对立的。事实上，由量子革命产生的潮汐淹没了超过半个世纪的用几何理解力的所有尝试。

贯穿此书，我们建立了一个主题，在更高的维度中物理定律将变得简单和统一。然而，随着 1925 年后量子异端的出现，我们看到了对这个主题的第一个严峻的挑战。事实上，在接下来的 60 年，直到 20 世纪 80 年代中期，量子物理的异端思想一直主宰世界，以其不可否认的成功和令人惊叹的实验胜利几乎埋葬了黎曼和爱因斯坦的几何思想。

量子理论迅速地为我们提供了一个全面的框架来描述可见的宇宙：物质宇宙由原子和它的成分所构成。大约有 100 种不同类型的原子或元素，用这些原子或元素，我们可以营造在地球上甚至在太空中发现的所有已知的物质形式。原子由原子核和围绕原子核旋转的电子组成，原子核又由中子和质子组成。从本质上讲，爱因斯坦美丽的几何理论和量子理论之间的主要区别可以概括如下：

1. 力是由称为量子的离散的能量包交换产生的

与爱因斯坦的"力"的几何描述相反，在量子理论中光被切成小块。这些光包被命名为光子，它们的行为与点状粒子非常相似。当两个电子相互碰撞时，它们互相排斥，这并非是因为空间的曲率，而是因为它们交换了一个能量包，即光子。

这些光子的能量是用普朗克常数（$h \approx 6.6 \times 10^{-34}$ 焦·秒）的单位来测量的。普朗克常数是一个无穷小的数，这意味着量子理论对牛顿定律的修正是非常微小的。这被称为量子修正，在描述我们熟悉的宏观世界时可以忽略。这也是为什么我们在描述日常现象时，在大多数情况下可以忽略量子理论。然而，当处理微观的亚原子世界时，这些量子修正开始支配所有的物理过程。这就解释了亚原子粒子奇异的、违反直觉的特性。

2. 不同的力是由不同的量子交换造成的

例如弱力，是由不同类型的量子交换引起的，称为 W 粒子（W 代表"弱"）。同样，强力将原子核内的质子和中子绑定在一起，它是由称为 π 介子的亚原子粒子的交换所引起的。W 介子和 π 介子已经在原子加速器实验的碎片看到了，从而验证了该方法的正确性。最后，把质子、中子甚至 π 介子结合在一起的亚核力被称为胶子。

这样，我们就有了物理定律的一种新的"统一原理"。我们能把电磁力、弱力和强力的定律统一起来，其方法是假定在它们之间有各种不同的量子起着调解作用。因此，四种力中的三种（不包括引力）被量子理论统一起来。这里，没有用到几何学就给出了统一，似乎违背了本书的主题和我们迄今所考虑的一切。

3. **我们绝不可能同时知道亚原子粒子的速度和位置**

　　这就是海森堡测不准原理，这是迄今为止最有争议的理论观点。但在长达半个世纪的时间中，它在实验室里经受住了每一次挑战。目前为止，没有一项已知的实验偏离这个规则。

　　测不准原理意味着我们永远不能准确测定电子的位置和速度。我们所能做的，就是计算电子在某个特定的位置出现的概率。这种情况并不像人们所怀疑的那样无望，因为我们可以用严谨的数学方法计算发现电子的概率。虽然电子是点粒子，但它却服从遵守着一个具有明确意义的波方程——薛定谔波动方程。粗略地说，波越大，在那个点找到电子的概率就越大。

　　因此，量子理论将粒子和波的概念辩证地统一起来：自然界的基本物理对象是粒子，但在任何给定的空间和时间中找到粒子的概率是由概率波给出的。同样，概率波遵守一个具有明确意义的数学方程，这个方程是薛定谔给出的。

　　量子理论的疯狂之处在于，它可以将所有的事都化简为这些莫名其妙的概率。我们可以精确地预测，当一束电子束穿过有孔的屏幕时，会有多少电子发生散射。然而，我们永远不能确切地知道哪一个电子会散射到哪一个方向。这并非是仪器简陋所致，根据海森堡的说法，这是自然规律。

　　当然，这一公式还含有一个令人不安的哲学意蕴。牛顿的观点认为，宇宙是一个巨大的时钟，在时间的起点上紧发条，时钟从此嘀嗒地走，因为它服从牛顿的三个运动定律。这个对宇宙的描述现在被不确定性和概率取代。量子理论彻底摧毁了牛顿用数学计算预言宇宙中所有粒子运动的梦想。

　　如果量子理论违反了我们的常识，那只是因为自然似乎不太在意我们的常识。这些想法似乎是陌生的和令人不安的，但它们可以很容易地在实验室验证。这点可以由著名的双缝实验来证明。例如，我们向一个有两个小狭缝的屏幕发射一束电子。在屏幕后面有一张底片。根据19世纪的经典物理学，每个小孔后面应该有两个被电子束曝光的小斑点。然而，在实验室中，我们在底片上发现了一个干扰条纹（一系列明暗相间的条纹）。这就是通常的波的行为，而不是粒子的行为（图5.1）。（产生干涉图案的最简单方法是，取一个洗澡盆，然后有节奏地在水面上溅起浪花，在水面上形成的像蜘蛛网一样纵横交错的波纹是由许多波的碰撞引起的干涉图案。）底片上的条纹对应于同时穿过两个小孔，然后在屏幕上发生自我干涉的一个波。因为干涉图案是由许多单个电子的集体运动造成，又因为波同时穿过两个小孔，我们很容易得出一个荒谬的结论：电子以某种方式同时进入了两个小孔。但电子怎么可能同时出现在两个地方呢？根据量子理论，电子确实是一个点粒子，它穿过一个孔或另一个孔，但电子的波函数扩散到整个空间，穿过两个孔，接着又与他自身相互作用。这个令人不安的想法已被实验反复验证。正如物理学家杰姆斯·詹斯（James Jeans）爵士曾说过的那样，"讨论一个电子要占用多少空间，就像讨论恐惧、焦虑或不确定性要占用多少空间那样没有意义"（我曾在德国的一根汽车保险杠上看到一份贴纸，它简洁地总结了这一点——"海森堡可能睡在这儿"）。

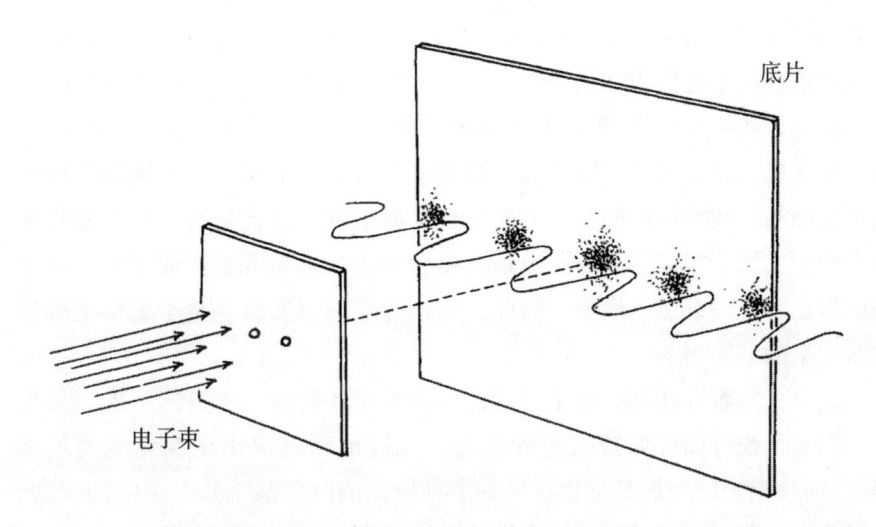

图 5.1 一束电子射过两个小孔使某个底片曝光。我们预期在底片上看到两个斑点。然而，事实上，我们看到的是一个波动的干涉条纹。怎么会这样呢？根据量子理论，电子的确是点状粒子，且不能同时穿过两个孔。但是与每个电子相联系的薛定谔的波可以穿过两个孔并与它自身相干涉。

4. 粒子可以有一个有限的概率，"隧穿"或通过量子飞跃穿透障碍

这是量子理论更令人震惊的预言之一。在原子层面上，这一预言极为成功。"隧穿"或"量子跨越障碍"在每一个实验挑战中都得到了证明。

事实上，一个没有"隧穿"的世界是难以想象的。

演示量子"隧穿"的正确性有一个简单的实验。我们将电子放进盒子里，通常情况下，电子并不具备穿透盒子墙壁的能量。如果经典物理学是正确的，那么，电子将永远不能离开盒子。然而，根据量子理论，电子的概率波会通过盒子传播到外面的世界。电子穿过墙壁的渗流可以用薛定谔波动方程精确计算。也就是说，电子有一个小概率存在于盒外的某处。另一种说法是，电子将以一个确定的小概率穿过盒子墙壁，并从盒子中跑出去。在实验室中，当人们测量电子穿过这些障碍的速率时，得出的结果与量子理论正好相符。

这个量子隧穿就是隧道二极管背后的秘密，隧道二极管是一种纯量子力学器件。通常情况下，电子可能没有足够的能量穿透隧道二极管。然而，这些电子的波函数可以穿透二极管中的势垒，因为电子隧穿势垒出现在势垒另一边的概率是不可忽略的。当你听到美妙的立体声音乐时，请记住，你正聆听着无数服从这个或那个奇异的量子力学法则的电子的节奏。

但是，如果量子力学是不正确的，那么所有的电子器件，包括电视机、计算机、收音机、立体声等，将停止工作。（事实上，如果量子理论是不正确的，我们体内的原子就会崩溃，我们就会立即瓦解。根据麦克斯韦方程，在原子中旋转的电子应该在微秒内失去能量并进入原子核。量子理论阻止了这种突然的崩溃。因此，我们存在的事实就是量子力学正确性的活生生的证明。）

这也意味着存在某一确定且可计算的概率让这种"不可能"的事件发生。例如，我可以计算自己意外消失，穿过地球隧道出现在夏威夷的概率。（应该指出，我们等待出现这种事件所需的时间甚至长于宇宙的寿命，所以我们不能利用量子力学隧穿地球到达世界各处的度假胜地。）

杨–米尔斯场，麦克斯韦场的"接班人"

20 世纪 30—40 年代，量子物理取得了科学史上空前的成功，但到了 20 世纪 60 年代慢慢失去了动力。人们建成的强大的原子加速器打碎了原子核，人们从碎片中发现了上百种神秘的粒子。事实上，物理学家被从加速器喷涌而出的大量实验数据所淹没。

爱因斯坦仅凭物理直觉揣摩广义相对论的整体框架，20世纪60年代的粒子物理学家们则淹没在大量的实验数据中。例如，原子弹建造者之一的恩利克·费米（Enrico Fermi）承认，"如果我能记住所有这些粒子的名字，那我会成为一个植物学家"。由于在破碎的原子碎片中发现了数百个"基本"粒子，因此粒子物理学家们提出无数的方案来解释它们。所有的方案都不走运，因为不正确的方案实在太多了，以致有时候有人说亚原子物理学理论的半衰期只有2年。

回顾这一时期粒子物理学家们走的所有弯路和错误，人们想起了一位科学家和跳蚤的故事。

一位科学家训练跳蚤，让它在自己每次按铃之时跳跃。之后，科学家在显微镜下麻醉了一只跳蚤的一条腿。当科学再按铃时，跳蚤仍然跳跃。

接着，科学家又麻醉了这只跳蚤的另一条腿，然后按响了铃。跳蚤仍然跳跃。

随后，科学家又麻醉了这只的跳蚤更多的腿，每次响铃，跳蚤仍然跳跃。

最后，跳蚤只剩下一条没麻醉的腿了。当科学家麻醉了最后一条腿并按铃时，他惊奇地发现跳蚤不再跳跃了。

科学家根据确凿的科学数据郑重宣布了他的结论：跳蚤是通过腿听到铃声的！

尽管高能物理学家经常觉得自己就是那个故事中的科学家，但在过去的几十年里，关于物质的坚实的量子理论还是逐渐形成了。1971年，推动"三种量子力（引力除外）的统一描述"和"改变了理论物理景观的关键发展"的是一位20岁出头的荷兰研究生热拉尔·胡夫特（Gerard't Hooft）。

基于与光子（即光的量子）的类比，物理学家们认为弱力和强力是由被称为杨–米尔斯场的能量交换引起的。这个场是杨振宁和他的学生 R. L. 米尔斯（R. L. Mills）在1954年发现的。杨–米尔斯场是一个世纪前的描述光理论的麦克斯韦场的推广。与麦克斯韦场不同的是，杨–米尔斯的场有更多的成分，并可以拥有电荷（光子不带电荷）。对于弱相互作用，相应于杨–米尔斯场的量子是W粒子，这种粒子所带的电荷为+1、0和−1。对于强相互作用，相应于杨–米尔斯场的量子叫"胶子"，它像胶水一样将质子和中子胶合在一起。

虽然这一普遍绘景十分令人信服，但在 20 世纪 50—60 年代，困扰着物理学家们的问题是——杨 - 米尔斯场不可重整化（即，当应用于简单的相互作用时，杨 - 米尔斯场不会产生有限的有意义的量）。这使得量子理论在描述弱相互作用和强相互作用方面是无用的。量子物理学撞上了砖墙。

这个问题的出现是因为物理学家们计算两个粒子碰在一起会发生什么时，使用了一种被称为摄动理论的方法。这是一个物理学家所用的巧妙的近似方法。例如，在图 5.2（a）中，我们看到当一个电子与另一个弱互相作用的粒子（难以捉摸的中微子）相撞时所发生的事情。作为一种初步猜测，这种相互作用可以用一个图（称为费曼图）来显示，该图表明了一个弱相互作用量子（W 粒子）在电子和中微子之间交换。这给了我们一种粗糙而合理地拟合实验数据的一级近似。

根据量子理论，我们还必须对我们的初步猜测增加一些小的量子修正。为了使我们的计算严谨，我们还需要在费曼图中添加所有可能的图形，甚至包括带圆的"循环"图形，如图 5.2（b）。理想情况下，这些量子修正应该是微小的。毕竟，正如我们前面提到的那样，量子理论本身就意味着给牛顿物理学提供一个微小的量子修正。但让物理学家恐惧的是，这些量子修正，或"循环图"，不是小量的而是无穷大的。物理学家无论怎样摆弄方程并试图掩饰这些无限大的量，在量子修正计算中这些分歧持续存在。

此外，与较简单的麦克斯韦场相比，杨 - 米尔斯场有着极难计算的可怕名声。围绕杨 - 米尔斯场有一个错误的观点，有人认为它太复杂以至于无法实际计算。胡夫特也许是太幸运了，他只是一名研究生，没有被"更有经验"的物理学家的成见所影响。胡夫特巧妙地利用他的论文导师马丁纽斯·韦尔特曼（Martinus Veltman）首创的技巧。胡夫特发现，只要存在"对称破坏"（我们稍后会解释），杨 - 米尔斯场就会获得质量。不过，这种理论仍然是一个有限理论。他证明由回路图引起的无限性都能被消除，或被慢慢地消减，直到它们变得无害为止。

在杨振宁和米尔斯提出他们的理论之后的 20 年，胡夫特终于证明了杨 - 米尔斯场是一个明确界定的粒子相互作用理论。有关胡夫特这项工作的消息像闪光一样传开了。诺贝尔经济学奖获得者谢尔登·格拉肖（Sheldon Glashow）回忆，他听到这个消息时极为震惊，"这家伙要么是个

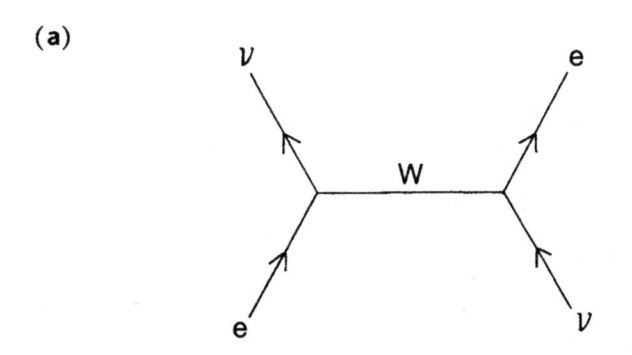

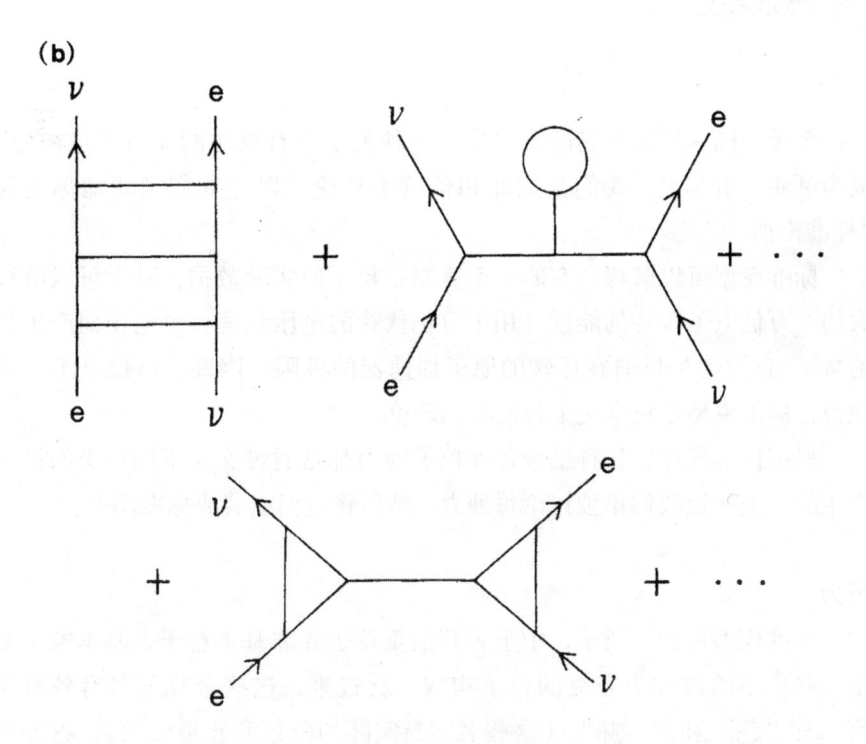

图 5.2 (a) 在量子理论中，当亚原子粒子互相碰撞时，它们交换能量包或量子。电子和中微子通过交换一种叫做 W 粒子的弱力量子而相互作用。
(b) 为了计算电子和中微子的相互作用，必须添加一个无限系列的图——费曼图，其中量子以不断增加的复杂的几何模式交换。这个添加无限系列费曼图的过程叫做摄动理论。

白痴，要么是个最大的物理天才！"进一步的发展接踵而至，1967 年由史蒂文·温伯格（Steven Weinberg）和阿伯达斯·萨拉姆（Abdus Salam）提出的早期的弱相互作用理论，迅速被证明是弱相互作用的正确理论。到20世纪70年代中期，杨-米尔斯场被应用到强相互作用。20世纪70年代，人们逐渐认识到，所有的核物质的秘密都可以被杨-米尔斯场解开。

这就是拼图游戏中丢失的那块。把物质结合在一起的木头的秘密是杨-米尔斯场，而不是爱因斯坦的几何学。如此看来，物理学的核心课程是杨-米尔斯场，而并非几何学。

标准模型

今天，杨-米尔斯场已使"建立一种关于所有物质的无所不包理论"成为可能。事实上，我们是如此相信这个理论，以至我们亲切地称它为"标准模型"。

标准模型可以解释所有的关于亚原子粒子的实验数据，甚至可以解释大约1万亿电子伏特的能量（用1万亿伏特的电压加速一个电子而产生的能量）。这大约是目前在运转的原子加速器的极限。因此，可以毫不夸张地说，标准模型是科学史上最成功的理论。

根据标准模型，每种结合各种粒子的力都是通过交换不同种类的量子产生的。现在让我们单独讨论每种力，然后将它们组装成标准模型。

强力

标准模型认为，质子、中子和其他重粒子并非基本粒子，基本粒子是由一些更小的被称为夸克的粒子构成。反过来，这些夸克又具有各种类型：三"色"和六"味"（这些名字与实际的颜色和味道无关）。这些夸克也有与它们配对的反物质——反夸克。（反物质在所有的方面都与物质相同，反物质所带的电荷与其配对物质的电荷相反，它通常与物质接触后就会湮灭。）这样，夸克的总数是 $3 \times 6 \times 2 = 36$（个）。

同样，夸克通过交换较小的称为胶子的小能量包结合在一起。在数学上，这些胶子用杨-米尔斯场描述，它"凝结"成一个黏黏的像乳脂糖一样的物质将夸克永远"胶"在一起。胶子场是如此强大，以至夸克紧紧地结合在一起永远不会彼此撕裂。这就是所谓的夸克禁闭，这也解释了为什么在实验中从未发现过自由夸克。

例如，质子和中子可以比作由一根 Y 形的带子（胶子）以流星锤的式样结合在一起的 3 个小钢球（夸克）。其他的强相互作用的粒子，如 π 介子，可以比作 1 个夸克和 1 个反夸克通过一个单一的带子连在一起（图 5.3）。

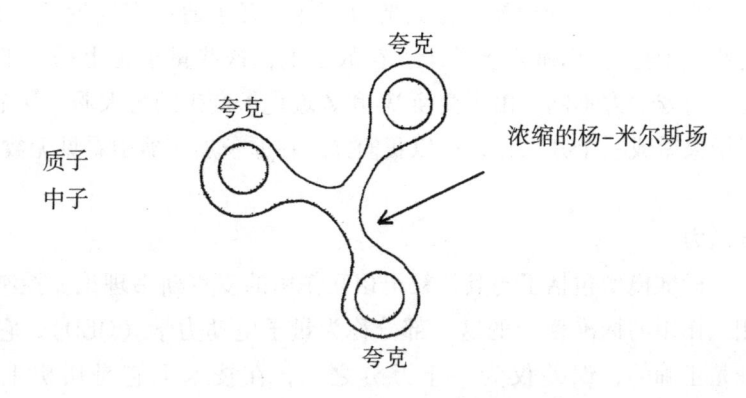

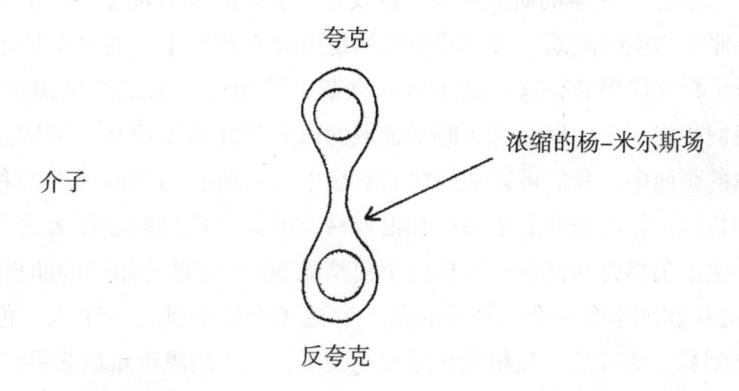

图 5.3 强相互作用粒子实际上是由更小的叫做夸克的粒子构成的，是通过像乳脂糖一样的"胶"结合在一起的，可以用杨－米尔斯场描述。质子和中子各由 3 个夸克构成的，介子是由 1 个夸克和 1 个反夸克构成。

显然，通过触动这样安排的钢球可以让这个奇妙的装置振动。在量子世界中，只有一组离散的振动是允许的。这组钢球或夸克的每一个振动对应于不同类型的亚原子粒子。因此，这个简单的（但强大的）图片解释了

Hyperspace

一个事实,即有无限数量的强相互作用的粒子。这部分描述强作用力的标准模型被称为量子色动力学（QCD）即色彩力的量子理论。

弱力

在标准模型中,弱力控制"轻子"（如电子、μ介子、τ介子和与它们配对的中微子）的性质。像其他力一样,轻子通过交换量子而相互作用,这些量子称为 W 和 Z 玻色子。在数学上,这些量子也由杨－米尔斯场描述。与胶子力不同,由于交换 W 和 Z 玻色子产生的力太弱,甚至不足以将轻子束缚成一个共振体,所以我们并未在原子加速器中看见无数的轻子。

电磁力

标准模型包括了与其他粒子相互作用的麦克斯韦理论。控制电子和光相互作用的标准模型的这一部分称为量子电动力学（QED）,它被实验验证是正确的,误差仅为一千万分之一,在技术上它是历史上最精确的理论。

总之,50 年的研究成果,以及几亿美元的政府资金,给了我们以下的亚原子物质的画面：所有的物质都是由夸克和轻子,通过交换不同类型的量子相互作用的,这些量子由麦克斯韦场和杨－米尔斯场描述。简言之,我们找到了上个世纪对亚原子领域的研究为什么不成功的原因。从这个简单的画面中,我们可以从纯粹的数学中获得所有物质的无数的和令人困惑的特性。虽然现在看来一切都很容易,但标准模型的创造者之一诺贝尔奖得主温伯格曾回忆——发现这个模型的 50 年旅程是如何的曲折。他写道："理论物理学有一个悠久的传统,它绝不会影响到每一个人,但一定会影响到我。那就是,强相互作用太复杂了,人类的思维难以掌握。"

超空间 物理学中的对称

标准模型的细节实际上相当枯燥且也没有那么重要。标准模型最重要的特点是,它以对称性为基础。对物质（木头）进行这种研究的动因,正是因为我们能在这每一种互相作用中看到明白无误的对称性。夸克和轻子不是随机的，而是以确定的模式出现在标准模型中。

当然对称性不完全是物理学家的领域。艺术家、作家、诗人和数学家们也一直欣赏这种在对称性中发现的美。对诗人威廉·布莱克（William Blake）来说，对称具有神秘性，甚至是令人畏惧的性质。正如在他的诗《老虎！老虎！燃烧着辉煌的火光》中表达的：

> 老虎！老虎！黑夜的森林中，
> 燃烧着的辉煌的火光，
> 是怎样的神手或天眼，
> 才能造就你那可怕的对称？

对数学家路易斯·卡罗尔（Lewis Carroll）来说，对称是一个熟悉的，几乎是好玩的概念。在《斯纳克打猎》的诗中，他抓住了对称的本质，他写道：

> 你用锯末煮它，
> 你用胶水把它加盐，
> 你用胶带把它和洋槐凝聚在一起，
> 看上去却仍然保持着一个主要目标——
> 维持它那对称的形状。

换句话说，对称性就是把物体变换形状或旋转之后，它的形状仍然保持不变。有几种对称性在自然界中反复出现。第一种是旋转和反射的对称性。例如，我们将雪花旋转60度，它仍然保持原样。对称的万花筒、花、海星都属于这种类型。我们将它们称为时空对称性，它是将某一物体绕某一维空间或时间旋转而产生的。狭义相对论的对称性就属于这个类型，因为它描述了空间和时间之间的旋转。

另一种类型的对称性，是通过重组一系列对象而创建的。思考一个贝壳游戏，小贩不断变换三个贝壳的位置，其中1个贝壳下藏着1颗豌豆。这种游戏的困难在于，可以有多种方式来组合这三个贝壳。事实上，有6种不同的方式可以转换这三个贝壳。由于豌豆是隐藏在贝壳之下的，这6个配置对看不见豌豆的观察者来说并无区别。数学家喜欢给这些不同的对称性命名，这个游戏的对称性的名字叫"S_3"。它描述3个相同的物体进行互换可以有多少种不同的方式存在。

我们用夸克代替贝壳，那么，当我们将夸克打乱重组后，粒子物理方程必须保持原样。如果我们重组3个有色夸克且方程保持原样，那么，我们就说该方程具有 SU（3）的对称性。这里的3代表有3种颜色，SU 代表此对称性的一个特定的数学性质（SU 代表"特殊酉"矩阵，即矩阵具有单位行列式且为酉矩阵）。我们说有3个夸克处于某个多重态。处于多重态的夸克，可以打乱彼此后重组而不改变这种理论的物理内容。

与此相似，弱力控制着电子和中微子这两种粒子的性质。交换这些粒子仍保持方程不变的对称性，被称为 SU（2）对称性。这意味着弱力的多重态包含1个电子和1个中微子，它们可以通过旋转而互相转换。最后，电磁力有 U（1）的对称性，它将麦克斯韦场的各个分量旋转成它的本身。

这些对称性都是非常简单而优雅的。然而，标准模型最有争议的一面是——它简单地将三种理论拼凑成一种大的对称性理论，从而把三种基本力统一了起来。这种大的对称性是 SU（3）×SU（2）×U（1），它只是各个力的对称性之积。（我们可以与拼图游戏相比较。如果我们有3块不太合适的拼图，我们可以用胶带将它们拼接起来。这就是标准模型的形成方式，通过带子将3种不同的多重粒子捆在一起。这也许不美观，但至少3个拼图通过带子连在一起了。）

理想上，人们也许希望有一种"终极理论"，可以使所有的粒子都处在一个单一的多重态中。不幸的是，标准模型有3种不同的多重态，且彼此不能旋转。

超越标准模型

标准模型的发起人可以诚实地说该模型适合所有已知的实验数据。他们可以正确地指出，没有实验结果是与标准模型相矛盾的。然而，没有人，甚至连最狂热的拥护者都不认为它是物质的最终理论。有几个深刻的原因让它不能成为最终的理论。

首先，标准模型不描述引力，所以它必然是不完整的。当试图将爱因斯坦的理论与标准模型结合起来时，由此产生的理论给出了荒谬的答案。

譬如说，当我们计算一个电子被引力场偏转的概率时，混合理论给出了一个无限大的概率，这是毫无意义的。物理学家说，量子引力是不能重整化的，这意味着它不能产生合理的、有限的数字来描述简单的物理过程。

其次，也许是最重要的，标准模型很丑，因为它粗鲁地将三个截然不同的相互作用拼接在一起。就我本人的观点来看，我认为标准模型可以比喻为交叉三种完全不同的动物，如骡子、大象和鲸鱼。事实上，它是如此勉强和不自然，甚至它的创造者也感到有几分窘迫。他们首先为自己的缺点道歉，并承认它不能成为最终的理论。

当我们写下夸克和轻子的细节时，就明显地看出它是勉强的。为了描述这个理论有多勉强，让我们列出标准模型中的各种粒子和力：

1. 36个夸克，分为"六味"和"三色"，夸克和与它们配对的反物质描述了强互相作用。

2. 8个杨–米尔斯场描述将夸克结合在一起的胶子。

3. 4个杨–米尔斯场描述弱力和电磁力。

4. 6种轻子描述弱相互作用（包括电子、介子、轻子和中微子，它们各自的中微子的对应物）。

5. 为了搪塞大众的大量的神秘的"希格斯"粒子和描述粒子的常数。

6. 至少有19个描述粒子质量和各种相互作用强度的任意常数。这19个常数必须人为定义，它们并非任何理论所决定。

更糟糕的是，这一长串的粒子可以被分解为三个"家族"的夸克和轻子，它们彼此间难以实际区分。事实上，这三个家族似乎是彼此精确的复制品，就假想的"基本"粒子的数目而言，成了三重的累赘（图5.4）。（令人不安的是，我们知道，现在有大量更"基本"的粒子出现，它们超过了到20世纪40年代为止所发现的亚原子粒子的总数。这使得人们急于希望知道这些基本粒子究竟基本到什么程度。）

标准模型的繁琐与爱因斯坦方程的简单形成了鲜明对比。爱因斯坦方程中的一切都是从第一原理推导出来的。为理解标准模型和爱因斯坦的广义相对论的美学对比，我们必须首先认识"美"的概念。物理学家通常说一个理论"美"时，这个理论至少拥有两个基本特点：

Hyperspace

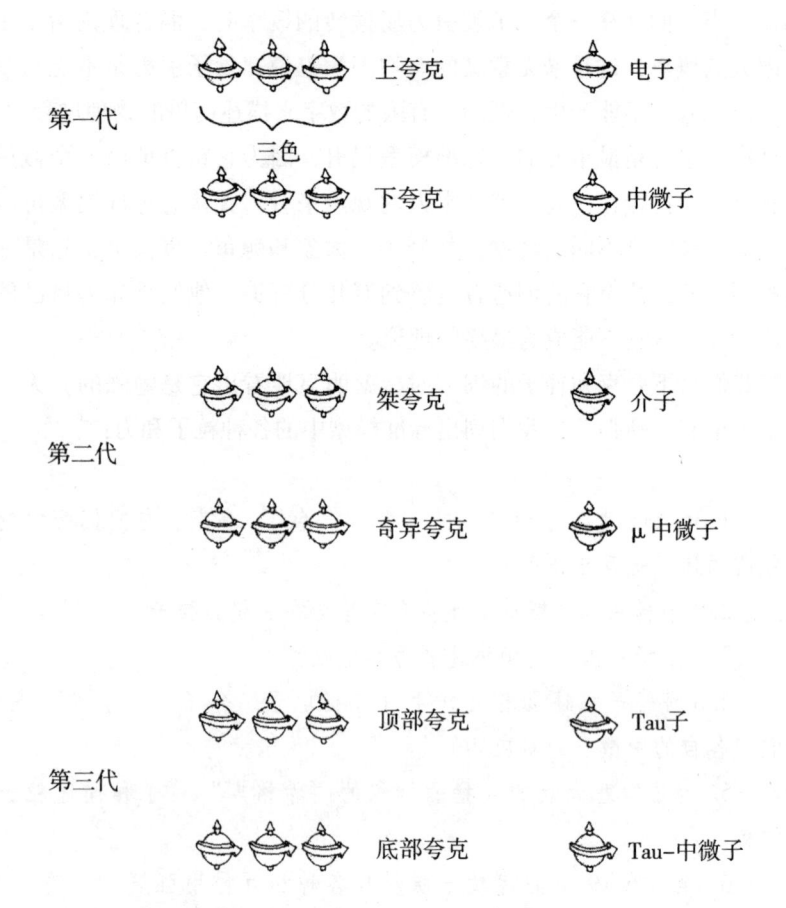

第一代　🍶🍶🍶 上夸克　　　🍶 电子
　　　　　{三色}
　　　　　🍶🍶🍶 下夸克　　　🍶 中微子

第二代　🍶🍶🍶 桀夸克　　　🍶 介子
　　　　　🍶🍶🍶 奇异夸克　　🍶 μ中微子

第三代　🍶🍶🍶 顶部夸克　　🍶 Tau子
　　　　　🍶🍶🍶 底部夸克　　🍶 Tau-中微子

图5.4 在标准模型里，第一代粒子由"上"和"下"夸克（三种颜色，还有它们相应的反粒子），电子和中子组成。标准模型令人尴尬的性质是存在三代这样的粒子，每一代都是前一代的几乎相同的复制品。很难相信自然会这样的累赘，要在基本水平上创造三个相同的粒子复制品。

1. 一个统一的对称性。
2. 具有用最经济的数学表达式解释大量实验数据的能力。

标准模型在这两个方面都是失败的。正如我们所看到的，标准模型的对称性实际上是由三个较小的对称性拼接而成，它们分别对应着三种力。

其次，该理论在形式上是笨拙且不便利的，当然也是不经济的。例如，我们将爱因斯坦的方程全部书写出来，其长度也仅有 1 英寸（2.5 厘米）长，甚至填不满这本书的一行。通过这样的简单方程，我们可以超越牛顿定律推导空间弯曲、大爆炸，以及其他天文学上的重要现象。然而，要写下标准模型的全部公式将需要这页纸的三分之二，它看起来就像一大堆的复杂符号的集合。

科学家们相信，自然在其创生时就喜欢经济。它在创造物理学、生物学和化学的结构时似乎总是避免不必要的冗余。大自然创造熊猫、蛋白质分子或黑洞时，它很珍惜自己的设计。或者，如同诺贝尔奖获得者杨振宁曾说过的那样，"大自然似乎利用了'对称定律'的简单数学表述。当人们停下来考虑数学推理的优雅与完美，将它与复杂的和影响深远的物理后果相对照时，就不得不对'对称定律'的力量产生深深的尊敬"。然而，在最基本的层面上，我们发现了一个严重违反这一规则的情况。这三个相同家族中的每一个都与一批奇特的粒子相联系，它们的存在是标准模型最令人担忧的性质之一。它们向物理学家提出了一个历久不衰的难题：标准模型这个在科学史上极其成功的理论，只是因为它的繁琐而遭到抛弃吗？

超空间 美是必要的吗？

我曾经在波士顿参加过一场音乐会，在那里，人们明显地被贝多芬《第九交响曲》的强大震撼力所撼动。音乐会结束后，丰富的旋律仍在我脑海中回荡。我碰巧从空荡的乐池边走过，在这里，我注意到一些人惊奇地盯着音乐家们留下的乐谱。

我想，在外行的眼中，即便是最感人的乐章的音符也只是一些难以辨认的波纹状的东西。它们在表面上看更像一堆莫名其妙的涂鸦，并非一件美丽的艺术作品。然而，对训练有素的音乐家来说，乐谱上的各样的符号：谱线、谱号、乐调、升半音号、降半音号、单音都变得活生生的，并与心灵共鸣。音乐家只要扫一下乐谱就能"听到"美丽的和声与丰富的共鸣。因此，乐谱超越了其线条的总和。

同样，将诗定义为"按照一定的原则组织起来的短词的集合"也是不对的。这个定义是乏味的，也是不准确的，因为它没有考虑到诗和它在读者中激起的情绪之间微妙的互相作用。诗是精练的，它传达了作者的感情精髓和想象。所以诗比打印在纸上的词有更大的现实意义。例如，短短几句诗就可以把读者带入一个新的知觉和感觉的境界。

如同音乐或艺术那样，数学方程式也有着自然的进程和逻辑，它们能在科学家中激起异乎寻常的热情。虽然，外行人认为数学方程式晦涩难懂，但在科学家的眼中，数学方程式就像大交响乐中的乐章。

简单、优雅，激发了伟大的艺术家创造他们的杰作。简单、优雅，也激励了科学家努力寻找自然规律。就像一个艺术作品或一首难以忘怀的诗，方程式有其自身的美与韵律。

物理学家理查德·费曼（Richard Feynman）表达了这一点，他说道：

> 你可以通过美丽与简单来认识真理。当你领会了这点后，它是正确的就非常明显了（至少在你有一些经验的情况下是这样），因为通常发生的是直觉多于领悟……外行、狂想者，以及诸如此类的人对真理作出简单的猜想，你能立刻看到它们的错误，因此你无须考虑它们。此外，没有经验的学生对真理会作出非常复杂的猜测，这看起来仿佛是正确的，但我知道这并不正确，因为真理总比你最初的设想更简单。

法国数学家亨利·庞加莱（Henri Poincare）甚至更加坦率地表示："科学家研究自然，并非因为自然有用。科学家研究自然，是因为他们喜欢自然。他们喜欢自然是因为自然的美丽。如果自然不是美丽的，就不值得科学家去研究；如果自然不值得研究，科学家的生活就失去了意义。"在某种意义上，物理方程就像大自然的诗。它们是短的，是按照一定原则组织起来的，它们最美的东西是传达自然隐藏的对称性。

例如，我们记得麦克斯韦方程最初由 8 个方程组成。这些方程并不"美"，因为它们并不拥有很多对称性。在它们原来的形式下，它们是丑陋的。但它们是每一个靠雷达、无线电、微波、激光或等离子研究来谋生的物理学家和工程师的"饭碗"。这 8 个方程的作用就像法律对律师的作用或听诊器对医生的作用。然而，当把时间作为第四维度重写这组难看的方程之后，它将被简化为一个单一的张量方程。这就是物理学家所说的"美"，因为它同时满足了之前提到的两个准则。通过增加维数，我们揭示了该理论的真实的四维对称性，并可以用这一简单方程来解释大量的实验数据。

正如我们多次看到的，增加更高维度导致自然法则简化。

今天，科学面临的难题之一是解释这些对称性的起源，尤其是在亚原子世界里。当强大的机器以超过1万亿电子伏特的能量猛烈轰击原子核并将其炸开之后，我们发现这些碎片可以根据它们的对称性排列起来。当我们探测亚原子的距离时，一些异乎寻常且珍贵的事情开始发生。

然而，科学的目的并非对自然规律的优雅发出惊叹，而是为了对它们作出解释。从历史的观点看，亚原子物理学家面临的基本问题是，我们不清楚为什么这些对称性会出现在我们的实验室里和我们的黑板上。

这正是标准模型失败的原因。不管该理论曾取得过怎样的成功，当今的物理学家普遍认为，它必须被某种更高明的理论所取代。确定"美"的两项条件，它都不能满足。它既没有单一的对称性群，又不能经济地描述亚原子世界。更重要的是，标准模型并不能解释这些对称性的起源。它们只是通过命令而拼凑起来，人们对它们的起源知之甚少。

大统一理论（GUT）

原子核的发现者，物理学家欧内斯特·卢瑟福曾说过："所有的科学，要么是物理学，要么是集邮。"

他说这些话的意思是，科学由两部分组成。第一部分是物理学，它建立在物理定律或原理的基础上；第二部分是分类学（"昆虫收集"或邮票收集），这个名称源于希腊语，意为我们对那些一无所知的物质通过物质表面上的相似处进行归类。在这个意义上，标准模型并非真正的物理学，它更像集邮。标准模型根据一些表面的对称性安排亚原子粒子，但对称性从何而来却丝毫没有交代。

同样，当查尔斯·达尔文（Charles Darwin）把他的书命名为《物种起源》(*On the Origin of Species*)时，他对自然界动物多样性的逻辑解释远超越了分类学的范畴。物理学所需要的是一本与此相应的书，即《对称性起源》(*On the Origin of Symmetry*)，它将为我们解释自然界中发现的对称性的原因。

Hyperspace

因为标准模型有很大的人为性,所以多年来人们一直试图超越它,并取得了种种成功。有一项出色的尝试被称为大统一理论(GUT),在20世纪70年代非常盛行,它试图将强、弱和电磁量子的对称性安排到一个更大的对称群中[如,SU(5)、O(10)、E(6)]。大统一理论并非简单地拼接三种力量的对称群,而是试图从某种更大的对称性进行统一,这个对称性具有较少的常数和较少的假设。大统一理论的粒子数量大大超过了标准模型。大统一理论的优点是它用对称性群取代了标准模型的丑陋的对称性 SU(3)×SU(2)×U(1)。大统一理论中最简单的对称性群被称为 SU(5)。它虽然用了24个杨-米尔斯场,但这些杨-米尔斯场都属于一个单一的对称性,而不属于3种分开的对称性。

大统一理论的美学优势是把强相互作用的夸克和弱相互作用的轻子置于同一基础之上。例如,在 SU(5)中,粒子的多重态由3个带色夸克、1个电子和1个中微子构成。在 SU(5)旋转之下,这5个粒子可以彼此旋转,而不改变物理规律。

起初,大统一理论遭到了强烈的质疑,因为统一这三种基本力的能量为 10^{24} 电子伏特,只比普朗克能量稍小一点。令人沮丧的是,这个数值仍然超过了地球上任何一个原子加速器所能产生的能量,这是不受学者们欢迎的。然而,当物理学家们意识到大统一理论能够明确地、可检验地预测质子衰变时,他们逐渐开始热衷于大统一理论这种想法。

我们记得,在标准模型的 SU(3)之类的对称性中3个夸克可以彼此旋转。也就是说,这一种多重粒子由3个夸克组成。这也意味着在一定的条件下,一个夸克可以变成另一个夸克(如杨-米尔斯粒子的交换)。然而,夸克不能转变为电子、多重粒子不能相混。但在大统一理论的 SU(5)中,一个多重粒子中有5个粒子且可以彼此旋转:3个夸克、1个电子和1个中微子。这意味着,在某些情况下,人们可以把质子(由夸克组成的)转换为电子或中微子。换句话说,大统一理论认为质子(我们在很长一段时间都认为质子是寿命最长且最稳定的粒子)是不稳定的。原则上,这也意味着宇宙中的所有原子最终会蜕变为辐射。如果这是正确的话,它就意味着初等化学课上所讲的那些稳定的化学元素实际上都是不稳定的。

这并不意味着我们身体中的原子会很快分解,变成一阵辐射。我们通过计算得出,质子衰变为轻子的时间为 10^{31} 年。这个时间远超出了宇宙的寿命(150亿—200亿年)。虽然这个时间尺度如天文数字那般长,但却并未难倒实验学家。因为普通的一罐水中包含的质子为数众多，所以即便质子衰变的平均时间具有宇宙学时标，水罐中的部分质子将会发生衰变的概率还是可以测定的。

搜索质子衰变

几年之内，这个抽象的理论计算被付诸检验：世界各地的几个物理学家小组进行了几项耗资数百万美元的实验。物理学家们需要建造一个具备高敏感度的足以检测质子衰变的探测器，这需要使用昂贵的费用和精密复杂的技术。首先，实验物理学家们需要构建巨大的缸用以探测质子衰变。其次，他们必须用富含氢的流体（如水或清洗液）填满整个缸。这些流体需要用特殊的技术过滤，以消除杂质和污染物。最重要的是，他们不得不将这些巨大的缸深埋地下，从而避免遭受穿透力很强的宇宙射线的污染。最后，他们必须建造数千个高度灵敏的探测器来记录质子衰变产生的亚原子粒子的模糊轨道。

值得注意的是，至20世纪80年代末，在世界各地有6个巨型探测器在运行，如日本的神冈探测器和美国俄亥俄州克利夫兰附近的IMB（尔湾、密歇根、布鲁克黑文的英文简写）探测器。它们含有大量的纯液体（如水），重量范围从60吨到3 300吨不等。（IMB检测器是世界上最大的检测器，它安装在伊利湖底一个体积为20立方米的盐矿空穴中。在纯净水中自发地衰变的质子会产生一个微小的光爆发，而这些光会被检测器的2 048个光电管中的某些光电管检测到。）

为了知道这些巨大的探测器是如何测量质子寿命的，我们可以将美国人口问题作为类比。我们知道，普通美国人都渴望自己活到70岁。然而，我们并不必等70年后才通过死亡确定美国人的寿命。因为美国人非常多，事实上美国人口甚至超过了2.5亿，几乎每隔几分钟就会有一些美国人死去。同理，最简单的SU（5）大统一理论预言，质子的半衰期大约为10^{29}年——10^{29}年后，宇宙中一半的质子会发生衰变（半衰期是物质衰变一半所需的时间。经过两个半衰期，物质只剩下四分之一）。（相比之下，这大约要比宇宙本身的寿命长10^{19}倍。）虽然这似乎是超长时间的生命，但探测器应该能看到这些稀有的、转瞬即逝的事件。因为探测器将检测到数量巨大的质子。事实上，每吨水中都含有超过 10^{29} 个质子。有了这么多质子，人们就可以预期每年都会有一些质子发生衰变。

但是，无论实验物理学家等待多长时间，他们也没能看到任何质子衰变的明确证据。目前看来，质子的寿命似乎大于 10^{32} 年，这就排除了较简单的大统一理论，但更复杂的大统一理论仍然是具有可能性的。

最初，媒体对大统一理论产生了一定程度的兴奋。对于物质的统一理论的追求和对质子衰变的探索也引起了科学工作者和作家的关注。大统一理论在大众电视的"新星"节目几次播出，通俗读物与科学杂志中的大量文章也记录了有关它的内容。然而，及至 20 世纪 80 年代末，这种大张旗鼓的宣传偃旗息鼓了。无论物理学家等待质子衰变的时间有多久，质子总是不合作。寻找这一事件的各个国家花费了数千万美元，但却失望而归。公众对大统一理论的兴趣开始渐渐消退。

质子仍可能在衰变，大统一理论仍有可能得到实证，但现在的物理学家将大统一理论吹捧为"终极理论"时却谨慎多了。我们谈谈具体原因。像标准模型一样，大统一理论并未提到引力。如果我们简单地将大统一理论和引力组合起来，这种理论将产生一些无穷大的数，而这是没有意义的。像标准模型一样，大统一理论也是不能重整化的。况且，该理论是在巨大的能量下被定义的，这时我们预期一定会出现引力效应。因此在大统一理论中缺少引力这一事实是一个严重的缺陷。此外，它也为存在着 3 个相同的粒子家族所困扰。最后，该理论不能预测诸如夸克质量之类的基本常数。大统一理论缺乏更大的物理原理，这种原理可以从第一原理出发确定夸克的质量及其他常数。归根到底，大统一理论似乎还是属于集邮类型的理论。

根本的问题是，杨－米尔斯场不足以提供用来统一所有四种互相作用的"胶"。杨－米尔斯场所描述的木头世界不足以阐明大理石的世界。

经过半个世纪的蛰伏，"爱因斯坦复仇"的时机已经来临。

第二部分 统一在十维中

6 爱因斯坦的复仇

超对称是一个所有粒子完整统一的最终方案！

——阿伯达斯·萨拉姆（Abdus Salam）

卡鲁扎-克莱因理论的复活

寻求量子理论与引力的统一，被称为"人类历史上最大的科学难题"。大众传媒称它为"物理学圣杯"，由此产生的理论称为"万物理论"。这是困扰20世纪最有智慧的人的最大难题。毫无疑问，解决这个问题的人将获得诺贝尔奖。

20世纪80年代，物理学的发展陷入了僵局。引力顽固地单独站在一边，游离于其他三种力之外。具有讽刺意味的是，虽然引力的经典理论通过牛顿的工作最先被人们认知，但引力的量子理论却是最晚被物理学家认识的一种互相作用。

物理学的所有巨人都在试图破解这个难题，均以失败告终。爱因斯坦将他生命的最后30年悉数奉献给了他的统一场论。伟大的量子理论的奠基者之一沃纳·海森堡（Werner Heisenberg）也未能成功。海森堡将他生命的最后几年全部用于统一场论的研究，还出版了一本专论这一主题的书。1958年，海森堡在电台广播中说道，他和他的同事沃尔夫冈·泡利（Wolfgang Pauli）终于成功地找到了统一场论，只是还缺少一些技术细节。[当新闻界透露出这个惊人的消息后，泡利对海森堡过早地向公众宣布这个消息感到不满。泡利给他的合作者寄了一封信，这封信是一张只有标题的空白信纸——"此图表明我能像画家提香（Titian）那样描绘世界，所缺少的只是一些技术细节。"]

那年的晚些时候，沃尔夫冈·泡利终于做了一个海森堡－泡利统一场论的报告，许多热心的物理学家们在观众席上急切地想听到那些缺失的细节。然而，泡利的演讲结束后，得到了各样的反应。尼尔斯·玻尔最后站起来说："我们一致认同你的理论是疯狂的，我们的分歧在于它是否足够疯狂。"事实上，人们在"最后的综合"上做出了太多的尝试，以致造成了怀疑论的反弹。诺贝尔经济学奖获得者朱利安·施温格（Julian Schwinger）说，"这只是一种精神上的冲动折磨着历代的物理学家，因为物理学家都希望在自己的有生之年得到所有基本问题的答案。"

然而，到了20世纪80年代末，"木头的量子理论"在经过几乎半个世纪的连续成功之后，开始渐渐走向衰退。我能清楚地记得这一时期的年轻的筋疲力尽的科学家遭受挫折的感觉。每个人都感觉到，标准模型被它本身的成功所葬送。它是如此地成功，以致每一次的国际物理会议似乎只是批准它通过的一枚橡皮图章。所有的报告都在谈及"又找到了另一种成功的实验证明标准模型的正确"。在一次物理会议上，我向后看了听众一眼，我发现有一半的人在打瞌睡，而演讲的人却喋喋不休地阐述他的实验数据与标准模型多么符合。

我觉得自己就像处于世纪之交的物理学家，其他物理学家似乎也面临着一个死胡同。他们花了几十年时间繁琐地填写各种气体的谱线数据表，或为越来越复杂的金属表面所满足的麦克斯韦方程求解。标准模型有19个自由参数，这些参数可以如收音机上的刻度盘那样任意地"调节"到任何值。我想，接下来物理学家们将花费几十年的时间用以寻找所有这19个参数的精确值。

革命的时间到了。吸引下一代物理学家的是大理石的世界。

当然，有几个深奥的难题挡住了确立真正的量子引力理论之路。构造引力理论的一个难题是——引力实在太微弱。例如，需要整个地球的质量才能保持办公桌上的一张纸待在桌上。然而，我用梳子梳头发就可以克服地球的引力，将这张纸吸附起来。梳子里的电子的力量似乎比整个行星的引力更强大。同样地，如果原子核试图用引力（而不是用电力）吸引电子来构造原子，那么这个原子将会有宇宙那般大小。

从经典力学的角度出发，引力与电磁力相比是可以忽略的，因此测量引力是非常困难的。但是，如果我们设法建立一种量子引力理论，局面就扭转了。引力引起的量子修正是普朗克能量的数量级（或 10^{28} 电子伏特），这远超出了本世纪地球上任何可用的能量。当我们试图构建一个完整的量子引力理论时，这种令人困惑的情况进一步加深了。我们回忆一下，当量子物理学家试图对一种力量子化时，他们通常会将这个力分解为若干微小的能量包，我们称这些能量包为量子。如果你盲目尝试将引力理论量子化，那么类似地，你会推测它通过交换微小的引力包来起作用，这个引力包被称为引力子。在物质之间快速交换引力子，使物质被引力束缚起来。在这种绘景中，使我们留在地面而不至于以每小时上千英里的速度飞入太空，乃是我们看不见的无形的微小的不计其数的引力子的交换所致。一直以来，物理学家们都在努力尝试通过简单的计算以推算出对牛顿和爱因斯坦引力定律的量子修正。但他们发现，其计算结果是无穷大的，因而毫无用处。

例如，我们研究两个带电的中性粒子彼此碰撞时会发生什么。为了绘制这个理论的费曼图，我们必须采取近似计算的方法。我们假设空间－时间的曲率非常小，因此黎曼张量接近 1。我们假设空间－时间接近平直，不弯曲，我们将度规张量的分量分解为 $g_{11} = 1 + h_{11}$（1 表示我们方程中的扁平空间，h_{11} 表示引力场）。（当然，爱因斯坦会害怕量子物理学家用这种分解度规张量的方式毁坏他的理论。这就像用大锤砸碎一块漂亮的大理石。）在这个切割完成之后，我们得到了一个看似常规的量子理论。如图 6.1（a），我们看到这两个中性的粒子交换了一个引力量子，它用场 h 标记。当我们将所有的圈图求和时，问题就出现了。问题在于我们发现所有回路图总和起来都是发散的，如图 6.1（b）。对于杨－米尔斯场，我们可以用聪明的灵巧的手法变动这些无限量，直至他们消除或者被吸收到无法测量的量中。然而，可以证明，我们将重整化方法应用到量子引力理论时总是失败。事实上，物理学家半个多世纪以来的消除或吸收这些无穷大的努力都是徒劳。换句话说，试图用暴力将大理石粉碎成碎片失败了。

20 世纪 80 年代初，一种奇妙的现象出现了，休眠了 60 年的卡鲁扎－克莱因理论开始苏醒。物理学家们在试图统一引力和其他的量子力时受挫且毫无办法时，他们开始克服对不可见维和超空间的偏见。他们已准备采用某种替代方案，那就是卡鲁扎－克莱因理论。

已故物理学家海因茨·帕格尔斯总结卡鲁扎－克莱因理论复活所产生

Hyperspace

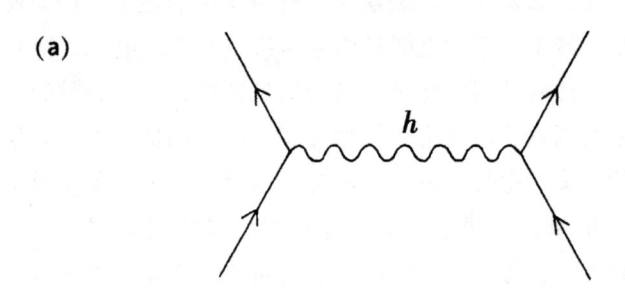

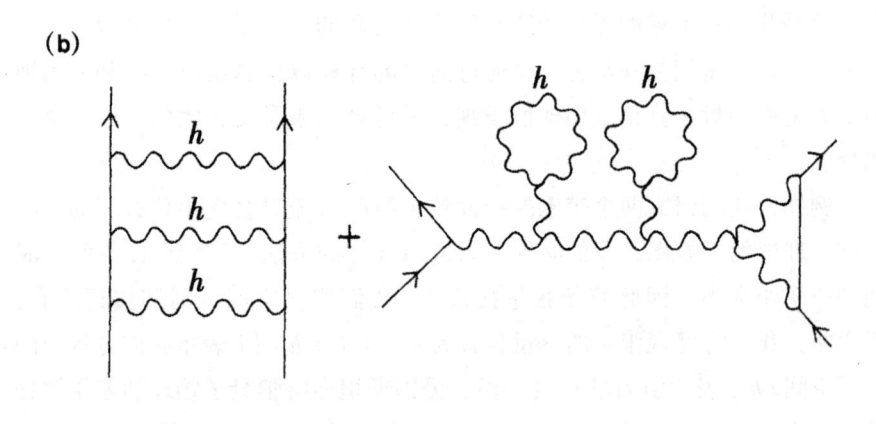

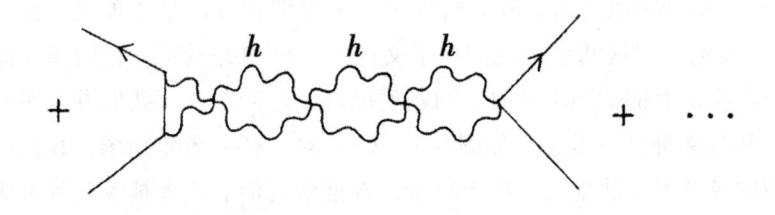

图 6.1 (a) 在量子理论中，引力量子称为引力子，用 h 表示。引力子是通过分解黎曼度规形成的。在这个理论中，物质通过交换这种引力包相互作用。用这种方式，我们完全失去了爱因斯坦的美丽的几何描述。(b) 不幸的是，所有的在其内部有回路的图形（圈图）都无穷大，使引力与量子理论在过去半个世纪不能统一。将引力和其他力统一起来的量子引力理论仍是物理学"圣杯"。

的兴奋：

20世纪30年代之后，卡鲁扎－克莱因思想逐渐失去了支持。但是，近来物理学家们寻找统一引力与其他力的所有可能的途径时，它又再次跳了出来。今天，与20世纪20年代相比，物理学家们面临的挑战不仅是将引力与电磁学统一起来，他们还想把引力与弱相互作用和强相互作用统一起来。这需要更多的维度，而不只是停留在第五维度。

即使是诺贝尔奖得主史蒂文·温伯格（Steven Weinberg）也被卡鲁扎－克莱因理论激起的热情所感染。然而，仍有些物理学家对卡鲁扎－克莱因理论的复兴持怀疑态度。哈佛大学的哈沃德·乔吉（Howard Georgi）提醒温伯格，从实验上观测这些蜷缩起来的维度是多么困难时，他作了下面的诗：

史蒂文·温伯格从得克萨斯回来，
带来很多困扰我们的维度，
但一切多余的维度都卷成了小球，
它是多么微小啊，与我们毫不相干。

虽然卡鲁扎－克莱因理论仍然不可重整化，但人们之所以对这个理论产生强烈的兴趣是因为它给出了用大理石建立某种理论的希望。将丑陋的杂乱无章的木头变成纯粹的优雅的几何大理石，当然是爱因斯坦的梦想。但在20世纪30—40年代，人们对木头的本质几乎一无所知。然而，到了20世纪70年代，标准模型最终解开了木头的秘密：物质是由夸克和轻子构成的，且由杨－米尔斯场结合起来，服从 $SU(3) \times SU(2) \times U(1)$ 对称性。问题是如何从大理石导出这些粒子和神秘的对称性。

起初，这似乎是不可能的。毕竟，这些对称性是点粒子之间相互交换的结果。如果在一个多重粒子中的 N 个夸克彼此打乱后重组，那么对称性是 $SU(N)$。这些对称性似乎是木头独有的对称性，而并非大理石的对称性。$SU(N)$ 与几何学又有什么关系呢？

把木头变成大理石

20世纪60年代出现了一条小小的线索。那时，使物理学家们高兴的是，他们发现了另一种把对称性引进物理学的方法。当物理学家们将旧的五维卡鲁扎-克莱因理论扩展到N维时，他们意识到在超空间中可以自由地施加对称性。当第五个维度蜷缩起来时，他们看到麦克斯韦场突然跳出了黎曼度规。当第N个维度卷曲起来时，物理学家发现著名的杨-米尔斯场（标准模型的关键）跳出了它们的方程！

要明白对称性是如何在空间中出现的，我们可以观看一个普通的沙滩球。它有一个对称性：围绕它的中心旋转沙滩球保持形状不变。一个沙滩球或一个球体的对称性称为O(3)，或称为三维中的旋转。同样地，在更高的维度一个超球也可以绕其中心旋转并保持形状不变。超球具有的对称性称为O(N)，或称为N维中的旋转。

现在考虑让这个沙滩球振动。在球的表面形成了波纹。如果我们以某种方式小心地振动这个沙滩球，就可以在它上面引起规则的振动，这就是所谓的共振。与普通的波纹不同，这些共振只能以某些确定的频率振动。事实上，如果我们足够快地振动这个沙滩球，就可以产生出某个确定频率的音调。反之，这些振动又可由对称性O(3)进行分类。

像沙滩球一样，膜也能产生共振频率，这一事实是一种普遍的现象。例如，我们喉咙里的声带是一些被拉伸的膜，它在一定频率或共振下振动，从而产生音调。另一个例子是我们的听力。不同类型的声波撞击我们的耳膜，然后在一定的频率下产生共鸣。这些振动随后被转化为电信号发送到我们的大脑中，大脑将它们解读为声音。这也是隐藏在电话背后的原理。电话中的金属膜片被电话线中的电信号激发驱动，金属膜片产生机械振动或共振，从而产生了我们在电话中听到的声波。这也是立体声扬声器以及管弦乐队的鼓背后暗含的原理。

对于超球而言，效果也是一样的。它就像膜一样，可以在不同的频率下共振，这些频率又可以由它的对称性O(N)确定。另一方面，数学家们早已设想过在更高的维度上用复数来描述其更复杂的表面（复数使用-1的平方根 $\sqrt{-1}$）。然后可以直截了当地证明，与复数"超球"对应的对称性是 SU（N）。

关键点是：如果粒子的波函数沿着这个表面振动，它将继承这个 SU（N）对称性。因此，在亚原子物理学中出现的这种神秘的对称性 SU（N）可以被看作是超空间振动产生的副产品！换句话说，我们现在对木头的神秘对称性的起源有了一个合理的解释：它们实际上是来自大理石的隐藏的对称性。

现在，如果我们取一种定义在 $4+N$ 维中的卡鲁扎－克莱因理论，然后把 N 维蜷缩起来，我们会发现方程被分裂为了两块。第一块是通常的爱因斯坦方程，这是我们希望找到的。但第二块却不是麦克斯韦理论。我们发现，余下的正好是形成所有亚原子物理学基础的杨－米尔斯场！它是所有亚原子物理学的基础。这是把木头对称性转变为大理石对称性的关键。

起初，木头对称性自动从高维中显现出来似乎很不可思议。木头对称性是通过不遗余力的尝试（检测原子加速器中产生的碎片）而被发现的。极难想象，通过将夸克和轻子打乱重组而发现的对称性会起源于超空间。一个类比或许可以帮助我们理解这个问题。物质也许可以比作没有规则形状和凹凸不平的黏土，它缺乏几何图案固有的美丽的对称性。然而，黏土可以被压入一个有对称性的模具。例如，这个模具旋转一定角度仍可以保持其形状不变，这块黏土也将继承模具的对称性。黏土（像是物质）继承了对称性，是因为模具（像是时空）具有对称性。

如果这是正确的，那就意味着我们在夸克和轻子之间看到的奇特的对称性现在可以被看作超空间中振动的副产品。例如，如果不可见维度的对称性为 SU（5），那么我们就能把 SU（5）大统一理论写为某种卡鲁扎－克莱因理论。

这也能在黎曼的度规张量中看到。我们记得，黎曼的度规张量与法拉第场极为相似，区别是度规张量拥有更多的分量。度规张量可以像棋盘的正方形一样排列。通过分离棋盘的第 5 行和第 5 列，我们可以从爱因斯坦场中分割出麦克斯韦场。现在用（$4+N$）维空间的卡鲁扎－克莱因理论变同样的戏法。如果从前 4 行和前 4 列中拆分第 N 行和第 N 列，就会得到一个既描述爱因斯坦理论又描述杨－米尔斯理论的度规张量。在图 6.2 中，我们已经画出了一个（$4+N$）维卡鲁扎－克莱因理论的度规张量。图中已把杨－米尔斯场和爱因斯坦场分离开来。

显然，得克萨斯大学多年从事量子引力研究的物理学家布莱斯·德维

Hyperspace

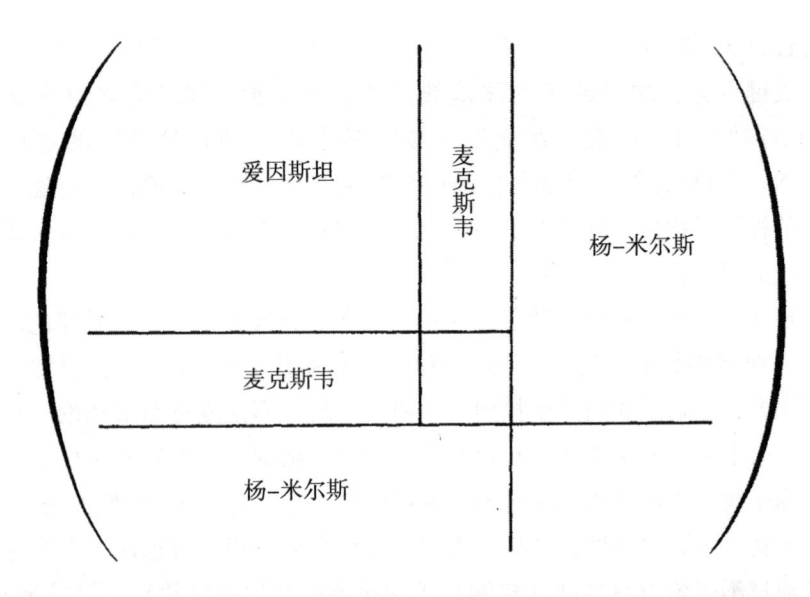

[图: 一个圆形被十字线分割成四个区域,标注有"爱因斯坦"、"麦克斯韦"(竖直)、"杨-米尔斯"、"麦克斯韦"(水平)、"杨-米尔斯"]

图 6.2 如果进入 N 维,那么度规张量将是一连串的 N^2 个数,这些数可以排列成一个 $N \times N$ 的方阵。我们将第 5 行和第 5 列以及随后的各行各列切掉,我们可以得到麦克斯韦电磁场和杨-米尔斯场。这样,超空间理论就允许我们一下子把爱因斯坦场(描述引力)、麦克斯韦场(描述电磁力)、杨-米尔斯场(描述弱力和强力)统一起来,这些基本力就像拼图板一样被拼接起来。

特(Bryce DeWitt)是最先实施这种做法的物理学家之一。一旦找到了分解度规张量的诀窍,提取杨-米尔斯场的计算就很简单了。德维特认为,从 N 维引力理论分离杨-米尔斯场在数学上非常简单。他甚至将它作为家庭作业布置给了 1963 年参加法国莱苏什物理暑期学校学习的学生们。[彼得·弗罗因德(Peter Freund)最近披露,奥斯卡·克莱因早在 1938 年就独立发现了杨-米尔斯场,这要比杨振宁、米尔斯以及其他人的工作早几十年。在华沙举行的一次题为"新物理理论"的会议上,克莱因宣布,他能够推广麦克斯韦的工作包括更高的对称性 O(3)。不幸的是,第二次世界大战使一切陷入了混乱,卡鲁扎-克莱因理论因量子理论的出现而被扼杀。随后,这项重要的工作被人们遗忘了。令人啼笑皆非的是,卡鲁扎-克莱因理论被量子理论的出现扼杀,量子理论现在又以杨-米尔斯场为基础,而杨-米尔斯场是首次通过分析卡鲁扎-克莱因理论发现的。在建立量子理论的狂热中,物理学家们忽视了源于卡鲁扎-克莱因理论的一项核心发现。]

将杨-米尔斯场从卡鲁扎-克莱因理论中提取出来只是第一步。虽然木头的对称性可以被看作是从看不见的维度隐藏的对称性而产生的，但下一步却是完全由大理石来创造（由夸克和轻子构成的）木头本身。下一步的理论将被称为超引力。

超引力

把木头变成大理石，仍然面临着一些棘手的问题。因为，按照标准模型，所有的粒子都在"自旋"。例如，我们现在知道木头是由夸克和轻子构成。夸克和轻子都具有 1/2 个量子自旋单位（以普朗克常数 h 测量），具有半整数（1/2、3/2、5/2、…）自旋的粒子被称为费米子[费米子以恩利克·费米（Enrico Fermi）的名字命名，费米是首位研究这些粒子奇异特性的物理学家]。然而，力是由具有整数自旋的量子来描述的。例如，光的量子光子有 1 个自旋单位。杨-米尔斯场也是如此。假设的引力包，引力子有 2 个自旋单位，它们被称为玻色子（以印度物理学家萨蒂延德拉·玻色命名）。

传统上，量子理论将费米子和玻色子严格分开。事实上，把木头变成为大理石的任何努力，都将不可避免地遇到一个事实——费米子和玻色子是性质不同的两个世界。例如，SU（N）可以将夸克打乱后重组，但费米子和玻色子却绝不能允许彼此相混。因此，当人们发现被称为"超对称"的新的对称性存在时，使人震惊的是它确实将费米子和玻色子混合了起来。超对称的方程允许一个玻色子和一个费米子相交换而仍然保持方程的原貌。换句话说，一个多重的超对称粒子是由同等数量的玻色子和费米子构成。通过在同一个多重粒子中重新组合玻色子和费米子，超对称方程保持不变。

这给了我们一个诱人的可能性——把宇宙中所有的粒子放进一个多重粒子中！正如诺贝尔奖得主阿伯达斯·萨拉姆（Abdus Salam）强调的，"超对称性是一个完全统一所有粒子的最终方案"。

超对称以一种新型的数学系统为基础，这种数学系统将使所有学校的老师发疯。大部分我们认知中的乘法和除法运算都不是超对称的。例如，a

Hyperspace

和 b 是 2 个"超数"（Super numbers），那么 $a \times b = -b \times a$。当然，这对于普通的数而言是绝不可能的。通常情况下，学校的老师会将这些"超数"扔出窗外。因为如果你可以证明 $a \times a = -a \times a$，那么，只有在 $a \times a = 0$ 的条件下才会产生。如果它们是普通的数字，就意味着 $a = 0$，数的系统彻底崩溃。然而，有了"超数"，数的系统就不会崩溃。一个相当惊人的结果是：即使 $a \neq 0$，也可以出现 $a \times a = 0$ 的结果。虽然这些"超数"违背了我们从小就学过的那些与"数"相关的一切知识，但它们都可以通过实证产生一个自洽且高度非凡的系统。值得注意的是，一个全新的超级微积分系统正建立在它们的基础上。

不久，纽约州立大学石溪分校的物理学家丹尼尔·弗里德曼（Daniel Freedman）、塞尔吉奥·费拉拉（Sergio Ferrara）、彼得·范·纽温休泽恩（Peter van Nieuwenhuizen）于 1976 年建立了超引力理论。超引力理论是构造一个完全由大理石组成的世界的首次实际尝试。在超对称理论中，所有的粒子都有超配偶子，称为超粒子（sparticles）。纽约州立大学的超引力理论只包含两个场：自旋为 2 的引力子场（一种玻色子）和自旋为 3/2 的配偶子，后者被称为引力微子（意思是"几乎没有引力"）。因为这些粒子的数量还不足以把标准模型包括进来，人们又尝试将该理论耦合到更复杂的粒子中。

将物质包括在内的最简单的办法，是在十一维空间中建立超引力理论。为了在十一维中建立超卡鲁扎－克莱因理论，人们必须大量增加黎曼张量中的分量，将它变为超黎曼张量。为了理解超引力如何将木头变成大理石，我们写下度规张量，并说明超引力如何将爱因斯坦场、杨－米尔斯场和物质场写进一个超引力场中（图 6.3）。本图的主要特征是，物质、杨－米尔斯场、爱因斯坦方程，都包容在同一个十一维的超引力场中。超对称性是在超引力场中把木头转变成大理石且反之亦然的对称性。于是，它们是同一种力的各种表现，这种力称为超力。木头不再作为单一的孤立的实体。它现在合并到大理石中，形成了超大理石（图 6.4）！

这种超统一的意义给超引力的创始人之一，物理学家彼得·范·纽温休泽恩留下了很深的印象。他写到，超引力"可以将大统一理论……和引力结合在一起，得出一个几乎没有自由参数的模型。这是一个在费米子和玻色子之间具有局部的规范对称性的独特理论。它是已知的最美丽的规范理论。它是如此美丽，事实上，大自然应该意识到它！"

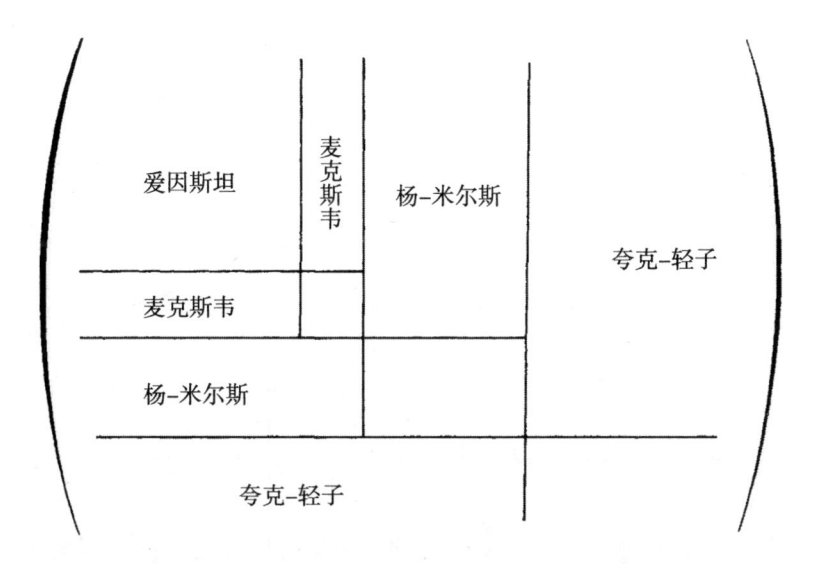

```
┌─────────────┬──┬──────────┬──────────┐
│             │麦│          │          │
│  爱因斯坦    │克│ 杨-米尔斯 │          │
│             │斯│          │          │
│             │韦│          │ 夸克-轻子 │
├─────────────┴──┤          │          │
│   麦克斯韦     │          │          │
├────────────────┴──────────┤          │
│                           │          │
│      杨-米尔斯             │          │
├───────────────────────────┴──────────┤
│                                      │
│              夸克-轻子                │
└──────────────────────────────────────┘
```

图6.3 超引力几乎圆了爱因斯坦的梦——给宇宙中所有的力和粒子一个纯粹的几何推导。为了说明这一点，我们将超对称性加入黎曼度规张量，该度规的大小就翻倍增长，成为超黎曼度规。超黎曼度规新的分量是夸克和轻子。通过将超黎曼度规分解，我们会发现它几乎包括了自然界所有的基本粒子和力：爱因斯坦的引力理论、杨－米尔斯场、麦克斯韦场、夸克和轻子。但在这一描述中还缺失某些粒子，这一事实迫使我们走向某种更具权威力的表述：超弦理论。

我印象深刻地记得自己出席过很多这样的超引力会议并作演讲。有一种强烈的、令人振奋的，我们正处在某个重要边缘的感觉。在莫斯科的一次会议上，我清楚地记得，一系列生动的祝酒词祝贺超引力理论的持续成功。似乎在60年的疏忽之后，我们终于实现了爱因斯坦的大理石世界的梦想。我们有些人开玩笑地称之为"爱因斯坦的复仇"。

1980年4月29日，宇宙学家史蒂芬·霍金（Stephen Hawking）担任卢卡斯教授职位（这个位置以前是由一些物理学巨人担任的，包括艾萨克·牛顿和 P. A. M. 狄拉克）。他做了一次充满希望的演讲，题目是"这是理论物理的尽头吗？"

一位学生代他朗读："我们近几年取得了很大的进步，正如我描述的那样，我们有理由谨慎地乐观。在座的一些人也许能够在有生之年看到一

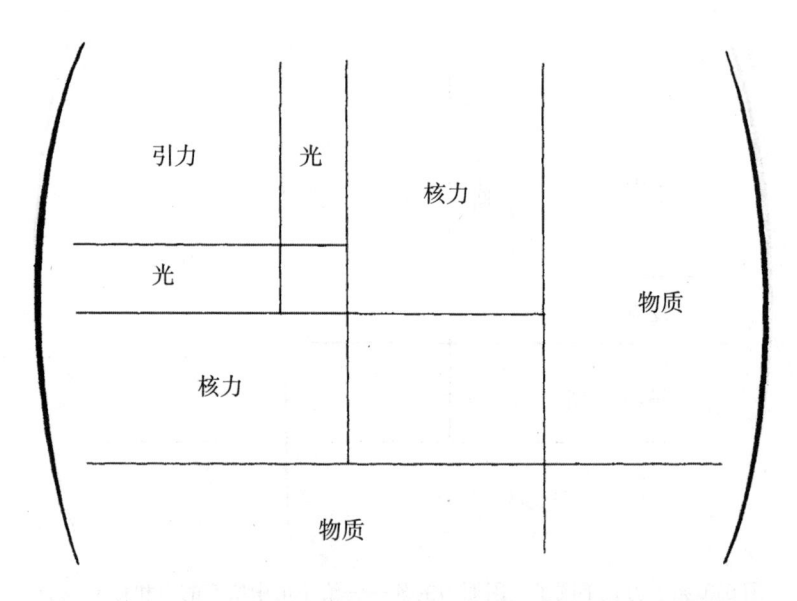

图6.4 在超引力中,我们几乎取得了所有已知的力(大理石)和物质(木头)的某种统一。像拼图一样,它们都装配在黎曼度规张量中。这几乎圆了爱因斯坦的梦。

套完整的理论。"

超引力这个语语逐渐传播到普通公众之中,甚至在某些宗教团体中也开始有了追随者。例如,"统一"的概念是超脱静坐运动的核心信念。信徒们出版了大量宣传品,其中包含有描述十一维超引力的完整方程组。他们声称,方程中的每一个术语都代表着一些特殊的东西,如"和谐"、"爱"、"兄弟情谊"等等。(这张海报挂在斯托尼布鲁克理论研究所的墙上。这是我第一次意识到理论物理学的一个抽象方程竟然可以激发宗教团体追随者的热情!)

超度规张量

彼得·范·纽温休泽恩在物理学界是一个精力充沛且惹人注目的人物。高大、黝黑、体格健美、穿着讲究,他看起来不像一个超引力的原创者,更像电视上推销防晒油的演员。他是荷兰物理学家,现在是斯托尼布鲁克的教授。他曾是韦尔特曼（Veltman）的学生，也是胡夫特（Hooft）的学生，因而长期对统一问题感兴趣。他是我遇到的一个有真正的无穷无尽的数学能力的为数不多的物理学家之一。研究超引力需要惊人的耐心。我们记得，黎曼在 19 世纪引进的简单的度规张量只有 10 个分量。黎曼的度规张量现在已被超引力的超度规张量所取代，超度规张量涉及几百个分量。这并不奇怪，因为具有更高维度的理论、声称要统一所有物质的理论都必须拥有足够的分量来描述它，这极大地增加了方程的数学复杂性。（有时我会想，如果黎曼知道了一个世纪后他的度规张量会发展为比 19 世纪数学家所能设想的任何东西还要大很多倍的超度规张量时，他会怎么想？）

　　超引力和超度规张量的出现，意味着研究生必须掌握数学的分量已经在过去 10 年中迅速膨胀。正如史蒂文·温伯格（Steven Weinberg）指出的，"看！超引力发生了什么？过去 10 年中一直在这个领域工作的那些人是非常聪明的。他们中的一些人比我在年轻时认识的任何人都聪明。"

　　彼得不仅是一位出色的计算者，也是创新潮的带头人。因为计算超引力的一个方程就可以轻松布满一张纸，他最终在艺术家大型的和特大型的素描板上计算自己的方程。有一天，我去了他的家，看他具体是如何计算的。他从素描板的左上角开始，用细小的笔迹书写他的方程。然后，逐行地从上到下地将整个素描板写满，写满后翻页又重新书写。这个过程将持续数小时，直到计算完成。他一直专注于他的计算，唯一会被打断的时间是将铅笔插入旁边的电动卷笔刀里。然而，几秒钟后，他又恢复了他的计算且不会丢失任何计算符号。最终，他将这些艺术家的记事本存放在他的书架上，好像它们是一卷卷的科学期刊。彼得的素描板逐渐在校园中变得众人皆知。很快，这成为了一种时尚，所有的物理系研究生开始购买这些笨重的艺术家的素描板。人们可以看见学生们笨拙地夹着这些素描板，他们的眼神中却流露出自豪和骄傲。

　　一次，彼得、他的朋友保罗·汤森德（Paul Townsend，现在在剑桥大学）和我共同研究一个极其困难的超引力问题。这个计算太难了，以至于耗费了几百页纸。因为我们之中没人敢完全相信自己的计算，我们决定在餐厅见面，一起核对我们的工作。我们面临着一个艰巨的挑战：几千个项相加且结果必须精确到零。（通常，我们这些理论物理学家能在我们的脑子里"想见"大堆的方程，而并非一定要用纸来推演。然而，由于这个难题的繁杂和微妙，我们必须检查计算中的每一个正负号。)

然后，我们把问题分成若干个大块。我们围坐在餐桌旁，每人都忙碌着计算并检查切分下来的同一个块。一个小时过去了，我们交叉检查计算的结果。通常，我们三个人中有二个人的计算结果是正确的，第三个人就会被要求找出他的错误。然后，我们继续下一块的计算和检查，继续重复上述过程，直到我们都得出了同样的答案。这种重复的交叉检查一直持续到深夜。我们知道，几百页纸中哪怕出现一个错误也会导致我们的计算毫无价值。终于，午夜过去了，我们查完结论性的最后一项。正如我们所希望的那样，计算结果归零。然后，我们为我们的结果干杯。（繁重的计算使彼得这样精力充沛的人也感到疲倦。离开我的寓所后，他甚至忘记了他妻子的新公寓在曼哈顿的什么地方。他敲了几栋公寓的门，等来的只是愤怒的回答，他选错了大楼。徒劳的搜寻之后，彼得和保罗不情愿地回头向实验室走去。由于彼得忘记更换汽车离合器的电缆，电缆断了，他们不得不推车前行。最后，清晨 5 点，他们带着破车挣扎着回到了实验室。）

超引力理论的衰退

然而，评论家们逐渐开始发现超引力的问题。在尽力搜索之后，人们在任何一个实验中都没有发现超粒子。例如，自旋为 1/2 的电子并没有自旋为 0 的配偶子。事实上，在目前，在我们的低能世界，丝毫没有超粒子存在的实验证据。然而，工作在这个领域的物理学家们坚信，在宇宙创生的巨大能量中，所有的粒子都有它们的超配偶子相陪伴。只有在这个不可思议的能量中，我们才能看到一个完全超对称的世界。

但是，在几年的热烈兴趣和好几十次国际讨论会后，情况开始变得明朗。这种理论不能被正确地量子化，科学家们从而暂时打消了纯粹用大理石构造某种理论的梦想。就像每一次企图完全用大理石构造某种物质理论的尝试一样，超引力的失败有一个很简单的原因：每当我们试着从这些理论进行计算，我们都会得到一个毫无意义的无穷大。超引力理论尽管比原来的鲁扎-克莱因理论具有较少的无穷大，但它仍然不可重整化。

超引力还存在一些别的问题。超引力所能包含的最高对称性为 O(8)，这种对称性太小了，尚不足以容纳标准模型的对称性。超引力的出现只是在走向一个统一的宇宙理论的漫长旅程的又一步。它治愈了一个问题（把木头变成大理石），但又产生了几个其他的问题。然而，正当人们对超引力的兴趣开始衰退时，一种从未有过的新的理论出世了。他可能是人们曾经提出过的最奇特且最有力的物理学理论——十维超弦理论。

7 超弦

> 弦理论本是 21 世纪的物理学，却偶然地落到了 20 世纪。
> ——爱德华·威滕（Edward Witten）

新泽西州普林斯顿高等研究院的爱德华·威滕是理论物理学的泰斗。威滕是"这帮人的领袖"，最卓越的高能物理学家。他为物理学界铺平的道路就像毕加索当年为艺术界铺平的道路一样。数以百计的物理学家虔诚地追随着他的工作，以了解他的突破性思想。他在普林斯顿的一个同事塞缪尔·特雷曼曾说，"他的头脑和肩膀超出凡人，他将一群人引上新的征途。他给出了人们渴望的优美而令人惊叹的证据，人们对他充满了敬畏。"特雷曼总结道，"我们谁都无法与爱因斯坦相比，但说到威滕就不一样了……"

威滕出身于一个物理学之家。他的父亲路易斯·威滕（Louis Witten）是辛辛那提大学的物理学教授，也是爱因斯坦广义相对论研究者的绝对权威。（事实上，他的父亲有时说，他对物理学的最大贡献是生了自己的儿子。）威滕的妻子基娅拉·纳皮也是普林斯顿高等研究院的理论物理学家。

威滕与其他物理学家不同。他们中的大多数人在很小的时候就开始爱上物理（比如初中，甚至小学）。威滕蔑视常规，在布兰迪斯大学主修历史专业，且对语言学产生了强烈的兴趣。1971 年毕业后，他为乔治·麦戈文（George McGovern）竞选总统效力。麦戈文甚至给他写了一份推荐他上研究生院的推荐信。威滕在《国家》和《新共和国》上发表过文章。（《科学美国人》在采访威滕时说："是的，这个世界上最聪明的人是个自由民主党人。"）

当威滕决定将物理学作为自己的职业时，他开始玩命地学习物理。他在普林斯顿当了一名研究生，在哈佛大学任教，并在28岁获得了美国的一所大学的全职教授职位。他还获得了著名的麦克阿瑟学术奖金（也被新闻界称为"天才"奖）。他工作的副产品也深深地影响了数学世界。1990年，他被授予了堪称数学界诺贝尔奖的菲尔兹奖章。

然而，威滕的大部分时间是静静地坐在那里，双目盯着窗外，大脑熟练摆弄和调整着大量的方程组。他的妻子提到，"他习惯在心里盘算，从不在纸面计算。我在弄明白自己的研究项目之前一定会写满整页整页的算式。而爱德华只需要写一个减号或者只是记录一个2这样的数字。"威滕说，"那些没有受过物理训练的人可能会认为，物理学家所做的是令人难以置信的复杂的计算问题。但这并非物理的本质。物理的本质是，它是一种概念，不理解这些概念，就无法了解世界运行的原则。"

威滕的下一个计划，是他的职业生涯中最渴望得到和最冒险的计划。一个被称为超弦理论的新的理论引起了物理学界的轰动。据称，这是一个能把爱因斯坦的引力理论与量子理论统一起来的理论。然而，威滕并不满足于超弦理论目前被表达的方式。他下决心解决超弦理论的起源这一难题，这也许是迈出了解释"宇宙创生时刻发生了什么"的决定性的一步。这个理论的关键（令其威力巨大且无与匹敌的因素）是它的不寻常的几何特性：弦只可以在十维和二十六维自洽振动。

超空间 什么是粒子？

弦理论的本质是，它可以解释物质和空间的性质，即木头和大理石的性质。弦理论回答了一系列关于粒子的令人困惑的问题，如：为什么自然界有这么多粒子？我们探究亚原子粒子的性质越深入，我们就能发现越来越多的粒子。当下，有好几百种粒子组成了亚原子粒子世界的"动物园"。它们的属性可写满厚厚的书卷。即使在标准模型中，"基本粒子"也多得令人困惑不已。弦理论回答了这个问题，因为弦的大小不到质子的10^{19}倍且是振动的，每种振动模式代表一种独特的共振或粒子。弦实在太小了，从远处看，弦和粒子的共振是无法区分的。只有当我们以某种方式放大粒子时，我们才能看到它不是一个点，而是一条以某种模式振动的弦。

Hyperspace

在这个描述中，每个亚原子粒子对应于一个独特的共振，它只在一个特定的频率下振动。共振的思想在人们日常生活中是比较易于理解的。设想在浴室中唱歌的例子。虽然我们的声音可能是脆弱的、细小的、不稳定的，但事实上，我们在私密的浴室中突然变成了歌唱明星。这是因为，我们的声波在淋浴室的墙面之间快速地来回反射。在浴室墙内的振动可以很容易地被放大很多倍，从而产生了共鸣声。此种特定的振动被称为共振，而其他振动（声波的波长大小不一致）被消除。

再设想小提琴的琴弦，它可以以不同的频率振动，产生如 A、B、C 这样的音调。能在弦上唯一存留的只有"在琴弦的端点处消失，并在两端点之间有整数个起伏的那些振动波"（因为琴弦被螺栓固定在两个端点）。原则上，弦可以有无限数量的不同频率的振动。我们知道音调本身并不是最基本的东西，音调 A 并不比音调 B 更基本。事实上，最基本的是弦本身。我们没有必要孤立地研究单个音符，我们只需明白小提琴的弦是如何振动的，就能了解无限多个音调的性质。

同样地，宇宙的粒子也并非是最基本的。电子并不比中微子更基本。他们看起来似乎是基本的，这是因为我们的显微镜不够强大，无法揭示其结构的更深部。根据弦理论，如果我们能把点粒子放大，我们就会看到一个小的振动弦。事实上，根据这个理论，物质只不过是由这个振动弦产生的和声。就像小提琴可以组合出无限数量的和声，振动弦也可以构造出无限数量的物质形式。这明确解释了自然界中粒子的丰富性。同样地，物理定律可以比作弦上所允许的和声定律。由无数的振动弦组成的宇宙则可比作一首交响曲。

弦理论不仅能解释粒子的性质，还可以解释时空的性质。当弦在时空中移动时，它会执行一组复杂的运动。反过来，弦可以分解成更小的弦或与其他弦合并为更长的弦。重点是，所有的这些量子修正或循环图都是有限的和可计算的。这是物理学史上第一个具有有限量子修正的量子引力理论。（我们记得，此前所有已知的理论，爱因斯坦最初的理论、卡鲁扎-克莱因理论、超引力理论，在这个关键性判据上都失败了。）

为了执行这些复杂的运动，弦必须遵循一大组自洽条件。它们的自洽条件非常严格，以至于它们对时空的限制条件也非常严格。换句话说，弦无法像点粒子那样在任意的时空中自洽地旅行。

当首次通过计算得出弦对时空的约束的结论时，物理学家震惊地发现爱因斯坦方程从弦理论中出现了。这是惊人的，没有任何假设，物理学家发现爱因斯坦方程就像变魔术一样从弦理论中产生了出来。爱因斯坦方程不再被认为是基本的，它们能从弦理论中推导出来。

弦理论如果是正确的，它将解决长期存在的关于木头和大理石性质的奥秘。爱因斯坦曾推测，总有一天只需了解大理石的特性就能解释木头的所有特性。对爱因斯坦来说，木头只是时空的一个扭结或振动。然而，量子物理学家与他的看法相反。他们认为大理石可以变成木头，也就是说爱因斯坦度规张量可以转化为承载引力离散能量包的引力子。这是两种截然相反的观点，人们一直认为不可能在他们两者之间找到妥协。然而，弦理论恰恰是木头和大理石之间的"缺失环节"。

弦理论既能导出可看作为在弦上共振的物质粒子，又能通过要求弦在时空中自洽运动导出爱因斯坦方程。这样，我们就有了物质－能量和空间－时间的综合理论。

这些自洽条件出奇的严格。例如，它们禁止弦在三维或四维中运动。我们将看到，这些自洽条件迫使弦在特定数量的维度中移动。事实上，弦理论只允许弦在十维和二十六维运动。幸运的是，定义在这些维中的弦理论有足够的"空间"统一所有的基本力。

因此，弦理论足以解释自然界的所有基本定律。从一个简单的弦振动理论，可以提取爱因斯坦的理论、卡鲁扎－克莱因理论、超引力、标准模型，甚至大统一理论。这似乎是一个奇迹，从一些弦的纯几何讨论出发，人们能够重新导出过去 2 000 年中物理学的所有进展。本书到现在为止讨论的所有理论，都被自然地囊括在弦理论中。

目前激起的对弦理论的兴趣主要来源于加州理工大学的约翰·施瓦兹（John Schwarz）以及他在伦敦女王玛丽学院的合作者米迦勒·格林（Michael Green）的工作。在此之前，人们普遍认为弦理论是存在缺陷的，不能成为一个完全自洽的理论。1984 年，这两个物理学家证明了弦理论可以满足所有的自洽条件。这反过来又点燃了当下年轻的物理学家求解这个理论的热情，并赢得了潜在的认可。到 20 世纪 80 年代末，一场名副其实的"淘金热"在物理学家中开始出现。[数以百计的世界上最聪明的理论物理学家们为求解该理论展开的竞争已变得相当激烈。事实上，《发现》杂志的封面还刊登了得克萨斯的弦理论家 D. V. 纳诺珀罗斯（D. V. Nanopoulous）的照片，他公开宣称他在寻求获得诺贝尔物理学奖这条崎岖小径。通常，这样抽象的理论很少能引起人们如此的热情。]

超空间 为什么是弦？

我曾在纽约一家中国餐馆与一位诺贝尔物理学奖获得者共进午餐。当我们吃过甜食和糖醋肉后，又谈到超弦理论的主题上来。他突然开始了一个漫长的讨论，他向我解释为什么超弦理论不应成为年轻的理论物理学家选择的路径。他声称这是一场疯狂的追逐。物理学史上从未有过类似的东西，他认为这实在太离奇了。它太陌生，与以前所有的科学趋势太不相同。经过长时间的讨论，他提出了一个终极问题：为什么是弦？为什么不是振动的固体或斑点？

他提醒我，物理世界一次又一次地使用相同的概念。大自然就像巴赫或贝多芬的作品，通常以一个中心主题开始，然后进行无数的变化，在交响乐中变成无数的变奏曲。以此判断，弦似乎并非自然界的基本概念。

例如，轨道的概念以各种不同变奏反复出现在自然界。自哥白尼的工作以来，轨道提供了一个基本的主题，它通常以各种不同变奏在整个自然界中重复出现。从最大的星系到原子，再到最小的亚原子粒子。同样，法拉第场也被证明是大自然最喜欢的主题之一。场可以描述银河的磁性和引力，它还可以描述麦克斯韦的电磁理论、黎曼和爱因斯坦的度规理论、标准模型中发现的杨－米尔斯场。事实上，场论已成为亚原子物理学的通用语言，也许宇宙也是如此。它是理论物理学中最有力的武器。所有已知形式的物质和能量都能用场论来表述。与交响乐中的主题曲和变奏一样，物理学中的模式不断被重复。

自然的基本为什么是弦？在设计天空时，弦似乎并非大自然偏爱的图案。我们在外太空中也并不能看见弦。事实上，我的同事向我解释，我们在任何地方都不能看到弦。

然而，我们只要多思考下就会明白，自然界保留了弦是因为它具有一个特殊作用——作为其他形式的基本构建。例如，地球上生命的本质特征是像弦一样的 DNA 分子，DNA 分子包含了复杂的信息和生命本身的编码。当我们解释是什么构建了生命的物质以及亚原子物质时，弦似乎成为了完美的答案。在这两种情形下，我们希望将大量的信息打包成一个相对简单的可复制的结构。弦最显著的特点是，它是一种紧凑的且可复制的存储大量数据的方式。

对生物体而言，大自然使用双链 DNA 分子，它解开双链，构成各自的复制物。此外，我们的身体还包含有数亿个蛋白质分子（蛋白质弦），它们是组成氨基酸的构件。在某种意义上，我们的身体可以被看作大量的弦，即覆盖在我们骨骼上的蛋白质分子的集合体。

弦乐四重奏

目前，弦理论最成功的版本是由普林斯顿的物理学家戴维·格罗斯（David Gross）、埃米尔·马丁尼克（Emil Martinec）、杰夫瑞·哈维（Jeffrey Harvey）、瑞安·罗姆（Ryan Rohm）共同建立的。有时，他们也被称为普林斯顿弦乐四重奏。他们中最年长的是戴维·格罗斯。在普林斯顿大多数的研讨会上，威滕的声音总是柔和而低调，格罗斯的声音则是大声的、洪亮的、强硬的。任何在普林斯顿做学术报告的人都会害怕于格罗斯提出的尖锐的、开火一样的问题。值得注意的是，他的问题通常直指要害。格罗斯和他的合作者提出了所谓的杂化弦（heterotic）概念。今天，正是这种杂化弦，最具潜力将所有自然定律统一起来。

格罗斯认为，弦理论解决了把木头变成大理石的问题："从几何建立物质本身——在某种意义上，那是弦理论必须解决的问题。可以这样认为，特别是像杂化弦这样的理论，它原本就是一个引力理论。在这个理论中，物质的粒子和其他自然力出现的方式与引力从几何中出现的方式相同。"

正如我们所强调的，弦理论最显著的特点是爱因斯坦的引力理论自动包含在其中。事实上，引力子（量子引力）是作为闭合弦的最小振动出现的。大统一理论竭力避免提到爱因斯坦的引力理论，而超弦理论却要求将爱因斯坦的理论包括进来。例如，如果我们简单地将"爱因斯坦的引力理论是弦的一个振动"丢弃，那么这个理论就成为不自洽的和无用的了。事实上，这就是威滕从一开始就被弦理论所吸引的原因。1982 年，他读了一篇约翰·施瓦兹（John Schwarz）的评论文章，他惊讶地意识到单从自洽要求出发，引力就能从超弦理论中出现。他回忆说，"这一发现是我一生中最令我震惊、兴奋的事情。"威滕说,"弦理论十分吸引人,因为引力是强加给我们的。所有已知的弦理论都包含引力。虽然引力在我们所知的量子场论中不可统一,但它在弦理论中成为了必然。"[20]

格罗斯确信,如果爱因斯坦还活着,他一定会爱上超弦理论。爱因斯坦爱超弦理论的原因很简单,因为它是简洁、优美,且来源于几何原理,尽管其确切性质仍然是未知的。格罗斯说,"爱因斯坦将对此感到满意,即便对现实不那么满意,至少对目标会非常满意……他会喜欢'有一个基本的几何原理'这一事实——不幸的是,这个基本的几何原理我们并不真正了解。"

威滕甚至进一步说:"'物理学中的所有真正伟大的思想'都是超弦理论的'分拆'"。这意味着,理论物理学的所有的巨大进步都包含在超弦理论中了。他甚至声称,在超弦理论出现之前,爱因斯坦发现的广义相对论也许是"地球上出现的一个偶然事件"。他认为,在外太空的某个地方,"宇宙中的其他文明"或许已经发现了超弦理论,广义相对论仅是超弦理论导出的副产品。

紧凑与美丽

弦理论是物理学中一个很有希望的理论,因为它给出了粒子物理学和广义相对论中的对称性的简单起源。

我曾在第 6 章中指出,超引力是非重整化的,它非常之小,不能容纳标准模型的对称性。因此,它不是自洽的,也不能逼真地描述已知的粒子。然而,弦理论则都可以做到。我们很快就会看到,弦理论消除了见于量子引力中的无穷大,产生了有限的量子引力理论。仅此一条,弦理论就应该成为宇宙理论的重要候选理论。然而,弦理论还有一个附带的好处:我们使弦的某些维度紧缩化时,会发现它有"足够的余地"来容纳标准模型甚至大统一理论的对称性。

杂化弦由一个顺时针振动和一个逆时针振动的闭合弦组成,需要区别对待。顺时针振动存在于十维空间,逆时针振动存在于二十六维空间,其中的 16 个维已紧缩化了。(我们记得,在卡鲁扎原有的五维理论中,第五维度紧缩为一个卷起来的圆。)杂化弦的得名源于以下事实:顺时针振动和逆时针振动分别存在于两个不同的维度，它们的组合产生了一个单一的超弦理论。杂化弦的命名来源于希腊语"heterosis"，意为"杂种"。

16 维紧缩空间是非常有趣的。我们记得在卡鲁扎－克莱因理论中，紧缩的 N 维空间存在一个对称性与其相关联，就像我们前面讨论过的沙滩球。于是，定义在 N 维空间上的所有振动（或场）便自动将这些对称性继承了下来。如果 N 维空间的对称性是 SU（N），那么这个 N 维空间上的所有振动都必须服从对称性 SU（N）（就像黏土继承了模具的对称性）。用这样的方法，卡鲁扎－克莱茵理论就可以容纳标准模型的对称性了。此外，这样的方法还可以确定超引力"太小"，它不能容纳在标准模型中发现的具有各种对称性的所有粒子。这足以否定超引力理论是一种现实的物质和时空的理论。

普林斯顿的 4 位物理学家分析了紧缩的 16 维空间的对称性，他们发现了一个巨大的对称性，他们将其称为 E（8）×E（8）。这种对称性甚至比大统一理论中的曾经尝试过的任何对称性都要大。[21] 这是一个意想不到的惊喜。这意味着弦的所有振动继承了 16 维空间的对称性，比容纳标准模型的对称性要大得多。

这正是本书主题——物理学定律在高维中简化——的数学表达。在这种情况下，杂化弦的逆时针振动的二十六维有足够的空间来解释在爱因斯坦的理论和量子理论中发现的所有的对称性。因此，纯几何首次给出了一个简单的解释，这就是为什么亚原子世界必定展现出蜷缩的高维空间中出现的对称性：亚原子领域的对称性只是更高维空间对称性的残余。

这意味着自然之美和对称性最终可以追溯到高维空间。例如，雪花创造了美丽的六角形图案，但它们没有一个是完全一样的。这些雪花和晶体由分子构成，这些分子继承了几何学排列的结构。分子的几何排列主要由分子的电子壳层决定，这又使我们回到了由 O（3）给出的量子理论的旋转对称性。我们在化学元素中观察到的低能宇宙的所有对称性，都归因于被标准模型所划分的对称性，标准模型又能通过紧缩化杂化弦导出。

总之，我们周围看到的对称性，从彩虹到盛开的花朵再到各种晶体，最终都能被看作原始十维理论的片段表现。[22] 黎曼和爱因斯坦都曾希望找到"力能决定物质的运动和性质的几何理解"。但是，他们丢掉了证明木头和大理石关系的关键要素。这个缺失的环节，极可能是超弦理论。有了十维弦理论，我们看到，弦的几何形状也许既决定了物质的力也决定了物质的结构。

21世纪的物理学

既然超弦理论对称性的威力巨大，它与别的物理学理论截然不同就不足为奇了。事实上，这完全是一个偶然发现。许多物理学家评论，如果这个偶然发现没有发生，那么，它将在21世纪才被人们发现。之所以它被超前发现，是因为这个理论明显偏离了本世纪尝试的所有思想。它并非本世纪流行的趋势和理论的持续延伸，因为它与众不同。

广义相对论具有"正常的"和逻辑的演化。首先，爱因斯坦假设了等效原理。接着，他基于法拉第场和黎曼度规张量，以引力场论的数学形式重建了这个物理原理。之后，出现了"经典解"，如黑洞和大爆炸。最后阶段是，试图建立一个量子引力理论。因此广义相对论经历了一个逻辑过程，从物理原理到量子理论：

几何→场论→经典理论→量子理论

与此相反，超弦理论自1968年被偶然发现以来，却逆着上述方向演化。这就是超弦理论在大多数物理学家眼中看来是如此奇异且陌生的原因。我们仍在寻找其潜在的物理原理，即爱因斯坦等效原理的对应物。

超弦理论非常偶然地诞生于1968年。两个年轻的理论物理学家，加布里埃尔·韦内齐亚诺（Gabriel Veneziano）和铃木真彦（Mahiko Suzuki），独立地翻阅数学书籍，寻找描述强相互作用粒子相互作用的数学函数。他们在瑞士日内瓦欧洲核子研究中心工作时，偶然地发现了欧拉β函数。这是18世纪数学家莱昂哈德·欧拉写下的数学函数。他们惊讶地发现，欧拉β函数几乎满足描述基本粒子强相互作用所要求的所有属性。

在加利福尼亚劳伦斯伯克利实验室的午餐期间，看着太阳闪耀着光芒从旧金山港湾落下的壮观情景，铃木真彦曾向我解释自己偶然地发现某种很重要的结果时的激动心情。物理学的发展通常不应以这样的方式进行。

铃木真彦在一本数学书中找到了欧拉β函数并激动地将结果告诉了欧洲核子研究中心的资深物理学家。这位资深物理学家并未对他的话引起重视。相反，他告诉铃木真彦，另一个年轻的物理学家韦内齐亚诺几周前给他发了同样的函数，他劝阻铃木不要将这份研究结果作任何发表。今天，这个 β 函数被命名为韦内齐亚诺模型，它激发了数千篇研究论文的诞生，催生了物理学中的一个大分支。它现在宣称将要统一所有的物理定律。（回顾起来，铃木应该发表他的研究结果。这是一个教训：永远不要把你上司的话太当回事儿。）

1970 年，芝加哥大学的南部阳一郎（Yoichiro Nambu）和日本大学的铁雄宫彤（Tetsuo Goto）发现韦内齐亚诺-铃木模型的奇妙性质的背后是振动的弦，弦部分地解释了这个模型的秘密。

由于弦理论是偶然发现的，当时的物理学家们仍不清楚弦理论的物理原理。该理论进化的最后一步（和广义相对论的第一步）依然缺失。

威滕补充说：

> 地球上的人类从未有过这样的概念框架引领他们有目的地发明弦理论……没有人特意去发明它，它是妙手偶得。按理说，20 世纪的物理学家不应该有研究这一理论的特权。准确地说，在我们还未掌握弦理论的先决条件时，弦理论不应该被发明。

超空间环

韦内齐亚诺和铃木发现的公式，尽管有希望能描述相互作用的亚原子粒子的性质，但仍然是不完整的。它违背了物理学的一个性质——幺正性（或称几率守恒）。就其本身而言，韦内齐亚诺-铃木公式给出的粒子间相互作用的答案也是不正确的。因此，该理论发展的下一步是添加小的量子修正项用以恢复这个性质。1969 年，在南部阳一郎和铁雄宫彤解释弦理论之前，威斯康星大学的三个物理学家"切河吉川（Keiji Kikkawa）、崎田文二（Bunji Sakita）和米格尔·维拉索罗（Miguel A. Virasoro）"就提出了正确的解决方案——在韦内齐亚诺-铃木公式中增加一些渐次变小的项，以恢复幺正性。

这些物理学家不得不从头猜测如何构建这些系列，其中，南部阳一郎的弦理论框架最容易被理解。例如，一只大黄蜂飞在空中时，它的飞行路

Hyperspace

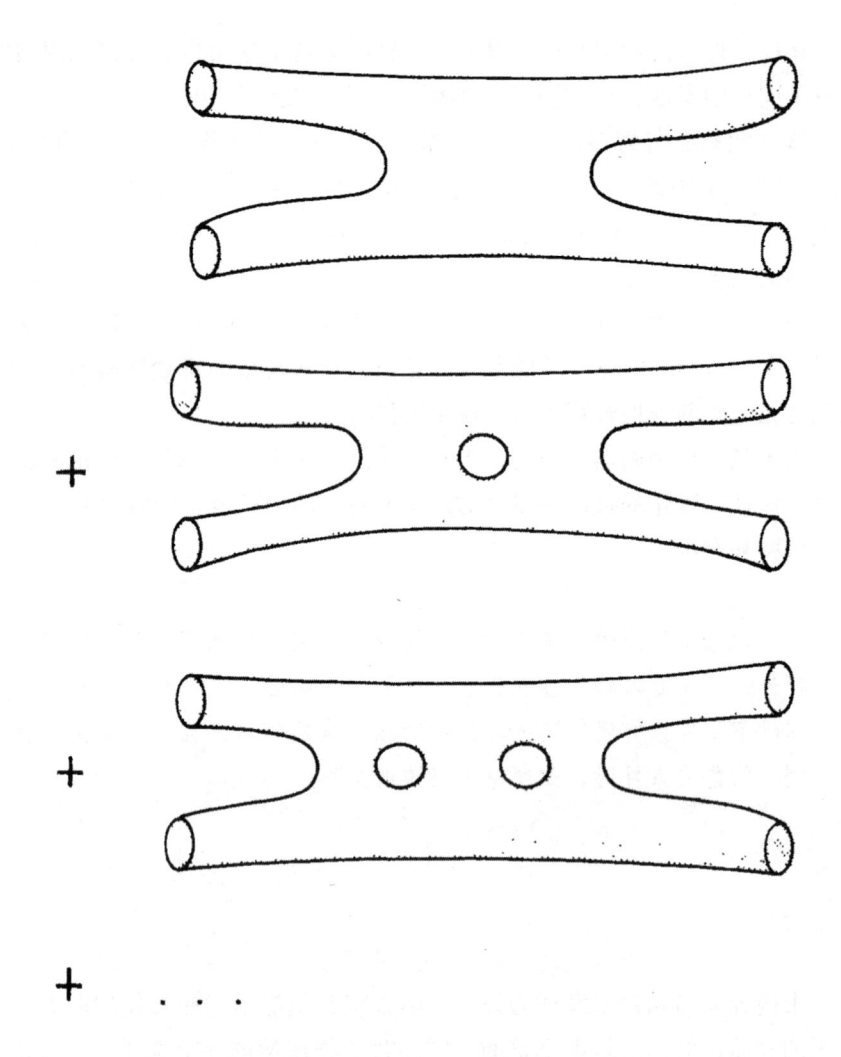

图 7.1 在弦理论中，引力由时空中的闭弦交换来表示，闭弦在时空中运动会扫出一根类似管道的路径。即使我们增加无限多有大量孔的图，弦理论中也不会出现无穷大。它给我们提供了一个有限的量子引力理论。

径可以被描述为一个波形线。当飘浮在空中的一条弦在空间运动时，它的运动路径可被比作一个假想的二维面。当一条封闭的弦在空间运动时，它的运动路径类似于一个管道。

弦通过"分解为更小的弦"和"与其他弦合并"而相互作用。当这些相互作用的弦移动时，它们会勾画出如图 7.1 所示的图形。注意，两个管道从左边进来，其中一个管道在中间裂变，互换中部的管道，接着向右边转向——这就是管道之间相互作用的方式。这个图是一个非常复杂的数学表达式的缩写。当我们计算这些图对应的数值表达式时，就会回到欧拉 β 函数。

在弦的绘景中，由吉川、文二、维拉索罗提出的基本技巧相当于添加所有可能的图，在这些图中，弦能互相碰撞并分裂。当然，事实上存在无数个这样的图。添加无限数量的"循环"图的过程，就是摄动理论（微扰论）。摄动理论是所有量子物理学家武器库中最重要的武器之一。（这些弦图拥有以前的物理学家从未见过的优美的对称性，它在二维中被称为共形对称性。这种共形对称性允许我们像对待橡皮作出的东西那样对待这些管道和面：我们可以拉伸、弯曲、收缩这些图。于是，由于共形对称性，我们能证明所有这些数学表达式保持相同。）

我对吉川、文二、维拉索罗提出的方案非常感兴趣，我决定尝试解决这个难题。这十分困难，我仿佛正在战场中躲避机枪子弹。

新兵训练营

我清楚地记得吉川、文二、维拉索罗的论文是在 1969 年发表的。吉川、文二、维拉索罗提出了一个未来工作的计划，而并未给出精确的细节。于是，我决定明确地计算所有可能的循环并完成吉川、文二、维拉索罗提出的计划。

那段时光令人难忘。越南战争正在激烈地进行着，从肯特州立大学到巴黎大学的校园都处于动荡之中。我上一年刚从哈佛大学毕业。那年，林顿·约翰逊（Lyndon Johnson）总统撤销了"研究生缓服兵役"的政策。"恐慌"在全国各地的研究生院蔓延，"混乱"笼罩着校园。突然间，我的朋友们纷纷从大学退学。他们有的选择去中学当教师；有的选择收拾行囊准备投奔加拿大，有的选择为逃避军训而自毁健康。

前景美好的学业就此被打碎。我的一位来自麻省理工学院物理系的好友就曾许下誓言——他宁愿坐牢也不去越南参战。他让我们将《物理评论》的复印本送到他的牢房，以便他能赶上韦内齐亚诺模型的研究进展。

Hyperspace

那些为了避免参军而选择退学去中学教书的朋友，遗憾地离开了开拓学术的大道。（他们中的许多人现在仍在中学教书。）

我毕业后的三天，离开了坎布里奇，加入了驻扎在格鲁吉亚本宁堡的美国陆军（世界上最大的步兵训练中心）。后来，我们前往华盛顿的刘易斯堡驻扎。在这里，成千上万的未受过军事训练的新兵被编入战斗部队。他们准备着被运往越南，替代每周会阵亡的500个美国士兵。

一天，我在炎热的佐治亚太阳下接受投掷手榴弹的训练。我看着致命的手榴弹弹片向四周散开，思绪开始漫游。历史上有多少科学家必须面对战争的惩罚和蹂躏？有多少优秀的科学家在他们的青春年华中被子弹打中？

我记得，在第一次世界大战中，卡尔·史瓦西（Karl Schwarzschild）在皇家军队当兵时死于俄罗斯前线。他发现"爱因斯坦方程用于计算黑洞的基本解"仅仅几个月就阵亡了。（黑洞的史瓦西半径就是为了纪念他而命名的。他在前线阵亡后，爱因斯坦于1916年致函普鲁士科学院，以纪念史瓦西的工作。）我不知道世界上还有多少前途光明的学者，在他们的职业生涯尚未起步之时就夭折了。

我发现，步兵训练是非常严酷的。训练的目的是强化精神并弱化智力，独立思考被一扫而光。毕竟，军队不需要在交火中质疑中士命令的智者。明白了这点后，我决定随身带一些物理学论文。我需要一些东西让我在帮伙夫削土豆或操纵机枪时保持头脑活跃，所以我带了一份吉川、文二、维拉索罗论文的副本。

在夜间步兵训练时，我必须通过设障路段。这意味着我需要逃避机枪的子弹、蛙式伏在铁丝网下爬行、匍匐通过深褐色的泥浆地。因为机枪上配有曳光弹，所以我能看见数千的机枪子弹产生的美丽的深红条纹在头上几英尺的地方划过。然而，我的思绪却一直停留在吉川、文二、维拉索罗的论文以及如何求解的问题上。

幸运的是，这个计算的本质是纯粹的拓扑学。我清楚地看到，这些循环将一个全新的语言带到物理学中，即拓扑学语言。在物理学的历史上，莫比乌斯带或克莱因瓶从未以某种基本方式被使用过。

因为在接受机枪训练时几乎没有纸和笔，所以我强迫自己在头脑中想象弦如何扭曲成环，并里外翻转。机枪训练对我来说也许是因祸得福，因为它迫使我在头脑中操纵方程式。当我完成了机枪训练的计划后，我确信自己也同时完成了所有环的计算。

最后，我设法挤出时间从军队去了加州大学伯克利分校。在这里，我拼命地研究并计算我头脑中思考的那些细节。有几百个小时我都沉浸在对该问题的紧张思考之中。事实上，这也达成了我的博士论文。

到 1970 年，最终的计算密密麻麻地写满了笔记本上好几百页纸张。在我的导师斯坦利·曼德斯坦（Stanley Mandelstam）的严密监督下，我和同事余蕙萍（Loh-ping Yu）成功地计算了在那个时候知道的所有可能的环路图。然而，我对这项工作并不满意。吉川、文二、维拉索罗方案是由一些经验法则和直觉组成的，并非能够推导这些环的严格的基本原理。我们看到，弦理论自维内齐诺和铃木偶然发现后是反向演化的。弦理论反向演化的下一步是追寻法拉第、黎曼、麦克斯韦和爱因斯坦的脚步，构建一个弦的场论。

弦的场论

自法拉第的开创性工作以来，每一个物理理论都是用场来书写的。麦克斯韦的光理论便是基于场论而来，爱因斯坦也是如此。事实上，所有的粒子物理学都是基于场论建立的。唯一不基于场论的理论是弦理论。吉川、文二、维拉索罗方案是一组方便的规则，而不是场论。

我的下一个目标是纠正这种情况。然而，弦的场论必须面临一个严峻的问题——许多物理学先驱人物都对它持反对意见。他们的理由很简单，如物理学巨人汤川秀树（Hideki Yukawa）和沃纳·海森堡（Werner Heisenberg）多年来所建构的理论并非基于点粒子的理论。他们认为，基本粒子可能是物质的脉动斑点，而不是点。然而，无论他们多么努力，基于斑点的场论总是违反因果关系。

如果我们在一个点上晃动这个斑点，那么相互作用传播的速度会比光速还快地通过斑点传播。这违反了狭义相对论，产生了各种时间悖论。因此基于斑点的"非定域场论"是极困难的问题。事实上，许多物理学家坚持认为只有基于点粒子的定域场论才是一致的。非定域场论一定是违反相对论的。

第二个理由更令人信服。韦内齐亚诺模型有许多以前在场论中从未见过的神奇特性（包括所谓的二元性）。几年前，理查德·费曼（Richard Feynman）给出了任何场论都应遵守的"规则"。然而，这些费曼规则是违反二元性的。因此，许多弦理论家相信弦的场论是不存在的，因为弦理论必然违背韦内齐亚诺模型的性质。他们说，弦理论在物理学中是独特的，因为它不能被重塑为场论。

我与吉川合作研究这个困难且重要的问题。我们一步一步地建立我们的场论，就像我们的前辈为其他力构造场论一样。继法拉第之后，我们为时空的每一个点引进一个场。然而，对于弦的场论，我们必须推广法拉第的概念：假定一个场，这个场定义了一条在时空中振动的弦的所有可能的组态。

接下来是假设弦服从的场方程。单独在时空中运动的单弦的场方程，不难得到。正如预期的那样，我们的场方程再现了无限系列的弦共振，其中每一个共振都对应于一个亚原子粒子。接下来，我们发现汤川和海森堡持有的反对意见被弦的场论解决了。如果我们轻轻地晃动弦，那么振动将顺着弦以小于光速的速度传播。

不久，我们就碰壁了。当我们试图引入相互作用的弦时，我们不能正确地再现韦内齐亚诺振幅。二元性与费曼给出的任何场论的图解均不相容。正如批评家所预期的那样，费曼图是错误的。这真令人沮丧——19世纪构成物理学基础的场论，似乎与弦理论不相容。

我很是气馁，我记得当时自己考虑这个问题直到深夜。我用了几个小时的时间系统地检查了所有可能的替代品。但是，二元性必须被打破的结论似乎不可避免。然后，我想起了在亚瑟·柯南·道尔的《暗号4》中夏洛克·福尔摩斯对华生说的话："我对你说过无数次，当你排除了所有的不可能时，剩下的那个即便再不可思议也一定是真相。"我受这一思想的鼓舞，排除了所有不可能的替代品，唯一留下的不大可能的方法则违反了韦内齐亚诺-铃木公式的性质。凌晨3点，我终于得出了解决方案。我认识到物理学家忽略了一个明显的事实，韦内齐亚诺-铃木公式可以分为两个部分。于是，每个部分对应一张费曼图，每个部分都违反二元性，但它们的总和却服从场论的所有正确性质。

我迅速拿出一些纸，仔细查看了计算结果。我花了5个小时，从所有可能的方向检查和复核这些计算。如所有人预料的那样，得出了不可避免的结论——场论违背二元性。但这是可以接受的，因为最终的和再现了韦内齐亚诺-铃木公式。

我现在已解决了这个问题的大部分，目前还缺一个代表4条弦碰撞的费曼图。那一年，我正在纽约城市大学给大学生讲授电学和磁学。当时，我们正在研究法拉第的力线。我要求学生画出从不同电荷发出的力线，重复法拉第在19世纪所做的同样的步骤。我突然恍然大悟，我要求学生画的弯曲的线与弦碰撞有着完全相同的拓扑结构。于是，通过在大学一年级的实验室重组电荷，我发现了描述4条弦碰撞的正确分布。

它真是这么简单吗？

我冲回家中核实自己的预感，我是正确的。采用大学新生也能使用的绘图技巧可以证明，4条弦的相互作用必须隐藏在韦内齐亚诺公式中。1974年的冬天，运用回溯到法拉第的方法，吉川和我完成了弦的场论的建立。我们首次成功地将弦理论与场论结合在一起。

我们的场论虽然正确地体现了弦理论中包含的全部信息，但仍需要改进。因为我们是反向构建的场论，所以许多对称性仍然是模糊的。例如，狭义相对论的对称性是存在的，但并未以明显的方式出现。我们需要更多的工作来简化我们发现的场方程。但是，正当我们开始探索场论的性质时，这个模型出乎意料地遭到了严重的挫折。

那年，罗格斯大学物理学家克劳德·洛夫莱斯发现玻色弦（描述整数自旋）只在二十六维中是自洽的。其他物理学家验证了这个结果，并且证明超弦（描述整数和半整数自旋）只在十维中是自洽的。人们很快意识到，在十维或二十六维以外的维度中，这个理论完全丧失了它所具有的优美的数学性质。没人相信，在十维或二十六维中定义的理论会与现实有关。

弦理论研究突然停顿。像此前的卡鲁扎-克莱因理论一样，弦理论陷入深度冬眠。10年来，这个模型被放逐到荒无人迹的地方。[虽然大多数弦物理学家（包括我自己）像抛弃一艘沉船一样抛弃了这个模型，但依然有少数顽固分子，如物理学家约翰·施瓦兹（John Schwarz）和已故的乔尔·舍尔克（Joel Scherk）坚持着试图通过不断改进使这个模型存活。例如，弦理论最初被认为是一种强相互作用理论，每种振动模式都对应于夸克模型的共振。施瓦茨和舍尔克正确地证明，弦模型确实是一个所有力的统一理论，而并非只是强相互作用理论。]

量子引力的研究走向了另一个方向。1974—1984年，当弦论黯淡无光时，相继出现了大量量子引力的替代理论。在这期间，原有的卡鲁扎－克莱因理论和随后的超引力理论很受欢迎，但这些模型都未取得成功。例如，卡鲁扎－克莱因理论和超引力理论都被证明为非重整化。

在那10年里，发生了一些奇怪的事情。一方面，物理学家们在这段时间内尝试了越来越多的模型但都以失败告终，物理学家们备感沮丧。人们慢慢地认识到，卡鲁扎－克莱因理论和超引力理论或许才是正道，但他们又无法解决非重整化的问题。唯一包含卡鲁扎－克莱因理论和超引力理论的是超弦理论。另一方面，物理学家们慢慢变得习惯于与超空间打交道。因为卡鲁扎－克莱因理论的复兴，多维空间的观点不再是牵强的或被禁止的了。随着时间的推移，即便定义26个维度中的理论也不会像以前那样显得突兀。人们最初的对多维空间的抵触开始慢慢消失。

最后，在1984年，格林和施瓦兹证明了超弦理论是量子引力的唯一的自洽理论，并由此引发了争先恐后的研究。1985年，爱德华·威滕在弦理论领域取得一个显著的进步，很多人认为是一个最美丽的理论成果。他指出，我们的旧场论可以用强大的具有完全相对论形式的数学和几何定理（来自所谓的上同调理论）来推导。

有了威滕的新场论，一个数学上真正优雅的隐藏在形式主义中的弦理论出现了。很快，科学界发表了近一百篇科学论文探讨威滕场论的迷人的数学性质。[23]

没有人是完全聪明的

假设弦场论是正确的，原则上，我们能从第一原理计算质子的质量，并能处理已知的数据——例如，各种粒子的质量等。如果数值解是错误的，我们就必须将该理论抛出窗外。然而，如果这个理论是正确的，它将是2 000年以来，物理学中最重要的进步之一。

弦场论经过20世纪80年代末的连篇累牍、兴高采烈的鼓吹（当时给人的感觉，似乎该理论将在几年内被彻底解决，将有一群人获得诺贝尔奖），出现了一定程度的低潮。虽然这个理论在数学上是明确定义的，但没人能对这个理论求解——一个人也没有。

问题在于，"还没有一个足够聪明的人来求解弦场论"或"还没有一个任何非摄动的方法可以处理弦理论"。这是一个很明显的难题，具有讽刺意味的是，求解场论所要求的技术超出了当前任何物理学家的能力。这是令人沮丧的。摆在我们面前的是一个完美定义的弦理论。它或许可以解决围绕高维空间的所有理论。从第一原理出发进行推导计算，在面子上会让我们非常风光。但现在的问题是我们不知道如何求解。在莎士比亚的戏剧中有一句尤利乌斯·凯撒（Julius Caesar）的名言："亲爱的布鲁图斯，错误不在于我们的命运，而在于我们自己。"对于弦论理论家来说，错误不在于理论，而在于我们原始的数学。

促成这种悲观的原因是，我们的主要计算工具摄动理论失败了。摄动理论始创于韦内齐亚诺公式，然后科学家用它来计算量子修正（有环的形状）。弦论学家的希望是，他们能写下一个更高级的在四维中定义的韦内齐亚诺那样的公式，且能唯一地描述那些已知的粒子谱。回想起来，他们是成功过头了。因为，上百万韦内齐亚诺类似的公式被人们发现。令人尴尬的是，弦理论家全都淹没在这些巨量的扰动解中。

过去几年阻碍超弦理论停滞不前的根本问题在于——没人知道如何从已发现的数以百万计的解中筛选出正确的解。这些解中的一些已经非常接近于描述真实世界。通过一些简单的假设，可以很容易地将标准模型提取为弦的一个振动。事实上，有几个物理学研究组声称，他们发现了与亚原子粒子有关的已知数据相符合的解。

我们看到的问题是，有数以百万计的描述宇宙的解，而这些解中的大部分都非真。在某些解中，宇宙没有夸克或夸克太多。在大多数的解中，我们所认知的生命都无法存在。我们的宇宙可能会迷失在弦论中发现的数百万个可能的宇宙中。要找到正确的解，我们必须用非微扰方法，这是非常困难的。因为我们所知道的高能物理学知识中99%是以微扰理论为基础的，这意味着我们几乎找不到一个对该理论的正解。

然而，还是存在一些乐观的空间。在很多简单理论中发现的非微扰解表明，许多解确实是不稳定的。一段时间后，这些不正确的、不稳定的解将进行量子跃迁，到达正确的、稳定的解。如果对于弦理论是这样的话，那么也许已经发现的数百万个解实际上是不稳定的，并且随着时间的推移会逐渐衰减到正确的解。

为了理解物理学家们心中的沮丧，想一想，19世纪的物理学家得到一台便携式计算机，他们会作何反应。他们可以很容易地学会开机和敲击键盘。他们可以很快地学会如何玩电脑游戏，也可以在显示器上观看教育节目。由于他们在技术上严重落后，他们会惊叹于计算机的奇妙计算能力。计算机的存储器可以很轻松地储存这些科学家所生活的那个时代的科学知识。在很短的时间内，他们就能学会并完成一些他们的同行大为惊叹的数学技巧。然而，当他们决定打开显示器研究其内部设备时，他们会大跌眼镜。显示器内的晶体管和微处理器完全超出了他们的理解范围。他们所掌握的科技知识与电子计算机相比不值一提。因为这已远超出了他们的理解能力。他们只能沮丧地盯着复杂的电路，弄不清它们的工作原理，更不知道这一切意味着什么。

他们感到沮丧的根源是，计算机在他们的面前，但他们却没有可参考的框架对计算机进行解释。类似地，弦理论似乎是21世纪的物理，但它偶然地在20世纪被人们发现了。弦理论似乎包括了所有的物理知识。我们不需花费太大力气，就能用这理论"开机"、"敲键"，捣腾出超引力理论、卡鲁扎-克莱因理论、标准模型。但我们对它（弦理论）的工作原理却没有丝毫理解。弦的场论真实存在，但它的存在仿佛是对我们的嘲讽。因为我们没有足够的智慧去理解它。

我们面临的主要问题是：21世纪的物理偶然落入20世纪，21世纪的数学却并未一同落入20世纪。于是乎，我们有了两条选择。其一，等到21世纪来临再开展我们的科学进展；其二，当前一代的物理学家必须靠他们自己发明21世纪的数学。

为什么是十维？

围绕弦理论的一个深奥的秘密至今仍未破解——为什么它只在十维和二十六维中定义。如果弦理论是三维的，它就不能以任何合理的方式统一已知的物理定律。因此，高维几何才是弦理论的核心特点。

如果我们计算弦在N维空间中如何分裂和重组，我们会不断发现一些毫无意义的破坏这个理论奇妙特性的项。幸运的是，这些不需要的项都有$(N-10)$的乘子。因此，为了消除这些异常，我们只能将N设为10。事实上，弦理论是唯一已知的量子理论，它要求时空的维数必须固定在一个唯一的数字上。

不幸的是，弦理论家目前还无法解释为什么偏偏是第十维度被挑选出来。这个问题的答案深藏在数学中——"模函数"领域。每当我们操纵由相互作用的弦产生的 KSV 循环图时，我们就会遇到这些奇怪的模函数。在这些模函数中，数字 10 会出现在最奇怪的地方。这些模函数与一个研究它的东方人一样神秘。如果我们透彻认识了这个印度天才的工作，我们或许就能理解为什么我们生活在我们现在的宇宙之中。

模函数的奥秘

斯里尼瓦瑟·拉马努金是数学史上，亦可能是整个科学史上最奇怪的人。他被学术界比作一个爆裂的超新星，照亮了数学中最黑暗、最深奥的角落。不幸的是，他 33 岁时死于肺结核，像黎曼一样英年早逝。他的工作完全独立于当时的主流研究领域之外，他可以独自重新推导 100 年来西方数学的所有经典。对他而言，他的悲剧在于将自己大部分的工作都浪费在了已知数学的再发现上。散布在他的笔记本里的那些字迹模糊的方程式，就是模函数。模函数是数学史上被发现的最奇怪的函数。它们出现在最遥远、最不相关的数学分支中。在模函数的理论中，有一个函数的出现频率非常高，今天我们将它称为拉马努金函数（以示对他的纪念）。这个奇异的函数包含一个高达 24 次幂的项。

在拉马努金的工作中，24 这个数字反复出现。它被数学家称为魔数，它经常出现在我们意想不到的地方且没人可以理解。令人惊奇的是，拉马努金函数也奇迹般地出现在了弦理论中。在拉马努金函数中出现的数字 24，也与弦理论发生了神奇的相约。在弦理论中，拉马努金函数中的 24 种模式分别对应于弦的物理振动。每当弦通过分裂和重组在时空中执行复杂的运动时，必须满足大量复杂的数学恒等式。这些恒等式，恰好是拉马努金发现的数学恒等式。（因为物理学家在计算相对论理论中振动出现的总数时又添加了 2 个维度，这意味着时空必须有 24 + 2 = 26 个时空维度。[24]）

当拉马努金函数被推广时，数字 24 被数字 8 代替。因此超弦的临界数是 8 + 2，即 10。这就是第十维度的起源。弦在第十维度中振动，是因为它需要这些广义的拉马努金函数能够保持自洽。反过来说，物理学家对第十维度和第二十六维度被选定为弦的维度并无丝毫理解。仿佛有某种深刻的命理学体现在这些函数中，但没人能理解。正是在这些椭圆模函数中出现的魔数决定了时空的维数为10。

总之，十维理论的起源就像拉马努金本人那样神秘。每当有听众问起，"为什么大自然会存在于十维中"，物理学家们只能不得已地回答，"我们不知道。"我们含混地知道时空维度选择了一些特殊的数字（否则，弦就不能在一个自洽的量子方式下振动），但我们不知道选择这些特殊的数字的本质原因。也许答案正藏在待发现的拉马努金丢失的笔记本里。

超空间 重塑100年的数学

拉马努金于1887年出生于印度的埃罗德（靠近马德拉斯）。虽然他的家庭是婆罗门（印度最高的世袭阶级），但他们仍然穷困。家庭靠拉马努金的父亲在一个服装商的办公室里担任职员而获取的微薄薪水维持。

拉马努金10岁的时候，就体现出了和其他孩子的区别。像他之前的黎曼一样，他以惊人的计算能力而闻名。作为一个孩子，他能重新推导三角函数和指数之间的欧拉等式。

每位年轻科学家都有属于自己的转折点，一个帮助改变他或者她生活历程的奇特事件。对爱因斯坦来说，转折点在于对指南针的迷恋。对黎曼来说，转折点在于翻阅了勒让德的《数论》著作。对拉马努金来说，转折点在于偶然阅读了乔治·卡尔（George Carr）写的不起眼的、被遗忘的关于数学的书。由于这本书是拉马努金接触现代西方数学的唯一一本，因而被永载史册。据他的妹妹说，"正是这本书唤醒了他的天才。他着手建立书中提到过的公式。他没有别的参考书，只要他感兴趣，每一个解都是他所关心的一项研究。拉马努金常说是纳马卡尔（Namakkal）女神在梦中授意他公式并启发了他。"

由于他才华横溢，他获得了继续读中学的奖学金。但由于他厌烦乏味无聊的课程，并全神贯注于那些不断萦绕在他脑中的方程，他未能进入高中班，他的奖学金被取消了。他沮丧地离家出走。当他返回家中时，又因一场大病而未能通过考试。

在朋友的帮助下，拉马努金成为了马德拉斯港口信托公司的一名低级职员。这是一个低贱的工作，一年的微薄收入只有20英镑。但这份工作使他获得了自由。就像爱因斯坦在瑞士专利局一样，拉马努金可以在工作之余追随自己的梦想。拉马努金将他的"梦"的一些结果邮寄给英国三大著名数学家，希望与其他的数学思想接触。其中两位数学家收到了拉马努金这个不知名的未受过正规教育的印度职员的信，直接扔进了垃圾箱。第三位是才华横溢的剑桥数学家戈弗雷·H. 哈代（Godfrey H. Hardy）。哈代习惯于接受古怪的邮件和有模糊想法的信。在浓密而潦草的字迹中，他发现拉马努金的信件中很多内容是已众所周知的数学定理。他认为拉马努金是个剽窃者，他扔掉了信件。事后，他感到有些不对劲。脑海中总闪烁着某种牵绊，他又开始关注起这封怪信来。

1913 年 1 月 16 日晚餐时分，哈代和他的同事约翰·里特伍德（John Littlewood）讨论了这封奇怪的信，决定再回看一次信中的内容。信件的开篇语写得天真而淳朴，"我是马德拉斯港口信托公司办公室财务部的一名职员，年薪只有 20 英镑"。但在这封贫穷的马德拉斯的职员的信中，竟含有很多西方数学家一无所知的定理。信件总计包含了 120 个定理，哈代惊呆了。他回忆道，"信件中的一些定理自己也曾尝试证明，但结果是'完全失败'"，"我从未见过哪怕是稍许类似的东西。只看一眼，就足以推断书写这些内容的一定是一位高级的数学家"。

里特伍德和哈代达成了一致的惊人的结论：这显然是一个天才的工作，他致力于重新推导出欧洲的百年数学。"这是不可思议的事情，一个孤苦伶仃的印度人敢于用他的大脑挑战欧洲累积百年的智慧，"哈代回忆道。

1914 年，经历了诸多困难后，哈代派人前往印度邀请拉马努金来剑桥工作。对拉马努金来说，这是第一次可以和欧洲数学界的同行交流。接下来，拉马努金开始了迅猛的工作：他在剑桥大学的三一学院与哈代合作了短暂而紧张的 3 年。

后来，哈代试图评价拉马努金所拥有的数学技能。他给公认的 19 世纪西方最伟大的数学家之一的希尔伯特打了 80 分，对于拉马努金，他打了 100 分。（哈代给自己打了 25 分。）

遗憾的是，无论是哈代还是拉马努金，似乎都对拉马努金发现的这些令人难以置信的定理的"心理"和"思维过程"不感兴趣。尤其是当大量材料以高速的频率从他的"梦"中涌现出来时更是如此。哈代回忆，"拉马努金几乎每天都要给我看半打新的定理，在这样的状态下，我已完全不在乎他发现这些定理的过程了。"

哈代生动地回忆道：

记得一次拉马努金生病住在普特尼，我去看他，乘坐的是一辆号码为 1729 的出租马车。我注意到这个数字似乎不吉利，心想着希望这不是一个凶兆。"不，"拉马努金回答说，"这是一个非常有趣的数——它是一个可以用两种方式表示的两个数字的立方和的最小的数。"

($1 \times 1 \times 1 + 12 \times 12 \times 12 = 1729$；$9 \times 9 \times 9 + 10 \times 10 \times 10 = 1729$）他能及时地用算式列举出需要现代计算机才能证明的复杂定理。

拉马努金身体状况一直糟糕，饱受战争蹂躏的紧缩的英国经济使他不能保持严格的素食，他不断进出于疗养院。拉马努金与哈代共同工作 3 年之后，他病倒了，再也没能恢复。第一次世界大战中断了英国和印度之间的旅行。1919 年，他设法回到了印度。1920 年，他在印度去世。

模函数

拉马努金的遗产是他留下的 3 卷笔记本，总计 400 页 4 000 个公式。那些公式有不可思议的幂次，却没有留下任何注释；那些令人困惑的定理，没有留下任何证明。然而，1976 年，有了一个新的发现。包含他一生最后一年工作成果的 130 页散佚论文，在三一学院的一个箱子中被偶然发现。现在，我们将其称为拉马努金的"丢失的笔记本"。在谈到"丢失的笔记本"时，数学家理查德·阿斯基（Richard Askey）说，"拉马努金临去世这一年的工作等同于一个非常伟大的数学家一辈子的工作。他完成的工作令人难以置信。即便它是一部小说，也没人会相信它。"为了强调他们辨认"笔记本"所遇到的困难，数学家乔纳森·博温（Jonathan Borwein）和彼得·博温（Peter Borwein）评论说，"据我们所知，以前从未有人尝试过这样困难的数学编辑工作"。

看着拉马努金方程的演算，好比多年受贝多芬的西方音乐熏陶的我们，突然听到另一种类型的音乐，一种在西方音乐中从来没有听过的和谐交融、神秘美妙的东方音乐。乔纳森·博温说，"拉马努金的运作方式似乎与我们所有人都不相同。他对事物的感觉仿佛是从他的脑子里直接溢出。他不需要对这些事物有任何说明，就仿佛是在筵席上看到一个你未曾邀请的陌生人。"

如物理学家所知，任何"事故"都不会无缘无故地发生。物理学家在完成一个漫长且困难的计算时，他们发现在计算过程中出现的上千个项的和为零。物理学家们知道，一定存在一个潜在的原因或者规则致使这种情况的发生。今天，物理学家们知道，这些"事故"是对称性所引起的。就弦而言，这种对称性称为共形对称性，即拉伸或变形弦的世界面的对称性。

这正是拉马努金研究的内容。既保护共形对称性不被量子理论破坏，又能奇迹般地满足许多数学恒等式。这些恒等式就是拉马努金模函数的恒等式。

总之，我们说过，我们的基本前提是——自然法则在高维中表述时得到简化。然而，鉴于量子理论，我们必须对其进行修正。正确的说法应该是：自然法则在高维中自洽地表述时得到简化。增加"自洽"这个词是至关重要的。这一限制迫使我们使用拉马努金模函数，它将时空维数固定为10。这反过来又可能给我们提供了解释宇宙起源的决定性线索。

爱因斯坦时常自问，上帝是否有选择地创造宇宙。根据超弦理论的说法，一旦我们要求量子理论和广义相对论统一，上帝就别无选择。他们声称，只有自洽才能迫使上帝像他所做的那样创造宇宙。

虽然由超弦理论引进的数学知识已达到令人目眩的地步，但该理论的批评者仍然在其最脆弱点敲击。他们声称，任何理论都必须是可测试的。因为在 10^{28} 电子伏特普朗克能量下定义的任何理论均是不可测试的，所以超弦理论并非真正的理论！

如上所述，关键问题在于理论而不在于实验。如果我们足够聪明，就能正确地求解该理论，找到该理论的真正的非微扰解。当然，这并不妨碍我们尝试一些方法来实证这一理论。为了检验该理论，我们必须等待来自第十维度的信号。

Hyperspace

8 来自第十维度的信号

如果终极理论在我们有生之年被发现，那是多么不可思议啊！自然的终极法则的发现，标志着人类智力史的间断，标志着自17世纪近代科学肇始以来最漂亮的理论的出现。我们现在能想象出那会是什么样子吗？

——史蒂文·温伯格

超空间 物理原理是美丽的吗？

虽然超弦理论为我们提供了一个关于宇宙理论的令人信服的公式，但最根本的难题是，这个理论的实验验证似乎超出了我们目前所掌握的技术水平。事实上，这个理论预言所有的力的统一是发生在普朗克能量的条件下，即 10^{28} 电子伏特的能量上。这个能量大约是我们可以从实验室的加速器中提取的最大能量的 10^{15} 倍。

物理学家戴维·格罗斯在谈到产生这个巨大能量的资金成本时曾说，"即便将世界上所有国家金库中的钱放在一起，也远远不够。它是一个天文数字"。

这是令人失望的，因为它意味着，靠我们现有的机器或可想象的将来的机器对该理论进行实验验证成为了奢望。反过来，它还意味着十维理论并非通常意义上的理论。由于受限于我们星球上现有的技术水平，它将不能得到实验验证。于是，我们留下了这样的疑问：物理原理自身的美丽可以代替实验验证吗？

对于某些人而言，答案是一个响亮的"不"字。他们不屑一顾地嘲弄这些理论，称它们为"戏剧物理学"或"趣味数学"。最刻薄的批评家是哈佛大学的诺贝尔奖得主谢尔登·格拉肖（Sheldon Glashow）。他在这场辩论中扮演了牛虻的角色，他向其他支持高维观点的物理学家发起了攻击。他反对这些物理学家，并将当下流行的这种思想比作艾滋病毒，无可救药。他还将当前的弦理论的时尚效应与美国前总统里根的"星球大战"计划相提并论：

> 这里有一个难题：如何为两个宏伟的设计命名。这两个设计非常复杂，它们可能需要几十年甚至更长的研究开发时间，也许在现实世界它们根本就无法实现——"星球大战"与弦理论……这两个野心勃勃的设计既不能用现有的技术来实现，也不可能达到既定目标。就当下稀缺的人类资源而言，这两个项目都是代价高昂的。此外，俄罗斯正在这两个项目上拼命追赶。

为了搅起更大的争论，格拉肖甚至写了一首诗，诗的结尾处如下：

> 如果你敢大胆猜想，
> 万物理论也许超出了弦的轨形。
> 你们的一些领导已经年老僵化，
> 不要独自轻信异端事物。
> 请注意我们的忠告，不要太陶醉——
> 这本书还未写完，最后一个词不是威滕。

格拉肖发誓，他将阻止这些理论进入他任教的哈佛大学，却未能如愿。他承认，在这个问题上他常常寡不敌众。他遗憾地说，"在暴发的哺乳动物世界中，我发现自己是一条恐龙"。[格拉肖的观点难以得到其他诺贝尔奖获得者的认同。如默里·盖尔-曼（Murray Gell-Mann）和温伯格等人就反对格拉肖的观点。事实上，物理学家温伯格说："弦理论为终极理论提供了唯一的候选来源——不可思议的是，竟有人阻止聪明的年轻物理学家研究它？"]

为了理解这场涉及所有力统一的争论的意义，也为了理解它的实验验

Hyperspace

证问题，考虑以下"宝石的寓言故事"的类比是有益的。

打个比方，有一块美丽的宝石，它在三个维度上是完全对称的。然而，这块宝石却并不稳定。一天，它崩裂开来，碎片飞向四面八方。它们最终落在平地上（二维世界）。平地居民好奇地试图重组这些碎片。他们将此原始爆炸称为宇宙大爆炸，但他们不明白的是——为什么这些碎片会散落在他们的整个世界中。他们最终鉴定出了两种碎片。一些碎片的表面被打磨得非常光滑，平地居民将它们比作"大理石"；一些碎片的表面呈现锯齿状，丑陋且没有规律可言，平地居民将它们比作"木头"。

多年之后，平地居民分成了两大阵营。第一阵营打算将磨光的碎片拼凑起来。慢慢地，那些打磨光滑的碎片开始拼接。这一阵营里的平地居民开始惊叹于这些光滑碎片的组合，他们坚信一定有一种强大的新型几何在起作用。这些平地居民称他们部分组合的碎片为"相对论"。

第二阵营的人致力于装配那些参差不齐的碎片。他们在寻找这些碎片的模式方面取得了有限的成功。然而，锯齿状的碎片组合在一起，只会产生一个更大更不规则的团块。他们将其称为"标准模型"。但标准模型太丑陋，没人为这个丑陋的团块感到欣慰。

经过几年的艰苦努力，人们试图将这些不同的部分拼在一起。然而，人们对"光滑的碎片"与"参差不齐的碎片"的拼接毫无办法。

有一天，一个聪明的平地居民想出了一个绝妙的主意。他宣称，如果从二维平地"向上"移动两套碎片，它们就会被重新组合起来。即在第三维度中，这些碎片将能彻底结合。大多数平地居民被这种新方法弄晕了，因为没人能理解"向上"是什么的意思。这个聪明的平地居民能够通过计算机证明"大理石"碎片可以被看作是某些物体的外部碎片，因此是光滑的；而"木头"碎片是内部碎片，因此是凹凸不平的。当两组碎片在第三维度中重组时，平地居民开始惊叹于计算机中显示出的图案：具有完美三维对称性的光芒四射的宝石。两组碎片之间的人为界限，瞬间被纯几何的方法解决了。

然而，这个解决方案留下了几个问题，平地居民无法对这些问题进行解答。一些平地居民希望得到实验证明而不只是理论计算，这些碎片真的可以组装成这种宝石吗？这个理论给出了一个巨大的能量数值，只有拥有了这个能量才能建立强大的机器并将这些碎片"向上"抛出地面。这些碎片将在三维空间中重新组装。遗憾的是，这个能量大约为平地居民能够提供的最大能量的千万亿倍。

而另一些平地居民认为，有理论计算就足够了。虽然他们知道这缺乏实验验证，但他们认为物理原理本身的"美"足以解决统一问题。他们指出，历史总是表明，自然界最难问题的解通常都是最美的解。他们还正确地指出，三维理论没有对手，它是最好的理论。

然而，其他一些平地居民发出了怒吼。他们愤怒地说，理论无法被检验就不能称其为理论。他们声称，检验这一理论将徒劳无益地耗费聪明的头脑，浪费有价值的资源。

平地居民的辩论以及在现实世界中的争论将持续一段时间，这是一件好事。正如18世纪的哲学家约瑟夫·朱伯特曾说的，"'辩论一个问题而不解决它'明显好于'解决一个问题而不讨论它。'"

超导超级对撞机：创世窗口

18世纪的英国哲学家大卫·休谟（David Hume）提出任何理论都必须建立在实验基础之上的观点，并因此而闻名。他认为创世理论是无法得到实验验证的，也无法用理论来解释。他指出，实验的本质是再现性。一个实验可以反复在不同地点、不同时间重复进行，并得出相同的结果，才可以证明一个理论的正确性。相反，这个理论是不靠谱的。一个人怎能用创世本身来做实验呢？创世本身就是一个不可重复的事件。因此，休谟得出结论，任何创世理论都是不可验证的。他声称，"科学，几乎可以回答所有的与宇宙相关的问题，创世是唯一一个不能被重复的实验"。

从某种意义上说，我们遇到了休谟在18世纪发现的问题的现代版本。这个问题是：重新创造宇宙之初所需的能量，超过了地球上可用的任何能量。然而，尽管在实验室直接验证十维理论是不可能的，但我们找到了几种间接方法来处理这个问题。最合乎逻辑的处理方法是，我们希望超导超级对撞机（SSC）能发现亚原子粒子并能显示超弦的独有特征——超对称性。虽然超导超级对撞机不能探索普朗克能量，但它也许能为我们提供"超弦理论正确性"的间接证据。

被强大的政治反对派扼杀的超导超级对撞机是一个真正可怕的机器，它也是这种类型机器中的最后一个。这个机器大约在2000年在得克萨斯外的达拉斯完工，它有一个 50 英里（80 公里）长的巨大管道，管道周围环绕着巨大的磁铁（如果以曼哈顿为中心，它将扩展到康涅狄格和新泽西）。超过 3 000 名全职及来访的科学家和工作人员在这里进行实验，并共同分析从机器中得出的数据。

超导超级对撞机的目的是在管内加速两个质子束，直到它们的速度接近光速。因为这些质子束是沿着顺时针和逆时针两个方向运动的，当它们接近最大速度及最大能量时，必然会在管内发生碰撞。质子之间彼此碰撞，当能量达到 40 兆（4×10^{14}）电子伏特的能量时，质子会粉碎并产生大量的可供探测器分析的亚原子碎片。宇宙大爆炸之后，这种碰撞就再未出现过（因此，SSC 又有"创世窗口"的昵称）。物理学家们希望在这些碎片中发现奇异的亚原子粒子，并寄希望于它们可以揭示物质的最终形态。

毫不奇怪，超导超级对撞机是一个非凡的工程和物理计划，它扩展了现代科学已知技术的极限。因为，在管内弯曲质子和反质子所需的磁场是巨大的（其数量级为地球磁场的 10 万倍）。同时，为了产生并保持它们的运动状态，所需的物理步骤也是非常复杂的。例如，为了降低导线内部的发热和电阻问题，磁体必须被冷却到接近绝对零度。此外，磁体还需采用专业手段进行特别加固，以防止磁场过强导致金属磁体本身形变。

由于超导超级对撞机的预算造价高达 110 亿美元，它成为了一个令人垂涎之物和政治家施展激烈政治手腕的题材。过去，原子加速器的建造地点，由毫不掩饰的政治交易所决定。例如，伊利诺斯州之所以能将费米实验室的加速器建造在巴达维亚（芝加哥的外面），是因为林顿·约翰逊（Lyndon Johnson）总统需要伊利诺斯参议员埃弗里特·德克森（Everett Dirkson）投越南战争的关键一票（根据《今日物理》杂志）。超导超级对撞机的情况也大致相似。尽管美国的许多州都激烈争夺这一项目，但 1988 年，超导超级对撞机项目落脚于得克萨斯州。当时，美国总统和民主党副总统候选人均来自得克萨斯州。

虽然美国政府已花费了 10 亿美元在超导超级对撞机的项目上，但它却永远无法完成。令物理界感到震惊的是，1993 年，众议院投票彻底取消了这个计划。物理学家们努力的游说并未恢复政府为该项目提供资金。对国会来说，昂贵的原子加速器可以从两方面看待：一方面，它可以是一个"多汁的李子"，它能产生数以千计的就业机会，并能为拥有它的州带来 10

亿美元的联邦财政补贴。另一方面，它也可以是一个"不可信的吞钱洞"，巨大的投入下不会带来任何收益。他们认为，这段时间的美国正值艰难时期，这个昂贵的高能物理学家的玩具是国家所不能承受的奢侈品。（公平地说，为超导超级对撞机提供资金应放在一个合适的角度下审视。"星球大战"基金一年需消耗 40 亿美元；整修一台航空母舰需消耗 10 亿美元；一架航天飞机的造价为 10 亿美元；一架 B-2 隐形轰炸机的造价接近 10 亿美元。）

虽然超导超级对撞机项目不幸夭折，但我们能从中发现什么呢？至少，科学家们希望能找到奇异粒子，比如由标准模型预言的希格斯粒子。希格斯粒子产生对称性破裂，故而，它是夸克质量的起源。我们希望超导超级对撞机能发现"质量的起源"。所有的我们周围有重量的物体，它们的质量均归功于希格斯粒子。

然而，物理学家之间的赌注在于，超导超级对撞机发现标准模型之外的奇异粒子的概率为 50%，即成败的机会各半。（物理学家或许能找到"七彩"粒子，它们正好处于标准模型之外；又或许会找到"轴子"，它们有助于解释暗物质的问题。）物理学家最希望找到的是"超粒子"，这是一般粒子的超对称配偶子。例如，引力微子是引力子的超对称配偶子；超夸克是夸克的超对称配偶子；超轻子是轻子的超对称配偶子。

如果超对称粒子最终被发现，我们就有机会看到超弦本身的残余。（像场论的对称性那样，超对称于 1971 年在超弦理论中被首次发现，且先于超引力的发现。事实上，超弦或许是唯一的可使超对称与引力以完全自洽的方式结合起来的理论。）即便超对称粒子的发现不足以完全证明超弦理论的正确性，它仍将有助于安抚怀疑论者，因为在他们的眼中不存在一丝关于超弦理论正确的物理学证据。

来自外层空间的信号

由于超导超级对撞机并未建成，因此，我们无法发现低能量共振的超弦粒子。这样，物理学家开始寄希望于另一种可能——测量宇宙射线的能量。这些宇宙射线均是高能亚原子粒子，它们的来源我们尚不清楚，但我们可以明确的是它们必定来源于我们星系之外的外太空。例如，尽管没人知道宇宙射线来自何处，但人们都知道它的能量巨大，超过了我们实验室中任何物质所携带的能量。

与原子加速器产生的受控射线不同，宇宙射线具有不可预知的能量，它不能按要求产生精确的能量。从某种意义上说，我们可以将其分别比喻为"水管灭火"与"暴风雨灭火"。"水管灭火"相比"暴风雨灭火"更方便：我们可以自定义水管开关的时间，自定义调节水流的强度，从水管中喷射出来的水均以相同的速度匀速喷出。这正好与原子加速器产生的可控制的射线束相对应。"暴风雨灭火"相比"水管灭火"更猛烈且更有效。但问题是，它像宇宙射线一样不可预测：你无法调节雨水的大小和流速，它们都呈现一种不稳定态的波动，无法预测。

宇宙射线是 80 年前由耶稣会传教士特奥多尔·沃尔夫（Theodor Wulf）在巴黎埃菲尔铁塔进行的实验中被首次发现。1900—1930 年，勇敢的物理学家们乘坐热气球翻山越岭，以求获得宇宙射线的最佳测量结果。但宇宙射线的研究在 20 世纪 30 年代开始衰落。当欧内斯特·劳伦斯（Ernest Lawrence）发明了回旋加速器后，在实验室中产生了能量比大多数宇宙射线还高的可控光束。例如，能量为 1 亿电子伏特的宇宙射线就像雨滴一般常见，它们以每秒每平方英寸（6.4 平方厘米）的若干速度撞击地球大气层。然而，劳伦斯的发明造就了超过该能量 10 倍至 100 倍的庞大机器。

幸运的是，自从沃尔夫首次将电罐（带电容器）放在埃菲尔铁塔上，宇宙射线实验已发生了很大的变化。现在的火箭和卫星都能将辐射计算器发送至距离地面上空的很高处，从而最大限度减小大气对计算的影响。当一个高能量的宇宙射线撞击大气时，它会击碎大气中的原子，从而引发簇射。然后，我们可以靠地面上的一系列探测器进行探测。芝加哥大学与密歇根大学的合作，开创了雄心勃勃的宇宙射线计划。1 089 个探测器散布在 1 平方英里（2.59 平方公里）的巨大沙漠中，等待宇宙射线簇射将它们触发。这些探测器放置在一个理想的、孤立的地区：犹他州盐湖城西南 80 英里（130 公里）处的达格韦试验场。

犹他探测器足够灵敏，它们能识别出一些最有活力的宇宙射线的起源点。今天，天鹅座 X-3 和武仙座 X-1 已被确定为强大的宇宙射线发射源。它们可能是大型的自旋中子星，也可能是黑洞。它们正在慢慢吞噬伴星，形成一个巨大的能量漩涡，并将大量的辐射（例如质子）喷射到外层空间。

到目前为止，我们探测到的最有活力的宇宙射线的能量为 10^{20} 电子伏特。这个数字是一个令人难以置信的能量，比超导超级对撞机可产生的能量还要高 1 000 万倍。这个能量比探索第十维度所需的能量小 1 亿倍。我们不指望在 20 世纪内用我们的机器产生出接近宇宙射线的能量，但我们希望在我们星系内黑洞深处产生的能量将接近普朗克能量。有了大型的轨道航天器，我们应该能够深入探测这些能源的结构，并探测到比这更大的能量。

根据一个公认的理论，我们银河系的最大的能量来源位于银河系的中心（这个能量远大于天鹅座 X–3 或武仙座 X–1 产生的任何能量）。它由几百万个黑洞组成。鉴于国会取消了超导超级对撞机的建设项目，我们认为，探索第十维度的最终地点应该是在外层空间。

测试无法检验的事物

从历史上说，物理学家曾多次郑重宣布某些现象是"不可测试的"或"不可证明的"。但也有另一种态度，科学家们可以认为普朗克能量难以得到，但我们也许能通过普朗克能量的周边进行间接实验，从而做出意料之外的突破。

19 世纪，一些科学家宣称恒星的组成是无法用实验测量的。1825 年，法国哲学家和社会评论家奥古斯特·孔德（Auguste Comte）在《哲学的进程》中写道，"恒星距离我们太遥远，我们除了知道恒星是天空中不可达到的光点外，对它的其他信息一无所知"。他认为，19 世纪乃至以后的任何世纪的机器都无法为人类提供足够大的力量逃出地球并抵达恒星。

尽管确定恒星是由什么构成的，似乎超出了科学的能力。但具有讽刺意味的是，几乎在同一时间德国物理学家约瑟夫·冯·夫琅和费（Joseph von Fraunhofer）却正在做这件事。他利用棱镜和分光镜分离从遥远恒星发出的白光，并确定恒星的化学组成。由于恒星内的每一种化学物质都有一种特征性的"指纹"或光谱，这让夫琅和费很容易地将"不可能"变为了"可能"——他确定了氢是恒星中最丰富的元素。

这激发了诗人伊恩·D. 布什（Ian D. Bush）的写作灵感：

> 一闪一闪小星星，
> 究竟何物现奇景。
> 我有光谱分析仪，
> 知道原来你是氢。

因此，尽管火箭达到恒星所需要的能量远远超出了孔德所知道的一切能量（或者说，超过了现代科学能提供的一切能量），但关键的环节并不不涉及能量。解决问题的关键在于观测来自恒星的信号，而不在于直接的测量。同理，我们希望找到从普朗克能量发出的信号（也许来自宇宙射线或者一个未知源）来探测第十维度，而不是通过巨大的原子加速器进行直接测量。

"不可测试的"思想的另一个例子是原子的存在性。19世纪，原子假说被证明是理解化学和热力学定律的关键点。然而，许多物理学家拒绝相信原子的存在。他们认为原子也许只是一种数学手段，碰巧，它们偶然给出了这个世界的正确描述。例如，哲学家恩斯特·马赫就不相信原子的存在，他认为原子只是一个计算工具。（甚至今天，鉴于海森堡的测不准原理，我们仍然无法直接拍摄原子的照片，虽然物理学家现在已掌握了间接的方法。）1905年，爱因斯坦给出了最有说服力的"原子具有存在性"的间接证据。他发现布朗运动（即灰尘颗粒悬浮在液体中的随机运动）可以被解释为"液体中的微粒和原子间的随机碰撞"产生的结果。

同理，我们希望找到尚未发现的间接方法对第十维度的物理理论进行实验确认。如果不能直接拍摄到我们想要的对象，也许我们能拍摄到其"影子"的照片。用间接的方法仔细分析从原子加速器得到的低能数据，以判断是否存在十维物理以某种方式影响了这些数据。

物理学中的第三个"不可测试的"的思想是难以捉摸的中微子的存在。

1930年，物理学家沃尔夫冈·泡利（Wolfgang Pauli）假设了一个新的，看不见的粒子，并将其称为中微子。他假设中微子存在的目的是，解释某些放射性实验中似乎破坏了物质和能量守恒消失的那部分能量。然而，泡利意识到，中微子几乎不能在实验中被观察到。因为他们与物质的相互作用非常弱且稀少。例如，如果我们能建造一个巨大而坚实的块铅，从我们的太阳系拉伸出几光年到半人马座阿尔法星。我们将它放置在中微子光束的行经路径上，其结果是部分中微子仍会从块铅的另一端穿出来。中微子能穿透地球，就好像地球根本不存在一样。事实上，从太阳发射出的无数个中微子在不停地穿透你的身体，即使晚上也是如此。泡利承认，"我罪过深重，我预言了一个不可观察的粒子的存在"。

中微子令人难以捉摸，无法被观察。这激发了约翰·厄普代克写下一首名叫《宇宙的烦恼》的诗：

> 中微子，它们非常小。
> 它们没有电荷也没有质量，
> 也没有交互作用。
> 地球只是一个糊涂的球。
> 中微子轻松地穿过地球，
> 就像灰尘落穿过通风的大厅，
> 或像光子穿过玻璃板。
> 它们傲视最紧致的气体，
> 忽略最坚实的墙壁，
> 轻视钢和坚固的黄铜，
> 蔑视马厩中的骏马，
> 不屑种类的障碍，
> 难以置信地渗透你我！
> 无痛的断头台，
> 他们会穿过我们的头进入草地。
> 晚上，他们进入尼泊尔，
> 从床的下面刺穿情人和他的姑娘。
> 太美妙了，我什么也感觉不到。

中微子几乎不与其他物质相互作用，所以它一直被认为是"不可测试的"。但今天，我们时常在原子加速器中发现中微子束；我们用从核反应堆中产生的中微子做实验；我们在距离地面最深处的矿井中检测到了它们的存在。（事实上，当一个壮观的超新星在1987年照亮了南半球的天空时，物理学家注意到一串突然袭来的中微子穿过了他们深埋在矿井中的探测器。这是中微子探测器首次用于至关重要的天文测量。）中微子在短短的 3 年间，已从"不可测试的"转化为现代物理学的一个重要组成。

问题是理论性的，而不是实验性的

从科学史的长远观点来看，可能存在一些乐观的理由。威滕相信，科学界终将有一天能够探测到普朗克能量。他说：

> 哪些是容易的问题，哪些是困难的问题——很难说出。19 世纪，为什么水在 100 摄氏度会沸腾的问题是无法解决的，也是毫无希望的。如果你告诉 19 世纪的物理学家，到了 20 世纪你就能计算并解决这个问题，这听上去就像一个童话……量子场论太难了，以至于 25 年来，没人能完全相信它。

威滕认为，"好主意总会得到检验"。

天文学家亚瑟·爱丁顿甚至发出质疑，"科学家认为一切事物都应接受检验，这或许言过其实了"。他写道："科学家普遍表示他的信念是基于观察，而不是理论。……但我从未碰到将这一表述付诸实施的人。……观察是不够的……理论在确定信念中起着重要作用。"诺贝尔奖获得者保罗·狄拉克说得更为直白，"方程有美感比方程与实验相符更加重要。"或者用欧洲核子研究中心物理学家约翰·埃利斯（John Ellis）的话来说，"几年前，我打开了一个糖果包装纸，里面记录了这样一句话：'只有乐观主义者才能在这个世界上有所作为。'我和一些怀疑论者一样，认为我们间接测试十维理论的最好时间是 21 世纪。这是因为，这个理论归根到底是一个创世理论。因此，如果我们希望检验它，必然将在我们的实验室里重新创造一次'大爆炸'"。

就我个人而言，我不认为我们需要等上 100 年。我们的加速器、太空探测器、宇宙射线计数器，就能足够强大地间接探测到第十个维度。也许只需要几年时间，在当今物理学家们的有生之年中，某个聪明的物理学家能够通过求解弦场论或通过其他非微扰公式，来证实或否证十维理论。因此，这个问题是理论性的，而不是实验性的。

假设某个聪明的物理学家解决了弦场论，并导出了我们宇宙的一些已知性质。但仍然存在一个实际问题——我们什么时候可以利用超空间理论的威力。有如下两种可能性：

1. 等到我们的文明掌握了比我们今天能掌握的能量大万亿倍的能量的时候。
2. 遇到已经掌握了操纵超空间技艺的地外文明的时候。

我们回忆一下，从法拉第和麦克斯韦的工作到爱迪生和他的合作者实际掌握电磁力，大约经历了 70 年的时间。然而，直到今天，现代文明的发展依然在很大程度上依赖于这个力的运用。核力在世纪之交被发现，但 80 年过去了，我们仍然没有办法在核聚变反应堆中成功地控制它。下一步，我们希望掌握并利用统一场论的威力，我们的技术需要有更大的飞跃，这或许具有非常重要的意义。

根本性问题在于，我们正迫使超弦理论解答关于日常能量的问题，即超弦理论的"天然归宿"（自然之家）在于普朗克能量。这个巨大的能量，只有在创世那一时刻才释放出来。换句话说，超弦理论天生就是一种创世理论。好比笼中的猎豹，我们为了取乐要求这个雄健的动物为我们唱歌跳舞。事实上，猎豹真正的"家"是广袤的非洲平原，超弦理论真正的"家"是创世时刻。然而，如果我们的人造卫星技术足够先进，或许我们能在太空建造一个最终的"实验室"，我们在那里用实验探测超弦理论的天然归宿，这就是创世的回声！

9 创世之前

> 最初宇宙是个鸡蛋。鸡蛋里面是混沌，漂浮在混沌上的是盘古，神的胚胎。
>
> ——盘古神话（中国，3 世纪）

> 如果上帝创造了世界，他在创世之前在哪里？……世界是自存的，就像时间本身，无始无终。
>
> ——《摩诃往世书》（印度，9 世纪）

"上帝有妈妈吗？"

孩子们被告知天地是上帝创造时，他们会天真地问上帝是否有一个母亲。这个看似简单的问题难倒了教会的长老，它使最优秀的神学家也感到尴尬。这个问题引发了多个世纪以来最棘手的神学辩论。世界上几乎所有伟大的宗教都围绕创世活动留下了诸多神话，但它们都没有恰当地正视孩子们所问问题中固有的逻辑悖论。

上帝可以用 7 天时间创造天地，但在第 1 天之前发生了什么？如果承认上帝有一个母亲，那么，上帝母亲的母亲又是谁？这个问题会一直循环下去。然而，如果上帝没有母亲，这个答案会引出更多的问题：上帝来自哪里？上帝是永生不朽，还是超越了时间本身？

几百年来，甚至由教会任命的大画家在他们的艺术品中也在设法解决这些棘手的神学争论。当描绘上帝、亚当、夏娃时，你画他们的肚脐吗？因为肚脐标志着脐带的连接点，所以上帝、亚当、夏娃都不能画肚脐。例如，米开朗基罗在为西斯廷教堂的天花板作画（著名的创世和亚当、夏娃从伊甸园被驱逐出来的画中）时，就面临过这种困境。这个神学问题的答案悬挂在诸多西方大博物馆中：上帝、亚当、夏娃没有肚脐，因为他们是万物之先。

上帝存在的证据

圣·托马斯·阿奎那在 13 世纪进行写作时，为教会意识形态中的自相矛盾深受困扰。他决定从神话的模糊性到逻辑的严密性提出一个神学辩论的准则。在他著名的《上帝存在的证明》一书中，他打算解决这些古老的问题。

阿奎那在下面的诗中总结了他的证据：

> 万物在动，故有先行者。
> 万物皆由原因引起，故有第一个原因。
> 万物存在，故有创造者。
> 完美的善存在，故有根源。
> 万物皆被设计，故有目的。

（前 3 行是宇宙论证明的变种，第 4 行是道德论基础，第 5 行是目的论证明。道德证明是最薄弱的，因为道德可以用演变的社会习俗来看待。）

阿奎那对上帝存在的"宇宙论"与"目的论"的证据的列举，已被教会用于回答这个棘手的神学问题长达 700 年时间。尽管历经 700 年所取得的科学发现已证明了这些证据存在缺陷，但在他们的时代这些证据却相当巧妙。它们显示了希腊人对世界产生的影响，希腊人是地球上第一个将严谨引入到对自然作出推测的人。

阿奎那假设上帝是第一推动者和第一制造者，开始了自己的宇宙论证明。他巧妙地声称"谁创造了上帝"这个问题没有意义，从而精明地避开了这个问题。上帝没有制造者，因为他是第一制造者。宇宙论证明：所有运动的物体一定承受了一个推动力，推动力的存在意味着一定存在推动者。但是，谁是第一推动者呢？

想象一下，此刻你懒洋洋地坐在公园里看见一辆小车在你面前移动。

很明显，你会主观认为这辆小车一定被一个小孩推动。片刻后，你发现推动第一辆小车的是另一辆小车。奇怪的是，你一直等待的小孩并未出现，你等到的结果是，推动着前面两辆小车的是第三辆小车。随着时间的推移，你见证了数以百计的小车，它们都是靠着其他车辆推动。你大感不解地望向远处，惊讶地发现一列无限长的小车延伸在地平线上，一辆推着一辆，根本没有孩子。那么，在没有第一推动者的前提下，一个无限系列的小车能被推走吗？一个无限系列的小车能自我推动吗？"不"，所以上帝必须存在。

目的论的证明更具说服力。它指出必须存在第一制造者。想象一下，我们行走在火山的沙地之上，在那里，风和沙尘暴侵蚀着山川和巨大的火山口。几千万年来，没有任何东西能逃过沙尘暴的腐蚀性和磨损作用。此外，让你吃惊的是，你在沙丘上发现一个漂亮的相机。相机镜头是平滑抛光的，快门装置非常灵敏。你一定会认为，火星的沙子不可能创造出如此美丽的手工艺品。你断定有个很聪明的人制造了这台相机。最终，你在火星表面游荡一阵后，遇到了一只兔子。显然，兔子的眼睛的结构比相机的镜头复杂得多。兔子的肌肉比相机的快门复杂得多。因此，这只兔子的制造者必须比照相机的制造者更为先进。因此，第一制造者必须是上帝。

我们再想象一下地球上的机器。毫无疑问，这些机器是由人类制造的。与机器相比，人类复杂得多。以此类推，创造我们的人一定比我们复杂得多。因此，上帝必然存在。

1078年，坎特伯雷大主教圣安瑟伦编造了也许是最完美的有关上帝存在的证据——本体论的证据。这个证据并不依赖于第一推动者或第一制造者。圣安瑟伦声称，他能从纯逻辑的观点证明上帝的存在。他把上帝定义为最完美的、最强大的，且可以想象的强有力的生物。我们设想两种类型的上帝。我们假设第一个上帝不存在，第二个上帝确实存在。第二个上帝能创造奇迹，如分离河流和复活死者。显然，第二个上帝（存在）比第一个上帝（不存在）更完美、更强大。

然而，我们定义上帝是最完美的、最强大的，且可以想象的强有力的生物。根据上帝的定义，第二个上帝（存在）更完美、更强大。因此，第二个上帝符合上帝的定义。第一个上帝（不存在）弱于第二个上帝，不符合上帝的定义。因此，上帝必然存在。换句话说，如果我们把上帝定义为"至高无上"，那么，上帝必定存在。因为如果它不存在，我们就能想象出存在更伟大的上帝。与托马斯·阿奎那不同的是，这种证明相当巧妙。它与创世论无关，它只依赖于完美存在的定义。

值得注意的是，这些上帝存在的"证明"延续了700多年，藐视科学家和逻辑学家的反复挑战。其原因在于，当时的人们对物理学和生物学的基本定律认识不足。事实上，在过去的100年，人们逐渐发现了新的自然法则，可以找出这些证据中潜在的漏洞和缺陷。

例如，宇宙论证明中的缺陷是：质量和能量守恒即可解释物体运动，而并不需要借助第一推动者。例如，气体分子无需任何人或任何物，就能自我运动并与容器壁发生弹回碰撞。原则上，这些分子处于永动状态，无始无终。因此，只要质量和能量守恒，运动根本不需要推动者。

目的论证明中的缺陷是：进化论告诉我们，一个物种可以从更原始的物种那里通过自然选择和机遇进化为更高级、更复杂的生命形式。最终，我们可以将生命的起源追溯到早期地球海洋中自发形成的蛋白质分子，而无需诉诸更高的智能。斯坦利·米勒（Stanley L. Miller）在1955年进行的研究表明：在包含组成早期地球大气的甲烷、氨和其他气体的容器中进行火花放电实验，可以自发生成复杂的碳氢化合物分子，并能最终形成氨基酸（蛋白质分子的母体）和其他复杂的有机分子。因此，第一制造者并非创造生命的必要条件。事实上，只要时间充足，生命可以从无机化学物质中自然地演变出来。

最后，伊曼纽尔·康德（Immanuel Kant）在经过了几个世纪的混乱后第一个指出了本体论证明中的错误。康德指出，"一个物体存在并不能使它更完美"。例如，我们用它来证明独角兽的存在。如果我们将独角兽定义为可以想象的最完美的马，如果独角兽不存在，就可以想象一个独角兽是存在的。但"存在着的独角兽"并不比"不存在的独角兽"更完美。因此，独角兽不一定必然存在，上帝也不一定必然存在。

自圣·托马斯·阿奎那和圣安瑟伦的时代以来，我们取得了进步吗？

答案既是肯定的也是否定的，我们可以说，现在的创世理论均基于两个支柱：量子理论和爱因斯坦的引力理论。1 000多年里我们第一次可以说，"上帝存在的宗教证明"正被"我们对热动力学和粒子物理学的理解"所取代。然而，我们用"大爆炸"观点取代"上帝创世"观点，实际上是用一个"更难的问题"取代了一个"较难的问题"。"上帝创世"观点持有者阿奎那认为，他把上帝定义为第一推动者，即解决了上帝之前有什么的问题。"大爆炸"观点持有者的我们，直至今日也不明白大爆炸之前发生了什么。

不幸的是，爱因斯坦方程不适用于"极小距离"和"极大能量"条件下的演算。当距离小到 10^{-33} 厘米时，量子效应取代了爱因斯坦的理论。因此，要解决"时间始于何时？"这个哲学问题，就必须引入十维理论。

这本书中，我们强调了物理定律在增加更高维度时将得到统一的事实。当研究大爆炸时，我们看到了这一表述的逆过程。大爆炸可能起源于原始十维宇宙裂解成四维宇宙和六维宇宙的过程。于是，我们可以把宇宙大爆炸的历史看作十维空间分裂的历史，即上述统一对称性解体的历史。这也是本书以逆时针方向进行研究的主题。

因此，将大爆炸动力学拼凑起来显得如此艰难就不足为奇了。实际上，通过逆时间回溯，我们正在重组十维宇宙的碎片。

宇宙大爆炸的实验证据

每年，我们都能找到大爆炸发生在大约 150 亿—200 亿年前的许多实验证据。让我们先回顾一下这些实验结果。

第一，恒星正以惊人的速度离我们而去，这一事实通过测量它们的星光畸变（称为红移）已反复得到证实。（远离我们的恒星的星光移到更长的波长上，即向光谱的红色末端移动。这个道理等同于列车向我们驶来，距离我们较远处传来的汽笛声较低，距离我们较近处传来的汽笛声较高。

这就是所谓的多普勒效应。此外，哈勃定律也指出，恒星或星系距离我们越远，它远离我们的速度就越快。这一事实在 1929 年由天文学家埃德温·哈勃首次公布，且在过去的 50 年里得到了实验验证。）我们从未见过遥远星系的蓝移，因为蓝移意味着一个坍缩的宇宙。

第二，我们知道银河系中，化学元素的分布与大爆炸和恒星中形成重元素的预言几乎完全吻合。在最初的大爆炸中，由于热量巨大，氢的原子核以足够大的速度互相撞击聚合形成了一个新的元素：氦。宇宙大爆炸理论预言，宇宙中氦与氢的比例为 25%∶75%。这与宇宙中氦的丰度的观测结果相符。

第三，宇宙中最早的物体可以追溯到 100 亿—150 亿年前，这与宇宙大爆炸的粗略估计是相吻合的。我们看不到比大爆炸更古老的物体的任何证据。因为放射性物质以精确的已知速率衰变（例如，借助于弱相互作用），所以通过计算某些放射性物质的丰度可以推算物体的年龄。例如，我们知道放射性物质碳-14的半衰期为5 730年，我们故能确定含碳的考古文物的年龄。我们还可以通过其他放射性元素（如铀-238，半衰期为40亿年）确定月球岩石的年龄（从"阿波罗"飞船得到）。在地球上发现的最古老的岩石和流星大约有40亿—50亿年。这也是太阳系的大致年龄。通过对某些已知恒星质量的计算，我们能证明银河系中最古老的恒星的年龄可以追溯到100亿年前。

第四，也是最重要的，大爆炸产生的宇宙"回声"回荡在整个宇宙中，我们可以用仪器进行探测。事实上，贝尔实验室的阿尔诺·彭齐亚斯（Arno Penzias）和罗伯特·威尔逊由于探测到大爆炸的"回声"（即一种贯穿宇宙的微波辐射），而获得了1978年的诺贝尔奖。大爆炸的回声在大爆炸之后的几十亿年里一直在宇宙中回响。这一事实被乔治·伽莫夫和他的学生拉尔夫·阿尔弗（Ralph Alpher）、罗伯特·赫尔曼（Robert Herman）首次预言，但并未引起人们的重视。他们首次提出这个想法，正值第二次世界大战结束后不久，测量创世回声这个想法在当时是非常古怪的。

然而，他们的逻辑十分令人信服。任何物体受热后都会发出辐射。这就是为什么将铁放在炉子里，铁会变红的原因。铁越热，它发出的辐射频率就越高。一个精确的数学公式，斯特藩-玻耳兹曼定律（Stefan-Boltzmann），将光的频率（或在这种情况下光的颜色）与温度关联起来。（事实上，这就是科学家如何通过观察颜色来确定遥远恒星的表面温度的办法。）我们称这种辐射称为黑体辐射。

当铁冷却时，发出的辐射频率也会降低，直到铁在可见光范围内不再发出辐射。铁回到了正常的颜色，但它依然会继续发出不可见的红外线辐射。这就是军用夜视镜在黑夜工作的原理。在夜间，相对较暖的物体，如敌军的士兵和坦克的发动机会隐藏在黑暗中不易于被人们发现，但它们会继续以红外线辐射的形式发射不可见的黑体辐射。这种辐射可以被专门的红外镜探测到。这也是为什么你的密闭汽车车内在夏天会变热的原因。阳光穿透你汽车的玻璃，使室内变暖。随着车体的变热，它开始以红外线辐射的形式发射黑体辐射。然而，红外线辐射不能有效地穿透玻璃，故而被困在车内，极大地提高了车内的温度。(同理，黑体辐射引起了温室效应。像玻璃一样，矿物燃料燃烧引起大气中二氧化碳含量的上升，会使地球的红外黑体辐射难以散发，从而逐渐使地球变暖。)

伽莫夫推断，宇宙大爆炸之初热量极大，因此是理想的黑体辐射源。虽然20世纪40年代的技术太落后，无法探测这个来自创世的微弱信号。但伽莫夫可以计算出这种辐射的温度，并大胆地预言，总有一天我们的仪器会灵敏到足以探测到这种"化石"辐射。他的思维逻辑是："大爆炸之后约30万年，宇宙冷却到原子开始凝成的温度。电子开始绕质子循环运动形成稳定的原子，原子将不再被渗透在宇宙中的强烈的辐射所破坏。在此之前，宇宙非常热，原子一经形成就被辐射打破。"这意味着宇宙大爆炸之初是不透明的，像一团厚厚的、吸收力强的、无法穿透的雾。然而，30万年后，辐射不再足够强大，无法分解原子，因此光可以远距离传播而不被散射。换句话说，宇宙在30万年后突然变得黑暗和透明。(我们已经习惯于听到"外层空间的黑暗"，以至于我们容易忽略早期的宇宙并非透明的，而是充满了不稳定的、不透明的辐射。)

30万年后，电磁辐射不再与物质发生强烈的相互作用，从而成为黑体辐射。渐渐地，随着宇宙的冷却，这种辐射的频率降低了。伽莫夫和他的学生计算出该辐射将远低于红外线范围而进入微波区。伽莫夫推理，通过扫描天空以获得均匀的、各向同性的微波辐射源，人们将可以探测到这种微波辐射并发现宇宙大爆炸的回声。

伽莫夫的预言被人们遗忘了好几十年，直到1965年人们意外发现了微波背景辐射。彭齐亚斯和威尔逊在新泽西州霍姆德尔打开他们的新喇叭形反射器天线时，发现了一种贯穿所有空间的神秘的背景辐射。他们起初认为这种不必要的辐射是由于静电污染引起的（例如天线上的鸟粪）。但当他们拆开并清理完大部分天线时，他们发现"静电污染"仍然存在。与此同时，普林斯顿大学的物理学家罗伯特·迪克（Robert Dicke）和詹姆斯·皮伯斯（James Peebles）重新想起了伽莫夫的古老计算。当彭齐亚斯和威尔逊得知普林斯顿物理学家的工作时，明显地，他们的研究结果存在着直接的关系。当他们意识到背景辐射可能是原始宇宙大爆炸的回声时，他们说："要么，我们看到了一堆鸟屎；要么，我们看到了宇宙的创世！"他们发现，这种均匀的背景辐射几乎就是多年前由乔治·伽莫夫和他的合作者预言的东西，这是宇宙大爆炸留下的残余层辐射冷却到3开（开尔文）的结果。

宇宙背景探测和大爆炸

也许宇宙大爆炸理论的最壮观的科学论据来自 1992 年"宇宙背景探测卫星"（COBE）探测的结果。1992 年 4 月 23 日，全美国报纸的头条新闻均被加州大学伯克利分校乔治·斯穆特（George Smoot）领导的科学家团队的研究结果占据。他宣布了最具戏剧性的，也最令人信服的大爆炸理论的论据。一群既无物理学背景也无神学背景的记者和专栏作家们，在他们的新闻报道中突然增加了关于"上帝的面目"的雄辩。

宇宙背景探测卫星能够将彭齐亚斯、威尔逊、皮布尔斯和迪克的早期工作提高许多个数量级，足以排除所有的宇宙学疑问——大爆炸发出的化石辐射被最终发现。普林斯顿宇宙学家耶利米·P. 奥斯提克（Jeremiah P. Ostriker）宣称，"当人们在岩石中发现化石，它使物种起源变得清晰。好啊，宇宙背景探测卫星也发现了属于它的化石"。1989 年底发射的宇宙背景探测卫星是专为分析由乔治·伽莫夫及其他的同事首次提出的微波背景辐射结构中的微观细节而计划的。宇宙背景探测卫星的使命也有了一个新的任务：澄清背景辐射引起的早期困惑。

彭齐亚斯和威尔逊的原始工作是粗糙的，他们只能证明背景辐射平滑到 10%。当科学家们分析了背景辐射的更多细节后，他们发现背景辐射非常光滑，没有明显的波纹、扭结及斑点。事实上，它太平滑了。背景辐射就像一团光滑的看不见的雾弥漫在宇宙中，它是如此均匀，以至科学家们很难将它与已知的天文数据相协调。

20 世纪 70 年代，天文学家们转动他们的巨大的望远镜，系统地绘制了大片天空中的星系集合。令他们吃惊的是，他们发现宇宙在大爆炸 10 亿年后就逐渐呈现出一种聚集成星系，甚至更大的星系团，以及被称为巨洞的巨大又空虚的空间的模样。星系团是巨大的，星系团可以包含数十亿个星系；巨洞延伸的尺度则以数百万光年计。

但这里有一个宇宙之谜：如果大爆炸是光滑且均匀的，那么，10 亿年时间对于形成我们现在看到的星系团中的物质聚集是完全不够的。原始的光滑的大爆炸和 10 亿年后的宇宙团块之间的总体是不匹配的。这个难题折磨着每一位宇宙学家。大爆炸理论本身是得到肯定的，问题出在我们对创世之后 10 亿年的"后大爆炸"演化的认识。由于人们缺乏可以测量宇宙背景辐射的敏感的卫星，这一难题困扰了人们许多年。事实上，到了 1990 年，缺乏严格科学背景的记者开始编写一些耸人听闻的文章，错误地宣称科学家们已发现了大爆炸理论本身的致命漏洞。许多记者写道，大爆炸理论即将被推翻。长期以来声名狼藉的大爆炸理论的替代品开始在媒体面前露面。就连《纽约时报》也发表了一篇重要文章，称大爆炸理论陷入了严重的困境（这在科学上是不正确的）。

这场围绕大爆炸理论的伪争议使宇宙背景探测卫星数据的公布变得更加有趣。宇宙背景探测卫星能用前所未有的精度（探测十万分之一变化的能力）探索天空，并用无线电发回宇宙背景辐射的前所未有的最精确的画面。宇宙背景探测卫星的结果再次确认了大爆炸理论以及更多的东西。

然而，宇宙背景探测卫星的数据分析起来并不容易。斯穆特领导的团队面临着诸多巨大难题。例如，他们必须仔细地消去背景辐射中地球的运动效应。太阳系相对于背景辐射以每秒 370 公里的速度漂移。这里还存在太阳系对银河系的相对运动，以及银河系相对于星系团的复杂运动。尽管如此，经过艰苦的计算后，人们分析出了一些令人震惊的结果。首先，微波背景以 0.1% 的误差与乔治·伽莫夫的早期预言（用更精确的实验数据加以调整）相吻合（图 9.1）。图中的实线代表乔治·伽莫夫的预言；×代表宇宙背景探测卫星测量的数据点。当这幅图首次展现在大约 1 000 位天文学家会议的屏幕上时，房间里的每个人都起立鼓掌。这也许是科学史上的首次以一幅简单图表就得到了如此众多杰出科学家的雷鸣般的掌声的典型案例。

其次，斯穆特团队证明，极小的几乎是微观的斑点确实出现在了微波背景上。这些微观的斑点就是有待解释的大爆炸后 10 亿年所发现的星团和巨洞。（如果这些斑点未被宇宙背景探测卫星发现，科学家就不得不在"后大爆炸"分析中做出重大修正了。）

再次，尽管这些结果与所谓的膨胀理论相一致，但并未证明膨胀理论。[这个理论是由美国麻省理工学院阿兰·古斯（Alan Guth）提出的。在宇宙创世的初始瞬间，宇宙的爆炸式膨胀比通常的大爆炸场景大得多。他认为我们的望远镜看到的宇宙只是一个更大宇宙的微小局部，宇宙本身远超出了我们可见的视野。]

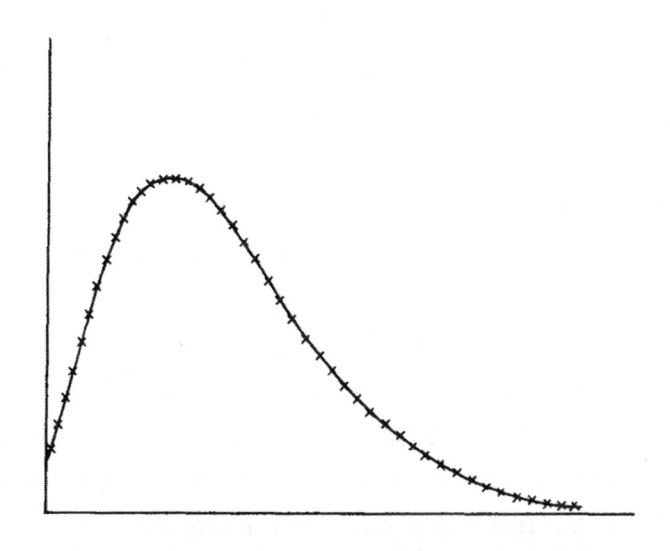

图9.1 实线代表大爆炸理论做出的预言，它预言宇宙背景辐射应类似于微波波段的黑体辐射。×代表宇宙背景探测卫星收集的实际数据，给我们提供了宇宙大爆炸理论的最有说服力的证据。

超空间 创世之前：轨形

宇宙背景辐射卫星的测量结果让物理学家们有信心了解大爆炸后瞬间宇宙的起源过程。然而，我们仍然面临着一个尴尬的问题——宇宙在大爆炸之前是什么？为什么会发生大爆炸？在极限条件下，广义相对论会指向荒谬的答案。爱因斯坦意识到广义相对论在这些极小的距离上会失效，因此，他试图将广义相对论推广到一个更全面的理论来解释这些现象。

在宇宙大爆炸的瞬间，我们期望量子效应是制服引力的主要的力。因此，宇宙大爆炸起源的关键是量子引力理论。到目前为止，声称可以解决大爆炸之前秘密的唯一的理论只有十维弦理论。科学家们现正在推测十维宇宙如何分裂为一个四维宇宙和一个六维宇宙。我们的孪生宇宙是什么样子的？

一个正在与这些宇宙难题作斗争的物理学家，是哈佛大学的教授卡姆

Hyperspace

拉姆·瓦法（Cumrum Vafa）。他花了数年时间研究十维宇宙是如何分裂为两个较小的宇宙的。具有讽刺意味的是，他也是一个被两个世界撕裂的物理学家。瓦法生活在马萨诸塞州的坎布里奇，他出生于伊朗。在过去的10年里，伊朗一直饱受政治动乱。一方面，瓦法希望在社会混乱平息之后回到自己的祖国伊朗；另一方面，他的研究使他远离了那片受难的国土，他的研究让他进入了遥远的六维空间，即宇宙早期的骚动有机会稳定下来的很久之前。

"想象一个简单的电子游戏，"他说，"火箭飞船可以在屏幕上旅行，直至达到屏幕最右边。任何一个电子游戏玩家都知道，火箭飞船会突然从屏幕的左边出现，火箭从左边出现的高度与火箭从右边消失的高度相同。同理，如果火箭飞船走得太靠屏幕的底部，它会重新出现在屏幕的顶部。"因此，瓦法解释说，在那个屏幕上有一个完全自包含的宇宙。你永远不能离开那个屏幕定义的宇宙。即便如此，大多数青少年却从未自问"那个宇宙实际上应该是什么形状的"。瓦法十分惊讶地指出，"这样的屏幕画面的拓扑结构等同于内管的拓扑结构！"

我们将屏幕想象成一张纸。由于屏幕顶部的点与底部的点相同，我们可以用胶水将顶部和底部粘连起来。现在，这张纸已被卷成了一根管子。管子左边的点和管子右边的点相同，将这两个末端粘连起来的方法是——将管子慢慢地弯曲成一个圆圈，并用胶水将两个端口封闭（图9.2）。

我们所做的是把一张纸变成一个油炸圈。在游戏屏幕上漫游的火箭船可以被描述为在内管的表面移动。每次火箭从屏幕一边消失，再出现在屏幕的另一边，这相当于火箭船穿过内管的胶接点。

瓦法猜想我们的姐妹宇宙具有某种扭曲的六维环面形状。瓦法和他的同事们最先提出的概念是，我们的姐妹宇宙可以通过数学家所说的轨形描述。事实上，他提出的我们的姐妹宇宙有一个轨形拓扑的假说，似乎与观测所得的数据吻合得相当好。[25]

为了将轨形可视化，我们可以设想"圆周上的360度运动"。通过常识，我们知道当我们在圆周上进行360度的运动后总会回到出发时的那点。换句话说，我们绕着五月节广场的杆子跳舞，当绕过360度后会发现自己又回到了同一点。然而，在轨形中，如果我们绕五月节的杆子移动小于360度，也能回到同一点。虽然这听起来或许很荒谬，但事实上构建这样的轨形并不难。现在，设想生活在一个锥形面上的平地居民。如果它们在

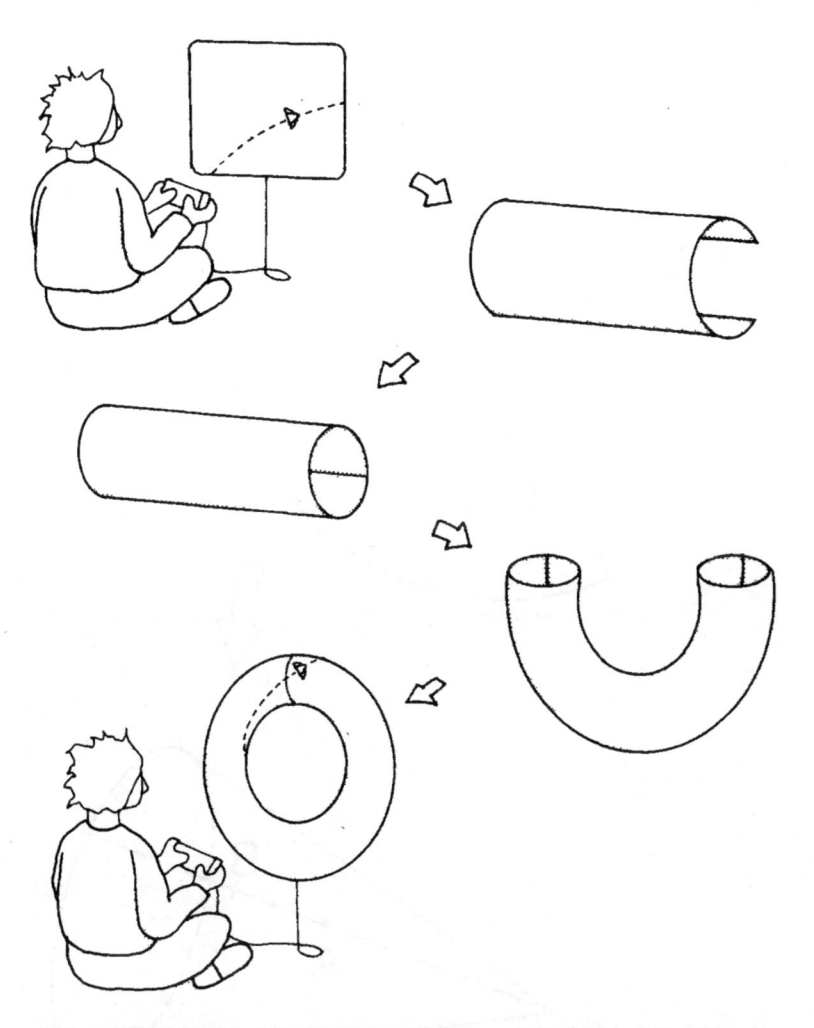

图9.2 如果火箭消失在游戏屏幕画面的右边，它将重新在左边出现。如果它在顶部消失，它会在底部重新出现。现在把屏幕卷起来，使相同的点匹配。首先，通过将屏幕卷成管来匹配顶部和底部点。然后，将屏幕卷成一个圆圈，把左右两边的点匹配起来。这样，就可以证明一个游戏屏幕有一个油炸圈的拓扑结构。

圆锥体的顶点附近移动不到360度，它们就能绕回到自己的出发点。因此，轨形是一个圆锥形的高维推广（图9.3）。

为了感觉一下轨形，我们再设想一些平地居民生活在所谓的 Z 轨形上，这相当于一个正方形的豆袋的表面（如在狂欢节和乡村集市上看到

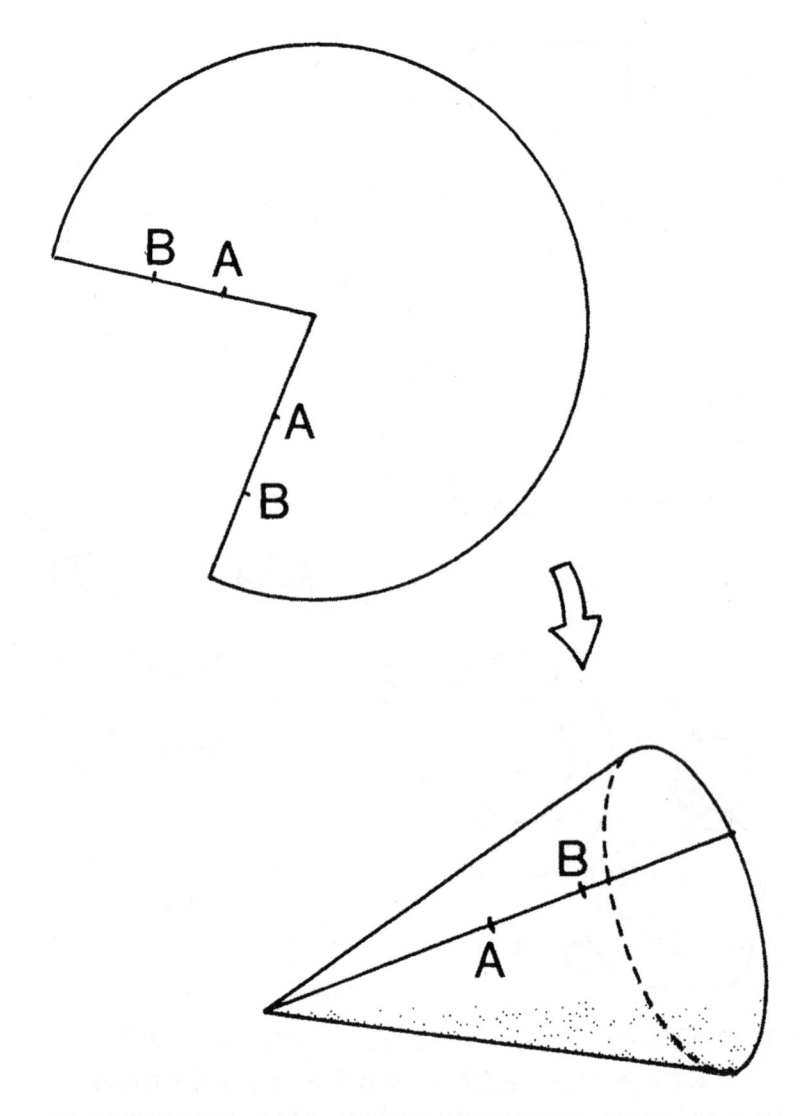

图 9.3 如果分别将 A 点和 B 点连接起来，就形成了一个圆锥，它是最简单的一个轨形的例子。在弦理论中，我们的四维宇宙可能有一个六维的孪生姐妹，它具有轨形的拓扑结构。然而，这个六维宇宙太小，小到无法观察的程度。

的）。开始时，感觉与居住在平地上并无什么不同。然而，当他们考察这个表面时，奇怪的事情发生了。例如，一个平地居民向任何方向行走，只要走的距离足够长，他就会回到原点，就好像走了一个圈子。然而，平地居民也逐渐注意到，在他们宇宙中的某些点有些奇怪（豆袋的 4 个点）。绕着这 4 个点的任何 1 个点旋转 180 度（不是 360 度），又回到了出发时的同一点。

瓦法的轨形最值得注意的是，只需设置少数假设，就可以推导出夸克和其他亚原子粒子的许多特征。（正如我们在前面的介绍，因为在卡鲁扎－克莱因理论中，空间的几何结构迫使夸克具有该空间的对称性。）这使我们确信，我们行走在正确的轨道上。如果这些轨形为我们提供的均为无意义的结果，那么，我们的直觉将告诉我们，这种结构存在根本性的错误。

如果弦理论的解中没有一个包含标准模型，那么，我们必须像丢弃别的有希望但最终是错误的理论一样丢弃它。然而，物理学家非常兴奋，因为事实是，弦理论有可能得出十分接近标准模型的解。

从法国数学家庞加莱在 20 世纪初开创了拓扑学以来，在过去的 80 年里，数学家们一直在与高维空间中这些怪异表面的性质打交道。因此，十维理论能够把一大批以前看似无用的现代数学融入其中。

超空间 为什么会有三代？

尤其是，19 世纪由数学家们所汇编的数学定理的丰富仓库，现在正被用来解释为什么有 3 个粒子家族。正如我们前面看到的，大统一理论有一个灾难性的特征是——有 3 个相同的夸克和轻子家族。然而，轨形理论可以解释大统一理论这个使人为难的特征[26]。

瓦法和他的同事发现了许多对弦方程有希望的解，而弦方程表现为与物理世界相似。事实上，他们用了一组非常小的假设，就重新推导出了标准模型。重新推导出标准模型是对推导大统一理论的关键一步。事实上，这既是超弦理论的优势，也是超弦理论的弱点。瓦法和他的同事们已经在某种程度上成功过头了——他们发现了弦方程的数百万个可能的解。

超弦理论面临的基本难题是：在数学上，超弦理论可以产生的百万个解中，谁是正确的？正如戴维·格罗斯所说，

> 有百万个具有 3 个空间维的解。可能的经典解有极大的富余……

如此丰富的解原本是令人高兴的，因为它提供了诸如杂化弦这样的理论看起来酷似真实世界的证据。这些解中，除了有第 4 个时空维度外，还有许多其他的特性与我们的世界相近——正确类型的粒子如夸克和轻子，正确类型的交互作用。……这是两年前一个激动人心的话题。

格罗斯警告说，尽管这些解中有一些与标准模型非常接近，但其他解却产生了不良的物理性质："我们有这么多的解，却没有好的筛选方法，这非常令人尴尬。更尴尬的是，这些解除了有很多需要的性质外，还存在少数潜在的灾难性的性质。"第一次听到这个话的外行也许会不解地发问："你为什么不计算弦理论喜欢的解呢？"因为弦理论虽然是一个定义明确的理论，但物理学家们却困惑地算不出答案。

问题在于，物理学中的主要工具之一的微扰理论毫无用处。微扰理论（它逐渐增加小的量子修正）不能将十维理论分解为四维理论和六维理论。因此，我们不得不用非微扰方法。众所周知，非微扰方法是很难使用的。这就是我们不能求解弦理论的原因。如我们前面所述，由吉川和我提出，后来又被威滕进一步改进的超弦理论，目前无法用非微扰方法求解。因为缺乏足够聪明的人出现。

我曾经有一个室友，他是历史系研究生。我记得有一天他警告我，计算机革命可能最终致使物理学家失业。"毕竟，"他说，"计算机可以计算一切，不是吗？"对他来说，数学家把所有的物理问题放到计算机里，物理学家失业只是时间问题。

我被这种说法吓了一跳，因为对一个物理学家来说，计算机不过是一台复杂的加法机，一个无可挑剔的白痴。计算机弥补了人类智力上速度的不足。但在计算之前，你必须把将这个理论输入计算机。计算机不能自行产生新的理论。

此外，计算机即使知道一个理论，有时也可能需要消耗无限的时间来求解。事实上，计算物理中所有真正有趣的问题，都需要花费大量的计算时间。这就是弦理论存在的问题。虽然瓦法和他的同事们得出数以百万计可能的解，但要从这些解中找到谁是正确的也许要消耗计算机无限长的计算时间。又或者，我们用计算机去计算量子难题的解也会出现类似情况。如我们对涉及奇异的隧穿过程求解，它是有待解决的量子现象中最为困难的现象之一。

穿越时空隧道

在最后的分析中,我们自问卡鲁扎在1919年提出的那个问题——第五维到哪去了?——除了在更高的程度。正如克莱因在1926年指出的,这个问题的答案一定与量子理论有关。也许量子理论中最令人吃惊的(复杂的)现象是隧穿效应。

例如,我现在正坐在椅子上。我的身体突然穿过靠近我墙壁的分子,在别人的客厅里不请自来地重新聚合。这种想法是一件不愉快的事,也是不可能的事。然而,量子力学提出,即使最不可能发生的奇异事件也存在一个有限的极小的概率,并将最终发生——比如某天早上一觉醒来,发现我们的床在亚马逊的丛林中。所有的事件,不管多么奇怪,都能被量子理论简化为概率问题。

这个隧穿过程听起来更像科幻小说,而不是真正的科学。然而,隧穿过程可以在实验室中得到测量,事实上,正是它解决了放射性衰变之谜。通常情况下,原子核是稳定的。原子核内的质子和中子由核力结合在一起。然而,存在一个极小的概率,原子核发生分裂。原子核分裂后,质子和中子有可能通过隧道穿越巨大的能垒,即穿越将原子核结合在一起的核力而逃逸。通常情况下,我们会说原子核必须是稳定的。但铀核确实在不该衰变时发生了衰变,这是不可否认的事实。事实上,由于原子核中的中子隧穿能垒,能量定律守恒被短暂地破坏了。

当然,这些概率对于像人类那样的大型物体来说,小到几乎为零。在已知宇宙寿命的时间内,我们穿墙过壁的概率是无穷小。因此,可以安全地假设,至少在我们的有生之年无法穿墙。同理,我们的宇宙在初始时也许是个十维宇宙,它是不稳定的。它隧穿并爆炸成一个四维宇宙和一个六维宇宙。

要理解这种隧穿的形式,想一想查利·卓别林(Charlie Chaplin)的一部电影。其中,卓别林正试图在一张特大号的床上铺床单。床单的4个角上均设有松紧带。但它太小了,卓别林不得不逐个将松紧带套在床垫的每个角上。他咧嘴一笑,满意地将床单顺利地展开到床的4个角上。由于张力太大了,一个松紧带从一个角上脱落,床单卷曲起来。他沮丧地将这处松紧带拉回到对应角上，另一个角上的松紧带又脱落开来。卓别林非常懊丧，每次他将松紧带套在一个角上，另一个角上的松紧带就被弹出并脱落。

我们将这个过程称为对称性破坏。平滑拉伸的床单具有高度的对称性。你可以将床沿着任何一个边旋转180度，床单保持不变。这种高度对称的状态称为假真空。假真空虽然很对称，但并不稳定。床单不希望处于这种拉伸状态，它绷得太紧，能量太高。于是，一个松紧带脱落，床单卷曲起来。对称性被打破了，床单的能量降低了，对称性也降低了。现在，通过围绕床的一个边将卷曲的床单旋转180度，我们不会再得到同一张不变的床单了，因为床单的对称性遭到了破坏。

现在我们用十维时空（完全对称的时空）取代床单。在时间的开端，宇宙是完全对称的。如果那个时候有人，他可以自由地穿越十维时空中的任何维度。在那个时刻，引力、弱核力、强核力、电磁力都被超弦理论统一。所有的物质和力都是同一个弦的多重粒子的一部分。然而，这种对称性不能持久。十维宇宙虽然完全对称，但却并不稳定。它像床单一样，处于一个假真空状态。因此，穿越到低能量状态是不可避免的（向低能态的隧穿是必然的）。当隧穿最终发生时，会发生相变，同时会丢失对称性。

因为十维宇宙分裂为四维宇宙和六维宇宙，所以宇宙不再是对称的。6个维度卷曲起来，就像当一个松紧带从床垫角上弹出时，床单卷曲起来一样。但请注意，床单可以有4种卷曲方式，这取决于哪个角先脱落。然而，对十维宇宙而言，显然有成千上万的卷曲方式。为了计算十维宇宙所偏爱的状态，我们需要用相变理论来解弦场论，这是量子理论中最困难的问题。

对称性破坏

相变并不是什么新鲜事。想想我们自己的生活。盖尔·希伊（Gail Sheehy）在她的书《阶段》中强调，生活并非它平常表现出的那样是一个像梦一样的连续经验流，它实际上是通过若干阶段组成，每个阶段由特定的必须解决的冲突和必须实现的目标组成。

心理学家埃里克·埃里克森（Erik Erikson）甚至提出了一种心理发展

阶段理论。每个阶段都有主要冲突表征。如果这个冲突被正确解决，我们将进入下一阶段；如果这个冲突未被得到解决，它将会恶化，甚至导致回归到早期。同样，心理学家让·皮亚杰（Jean Piaget）发现，儿童早期心理发展也并非一个简单顺利的学习过程，儿童能够概念化实际上是典型的阶段突变所致。某个月，某个孩子可能放弃了寻找滚出他视野的球。因为他不理解一个道理——即使他不再看见某个物体，某个物体或许仍然存在的道理。下个月，这个道理对孩子来说也许就显而易见了。这就是辩证法的本质。根据这个哲学，所有的物体（人、气体、宇宙本身）都经历了一系列的阶段。每个阶段的特点是两种对立力量之间的冲突。事实上，这种冲突的性质决定了这个阶段的性质。当冲突被解决时，对象进入一个称为综合推理的更高阶段。这时新的矛盾又开始了，这个过程在更高的层次重新开始。

　　哲学家们称之为从"量变"到"质变"的转变。微小的数量变化最终积累起来，直到与过去发生了质的决裂。这个理论同样适用于社会。在一个社会中的紧张局势可以急剧上升，如法国在18世纪末发生的事情。农民面临饥饿，自发的粮食骚乱发生了，贵族撤退到他们的堡垒中。当紧张局势达到临界点时，从量变到质变发生了阶段性转变：农民拿起武器，攻占巴黎、攻占巴士底狱。

　　相变也可能是突发性的事件。例如，设想河流被堵住了。大坝后的水库迅速积满了河水，水坝承受着巨大的压力。由于水库不稳定，它处于假真空状态。而事实上，水更倾向于处于真正的真空状态，这意味着它更愿意冲出水坝，冲向下游从而达到低能态。于是，可能会造成灾难性后果的决堤事件就是一种相变。

　　一个更具突发性的例子是原子弹。假真空对应于稳定的铀核。虽然铀核似乎是稳定的，但铀核中潜藏着巨大的、易爆炸的能量。它的爆炸效果是化学炸药的几百万倍。有时，原子核会隧穿到一个较低的能态，即核自发分裂，这被称为放射性衰变。然而，用中子轰击铀核，可能使它一次性释放出所有被禁锢的能量。当然，这就是原子弹爆炸的原理。

　　科学家们发现的有关相变的新特性是——相变通常伴随着对称性破坏（对称性被打破）。诺贝尔奖得主萨拉姆喜欢以下的说明：考虑一个圆形的宴会桌，出席客人的两边都放置着香槟酒杯且是对称的。我们透过镜子观看宴会桌，会看到同样的场面：所有宾客围桌而坐，每人的左右两边都有一个香槟酒杯。同理，我们如果旋转圆形宴会桌，一切布置仍然保持不变。

现在打破对称。假设第一个就餐者举起他或她右边的杯子。按照惯例，所有客人都把右边的香槟酒杯举起。请注意，镜子中的宴会桌的镜像产生了相反的情形——每个就餐的人都拿起他或她左边的杯子。因此左右对称已被打破。

对称破坏的另一个例子来自于一个古老的童话。这个童话讲述的是一个公主被限制在一个抛光水晶球顶部。虽然没有铁条将她束缚在球体上，但她却无法逃离，因为她稍微晃动下，就会从球体上滑下来摔死。无数王子试图拯救公主，但他们都没有爬上去，因为球面太光滑。这是对称破坏的一个典型案例。当公主在球体顶部时，处于完全对称的状态。球体没有优先方向。我们从任何角度旋转球体，球体均保持原状。然而，任何偏离中心的错误动作都会导致公主摔倒，从而打破对称。例如，公主倒向西面，旋转对称性就被打破了。向西的方向现在被选中。

因此，最大对称性的态，常常也是不稳定态，从而相应于假真空。真正真空状态相应于公主从球上掉下来。所以，相变（从球上掉下）相应于对称被打破（选择了向西的方向）。

说到超弦理论，物理学家们假设（但是尚未证明）原来的十维宇宙是不稳定的，它隧穿到达四维宇宙和六维宇宙。因此，原始宇宙处于假真空态，即最大对称性的态。而今天，我们处于真正的真空态。

这引发了一个令人不安的问题：如果我们的宇宙实际上不处于真正的真空态，会发生什么？如果超弦只是暂时选择了我们，而真正的真空态仍然处在几百万可能的轨形之中，会发生什么？这将产生灾难性的结果。在很多其他的轨形中，我们并未发现标准模型的存在。因此，如果真正的真空态实际上是一种标准模型不存在的态，那么，我们知道的所有的化学定律和物理定律会轰然倒塌。

如果出现这种情况，一个小小的气泡可能会突然出现在我们的宇宙中。在这个气泡中，标准模型将不能再成立，一组有别于我们认识的化学定律和物理定律将会在这里起作用。气泡内部的物质会瓦解，也许会以不同的方式重新形成。接着，这个气泡会以光的速度膨胀，吞没整个恒星系统、星系、星系群，直到吞噬整个宇宙。

我们永远也看不到它成为现实。因为它以光速传播，它将永远不会被事先观察到。我们将永远不知道是什么击中了我们。

从冰块到超弦

设想，我们厨房里的高压锅中放着一块普通的冰块。众所周知，如果我们点燃炉子，将会发生什么。但是，如果我们将炉子加热到数万亿摄氏度呢？里面的冰块会发生什么变化？

如果我们在炉子上加热冰块，它会融化为水，经历了一次相变。现在我们将水加热直到沸腾，水变为了蒸汽，它经历了又一次相变。接下来，我们将蒸汽加热到巨大的高温。最终，水分子分解了。分子的能量超过了分子的结合能，这些分子被分解为氢和氧。

现在，我们继续将它加热，直到它超过 3 000 开。这时，氢原子和氧原子被撕裂。电子从原子核中被拉出来，我们现在有等离子体（即电离的气体），常称为物质的第四态（在气体、液体、固体之后）。虽然等离子体不是普通经验中能遇到的物质状态，但每当我们看太阳时就能看到它。事实上，等离子体是宇宙中最常见的物质状态。

现在继续将等离子体在炉子里加热到 10^9 开，直到氢和氧的原子核被分裂，我们就有了由单个质子和中子构成的"气体"，与中子星的内部相似。

如果我们进一步加热核子"气体"到 10^{15} 开，这些亚原子粒子会变成游离的夸克，生成夸克和轻子气体（电子和中微子）。

如果加热这个气体到 10^{17} 开，电磁力和弱核力将统一起来。对称性 SU（2）×U（1）将会在这个温度下出现。当温度达到 10^{28} 开，电磁力和强核力将统一起来，大统一理论的对称性 [SU（5），O（10）或 E（6）] 出现。

最后，在神话般的 10^{32} 开的温度下，引力和大统一理论力统一起来，十维超弦的所有对称性出现。我们现在利用高压锅生成了超弦气体。在这个温度下，有如此多的能量进入高压锅。时空的几何结构很可能发生了扭曲，时空的维度也发生了改变。我们厨房周围的空间很可能变得不稳定，在空间结构中可能出现了一条裂口，虫洞在厨房里产生。这时，最明智的选择是离开厨房。

Hyperspace

大爆炸冷却

通过前面的举例描述，我们知道加热一个普通的冰块到梦幻般的温度，我们可以找回超弦。这里的经验在于，当我们对物质进行加热时，物质会经历一定的明确的发展阶段。最终，随着能量的增加，越来越多的对称性得到了恢复。

我们逆转这个过程，我们就能理解宇宙大爆炸是如何作为一个不同阶段的结果而出现。我们现在不是加热冰块，而是冷却宇宙中的超高温物质使其通过不同阶段。从创世开始，我们在宇宙在演化过程中经历了以下几个阶段：

10^{-43} 秒：十维宇宙分解为四维宇宙和六维的宇宙。六维宇宙坍塌缩小到 10^{-32} 米大小。四维宇宙迅速膨胀，温度达到 10^{32} 开。

10^{-35} 秒：大统一理论力分裂，强力不再联合弱电磁力相互作用。SU（3）从大统一理论对称性分裂出来。大宇宙中的一个小斑点膨胀了 10^{50} 倍，最终成为了我们的可见宇宙。

10^{-9} 秒：温度现在是 10^{15} 开，弱电磁力对称性分解为 SU（2）和 U（1）。

10^{-3} 秒：夸克开始聚合为中子和质子。温度大约是 10^{14} 开。

3 分钟：质子和中子凝结成稳定的原子核。随机碰撞的能量不再强大到足以打破新形成的原子核。因为离子不透光，所以空间仍然是不透明的。

30 万年：电子开始在原子核周围凝聚，原子开始形成。因为光不再被过多地吸收或散射，宇宙开始变得透明，外层空间开始变得黑暗。

30 亿年：第一批类星体出现。

50 亿年：第一批星系出现。

100 亿—150 亿年：太阳系诞生。此后几十亿年，生命的初始形式在地球上出现。

这看起来非常不可思议：在这样的小星系（银河系）中的小恒星（太阳）的第三个行星（地球）上的智能猿，竟然可以重建我们的宇宙史。从现在回溯到宇宙诞生的瞬间。那时宇宙的温度和压力远超现在太阳系的任何温度和压力。然而，包含弱核力相互作用、电磁力相互作用、强核力相互作用的量子理论为我们揭示了这一物理绘景。

与创世绘景一样令人吃惊的是：虫洞可以作为我们进入另一个宇宙的通道，甚至可以作为时间机器进入过去或者走向未来。借助量子引力理论，物理学家也许能够回答这些有趣的问题：平行宇宙存在吗？过去可以被改变吗？

Part III

Wormholes: Gateways to Another Universe?

第三部分

虫洞：通往另一个宇宙的关口？

第三部分　虫洞：通往另一个宇宙的关口？

10　黑洞和平行宇宙

听，在我们的隔壁就是宇宙的地狱：让我们去！
——E. E. 卡明斯（E. E. Cummings）

黑洞：穿越时空的隧道

近来，黑洞激起了人们的想象力。很多书籍和纪录片都致力于探索爱因斯坦方程的奇怪的预言：坍缩的恒星在它死亡过程中的最后一幕。有意思的是，大多数公众虽对黑洞耳熟能详，但对它最奇特的性质却并不清楚——黑洞可能是通往另一个宇宙的关口。此外，科学界还存在一个有趣的猜想——黑洞也许可以打开一条时间隧道。

为了进一步理解黑洞并认识找到它们有多难的问题，我们必须要了解两个问题：恒星为什么会发光？它是如何成长又是如何死亡？当一团许多倍于我们太阳系的巨大的氢云被自身的引力收缩时，一个恒星就诞生了。引力收缩气体并逐渐对气体加热，引力能逐渐转换成氢原子的动能。通常，气态氢内的质子的排斥电荷足以将它们分开。然而，在特定的条件下，当温度升高到绝对温度 10^8—10^9 开时，质子（氢原子核）的动能会克服静电的排斥力，质子彼此融合在一起，发生热核反应。核力取代电磁力占据主导地位，两个氢核"聚合"为氦，同时释放出巨大的能量。

换句话说，恒星就是一个核炉。它的燃料是氢，并产生废氦形式的核"灰尘"。恒星处于引力和核力的微妙平衡状态。引力倾向于将星球压缩至淹没，相反，核力倾向于以万亿个氢弹的力量将星球炸开。这时，一个恒

Hyperspace

星就成熟了，当它在核燃料消耗殆尽后开始衰亡。

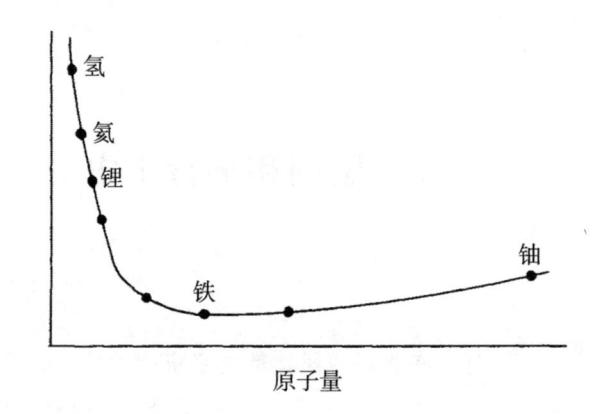

图 10.1 较轻的元素（如氢、氦）的每个质子的平均"重量"相对较大。这样，当一个恒星内部的氢聚变为氦时，多余的质量就会按照爱因斯坦的方程 $E = mc^2$ 转换成能量。就是这个能量使恒星发光。但是，当该恒星聚变出越来越重的元素时，比如铁元素，就不能再提取能量了。这时恒星将坍缩，坍缩形成的巨大热量产生一个超新星。这次巨大的爆炸将恒星撕开并播撒到星际空间，形成新的恒星。此后，这个过程又开始重复，就像弹球机那样。

要明白能量是如何从核聚变过程提取的,就要了解一个恒星演变为黑洞的生命的各个阶段。我们必须分析图 10.1,这张图显示了现代科学中最重要的曲线,我们有时也将它称为结合能曲线。图中的横坐标是各个元素的原子量,从氢到铀。纵坐标,粗略地讲,是核中每个质子的近似的平均"重量"。请注意,平均来说,氢和铀质子的重量要重于图上中心部分其他元素的质子。

我们的太阳是一个普通的黄色星球,主要由氢构成。与最初的大爆炸类似,它使氢聚变而产生氦。然而,因为氢原子中的质子比氦原子中的质子重,所以出现了一个质量的盈余。这些盈余的质量按照爱因斯坦的公式 $E = mc^2$ 转换成能量。这个能量即是使原子核结合在一起的能量。这也是氢聚变为氦时,释放的能量。这就是太阳会发光的原因。

然而,经过几十亿年的时间,这些氢燃料会被慢慢消耗殆尽。一个黄色的恒星最终会因为产生了太多氦废料,而将燃炉关闭。此时,引力将占据主导地位(引力大于核力),并将恒星压缩得更紧。随着温度的飙升,恒星很快会热得足以燃烧废氦,并将它们转化为其他元素,如锂和碳。注意,核聚变沿着结合能曲线下降达到原子量较高的元素时,仍然可以释放出能量。也就是说,废氦可以继续燃烧,其方式与我们熟知的普通的灰在某些条件下可以继续燃烧相同。尽管现在,该恒星的尺寸已大大减小了,但它的温度仍然非常高,它的大气层的尺寸急速膨胀。事实上,当太阳耗尽了氢燃料并开始燃烧氦燃料的时候,它的大气层的尺寸将扩展到现在我们可以观测到的火星的公转轨道。我们称其为红巨星。当然,这也意味着在太阳的大气层迅速扩张的过程中,地球被蒸发掉了。因此,这条曲线也预言了地球的最终命运。我们的太阳是一个中年恒星,已存在了 50 亿年时间。太阳的寿命大约为 100 亿年,在它烧掉地球之前还有 50 亿年的生命。(有趣的是,地球原本与太阳产生于同一团转动的气体云,而物理学家现在预言——和太阳一起被造就的地球终有一天会回到太阳中去。)

最后,当氦燃料也消耗殆尽,核燃炉将会熄灭。引力再次占据压倒性优势,将恒星向内压缩。红巨星将坍缩成为一个白矮星,即一个全部质量被压缩为地球那么大的一个小小的恒星。[27] 白矮星并不十分明亮,因为在下降到结合能曲线的底部后,它通过爱因斯坦方程 $E = mc^2$ 只能吸取很少部分的剩余能量。

我们的太阳最终将成为白矮星,并在几十亿年的时间中用尽它的核燃料，而渐渐死亡。最后，它会变为暗色的、烧光了的矮星。然而，人们相信，如果恒星的质量足够大且为太阳的几倍，那么白矮星中的大多数元素将继续聚合为越来越重的元素，最后到达铁元素。一旦到了铁元素，就靠近了曲线的最底部。这也就意味着我们就不再从剩余的质量中提取能量了。这时候的核炉彻底关闭了。引力成为主导，将恒星压缩，星体的温度爆炸性上升几千倍，达到上万亿度。此时，白矮星的铁核坍缩，白矮星的外层被炸毁，同时释放出星系中已知的最巨大的爆发能量，成为一个被称为超新星的爆炸恒星。一个超新星爆发时的亮度足以超过银河系上千亿颗恒星的整体亮度。

超新星爆发后会留下一个完全死亡了的星球——中子星，它只有曼哈顿那么大小。中子星的密度非常大，粗略地讲，所有的中子都互相"紧挨"着挤在一起。尽管中子星几乎不可见，但我们仍然可以用仪器探测到它们。旋转的中子星会发出某些放射线，它们的作用就像外空间的宇宙灯塔一样。我们看到的将是一个闪烁的星，也称脉冲星。（也许这个结果听起来具有太强的科幻特色，但事实是，自1967年首次发现以来，人类已经观测到400多个脉冲星。）

计算机模拟显示，大多数比铁元素重的元素都可以在超新星的高温和压力下合成。当恒星爆炸时，它将大量的由重元素组成的残骸扩散到真空中。这些残骸最终与其他气体混合，直到聚集起足够多的氢，则重新开始一次新的引力坍缩过程。从这个恒星气体诞生的第二代恒星和尘埃含有丰富的重元素。其中一些恒星（像我们的太阳）会有行星环绕，而环绕这些恒星的行星也同样含有这些重元素。

这就解开了宇宙学中一个由来已久的不解之谜。我们的身体中含有比铁还重的重元素，但太阳的温度并不能高到可以产生它们。如果地球和我们身体的原子源于同一个气体云，那么，我们身体里的重元素是从何而来？结论是不可避免也不能回避的：我们身体里的重元素来自于我们的太阳诞生之前，在一个爆炸的超新星中合成的。换言之，一个不知名的超新星在数十亿年前发生爆炸，播下了创造我们太阳系的原始气体云。

一个星球的演变大致可以用一个如图10.1所示的弹球机和结合能曲线的形状描述。小球开始时在弹球机的顶部，从氢跳到氦，从较轻的元素跳到较重的元素。它沿着这条曲线每跳动一次，就会成为一个不同类型的星。最后，小球跳到曲线的底部元素铁所在的地方，并在超新星中爆炸性喷出。

喷射出的星际物质与混合气体聚集到一个富含氢的新星中产生二代恒星，这一过程又在弹球机上再次重演。

这里我们需要注意，弹球有两条路径可以跳到曲线底部。除了前面讲述的外，它还可以在曲线的另一边开始，从铀开始，通过铀元素核裂变为碎片，一次性跳到曲线底部（铁）。由于核裂变的产物（铯和钾）中的质子的平均重量小于铀中的质子的平均重量，剩余的质量通过公式 $E = mc^2$ 被转化为能量。这就是原子弹背后的能量来源。

因此，结合能曲线不仅解释了恒星的生死和元素的产生，它还使原子弹和氢弹的存在成为可能！（科学家经常被问到，是否有可能研制原子弹和氢弹以外的核弹。从结合能曲线可以看出，答案是否定的。结合能曲线排除了氧或铁制成炸弹的可能性。因为这些元素靠近曲线的底部，缺乏足够数量的多余质量用以制造炸弹。媒体也曾提到过一些其他的炸弹，如中子弹。实际上，中子弹只是铀弹和氢弹的变种。）

当人们第一次听到恒星的生命史时，也许会持怀疑态度。的确，没有人能存活100亿年，无法见证恒星生命的演化。然而，天空中存在数不清的恒星，我们可以通过它们很容易地观察到恒星演化过程中不同阶段留下的产物。（例如，1987年的超新星爆发，处于地球南半球上的人们几乎用肉眼就能看到。人们得到的珍贵的、丰富的天文数据与正在坍缩的带铁核的白矮星的理论预言完全吻合。再有，1054年7月4日，中国的古代天文学家曾观察到一个壮观的超新星，它留下的残骸目前已被确定为中子星。）

此外，我们的计算机程序已经精确到可以完全在数值上预言恒星演化的历程。我在主修天文学时，曾有一个研究生室友。他总是在清晨消失，深夜而归。他每次临走之前，都会说，"它将一个恒星放在炉子上，看它如何成长"。起初，我认为他是开玩笑。然而，当我认真追问时，他谨慎地告诉我，"他在白天将一个恒星放入计算机里，观察它如何演化。由于热力学方程和聚合方程均为已知，他只需告诉计算机，'从一个特定质量的氢气团开始，用数值求解这种气体的演化'。"通过这种方式，我们可以使恒星演化理论可视化。它等同于我们用天文望远镜从天空中捕捉到恒星生命演变的每一个阶段。

黑洞

如果一个恒星的尺寸大小是我们太阳的 10—50 倍，即便它成为了中子星，引力仍然会继续压缩它。没有聚变力来抵抗引力的拉拽，就无法阻止这个恒星的最终坍缩。这时，它就成为了著名的黑洞。

从某种意义上说，黑洞必须存在。我们回忆，一个恒星是两种宇宙力的副产品：引力试图将恒星收缩，而核聚变试图像氢弹那样将恒星炸开。恒星生命史中的各个阶段都是引力与核聚变之间微妙平衡的结果。或迟或早，当一个大质量恒星的核燃料燃烧殆尽后，将变为一团纯粹的中子。这时，它没有任何力量可以抵抗强大的引力。引力将中子星压缩粉碎进入虚无。这样，恒星就完成了它的生命循环：恒星生于引力开始压缩天空中的一团氢气之时，死于核燃料用完之后引力使它坍缩之际。

黑洞的密度非常大，以至于光将被迫环绕它的轨道偏转，就像我们从地球上发射的火箭。因为没有光可以从这个巨大的引力场中逃离出来，所以坍缩的恒星变成了黑色。事实上，这就是黑洞的通常定义，一个连光也无法逃脱的坍缩恒星。

为了理解这一点，我们注意到，所有的天体都有一个所谓的逃逸速度。逃逸速度，即永久逃离这个物体引力所必须的速度。例如，太空探测器必须达到每小时 25 000 英里（40 000 公里）的逃逸速度才能摆脱地球的引力进入深空。如：我们的太空探测器"旅行者"号（携带着善意的消息给有幸捡到它们的外星人）已达到了太阳的逃逸速度，成功逃离了太阳系并进入了外太空。（事实上，我们能呼吸到氧气是因为氧原子还缺乏足够的速度逃离地球的引力场。木星和其他气体巨星之所以主要由氢组成，是因为这些星体的逃逸速度太大，大到足以捕捉早期太阳系的原始氢气。因此，逃逸速度帮助我们解释了过去 50 亿年来太阳系中行星的演化。）

牛顿引力理论，事实上给出了逃逸速度与恒星质量之间的精确关系。行星、恒星越重或半径越小，其逃逸引力所需的逃逸速度越大。早在 1783 年初，英国天文学家约翰·米歇尔（John Michell）用这个公式计算提出，一个超大质量的恒星可能会有一个等于光速的逃逸速度。这样一个超大质量的恒星发出的光绝不能逃逸，但可以环绕恒星旋转。对一个外部观测者来说，这个恒星将是完全黑色的。他利用 18 世纪所知的最好的知识对黑洞的质量进行了计算。(他在《皇家学会哲学学报》上写道，"如果存在一个球体，它与太阳密度相同，它的半径是太阳半径的 500 倍。一个物体从无限高度向它下落，在它的表面会获得比光速还大的速度。因此，假定光和其他物体一样被正比于惯性的力所吸引，那么，从这个物体发出的所有的光由于自身的引力将被吸收回来"。) 不幸的是，他的理论被认为是疯狂的，很快被人们遗忘。然而，今天的人们倾向于相信黑洞是存在的，因为天文望远镜和各种仪器已在天空中看到白矮星和中子星。

有两种方法可以解释黑洞为什么是黑色的。从乏味的观点看，恒星与光之间的"力"是如此之大，以致使光的路径被弯曲成了一个圆。从爱因斯坦的观点来看，他说，"两点之间的最短距离是一条曲线"。将一束光弯曲成一个整圆，意味着空间本身已被弯曲成一个整圆。这种情况只可能发生在黑洞将一片时空完全挤压在它的周围之时，此时光束在一个超球面上绕圈。这片时空已经从它周围的时空分离了出来。空间本身被"撕裂"。

爱因斯坦 – 罗森桥

黑洞的相对论描述源于卡尔·史瓦西（Karl Schwarzschild）的著作。1916 年，仅仅在爱因斯坦写下了他著名的方程数月之后，史瓦西能够精确求解爱因斯坦方程并计算一个巨大质量的静止星球的引力场。

史瓦西解有几个有趣的特点。第一，围绕黑洞有一个"不归点"。任何物体进入这个半径都会不可避免地被吸进黑洞，没有逃脱的可能。斗转星移，任何人只要走进史瓦西半径内也会无情地被黑洞俘获，压碎至死。今天，我们将这个逃离黑洞的距离称为史瓦西半径，也称为视界（最远的可见点）。

第二，任何一个落入史瓦西半径以内的人都会在"时空的另一面"看到一个"镜像宇宙"（图 10.2）。爱因斯坦并不担心这个离奇的镜像宇宙的存在，因为我们无法与它取得通信。任何被送到黑洞中心的空间探测器都会遇到无穷大的曲率，即引力场变得无穷大，任何材料的物体都将被压碎。电子将从原子中脱离出来，甚至原子核内部的质子和中子本身也会被撕裂。此外，要穿透到另一个宇宙，探测器的速度必须高于光速，这似乎

Hyperspace

不太可能。因此，尽管这一镜像宇宙在数学上有其必要性，它使得史瓦西解有意义，但它在物理上却决不会被观察到。

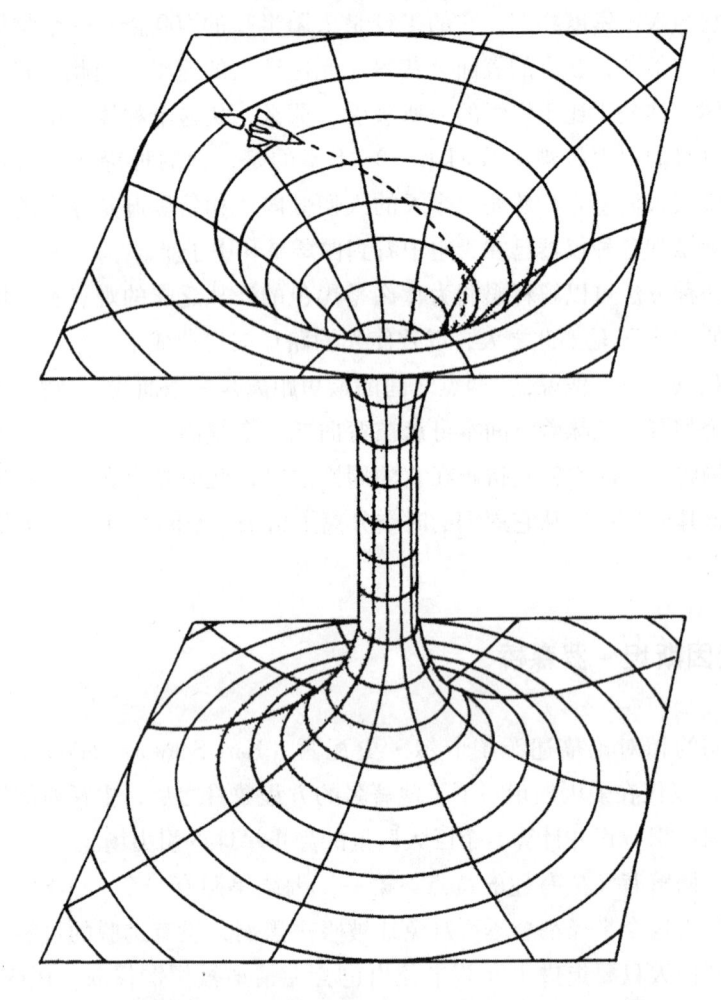

图 10.2 爱因斯坦－罗森桥连接两个不同的宇宙。爱因斯坦认为，任何进入桥中的火箭都将被压碎，因此两个宇宙之间的通讯决无可能。然而，最近的计算表明，穿过这个桥或许会非常困难，但并非没有可能性。

因此，连接这两个宇宙的著名的爱因斯坦－罗森桥（以爱因斯坦和他的合作者纳森·罗森命名）被认为是一个数学上的技巧。必须有这个桥才能有一个在数学上自洽的黑洞理论，但试图希望穿过爱因斯坦－罗森桥到达镜像宇宙是不可能的。很快，在引力场方程的其他解中，如描述一个带电的赖斯纳－诺德斯特龙（Reissner-Nordstrom）解，也找到了爱因斯坦－罗森桥。然而，爱因斯坦－罗森桥仅作为相对论知识中的一个脚注被人们遗忘。

随着新西兰数学家罗伊·克尔（Roy Kerr）的工作推进，事情开始发生改观。他在1963年找到了爱因斯坦方程的另一个精确解。克尔假设，所有坍缩的恒星都会旋转。一个自旋转的溜冰者，将手收起来会大大加快自己的自旋速度。同理，一个自旋转的正在坍缩的恒星，当它开始向内收缩时自旋速度将得到快速提升。于是，描述黑洞的静态史瓦西解，并非爱因斯坦方程最实际的贴切解。

克尔解的提出在相对论领域产生了轰动。天体物理学家苏布拉马尼扬·钱德拉塞卡（Subrahmanyan Chandrasekhar）曾说，

> 在我历经的45年的整个科学生涯中，令我最震惊的体验是意识到新西兰数学家克尔发现的爱因斯坦方程的一个精确解。它给出了散布宇宙中的不计其数的大质量黑洞的绝对精确的表述。这是个"美得让人震颤"、"令人难以置信"的事实。这是一个在数学中以追求美为动力的发现，且在自然中找到精确摹写的典型案例。不得不说，人的心智对美有着深远层次的感悟。

然而，克尔发现一个大质量的旋转的恒星并不会坍缩成一个点。相反，这个旋转的恒星会逐渐变得扁平，直到最终被压缩成一个具有有趣性质的环。如果探测器从侧面发射到黑洞中，它就会碰到环并被彻底摧毁。因为从侧面接近这个环时，时空的曲率仍然是无限大。可以说，围绕黑洞中心仍有一个"死亡之环"。如果探测器从顶部或底部发射到环中，它会遇到一个很大但却有限的曲率，也就是说，引力并非无穷大。

从克尔的解中得出的这个令人吃惊的结论意味着——空间探测器沿着旋转轴的方向（即环的垂直方向）通过一个旋转的黑洞在理论上是可能的。

它可以在黑洞中心的巨大但却有限的引力场中存活下来，径直地通向镜像宇宙而不会被无限曲率摧毁。爱因斯坦－罗森桥形同一个连通两个时空域的隧道——虫洞。因此，克尔黑洞就是通往另一个宇宙的关口。

现在，试想一下，你乘坐的火箭已进入爱因斯坦－罗森桥。当你的火箭接近自转的黑洞时，看到了一个环形旋转的恒星。一开始，当火箭从北极向黑洞下落时，似乎要发生灾难性的坠毁事件。然而，当我们接近环时，从镜像宇宙发出的光到达我们的传感器。由于所有的电磁辐射都绕着黑洞旋转，所以我们的雷达屏幕上探测到的也是绕黑洞旋转的信号。这种效应类似于在一个挂满镜子的大厅里，我们站在大厅中心被众多的镜像迷惑。光在众多的镜子间反射，使我们产生了错觉：在大厅中有无数个自己。

我们通过克尔黑洞时，也发生了同样的效应。因为同一束光绕着黑洞转了很多圈，我们火箭上的雷达检测到的是那些绕着黑洞转的图像，因而产生了并不存在于那儿的物体的幻象。

超空间 弯曲系数 5

这是否意味着黑洞可以用于整个星系的旅行，如《星际迷航》和其他科幻电影中所描述的那样？

正如我们前面看到的，空间曲率的大小是由该空间包含的物质－能量的数额确定的（马赫原理）。爱因斯坦著名的方程为我们提供了由物质－能量的存在引起的时空弯曲的精确程度。

当柯克（Kirk）船长带领我们以"弯曲系数 5"翱翔在超空间时，为"企业"号提供能源的"双锂晶体"必须显示弯曲时间和空间卓越的技艺。这意味着双锂晶体具有将时空连续统卷成油炸圈的神奇力量。也就是说，它们（双锂晶体）是巨大的物质和能量仓库。

如果"企业"号要从地球旅行到除太阳以外距离我们最近的一个恒星（半人马座阿尔法星）上去，它并非真正移动到了半人马座阿尔法星。相反，实际情况是，半人马座阿尔法星向"企业"号靠拢。试想坐在地毯上用套索拉着几英尺远的一个桌子。如果我们用足够大的力拉动套索且地板足够光滑，我们可以拉着套索直到下面的地毯开始折叠。如果我们使劲拉套索，桌子就会跑到我们面前。桌子和我们之间的"距离"消失为一堆皱巴巴的地毯。然后，我们简单地跳过这个"翘曲的地毯"。换句话说，我们并未移动，但我们和桌子间的空间收缩了，我们只是跨过了这个收缩后的距离。同理,"企业"号并非真正跨过了从地球到半人马座阿尔法星的整个空间,它只是通过一个虫洞跨过了收缩的时空(皱起的空间)。为了更好地理解一个人落到爱因斯坦-罗森桥都发生了些什么,我们接下来讨论虫洞的拓扑。

为使这些多连通空间形象化,想象一下,我们在一个阳光明媚的下午漫步于纽约第五大道。我们正想着自己的事情,这时,一扇奇怪的飘浮的窗户在我们面前打开,就像爱丽丝的瞭望镜。(此刻,我们不必在意打开这个窗户所需的巨大能量。仅是作为一个纯粹的假想例子。)

我们走近盘旋的窗户仔细观察,会发现我们正盯着一只恶心的霸王龙的头。正当我们要逃命时,我们注意到这只霸王龙没有身体。它不能伤害我们,因为它的整个身体处于这扇窗户的另一面。当我们顺着窗户向下看希望找到恐龙的身体时,我们可以看到整个街道,好像这里根本就不存在恐龙和窗户。我们大惑不解,慢慢地绕窗户转圈,发现霸王龙已不知去向。当我们绕到窗户的背面向内观望时,我们看到了一只雷龙正盯住我们(图10.3)!

我们害怕地再次绕着窗户转圈,当我们走到窗户的侧面时,奇怪的现象发生了——窗户及所有的恐龙都失踪了。我们反复这样的实验——绕着飘浮的窗户再走几圈。从一个方向看向窗户,我们看到了霸王龙的头;从侧面看向窗户(绕行90度),我们发现镜子和恐龙消失了;从另一个方向看向窗户(继续绕行90度),我们看到了雷龙的头。

这是怎么回事?

在某个遥远的宇宙中,霸王龙和雷龙在生死关头摆出决斗的架势。在它们面对面时,一个飘浮的窗户忽然在它们面前出现。当霸王龙窥视飘浮的镜子时,它吃惊地看到一只瘦得皮包骨头的哺乳动物。这个哺乳动物有着卷曲的头发和小脸(一个人),哺乳动物的头清楚可见但却没有身体。当雷龙从另一个方向看向这个窗户时,它看见了纽约的第五大街,这里有很多商店和车辆。再后来,霸王龙发现窗户中出现的这个哺乳动物消失了,这个哺乳动物出现在了窗户面对着雷龙的那一面。

现在,假设有一阵风将我们的帽子吹进了窗户。我们看见这个帽子飞到了另一个宇宙的天空中。我们沿着第五大街苦苦寻找毫无结果。无奈之下,我们绝望地将手伸进窗户希望取回自己的帽子。在霸王龙看来,一个不知从哪儿来的帽子从窗户中吹出来了,之后,它看见一个没有身体的手

图 10.3 在这个纯粹假想的例子中,一个"窗户"或虫洞在我们的宇宙中打开。如果从窗户的正面向内观看,我们会看见一只恐龙;如果绕到窗户的背面望向窗户,我们会看见另一只恐龙。在其它宇宙看来,这两个恐龙之间打开了一扇窗户。通过这个窗户,两只恐龙看见了一个奇怪的小动物(我们)。

从窗户里伸出来,绝望地摸索这顶帽子。

  这时,风改变了方向,将帽子吹向了另一个方向。我们将另一只手伸进窗户,但伸向的是另一个方向。我们现在所处的境况非常尴尬。我们的两只手从不同的方向伸进了窗户,但我们却不能看到我们的手指,两只手好像都消失了。

第三部分 虫洞：通往另一个宇宙的关口？

这在恐龙看来又是什么呢？会出现什么样的场面呢？恐龙会看见两只摆动的小手吊在窗户的两边，但却看不见身体（图10.4）。

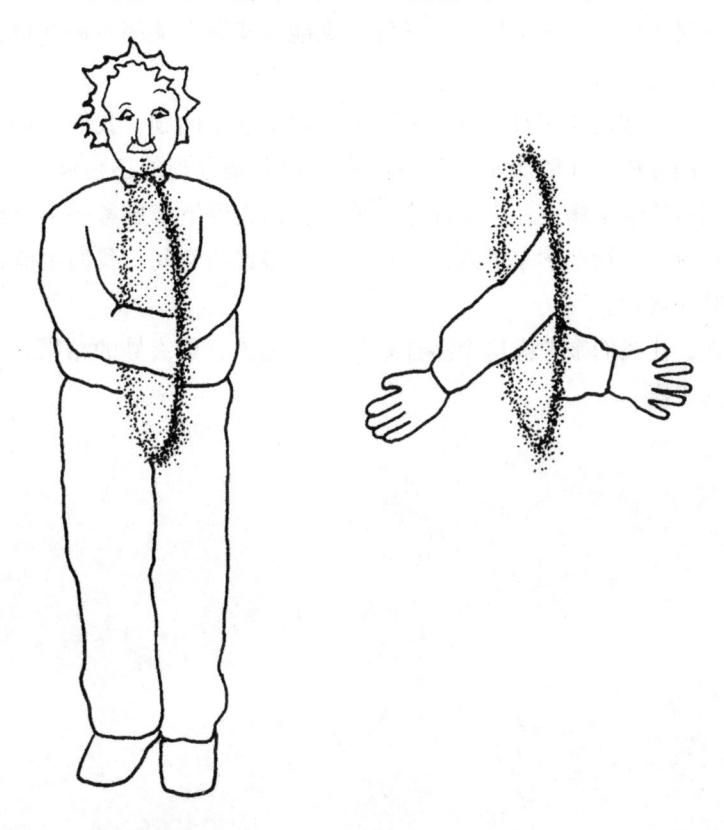

图10.4 如果我们将两只手从两个不同的方向伸进窗户，那么，看起来好像我们的两只手都消失了。在我们的宇宙中，我们有身体却没有手。在另一个宇宙中，两只手从窗户的两侧出现，但却没有我们的身体。

这个例子说明用多连通空间可以虚构某些微妙的时空扭曲。

关闭虫洞

值得思考的是，这样一个简单的构想——更高的维度可以统一空间和时间，且"力"可以通过时空弯曲来解释——会导致如此多样性的物理结

213

Hyperspace

果。然而，借助于虫洞和多连通空间，我们探索了爱因斯坦广义相对论的极限。事实上，创建虫洞或维度通道所需的物质－能量异常巨大。因此，我们期待量子效应成为主导。量子修正则能在实际上关闭虫洞开口，从而关闭通道旅游的可能性。

由于量子理论和相对论都不足以独立解决这个问题，我们不得不等待十维理论的完成，才能决定这些虫洞在物理上是合理的还是疯狂的臆想。但在我们讨论量子修正和十维理论之前，我们先停下来思考一下虫洞的最奇怪的效应——物理学家可以证明虫洞允许多连通空间，我们也能证明虫洞允许时间旅行。

下面，让我们来考虑这个多连通宇宙最迷人、最玄妙的结果——建造一个时间机器。

第三部分　虫洞：通往另一个宇宙的关口？

11　建造时间机器

> 我们这些相信物理学的人都知道：过去、现在和未来之间的区别只是一种固执的假象。
>
> ——阿尔伯特·爱因斯坦

时间旅行

在时间上我们能倒退吗？

像赫伯特·乔治·威尔斯（H. G. Wells）的小说《时间机器》里的主人公一样，我们能拨动机器上的指针，跨越数十万年到802701年吗？或者像米迦勒·J. 福克斯（Michael J. Fox）那样搭乘钚燃料发射车去往未来吗？

如果时间旅行是可能的，那么，整个广阔的世界将充满各种各样可能发生的非常有意思的事情。正如凯思琳·特纳（Kathleen Turner）的小说《帕格尔斯·苏结婚了》中所描述的那样，每个人都在私下里许了一个心愿——设法回到过去，纠正自己在生活中犯下的某些小的但却是至关重要的错误。在罗伯特·弗罗斯特（Robert Frost）的诗《没有走过的路》中，我们非常希望知道，如果我们在生活中选择了不同于以往的另一条路径，会发生什么。有了时间旅行，我们就能回到年轻的时候，去纠正那些过去发生过的令人尴尬的事情。我们可以选择不同的伴侣，或从事不同的事业；甚至可以改变关键时刻的重要历史事件的结果，或改变人类的命运。

例如，在电影《超人》的剧情高潮中，我们的英雄在情感上被彻底摧毁了。当地震将大部分加利福尼亚地区毁坏，并将他的爱人压在几百吨的岩石和碎片之下。他为妻子可怕的死亡而哀悼，难以抑制心中的痛苦。他飞入太空，违背了不干预人类历史的誓言。他不断加快自己的速度，直到超越光速，从而破坏了时间和空间的结构。他以光的速度旅行，迫使时间慢下来并最终停止，最后回到露意丝·连恩（Lois Lane）被岩石碾死之前。

但是，这一招显然是不现实的。虽然速度的增加可以减慢时间，但你不可能加速到比光速还快的速度，也就不能使时间逆转。其原因是，根据狭义相对论原理，当你加速到无限大速度的时候你的质量也会变得无限大。因此，大部分科幻小说作家偏爱的超光速旅行方式与狭义相对论矛盾。

爱因斯坦非常明白这是不现实的。A. H. R. 布勒（A. H. R. Buller）也充分意识到了这点，他在《笨拙》杂志上发表了以下打油诗：

> 有一个叫布莱特的年轻姑娘，
> 她的速度比光速还快。
> 她旅行了一天，
> 以相对论方式，
> 回到了前一天的晚上。

大多数的科学家都没有认真研究爱因斯坦的方程，他们将时间旅行当做一派胡言，并将其与"外星人绑架那样的骇人听闻的报道"相提并论。然而，实际上这个事情相当复杂。

为了解决这个问题，我们必须暂时放弃狭义相对论这一较为简单的理论，继而拥抱更强大的也许能允许时间旅行的广义相对论。广义相对论比狭义相对论具有更广泛的有效性。狭义相对论描述那些远离恒星的以恒定速度运动的物体；广义相对论更强大，它能描述靠近超大质量恒星和黑洞时的火箭的加速。因此，广义相对论取代了狭义相对论的一些简单的结论。对于任何一位在爱因斯坦广义相对论框架内认真地对时间旅行作过数学分析的物理学家来说，最终结论都是令人震惊的。但他们对"时间旅行是否可能"这个问题却远没有搞清楚。

支持时间旅行观点的科学家指出，爱因斯坦的广义相对论确实允许某种形式的时间旅行。但他们也承认，将时间弯曲成一个圆需要一个无穷大的能量，因此，爱因斯坦的方程失灵了。当时间旅行变得非常可能且在物理学上存在于相当有意思的区域内，量子理论将会取代广义相对论。

我们记得，爱因斯坦的方程指出时空曲率或时空弯曲是由宇宙中的物质－能量的含量所决定。事实上，可以找到足够强大的物质－能量来迫使时间弯曲并允许时间旅行。然而，使时间弯曲到倒退所必需的物质－能量的力度是非常大的，以至于广义相对论被打破，量子修正开始主宰相对论。因此，时间旅行的最终判决不能在爱因斯坦方程的框架内回答。在巨大的引力场中，爱因斯坦方程失灵，在这里，我们期待量子理论成为主导。

这正是超空间理论可以解决的问题——量子理论和爱因斯坦的引力理论在十维空间中将得到统一。我们预计，时间旅行问题将由超空间理论明确解决。至于虫洞和多维窗口，我们将把它放在最后一章集中讨论，同时总结超空间理论能发挥的全部作用。

现在，我们为大家讲述围绕时间旅行所发生的一些争论，以及那些不可避免地产生的有趣的悖论。

因果关系的崩溃

科幻小说家总希望知道，一个人在时间中逆行，回到过去是一种什么景象。一些小说中的故事，从表面上看是合理的也是可能的。但仔细思考，如果时间机器像汽车那样普及，我们的世界可以随处购买，那将是一种多么混乱的场面。科学浩劫即将来临，它会撕裂我们现有的宇宙结构。数以百万计的人可以回到过去，重写历史。一些人甚至带着枪械回到过去，欲在他们的敌人出生之前就干掉这些敌人的父母。因此，在这样的条件下，即便是进行最简单的人口普查，也开始变得困难且不具有现实性。

如果时间旅行是可能的，那么，因果律就会遭到破坏。事实上，我们所认知的全部历史也将发生崩溃。想象一下，成千上万的人回到过去，他们改变了那些影响历史进程的关键事件，将会引起什么样的混乱。或许，突然地，福特剧院的听众中就挤满了来自未来的比他们晚到的争吵者。这些晚到的未来人互相争夺，都希望自己能获得阻止林肯总统被暗杀的殊荣。或许，数以千计的来自未来的人为了追求刺激而来到诺曼底登陆处拍照，从而导致诺曼底登陆计划因为泄密而失败。

历史上的重大战役，可以超越原先的既定结果而被迫修改。试想公元前331年发生的高加米拉战役。当时，亚历山大大帝战胜了大流士三世领导的波斯人，从而取得了决定性的胜利。这场战争导致了波斯统治的彻底崩溃，结束了他们与欧美地区的对抗形式，使得西方文明和文化在未来的1 000年里在世界范围内蓬勃发展。现在，我们假设有一小队今天的雇佣兵带着现代的火炮和小型火箭进入古代战场，将会带来什么样的结果？即便最微弱的现代火力也能将亚历山大的那些惊恐的士兵轻易击溃。这种对过去历史的干涉将会削弱西方文明和文化在世界范围上的扩张。

时间旅行意味着任何历史事件都没有结尾，人们可以随时回到过去修改历史。历史著作将永远无法写就。时间也许会永久停留在20世纪30年代，一些顽固分子总是企图回到过去，刺杀尤利西斯·S. 格兰特将军（Ulysses S. Grant）或想办法将原子弹的秘密送给德国人。

如果历史可以像擦黑板那样随便重写，会发生什么呢？我们的过去会变得如海边移动的沙子，不断被微风吹向这边或那边。每当有人拨动时间机器上的转盘，并错误地将自己的时间方向逆转，我们的历史将会不断改变。正如我们前面所讲述的，历史将不复存在。

大多数科学家显然不喜欢这种令人不快的可能性。历史学家更是无法接受，每当我们进入过去或未来时，历史存在的意义就产生了动摇，矛盾不可避免。事实上，宇宙学家史蒂芬·霍金（Stephen Hawking）已使用"实验"证据证明了时间旅行是不可能的。他提出，到目前为止，我们尚未受到过来自未来世界的旅行者的入侵就是证明时间旅行是不可能的最好证据。

时间悖论

要弄明白时间旅行的问题，首先需要将各种悖论进行分类。一般情况下，大多数悖论可以被划分为两种基本类型：

1. 在你出生之前会见你的父母

第三部分　虫洞：通往另一个宇宙的关口？

2. 没有过去的人（你没有过去）

第一种时间旅行对时空结构造成了较大程度的伤害，因为它改变了原先记录事件的先后顺序。例如，在《回到未来》一书中，故事中的年轻英雄回到过去，与他的母亲相遇。他的母亲当时是一个年轻的女孩，在那时还未爱上他的父亲。主人公震惊并沮丧地发现，他无意中阻止了自己父母之间决定命运的相会。更糟糕的是，他年轻的母亲已满含深情地被他吸引！如果，他不经意地阻止了他父母的相爱，且无法将他母亲错位的感情纠正，他将会消失——因为这样的话，他将无法出生。

第二种悖论涉及的事件没有开始。例如，一位贫困的、苦苦挣扎的发明家试图在他杂乱的地下室建造出世界上第一台时间机器。不知从哪儿来了一个富有的老绅士，为他提供了充足的资金、复杂的方程式和电路以支持他制造时间机器。在随后的时间，这位发明家发财了。因为他掌握了时间旅行的知识，可以精确地知道股票市场何时繁荣何时萧条。他在股票市场、赛马会以及其他活动上下赌注，创造了巨额财富。几十年后，作为一个富有的年老的人，他及时地返回到过去履行自己的使命。他遇上了他自己——一位在他的地下室中工作的年轻人。他将有关时间旅行的秘密告诉了年轻的自己，并为年轻人提供了充足的金钱。故此，循环下去。问题是：时间旅行的想法来自何处？

第二种悖论的最疯狂之处或许来源于罗伯特·海茵莱茵（Robert Heinlein）的短篇小说《你们都是僵尸》。

1945年，一个小女孩被神秘地送到在克利夫兰的一家孤儿院。"简"在孤独和沮丧中成长，她不知道自己的父母是谁。直到1963年的一天，她奇遇了一个流浪者，被他吸引且深深地爱上了他。当一切事情似乎都开始好转的时候，一系列的灾难发生了。首先，流浪者致使她怀孕，然后消失了。其次，在复杂的分娩过程中，医生发现她有两套性器官。为拯救她的生命，医生通过手术将"她"变成了"他"。最后，一个神秘又充满诱惑力的陌生人从产房拐走了她的孩子。

由于受到这些灾难的打击、社会的排斥以及命运的捉弄，"他"变成了一个酒鬼和流浪汉。简失去了父母、情人，以及唯一的孩子。多年后的1970年，简跌跌撞撞地进了一个名为"大众"的酒吧，向一位上了年纪的酒保讲述了自己可怜的故事。有着同情心的酒保为流浪者提供了一个机会去报复让她怀孕又将其抛弃的情人,方法是加入"时间旅行团"。他们一起进入了一个时间机器,酒保让流浪者回到了 1963 年。奇怪的事情发生了——流浪者爱上了一个年轻的父母双亡的女子,并让她怀上了身孕。

酒保继续向前走了 9 个月,将女婴从医院里偷出来,并驶回到 1945 年将婴儿送进孤儿院。之后,再把彻底糊涂的流浪者送回 1985 年,加入时间旅行团。最后,他将自己装扮成一个酒保,担负起一个困难的使命:1970 年在大众酒吧与某个流浪者会面。

问题是:谁是简的母亲、父亲、祖父、祖母、儿子、女儿、孙女和孙子?当然,女孩、流浪汉、酒保,都是同一个人。这些矛盾可以让你头昏脑涨,尤其是试图解开简交织的亲子关系。如果画一张简的家谱,我们会发现所有的树枝都向内卷曲回到了简自身,就像一个圆圈。我们得出了惊人的结论:她是自己的母亲,也是自己的父亲!她自身就是一个完整的家谱。

超空间 世界线

相对论为我们提供了一个简单的方法来处理这些棘手的悖论。我们将利用由爱因斯坦首创的"世界线"方法来解决问题。

比如,我们的闹钟在一天早上 8 点叫醒我们,我们决定上午赖床不去上班。在表面上看,我们是赖在床上无所事事,实际上,我们描绘出了一条"世界线"。

取一张绘图纸,我们将水平方向上的标度设置为"距离",垂直方向上的标度设置为"时间"。8 点到 12 点,我们躺在床上,我们的世界线将显示为一条垂直的直线。我们的时间向未来走了 4 小时,但我们的旅行距离为 0。即便是什么也不做,也产生了一条世界线。(如果有人批评我们赖床,我们可以用爱因斯坦的相对论来反驳他——谁说我们什么也没做,我们在四维时空中画了一条世界线。)

我们最终在中午下床,下午 1 点抵达工作地点。我们的世界线变得倾斜,因为我们在空间和时间上都进行了移动。图 11.1 中左下角是我们的家,右上角是办公室。如果我们选择驾车去工作地点,将会节约一半的时间。在坐标系上将会变现为——走得越快,时间线就会偏离垂直方向越

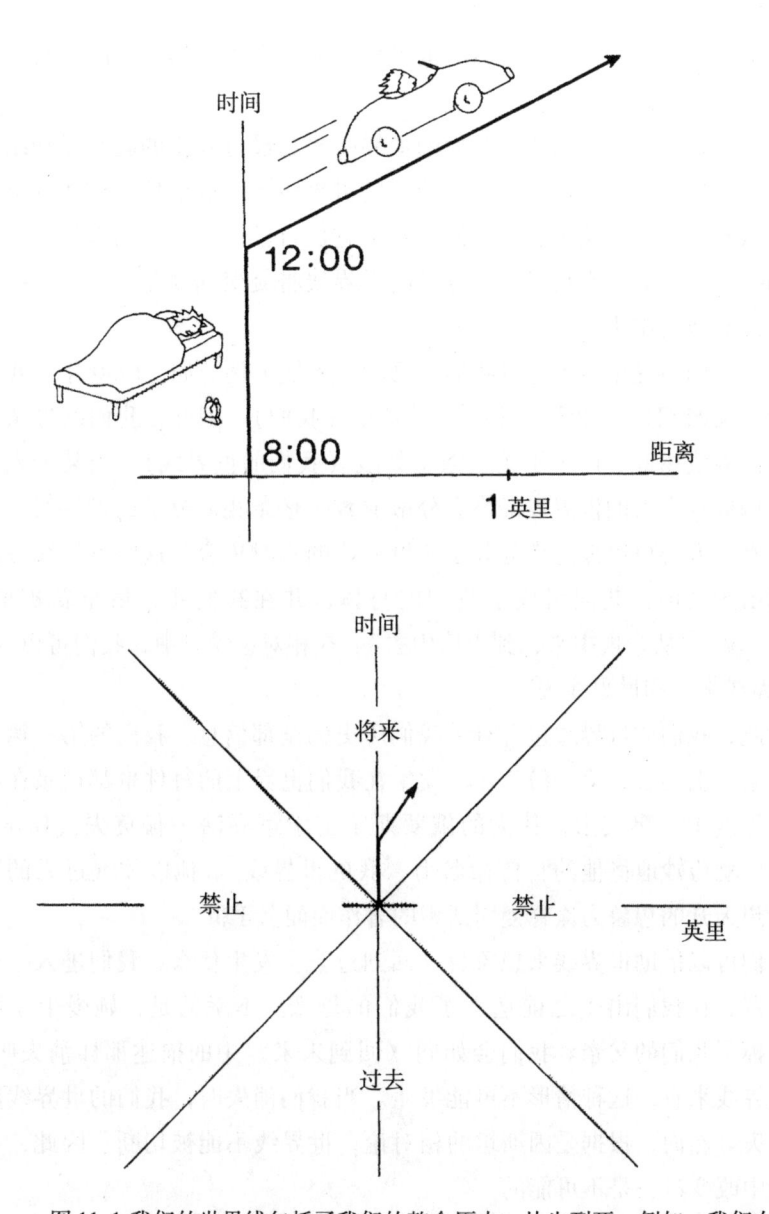

图 11.1 我们的世界线包括了我们的整个历史，从生到死。例如，我们在床上从早 8 点躺到 12 点，我们的世界线是一条垂线。我们开车去工作，我们的世界线变成一条斜线。我们开得越快，世界线就越倾斜。我们在理论上可达到的最高速度是光速，故而产生了临界斜率。因此，超过光速而产生的时空图是"禁止"区域。简言之，我们必须超过光速才能进入这个禁区。

多。(注意，图中存在一个我们的世界线永无法进入的禁区，因为我们的速度无法超过光速。)

我们可以得出一个结论。我们的世界线永远没有真正的起始点和结束点。即使我们死亡，我们身体中的分子的世界线会继续延伸。这些分子或许会扩散到空气或土壤中，但他们会画出它们自己永不结束的世界线。同理，当我们出生时，来自母亲的分子的世界线将凝聚到婴儿中。世界线永不会被打破或无中生有。

为了弄明白这个道理，以我们自己的世界线为例。如，1950年，我们的母亲和父亲相遇、相爱，并产生了婴儿（我们）。因此，我们的母亲和父亲的世界线相遇后产生了第三条世界线（我们的世界线）。当某个人死亡时，构成这个人的世界线最终会分散成数十亿条我们分子的世界线。从这点来看，人类可以被定义为分子的世界线的临时集合。这些世界线散落在我们出生之前，共同组成了我们的身体，并在我们死亡后重新扩散。《圣经》说："从尘埃中来，到尘埃中去"。在相对论绘景中，我们可以说，"从世界线来，到世界线去"。

因此，我们的世界线包含有关我们历史的全部信息。我们的第一辆自行车、第一次约会、第一份工作，发生在我们世界上的每件事都记录在我们的世界线上。事实上，伟大的俄罗斯宇宙学家乔治·伽莫夫（George Gamow）就巧妙地将他的自传命名为《我的世界线》。他以才气过人的智慧和异想天开的想象力诠释爱因斯坦的著作而闻名于世。

我们可以借助世界线来想象自己回到过去会发生什么。我们进入一个时间机器，在我们出生之前遇上了我们的母亲。不幸的是，她爱上了我们，甩掉了我们的父亲。我们会如同《回到未来》中的描述那样消失吗？根据世界线来看，这种情形不可能发生。当我们消失时，我们的世界线因此而消失。然而，根据爱因斯坦的相对论，世界线不能被切断。因此，在相对论中改变过去是不可能的。

然而，第二个悖论涉及重新创作过去，它提出了许多有趣的问题。例如，我们让时间倒流，是为了去履行（重复）这段历史，而不是修改它。因此，时间机器发明者的世界线就成为了一个封闭的环。他的世界线是履行过去，而不是改变过去。

更复杂的是"简"的世界线，她是自己的母亲和父亲，也是自己的儿子和女儿（图11.2）。

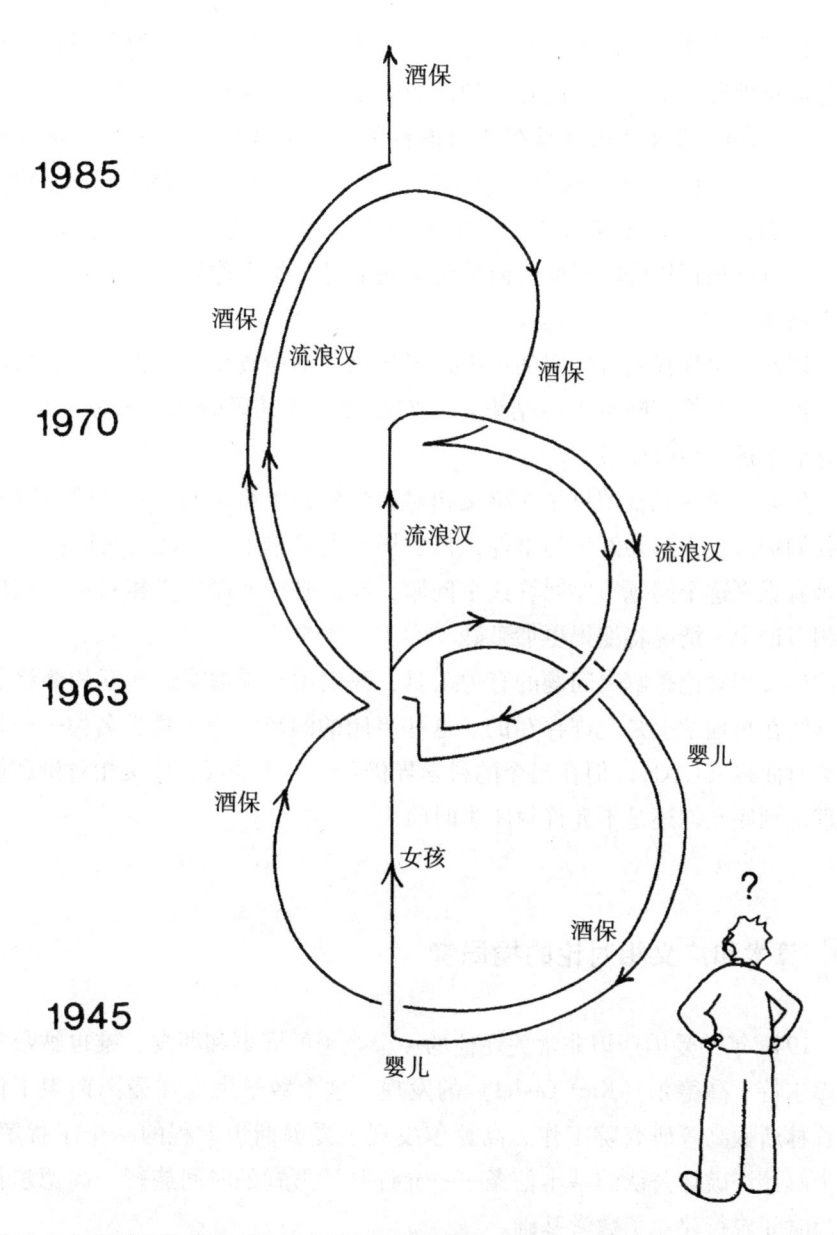

第三部分　虫洞：通往另一个宇宙的关口？

图 11.2 如果时间旅行是可能的，我们的世界线将变成一个闭合的环。1945 年，女孩简出生。1963 年，简（女）有了自己的孩子。1970 年，简（男）以流浪汉的身份回到 1945 年与自己（女）相遇。1985 年，简（男）是一个时间旅行者，他于 1970 年在一个酒吧中登上了时间机器，将自己带回到 1945 年。他拐走这个小孩（女婴），并将她带回到 1945 年，使所有的一切重新开始。女孩简是她自己的母亲、父亲、祖父、祖母、儿子和女儿等等。

请再次注意，我们不能改变过去。当我们的世界线逆时间返回时，它只是简单地履行早已被人们知道的历史。因此，在这样一个宇宙中，回到过去与年轻时的自己相遇是存在可能性的。假如我们的生活经历是环形的，那么，我们迟早会遇到一个年轻的男子或女子——我们年轻时的自己。我们会告诉这个年轻人，我们看起来很面熟。接下来，我们再次回忆，在自己还很年轻的时候，似乎确实遇上过一位声称我们看上去很面熟的奇怪老人。

因此，也许我们可以回到过去，但却永远不能改变它。正如我们强调的，世界线不能切断也不能结束。它们或许会在某段时间内形成一个环，但它们永远不会改变过去。

然而，这些光锥图只是在狭义相对论的框架中给出的，它虽然可以描述我们进入过去将要发生的事件，但它毕竟太简单了，不能解决时间旅行是否有意义这个问题。要回答这个问题，我们必须转向广义相对论。在广义相对论中，情况将变得更加微妙。

广义相对论是解决问题的有力工具，我们用它弄清了这些互相缠绕的世界线在物理学上是允许存在的。这些封闭的圆环有一个科学名称——封闭类时曲线（CTC）。但在当今的科学界仍存在一个争议：广义相对论和量子理论到底允许还是不允许封闭类时曲线。

空间超越 算术和广义相对论的搅局者

1949 年，爱因斯坦非常关注他的一个亲密的同事和朋友，维也纳数学家库尔特·高德尔（Kurt Gödel）的发现。这个数学家也在爱因斯坦工作的普林斯顿高等研究院工作。高德尔发现了爱因斯坦方程的一个干扰解，这个解允许破坏公认的基本信条——允许某种形式的时间旅行。高德尔首次为时间旅行建立了数学基础。

在长达四分之一个世纪中，高德尔以搅局者的角色而出名。1931 年，与人们的期待相反，他竟然证明了你不能证明算术的自洽性，从而闻名于世（实际上是臭名昭著）。在他的证明过程中，他摧毁了自欧几里得和古希腊人开始至今已有 2 000 年之久的梦想。这个梦想即是使数学变得尽善尽美，将全部的数学简化成少数的几条自洽的公理，任何数学结果皆可由它们导出。

高德尔在《在数学的绝技》中提出，在算术中总存在一些定理，它们的正确与否，永远不能从算术公理中得到证明。即，算术总是不完备的。高德尔所得出的结论，或许是1 000年来数理逻辑领域最惊人的最出乎意料的进展。

数学一度被认为是所有学科中最纯洁的，因为它是精确的和确定的。它还没有被我们这个物质世界所具有的令人生厌的粗俗所玷污，但是现在，它变得不那么确定了。在高德尔出现之后，数学的基石似乎被动摇了。（粗略来说，高德尔著名的证明始于在逻辑上存在一个奇特的悖论的证明。例如，考虑这样一个陈述，"这个句子是错误的"。如果这个句子是正确的，必然导出这个句子是错误的结论；如果这个句子是错误的，又会导出这个句子是正确的结论。又或者，我们考虑另一个陈述，"我是一个说谎者"。那么，只有当我说真话时，我才是一个说谎者。高德尔随后将这一陈述归纳为"这个句子不能被证明是正确的"。如果这个句子正确，那么，它就不能被证明是正确的。通过构建由这种悖论组成的复杂骗局，高德尔证明，数学中存在一些正确的但不能用算术来证明的命题。）

高德尔毁灭了一个梦，一个所有数学家最珍视的梦。在此之后，哥德尔又粉碎了围绕爱因斯坦方程所凝结的传统智慧。他指出，爱因斯坦的理论含有一些令人吃惊的病态结果，其中包括时间旅行。

他首先假设宇宙充满了缓慢旋转的气体或尘埃。这似乎是合理的，因为广袤的宇宙的确像是充满了气体和尘埃。然而，哥德尔的解引起人们的巨大关注是出于如下两个原因。

首先，他的解破坏了马赫原理。他证明了爱因斯坦方程的两个解有相同的尘埃和气体分布存在可能性。（这意味着马赫原则是不完整的，即还存在隐含的假设。）

更重要的是，他证明了某些形式的时间旅行是允许的。如果一个粒子追寻哥德尔宇宙中的路径旅行，它最终会返回到过去并与自己相遇。他写道："一艘火箭船，沿着范围足够大的曲线作环形旅行，就可能旅行到过去、现在和未来的任何区域，然后再返回。"因此，哥德尔找到了广义相对论中的第一个封闭类时曲线。

以前，牛顿认为时间就像一支箭，准确无误地飞向目标。这支箭一旦射出，没有任何东西可以改变它的路线。之后，爱因斯坦认为时间更像一

Hyperspace

条强大的河流，在前进的路途中蜿蜒通过扭曲的山谷和平原。物质或能量的存在也许会改变河流的方向，但河道总体是光滑的：它决不会突然中断，也不会猛地回头。现在，哥德尔认为时间的河流能顺利向后弯曲成一个环（圆圈）。河流毕竟有急流和漩涡。河流在总体上总是向前流动，但在边上就不一样了。河流的边上总有一些涡流，在这里，水以旋转的方式流动。

哥德尔的解不能被看作一个疯子的工作，因为哥德尔是用爱因斯坦自己的场方程发现了时间弯成一个圆圈的奇异解。哥德尔是按规则办事发现了爱因斯坦方程的一个合理解，故而，爱因斯坦被迫采取了回避的方式放弃这个解。因为它与实验数据不符合。

哥德尔的宇宙的弱点是假设宇宙中的气体和尘埃慢慢旋转。实验上，我们看不到宇宙尘埃和气体在太空中的任何旋转。我们的仪器已证实宇宙正在膨胀，但它似乎并未旋转。因此，哥德尔的宇宙可以安全地排除。（这让我们非常扫兴。我们的宇宙如真似哥德尔猜测的那样在旋转，我们就可以乐观地相信，时间旅行是具有可行性的。）

爱因斯坦在 1955 年去世了，他的方程的干扰解由于不能实验验证被抛弃了，并且，人们也无法遇见他们出生之前的父母。

生活在暮色地带

1963 年，斯拉·纽曼（Ezra Newman）、西奥多·昂蒂（Theodore Unti），和路易斯·坦布雷诺（Louis Tamburino）发现了爱因斯坦方程的一个新解。这个新解比哥德尔的解更疯狂，这个解并非建立在哥德尔的旋转的充满尘埃的宇宙上。从表面上看，它像一个典型的黑洞。

与哥德尔的解一样，他们的宇宙允许封闭类时曲线和时间旅行。此外，当你在黑洞周围作 360 度旋转，不会转到你最初的位置。相反，就像居住在一个有着黎曼切口的宇宙，你会被卷到另一片宇宙中。纽曼-昂蒂-坦布雷诺宇宙的拓扑结构，可以比作居室中螺旋形的楼梯。如果我们绕楼梯旋转 360 度，我们不会到达出发点，而是抵达了另一阶楼梯上。生活在这样的宇宙中超出了我们所能想象的最坏的噩梦，我们所掌握的常识完全失去了作用。事实上，这个奇异宇宙的病态是如此之鲜明，以至于很快就出现了这样一个名称：NUT 宇宙（NUT 以纽曼、昂蒂、坦布雷诺三人名字的首字母命名）。

起初，相对论者以他们排斥哥德尔解那样的方式排斥 NUT 解。也就是说，我们的宇宙并非按照这样的解的形式在进行演化。因此，这些解由于缺乏实验验证而被武断地抛弃了。然而，几十年过去了，爱因斯坦方程的此类奇异解大量涌现而出，且它们允许时间旅行。20 世纪 70 年代初，新奥尔良杜兰大学的法兰克·J. 蒂普勒（Frank J. Tipler）重新分析了爱因斯坦方程的一个在哥德尔之前由 W. J. 范·斯托库姆（W. J. van Stockum）于 1936 年发现的解。这个解假定存在一个无限长的、旋转的圆筒。使人们吃惊的是，蒂普勒能够证明此解也违反了因果关系。

即使是克尔的解（它代表了外层空间的黑洞的最现实的物理描述），也被证明允许时间旅行。火箭船穿过克尔黑洞的中心（假设它们并未在这个过程中被粉碎），因果关系将会遭到破坏。

不久，物理学家们发现，NUT 型奇点可以被插入任何黑洞或膨胀的宇宙中。事实上，编造无穷多个爱因斯坦方程的病态解已成为可能。例如，爱因斯坦方程的每一个虫洞都可以被证明允许某些形式的时间旅行存在。

根据相对论者蒂普勒的分析，"表现出任何一种奇异行为的场方程的解都可以被找到"。因此，被发现的迅猛增长的爱因斯坦方程的病态解一定会吓坏爱因斯坦，如果他还活着的话。

从某种意义上说，爱因斯坦方程就像特洛伊木马。表面上看，这种木马像一件完美的可接收的礼物。它告诉我们，在引力场下恒星发出的光是弯曲的，且这种弯曲现象是可以观测的，它还对宇宙的起源给出了令人信服的解释。但是，各样的魔鬼和妖怪都潜伏在里面，它们允许穿越虫洞的星际旅行和时间旅行成为可能。为了窥视最深奥的宇宙秘密，我们不得不放弃我们通常持有的信仰——我们的世界其空间是单连通的，历史是不可更改的。

但问题仍然存在：这些封闭类时曲线可以像爱因斯坦所做的那样，根据纯粹的实验依据予以排除吗？或者，有人能证明他们在理论上是可能的，并在实际上建造一个时间机器吗？

建造时间机器

1988 年 6 月，三名物理学家，即加州理工大学的基普·索恩（Kip Thorne）、迈克尔·莫里斯（Michael Morris）、密歇根大学的乌尔维·尤尔特塞韦尔（Ulvi Yurtsever），首次提出了建造时间机器的认真的建议。他们让《物理评论快报》（世界上最著名的刊物之一）的编辑相信他们的工作应该受到重视。（在过去的几十年中，众多的提交给主流物理杂志的有关时间旅行的投稿都遭到了拒绝，因为他们并非建立在最重要的物理原理或爱因斯坦的方程上。）他们像训练有素的科学家一样，用易于被接受的场论语言提出了他们的观点。接着，又认真细致地解释了他们最薄弱的假设出现在什么地方。

为排除科学界的质疑，索恩和他的同事们意识到他们必须利用虫洞作为时间机器的主要证据战胜普遍的反对派。第一，如前所述，爱因斯坦自己也意识到黑洞中心的引力是巨大的，通过黑洞的任何飞船将被撕裂。虽然，虫洞在数学上是可能的，但他们在实践中却是无用的。

第二，虫洞可能是不稳定的。现在已能证明，虫洞中的小扰动会导致爱因斯坦－罗森桥的坍塌。因此，宇宙飞船在黑洞内出现会引起扰动，会导致虫洞入口的关闭。

第三，宇宙飞船的速度必须大大地超过光速，才能穿透到虫洞到另一边。

第四，量子效应是如此之大以至于虫洞可能会自行关闭。例如，黑洞入口发出的强烈辐射不仅会杀死任何试图进入黑洞的人，而且可能会导致入口的关闭。

第五，在虫洞中时间会逐渐慢下来，在中心区域趋向于完全停止。因此，在地球上的人看来，虫洞具有许多不受欢迎的特点。空间旅行者的速度似乎慢了下来，并在黑洞的中心变成彻底静止。空间旅行者看起来就像被时间冻结了。换句话说，空间旅行者需要无限长的时间才能穿越虫洞。我们假设自己能够成功穿越虫洞的中心并返回地球，但受限于巨大的时间扭曲，我们回到地球上的时间可能已经过去了数百万年，甚至数十亿年。

因为上述的这些理由的存在，虫洞解从未被严肃采纳过。

第三部分 虫洞：通往另一个宇宙的关口？

索恩是一位严肃的宇宙学家，但他并未以通常的宇宙学家持有的态度极度怀疑甚至嘲笑时间机器。索恩逐渐以好奇的方式卷入了这个问题。1985 年夏天，卡尔·萨根将他下一本书《接触》出版前的草案发给索恩。该书认真探讨了一个划时代的科学与政治问题：与外层空间的第一个地外生命的接触。每个思考外太空生命问题的科学家都必须面对一个问题——如何打破光障。由于爱因斯坦的狭义相对论明确禁止超过光速，故而，一个常规的飞船飞往遥远的恒星可能需要数千年。这使得星际旅行变得不切实际。萨根希望自己的书尽可能科学准确，他写信给索恩询问是否有任何科学可以接受的方式规避光障。

萨根的要求引起了索恩的好奇心。这是一个由一位科学家向另一位科学家提出的，要求严肃回答的诚实的与科学相关的要求。幸运的是，由于请求的非正统性，索恩和他的同事们用一种最不寻常的方式处理这个问题：反向工作。通常情况下，物理学家们从某个已知的天体（中子星、黑洞、大爆炸）开始，然后求解爱因斯坦方程找到周围空间曲率。我们记得，爱因斯坦的方程本质是一个物体的物质和能量含量决定周围空间曲率。用上述方法处理，我们保证能找到有关天体的爱因斯坦方程的解，而这些天体正是我们期望在外层空间里找到的。

由于萨根的奇特要求，索恩和他的同事们反向处理这个问题。他们从他们想找到什么这个初步的想法开始，试图得到一个爱因斯坦方程的解，使得空间旅行者不会被巨大的引力场的潮汐效应撕开。他们希望得到一个稳定的虫洞，这个虫洞不会在旅行中突然关闭。他们绕虫洞走一圈所花的时间只是几天，而不是数百万或数十亿地球年。事实上，他们的指导思想是，他们希望时间旅行者进入虫洞一段时间后，可以合理地安全返航。一旦他们确定了虫洞应该是什么样子的，接下来所要做的就是，开始计算创造这样一个虫洞到底需要多少能量。

从他们的非正统的观点出发，他们并不关心能量的需求是否超过了 20 世纪的科学所能提供的极限。对他们来说，建造时间机器实际上是未来文明的一个工程问题。他们想证明的是时间机器在科学上是可行的，而不需要证明时间机器是经济的或者用目前地球上的科学就能办到的：

> 通常，理论物理学家会问，"物理定律是什么？"或者"这些定律对宇宙的预言是什么？"与此相反，在这封信里我要问的是，"物理定

律对非常先进的文明的活动有什么限制？"这个问题会引发一些有关物理定律本身很有意思的疑问。我们从这样一个问题开始，即物理定律是否会限制一个非常先进的文明为星际旅行制造虫洞并维护它的运行。

当然关键的短语是"非常先进的文明"。物理定律告诉我们什么可能而不是什么可行。物理定律与检验它们所花的钱并无关系。因此，理论上可能的东西也许会超过地球上的国民生产总值。索恩和他的同事们谨慎地指出，能够掌握并利用虫洞威力的神秘的文明必须是"非常先进的"。也就是说，这个文明能够进行所有的实验（即使这些实验对地球人是不切实际的）。

使他们异常高兴的是，他们很快就非常容易地发现了一个令人吃惊的简单的解，这个解满足所有的刚性约束。这个解，并非典型的黑洞解，所以不必担心被这个坍缩的恒星撕裂。他们将这个解命名为"可穿越虫洞"，以区别于其他的宇宙飞船不能穿越的虫洞解。他们非常兴奋，并给萨根回信。萨根随后将他们的一些想法写进了自己的小说。事实上，他们是如此惊讶于这个解的简单，以至于相信哪怕是新入学的物理学研究生也能理解他们的解。1985 年秋，在加州理工学院进行的广义相对论课程的期终考试中，索恩将这个虫洞解给了学生们。索恩并未告诉学生们这是什么，他要求学生们推断这个解的物理性能。（大多数学生给出了这个解的详细的数学分析，但他们并未意识到这个解是一个允许时间旅行的解。）

如果学生可以在期终考试中具有更敏锐一点的观察力，他们就能推导出虫洞的一些惊人的性能。事实上，他们会发现穿越这个可穿越虫洞的旅行就如飞机旅行那般舒适。旅行者所经受的最大引力不超过 1 个重力加速度。换句话说，他们的表观重量不会超过他们在地球上的重量。此外，旅行者将永不必担心自己在旅行期间虫洞的入口会关闭。索恩的"虫洞"实际上是永久开放的。穿越一个可穿越的虫洞的旅行是可控制的，而不再需要花费 100 万年或者 10 亿地球年时间。莫里斯和索恩写到，"旅行将是完全舒适的，旅行所需的时间大约在 200 天，或者更少"。

至此，索恩指出，在电影中人们通常遇到的时间悖论将不复存在："在科幻场景（例如，一个人回到过去杀死自己）中，人们也许希望封闭类时曲线能够生成多重性为零的初始轨道"（即那些不可能的轨道）。然而，索恩已经证明，出现在他的虫洞中的封闭类时曲线看起来完全能填充过去，而不是改变过去或者引起时间悖论。

在最终把这些令人吃惊的结果提供给科学界后，索恩写道，"爱因斯坦场方程的一个新解已经获得，它描述了在原则上可被人类穿越的虫洞"。

当然，它的实现还存在一个难题，这也是为什么我们今天还没建造出时间机器的一个理由。索恩计算中的最后一步，是推导为产生这个不可思议的、可穿越的虫洞所必需的物质和能量的确切性质。索恩和他的同事们发现，在虫洞的中心必须存在具有反常性质的"奇异的"物质形态。索恩很快指出，这个"奇异的"物质形态虽然反常，但似乎并未违反任何已知的物理定律。他预示说，在未来的某一时刻，科学家可能会证明这种"奇异的"物质不存在。然而现在，这个"奇异的"物质似乎是完全可以接受的物质形式，只要我们获取了足够先进的技术。索恩自信地写道，"一个'非常先进的'文明可以从简单的虫洞建造出逆时间旅行的机器"。

超空间 时间机器的蓝图

然而，凡读过赫伯特·乔治·威尔斯的小说《时间机器》的人，可能都会对索恩的时间机器的蓝图失望。你并不能坐在客厅的椅子上，拨动几下转盘，就能通过闪烁的灯光目睹历史大跨度变化的全景图。包括：毁灭性的世界大战、伟大的文明兴衰，或未来科学奇迹的成果。

一个版本的索恩时间机器由两个房间组成，每个房间都包含两块平行的金属板。每对金属板之间产生的强大电场（大于任何由今天的技术可能产生的电场）撕裂时空的织构，并同时产生了在空间中连接两个房间的一个洞。然后，将其中一个房间放入火箭船里并加速到接近光速的行驶速度，而另一个房间留在地球上。由于虫洞可以连接不同时间的两个空间区域，因此，第一个房间中的时钟比第二个房间中的时钟走得慢。因为，在虫洞的两端，时间通过的速率不同，任何落入虫洞某一端的人会被立刻抛到过去或未来。

另一个版本的索恩时间机器如下所述。如果能找到"奇异的"物质可以像金属那样可塑，那么，最理想的形状想来应该是圆筒形。一个人站在圆筒的中心。接着，这个"奇异的"物质就会使它周围的空间和时间弯

Hyperspace

曲，产生一个虫洞。这个虫洞通往宇宙中处于不同时间的另一个遥远的地方。在涡流的中心那个人，在他或她被吸进虫洞并到达宇宙的另一端所受到的加速度不超过 1 个重力加速度。

表面上看，索恩的数学推理无懈可击。爱因斯坦方程的虫洞解的确允许在虫洞两边的时间以不同的速率回到过去，所以，原则上时间旅行是可能的。当然，前提是首先创造虫洞。索恩和他的合作者很快指出，主要问题是，如何控制足够的能量以制造并维持一个含有"奇异的"物质的虫洞。

通常，物理的基本原理之一是所有的物体都有正能量。振动分子、汽车、飞鸟和火箭都有正能量。（按照定义，空无一物的真空空间所具有的能量为零。）但是，如果我们可以生产具有"负能量"的物体（即所含能量比真空还要低的物质），那么，也许我们能产生一种"奇异的"空间和时间的组态，将时间弯曲成一个圈。

这个简单的概念，竟有一个听起来相当复杂的标题：平均弱能量条件（AWEC）。正如索恩谨慎指出的，为了时间旅行可以成功，必须违反平均弱能量条件，能量必须暂时变为负能量。然而，负能量一直遭到相对论专家的反对。他们认为，负能量会使反引力和许多实验中从未有过的其他现象成为可能。

但索恩很快指出，通过量子理论可以获得负能量。1948 年，荷兰物理学家亨里克·卡西米尔（Henrik Casimir）证明了量子理论可以产生负能量：只要取两块大的、不带电的金属平板就可以做到。通常情况下，常识告诉我们：因为两块平板是电中性的，所以它们之间没有作用力。但卡西米尔证明，因为海森堡的测不准原理，隔开这两块平板的真空实际上是异常活跃的，数以万亿计的粒子和反粒子不断产生和消失。它们不知是从何处跑出，又无声无息地消失在真空中。因为它们转瞬即逝，所以在大多数情况下难以观察到它们，它们并不违反任何物理定律。这些"虚粒子"在两块平板之间产生净吸引力，卡西米尔预言这种吸引力能够被测量到。

当卡西米尔发表他的论文时，它受到了严重的质疑。毕竟，两个电中性的物体如何会互相吸引，这违反了经典电学的普遍规律。这是闻所未闻的。然而，1958 年，物理学家 M. J. 斯派纳（M. J. Sparnaay）在实验室观察到这种效应，正像卡西米尔预言的那样。此后，这种效应被命名为卡西米尔效应。

利用卡西米尔效应的一种方法，就是将两块大的导电平行板放在每个虫洞的入口处，从而在虫洞的各端产生负能量。索恩和他的同事们得出结论，"平均弱能量条件永远不能违背。在这种情况下，可能不存在诸如可穿越虫洞、时间旅行、因果关系失败这样的事情。在没有到达一个桥的时候，就试图过桥显然为时过早。"

　　现在，对索恩的时间机器的评判尚无定论。所有人都承认，决定性因素是无论何时都需要一种完全量子化的引力理论来彻底解决问题。例如，史蒂芬·霍金指出，虫洞入口处发射出的辐射非常大，它们将与爱因斯坦方程的物质和能量含量相抵消。这种向爱因斯坦方程的反馈将使虫洞的入口发生畸变，甚至可能将它永远关闭。但是，索恩不同意霍金提出的辐射足以关闭虫洞入口的观点。

　　故而，超弦理论诞生了。因为超弦理论是完全的量子力学理论，它将爱因斯坦的广义相对论作为一个子集包含其中，它可以用来计算对原始虫洞理论的修正。原则上，它将允许我们确定平均弱能量条件在物理上是否可以实现，以及虫洞入口是否能保持开放以让时间旅行者享受回到过去的旅行。

　　霍金对索恩虫洞持保留看法。然而，具有讽刺意味的是，霍金也提出了一个甚至比索恩虫洞更异想天开的新的虫洞理论。霍金提出的虫洞理论并非将过去与现在相连接，他提出的虫洞将我们的宇宙和无数个平行宇宙连接起来。

Hyperspace

12　碰撞的宇宙

自然不仅比我们想象的要古怪，而且比我们所能想象的还要古怪。

——约翰·伯顿·桑德森·霍尔丹（J. B. S. Haldane）

宇宙学家史蒂芬·霍金是科学上最悲惨的人物之一。他在无法治愈的、不断恶化的疾病中奄奄一息，但面对着几乎不能超越的障碍，他仍然顽强地致力于他的研究活动。尽管他失去了对手、脚、舌头、声带的控制，身体被约束在轮椅上，但他却依然成为了开辟新的研究大道的先锋。任何一个意志稍弱的物理学家遇到这样的困难，早就放下解决重大科学难题的努力了。

他不能用手握笔，他的所有计算都在大脑里完成，只是偶尔依靠助手的帮助。他失去了声带，只能依靠机械设备与外界通讯。虽然面对着重重困难，但他依然维持着充实的研究工作，还抽取时间完成了一部畅销科普书《时间简史》，并在世界各地展开演讲。

我曾经在剑桥大学外，他的家中拜访过他。那时，我应邀在他组织的物理学会议上演讲。我走过他的客厅，惊讶地发现一大批精巧的用于继续他研究的小工具。这些小工具令我印象深刻。例如，我在他的办公桌上发现了一个类似音乐家用来放置乐谱的那种器材。然而，这个器材更加精致，能抓住书本的每一页以方便阅读。（我战栗着思考，我相信很多物理学家也会如此思考：没有胳膊、手、声带，是否还有勇气继续自己的研究，即便有最好的机械为其提供帮助。）

霍金是剑桥大学物理学卢卡斯教授，艾萨克·牛顿也曾担任过同一职位。霍金和他的杰出的前辈一样，从事本世纪最重大问题的研究——爱因斯坦引力理论和量子理论的统一。因此，他对优美而自洽的十维理论感到惊奇，实际上，霍金就是用对这一理论的讨论作为他的那本畅销书（《时间简史》）的结尾。

霍金不再将他富有创造性的大量精力消耗在他名扬全球的那个领域——黑洞上。它现在已显得过时了。现在，霍金正寻找更大的猎物——统一场论。我们记得，弦理论起初是一种量子理论，之后吸收了爱因斯坦的引力理论。霍金是从纯粹的经典相对论专家而不是量子理论专家开始研究的。霍金用另一种观点对这个问题展开研究。他和他的同事詹姆斯·哈特尔（James Hartle）从爱因斯坦的经典宇宙出发，然后对整个宇宙进行量子化！

超空间 宇宙波函数

霍金是量子宇宙学这一新学科的创始者之一。起初，在用词上这似乎是矛盾的。量子一词适用于无穷小的夸克和中微子世界，而宇宙意味着无限宽广的外层空间。然而，霍金和其他一些人现在相信宇宙的最终问题只能由量子理论来回答。霍金用量子宇宙学得出它的终极量子结论，这个结论允许无限数量的平行宇宙的存在。

我们记得，量子理论的出发点是波函数，它描述粒子所有可能的状态。例如，想象天空中有一块巨大的且不规则的雷雨云。雷雨云越黑，其中的水蒸气和灰尘的浓度就越大。因此，只要看一下雷雨云，我们就可以根据浓度快速估算天空中某部分水蒸气和灰尘的概率。

雷雨云可以比作一个单电子的波函数。与雷雨云相似，电子的波函数也布满所有的空间。同样，在某一点波函数的值越大，那么在该点找到电子的概率也越大。与此类似的，波函数还可以与大物体（例如人）联系在一起。当我坐在普林斯顿自己的椅子上，我知道我有一个具有薛定谔概率性质的波函数。如果我有办法看见自己的波函数，那它肯定类似于与我身体形状非常接近的一团云。但是，云的一部分将分散在所有的空间，到达火星，甚至逃离太阳系，尽管在那里它们已弥散得非常小（概率非常低）。这意味着，我坐在椅子上而不是待在火星上的可能性非常大（我实际上就是坐在椅子上）。虽然我的部分波函数已散布出银河系之外，但我待在另一个星系上的可能性是无穷小。

霍金的新思想，是把整个宇宙看成一个量子粒子。通过重复一些简单的步骤，我们得到了一些令人大开眼界的结论。

首先用一个波函数描述所有可能的宇宙集。这意味着，霍金的理论出发点必须是一个无限集的平行宇宙——宇宙波函数。霍金用宇宙这个词代替粒子，他的这个相当简单的分析已经导致我们在宇宙学思想上的概念性革命。

根据这个描述，宇宙的波函数散布在所有的可能的宇宙之上。靠近我们自己的宇宙波函数被认为是非常大的，所以我们的宇宙有非常大的概率是正确的，如同我们的预期。然而，波函数也遍及所有的其他宇宙。即使那里是没有生命，且与我们熟悉的物理定律不一致。由于波函数在这些其他的宇宙中是微乎其微的小，因此，我们预期在不远的将来我们的宇宙将不会通过量子跃迁而成为那样的宇宙。

量子宇宙学家面对的目标，是在数学上证实这个猜想。即表明我们现在的宇宙的波函数是非常大的，而其他宇宙的波函数是非常小的（微乎其微）。然后，进一步证明，我们熟悉的宇宙在某种意义上是独特的，也是稳定的。（目前，量子宇宙学家还不能解决这个重要的难题。）

如果我们严肃思考霍金的想法，这意味着，我们必须从无限多个可能的彼此共存的宇宙开始分析。坦率地说，宇宙这个词的定义不再是"所有的存在"，它现在的意思是"所有可能存在的东西"。例如，在图12.1中，我们可以看到宇宙的波函数是如何散布到若干个可能的宇宙上。我们的宇宙是最可能的一个，但肯定不会是唯一的一个。霍金的量子宇宙学还假定，宇宙波函数允许宇宙互相碰撞。虫洞可以发展并连接这些宇宙。但是，这些虫洞与前面章节所说的虫洞不同。它并非连接三维空间中的不同部分，这些虫洞将不同的宇宙彼此连接起来。

例如，悬浮在空气中的一大堆肥皂泡。正常情况下，每一个肥皂泡本身就像一个独立的宇宙。除非它不时与另一个肥皂泡相撞形成一个更大的肥皂泡，或分裂成两个较小的肥皂泡。而现在的情况是，每一个肥皂泡都是一个完整的十维宇宙。由于空间和时间只能存在于单个气泡上，所以气泡与气泡之间没有时间和空间这样的东西。每个宇宙都有自己的自洽的"时间"，因此，说时间在所有宇宙中都以相同速度流逝是毫无意义的。

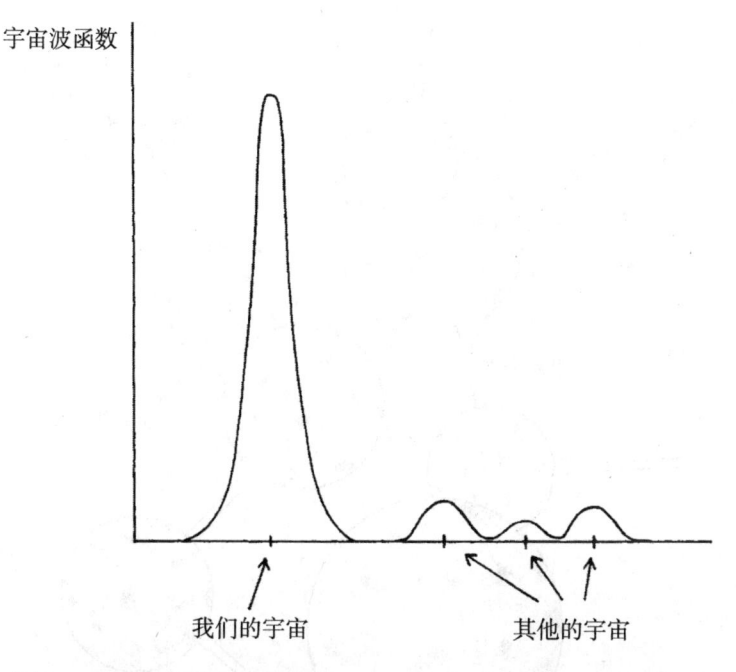

图 12.1 在霍金的宇宙波函数中，这个波函数最有可能集中在我们自己的宇宙周围。我们生活在我们的宇宙中，是因为这个宇宙最有可能拥有最大的概率。但是，仍有一个小的但不为零的概率让波函数偏爱我们的邻居——平行的宇宙。因此宇宙间的旅行也许是可能的（尽管概率非常低）。

（但是，这里应当强调，受限于我们目前的技术水平，这些宇宙之间的旅行还未对我们开放。此外，我们还应当强调，在这种大尺度上的量子跃迁十分罕见，发生的周期可能比我们宇宙的寿命还要长。）

这些宇宙中绝大多数是死宇宙，它们没有任何生命。在这些宇宙中，物理定律是不同的，因此无法满足使生命成为可能的物理条件。也许在数以 10 亿计的平行宇宙中只有 1 个宇宙（我们的宇宙）有一组合适的物理定律允许生命的存在（图 12.2）。

霍金的"婴儿宇宙"理论，尽管不是一个实际的旅行方法，但它注定产生了哲学问题乃至宗教问题。它在宇宙学家中引起了两个漫长的和热烈的争论。

Hyperspace

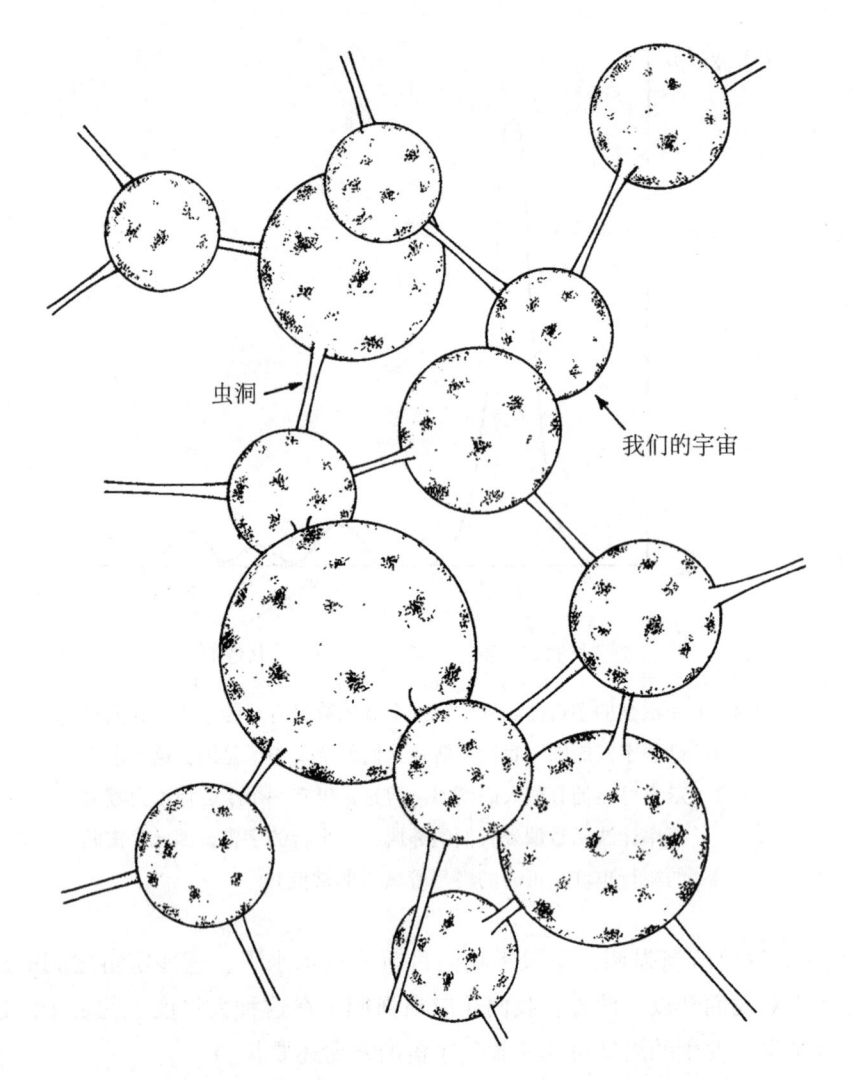

图 12.2 我们的宇宙可能是无限多个平行宇宙中的一个，这些宇宙通过无限系列的虫洞彼此相连。在这些虫洞间旅行是可能的，但其概率是很低的。

将上帝放回宇宙？

第一个争论涉及"人择原理"。几个世纪以来，科学家已学会客观地观察宇宙。这种观察在很大程度上摆脱了人们的偏见。我们不再将人类的偏见和奇思异想投射到每一个科学发现上。然而，历史上早期的科学家常常犯拟人化的错误，认为物体和动物有类似于人的性质。犯这种错误的那些人，是因为他们发现他们的宠物也能表现出人的情绪和感受。（好莱坞的电影剧本作家也常犯这样的错误，他们想当然地以为天空中绕恒星转动的行星上一定居住着与我们相似的生物。）

拟人化是一个古老的难题。爱奥尼亚哲学家色诺芬尼（Xenophanes）曾悲伤地说，"人们想象众神的诞生，他们的衣服、声音和体形都与人相似……是的，埃塞俄比亚的众神是黑皮肤、扁平鼻；色雷斯人的众神是红头发、蓝眼睛"。在过去的数十年里，一些宇宙学家惊恐地发现，拟人化在人择原理的伪装下又悄悄回到了科学中。人择原理的一些鼓吹者公开宣称，他们想把上帝放回到科学中。

事实上，围绕人择原理的这种奇特争论，还是存在某种科学价值的。争论围绕一个无可争辩的事实（如果宇宙的物理常数稍微改变一点，这个宇宙上的生命将不可能存在）展开。这个值得注意的事实仅是一个幸运的巧合，还是展示了某个"天帝"的作品？

有两个版本的人择原理。"弱人择原理"的版本宣称，宇宙中存在智慧生命（我们）应当被认为是一种实验事实，它有助于我们了解宇宙常数。正如诺贝尔奖得主史蒂文·温伯格（Steven Weinberg）所说，"世界就是它现在的这个样子，倘若它不是这样，就不会有人问这个世界为什么是这个样子了。""弱人择原理"用这种方式表述，人们很难对它进行讨论。

为了使宇宙中有生命，需要很多偶然的巧合联系在一起。生命取决于各种复杂的生物化学反应，如果稍稍改变某些化学或物理常数，生命的存在性将受到改变。例如，我们哪怕略微改变支配核物理的常量，则发生在恒星和超新星上的核合成和重元素的产生都将变为不可能。接着，在超新星中形成的原子或许会变得不稳定，或者根本不可能产生。生命需要重元素（比铁还重的元素）以产生 DNA 和蛋白质分子。因此，哪怕是核物理中最小的改动，也会影响宇宙中重元素的产生。我们都是恒星的孩子。然而，如果核物理的规律略有改变，我们的"父母"将不可能有孩子（我们）。作为另一个例子，我们可以放心地说，生命在早期海洋中的形成可能经历了 10 亿—20 亿年。然而，如果我们能够以某种方法将质子的寿命缩短到数百万年，那么，就不可能有生命。因为，由分子的随机碰撞形成生命所需要的时间明显不足。

Hyperspace

换言之，我们存在于宇宙中并探求有关宇宙的问题，这个事实必然意味着一系列复杂的事情已经发生了。它还意味着自然的物理常数的值必须有一个确定的范围，以使恒星有足够长的生命时间创造我们身体中所需要的重元素，以使质子在生命有机会发育之前不要衰变得太快。也可以这样说，宇宙中存在能向有关宇宙问题发起探索的人类，给宇宙物理施加了很多的刚性约束。例如：它的年龄、它的化学成分、它的温度、它的尺寸和它的物理过程。

物理学家弗里曼·戴森（Freeman Dyson）对这些宇宙的巧合感到吃惊。他曾写到，"当我们观察宇宙，发现了许多物理学和天文学上的偶然现象。它们巧合地融合在一起造福于我们。我感觉，宇宙似乎在某种意义上知道我们的到来。"这段话带给我们的"人择原理"的强表述，它认为，宇宙所包含的一切物理常数都已被（由上帝或某个超人）精确地选择好了。因此，生命在我们的宇宙中成为可能。因为这个"强人择原理"的版本提出了有关上帝的问题，故而在科学家中产生了极大的争议。

可以想象，如果只要求几个常数呈现一定的值就能使生命成为可能，也许含有太多的运气成分。事实上，我们需要一大组物理常数在一个狭窄的数值范围内，方能使我们的宇宙形成生命。由于这种巧合事件发生的可能性极小，因此，为了创造生命，神智（上帝）或许精确地选择了这些值。

当科学家们第一次听到某个版本的人择原理时，他们大为吃惊。物理学家海因茨·帕格尔斯（Heinz Pagels）回忆说，"这是一种推理形式，他与理论物理学家进行研究工作时通常所用的方式完全不同"。

人择原理是一个古老说法的更完善的版本，旧观点的说法是上帝把地球放在了离太阳恰好的位置。如果上帝把地球放置到距离太阳较近的位置，地球会因为过热而无法形成生命。如果上帝把地球放置到距离太阳较远的位置，地球会因为过冷而无法形成生命。这种观点的错误在于，银河系中数以百万计的行星可能处在距离它们的太阳不恰当的位置，因此这些行星上不能出现生命。但是，一些行星则纯属意外（我们的星球就是其中之一），它们处在距离它们的太阳恰当的位置。因此我们能在这里讨论这个问题。

最终，大多数科学家从人择原理中醒悟过来。因为它既不具有预见能力，也无法加以检验。帕格尔斯不情愿地承认，"它不像物理学原理，没有办法确定它的正确与错误,没有办法对其测试。与传统的物理原理不同,人择原理不能接受实验证伪。可以肯定,它不是一个科学原理。"物理学家阿兰·古斯(Alan Guth)直言不讳地说,"感情上,人择原理有点让我心烦……人择原理是人们想不出更好的办法时才选择的。"

在理查德·费曼(Richard Feynman)看来,理论物理学家的目标就是"尽可能快地证伪。"然而,人择原理毫无新意,且不能证伪。或者,正如温伯格(Weinberg)所说:"没有科学家就没有科学,但我们不能确定,没有科学宇宙就不可能存在。"

对人择原理的争论(有关上帝的争论)休止了许多年,直到最近,它又被霍金的宇宙波函数复苏。如果霍金是正确的,那么,就确实存在着无穷多的平行宇宙,存在着许多有不同的物理常量的宇宙。在这些平行宇宙中,有的质子退化得太快、有的不能制造出比铁更重的重元素、有的在生命开始之前大坍缩即快速发生,等等。事实上,如果没有像我们所知的能使生命变成可能的物理定律,无穷多的这些平行宇宙都是死宇宙。

在一个像我们所在的宇宙这样的平行宇宙中,物理定律是和我们所知道的生命相容的。我们今天能在这里讨论这个问题就是最好的证据。如果这是真的,那么就不必邀请上帝对如此珍贵的生命为什么存在于我们的宇宙中作出解释。然而,这又重新打开了"弱人择原理"的可能性,即我们的宇宙与许多死宇宙共存,而我们的宇宙是唯一适合生命存在的宇宙。

霍金的宇宙波函数所引发的第二次争论要深刻得多。事实上,这场争论至今也未得到解决。这就是所谓的薛定谔的猫的难题。

再访薛定谔的猫

由于霍金的婴儿宇宙理论和虫洞发挥了量子理论的威力,所以它不可避免地重新引发了有关其基础的仍然悬而未决的辩论。霍金的宇宙波函数并不能完全解决量子理论的矛盾,它仅仅表达了一种令人震惊的新观点。

我们记得,量子理论指出,每一个物体都存在一个波函数。它表征在空间和时间中的某一特定点上找到物体的概率。量子理论还指出,在你对粒子进行观察之前,绝不能确切地知道它们的状态。在进行测量之前,粒子可能处在由薛定谔波函数描述的各种状态中的任意一种状态上。因此,在作出观察或测量之前，你不能确切地知道粒子的状态。实际上，在进行测量之前，粒子存在于虚空的状态，即所有可能状态之和。

当这个想法首先由尼尔斯·玻尔（Niels Bohr）和沃纳·海森堡（Werner Heisenberg）提出，遭到爱因斯坦的强烈反对。"月亮是因为老鼠盯着它看，才存在的吗？"他总喜欢这样问。根据量子理论的严格解释，月亮在被观测之前，并不存在于我们所知的状态中。事实上，月亮可以处在无穷多个状态中的任意一个。包括：在天空中现在的状态、被炸毁的状态，或根本不存在。是观察月球的过程决定了月球实际上是绕地球转的。

爱因斯坦曾与波尔有过多次交锋，挑战这种非正统的世界观。（在一次讨论中，波尔生气地对爱因斯坦说，"你不是在思考，只是在推理！"）甚至欧文·薛定谔（他以他著名的波动方程激发了整个讨论）也反对针对他的方程所作的这种再诠释。他曾沮丧地说，"我不喜欢它，非常抱歉我曾经做过一些与之相关的研究。"

为了挑战这种修正主义者的解释，评论家们提出了这样的问题："在你看到猫之前，它是死的还是活的？"

薛定谔为了证明这个问题有多么荒谬，他将一只虚构的猫放置在一个密封的盒子中。这只猫面对着一支枪，这支枪连接到一台盖革计数器上，计数器又与一块铀相连。铀原子是不稳定的，它将发生放射性衰变。如果某个铀核分裂，它将被盖革计数器捕捉到。这时，盖革计数器会扣动枪上的扳机，其子弹会将猫射杀。

要确定猫的死活，我们必须打开盒子进行观察。然而，在打开盒子之前，猫的状态是什么？根据量子理论，我们只能认为猫由一个描述死猫和活猫的两者总体的波函数来确定。

对薛定谔来说，认为猫不死不活的想法是荒谬的。然而，量子力学的实验证明迫使我们得出这样的结论。现在，每一个实验都证实了量子理论。

薛定谔的猫的悖论是如此奇怪，它经常让人想起刘易斯·卡罗尔（Lewis Carroll）的寓言中，爱丽丝看到柴郡猫（Cheshire cat）消失时作出的反应："'你将会在那里看见我，'猫说完就消失了。爱丽丝对此并不感到惊讶，她已习惯了这些古怪事情的发生。"多年来，物理学家们也早已习惯了量子力学中的"古怪"事情。

物理学家对付这种复杂性，至少有三种主要方法。第一种方法，我们可以假设上帝存在。因为"观察"就意味着有观察者,所以,宇宙中必定存在某种"意识"。一些物理学家,如诺贝尔奖获得者尤金·维格纳(Eugene Wigner),坚持认为量子理论证明了宇宙中存在某种万能的宇宙意识。

处理矛盾的第二种方法,得到了绝大多数物理学家的支持。它就是,对一切难题弃之不顾。大多数物理学家指出,没有任何意识的相机也可以进行测量。他们只是单纯地希望绕开这个不可避免的难题。

物理学家理查德·费曼(Richard Feynman)曾说,"我认为可以放心地说,没有人理解量子力学。如果你能尽量地避开它,就不要不断地自问'它怎么能像那样呢?'。因为你将'血本无归'地进入一个盲目的小巷,在那里,没有人能逃脱。没有人知道,它怎么能像那样。"事实上,人们常说,在20世纪提出的所有理论中,最愚蠢的莫过于量子理论。一些人说,事实上,量子理论所希望的就是人们不要去怀疑它。

第三种方法,称为多世界理论。这一理论(如人择原理)在过去的几十年失宠,但被霍金的宇宙波函数复活了。

多世界

1957年,物理学家休·埃弗雷特(Hugh Everett)提出了这样一种可能性:在宇宙的进化过程中,它不断地"分裂"为两半,就像道路上的叉。在其中一个宇宙,铀原子并未发生放射性衰变,盒子里的猫也并未被击中;在另一个宇宙中,铀原子发生放射性衰变,盒子里的猫将被射杀。如果埃弗雷特的观点是正确的,那么就存在无穷多个宇宙。每个宇宙通过道路上的分岔网与其他宇宙相连。或者,像阿根廷作家乔治·路易斯·博尔赫斯(Jorge Luis Borges)在《岔口路花园》中所写的那样,"时间不断分岔,通往无数的未来。"

物理学家布莱斯·德维特(Bryce DeWitt)是多世界理论的支持者之一。他描述了多世界理论对他产生的旷日持久的影响:"在每一个恒星、每一个星系、宇宙中每一个偏僻的角落,发生的每一个量子跃迁,都将我们地球上的局部世界分裂为无数个自己的副本。我仍然清楚地记得,在我第一次接触多世界概念时所受到的震惊。"多世界理论假定所有可能的量子世界均存在。在某些世界中，存在着像地球上那样的主导生命形式的人类。在其他一些世界中，亚原子事件的发生将阻止人类在这个星球上的不断进化。

正如物理学家弗朗克·韦尔切克（Frank Wilczek）指出，

> 据说，如果特洛伊（Troy）的海伦（Helen）在鼻尖上长有一个疣，那么，这个世界的历史将会完全不同。是的，疣产生于单细胞中的突变，这些突变通常是由暴露在太阳的紫外线下而引发。这个事件的合理结论是，"的确存在多世界，在它们中的某个世界，特洛伊的海伦确实在她的鼻尖上长有一个疣。"

事实上，可能存在多世界的这个思想由来已久。哲学家圣阿尔伯特·马格纳斯（St. Albertus Magnus）曾经写道，"存在多个世界，还是只有唯一世界？这是对自然界的研究中最崇高和最伟大的问题之一"。然而，这个古老观念的新变化是，多世界解决了薛定谔的猫的佯谬。在某一个宇宙中，猫或许死了；在另一个宇宙中，猫还活着。

虽然在表面上看，埃弗雷特的多世界理论似乎很奇怪，但可以从数学上证明它等同于通常的量子理论诠释。而在传统上，埃弗雷特的多世界理论并未在物理学家中流行开来。物理学家的终极目标是将问题简化。对他们来说，存在无穷多个随时裂解的同样有效的宇宙，简直是哲学上的噩梦。遗憾的是，他们无法将多世界理论排除。物理学上，有一个被称为奥卡姆（Occam）剃刀的原理，它指出，我们应该永远走最简单的最可能的道路，放弃笨拙的其他选择，特别是在其他选择永不能被测量的情况下更应如此。（因此，奥卡姆剃刀剔除了老旧的"以太"理论，以太理论认为一种神秘的气体曾弥漫在整个宇宙中。以太理论对尴尬的问题提供了一个方便的回答：如果光是一种波且能在真空中传播，那什么是波动？答案是以太，它像流体一样，且在真空中可以振动。爱因斯坦认为，以太是不必要的，但却从未说过它不存在。他仅是说，以太与光并不相干。因此，按照奥卡姆剃刀原理的选择条例，物理学家们不再提以太了。）

现在我们可以证明，埃弗雷特的多世界之间的沟通是难以实现的。因此，任一宇宙都无法意识到其他宇宙的存在。如果这些世界的存在不能得到实验检验，我们就应该利用奥卡姆的剃刀消除它们。

物理学家某种程度上都具有相同的气质，他们不会直截了当地说天使和奇迹是不存在的。也许他们确实存在，但按照定义奇迹是不可重复的，故而不可得到实验检验。因此，按照奥卡姆的剃刀原则必须消除它们（当然，除非我们能找到可以重复的、可测量的奇迹或天使）。埃弗雷特的导师约翰·惠勒（John Wheeler）也是多世界理论提出者之一。但他最终也不情愿地放弃了这个理论，因为"它需要携带太重的形而上学包袱"。

但是，随着霍金的宇宙波函数的流行，不受欢迎的多世界理论也开始得到复苏。埃弗雷特的理论建立在单粒子的基础上，通信不能在不同宇宙之间实现，因为它们是分裂的。然而，霍金的理论要深刻得多。他的理论虽与多世界理论相关，但却走得更远——它是以无限多个自洽宇宙（而不只是粒子）为前提，并假定它们之间存在隧穿的可能性（通过虫洞）。

霍金甚至进入了令人窒息的工作——计算宇宙波函数的解。他相信他的做法是正确的，部分原因是由于该理论是明确定义的（正如我们提及的，该理论最终将在十维空间中定义）。霍金的目标是——证明宇宙波函数在我们的宇宙附近以一个极大值呈现。因此，我们的宇宙就成为了最可能的宇宙，但肯定不是唯一。

到目前为止，已经召开了许多有关宇宙波函数的国际会议。然而，正如之前所述，宇宙波函数所涉及的数学运算远超出了这个星球上任何人的计算能力。我们也许要等上若干年，才会等来那个有进取心的人找到霍金方程的严格解。

平行宇宙

埃弗雷特的多世界理论与霍金的宇宙波函数之间的主要区别是，霍金将"虫洞连接这些平行宇宙"置于他理论的中心。你不必为以下事件担心——"下班后步行回家，打开门进入了一个平行世界。你惊奇地发现，家人们从未听说过你，他们不会冲上来迎接你，而是在恐慌和尖叫中将你当作非法入侵者送进监狱"。或许这种场面只有在电视或电影中才会出现。在霍金的方案中，虫洞实际上不断地将我们的宇宙与万万亿个平行宇宙连接起来。但这些虫洞的平均尺寸极小，大约为一个普朗克长度的尺寸（约为质子的一百万万亿分之一，对于人类的旅行来说简直太小了）。此外，由于这些宇宙之间的量子跃迁不频繁,我们也许要等待很长时间才能看到这样的事件发生。事实上,这段等待的时间已超过了宇宙本身的寿命。

因此,理论上我们可以进入与我们的宇宙相像的孪生宇宙(尽管概率非常低)。这个宇宙与我们的宇宙具有完全一致的物理定律。这两个宇宙仅是在创世分裂时在某一点上产生了微小的决定性差别。

约翰·温德姆(John Wyndham)在他的小说《随机探秘》中对这种类型的平行宇宙进行了探讨。小说中,英国的核物理学家柯林·特拉福德(Colin Trafford)在1954年的核试验爆炸中死里逃生。他没有死在医院里,相反,他独自毫发无损地在伦敦的一个偏僻的郊区醒来。他放下心来,一切似乎都回归正常。但他很快就发现了非常糟糕的事情。报纸的头条都是一些不可能的且无法想象的事情。在这里,第二次世界大战从未发生,原子弹也从未被发现。

世界历史被扭曲了。此外,他看了一眼书架。注意到了书架上的自己的名字和相片,他成为了畅销书作家。他感到无比震惊。在这个平行世界中,存在着一个他的确切的对应物,这个对应物是一个作者而不是一个核物理学家!

他在做梦吗?多年前,他曾梦想成为一名作家,但他最终却选择了成为一名核物理学家。显然,在这个平行的宇宙中,他在过去做出了不同的选择。

特拉福德翻阅伦敦的电话簿,发现了自己的名字,但地址是错误的。他颤抖着,决定去拜访"他的家"。

进入"他"的公寓,他很震惊地遇见了"他"的妻子,一个他从未见过的人——美丽的女人。她很痛苦,愤怒于"他"与其他女人的暧昧关系。她斥责"他"的婚外情,但她发现自己的丈夫(特拉福德)非常困惑。特拉福德发现,他的对应人是一个无赖和色鬼。然而,他发现很难与一个他从未见过的美丽的陌生人争论,即使她碰巧是"他的"妻子。明显地,他和他的对应人交换了宇宙。

他逐渐发觉爱上了"他"的妻子。他无法理解他的对应人怎能如此卑鄙地对待"他"可爱的妻子。接下来的几周是他们一生中最美好的时光。他决定解除他的对应人多年来对妻子造成的一切伤害。然而,就在他们重新认识后,他被突然地拉回了自己的宇宙,并将这段爱一并带回。被抛回他之前的宇宙是违背他的意愿的,他开始在自己的宇宙疯狂地寻找"他"

的妻子。他发现，在他的宇宙中，大多数的人（并非全部人）在另一个宇宙中都有其对应人。他推断，"他"的妻子毫无疑问地在他自己的宇宙中也必然有一个对应人。

他着魔似的追踪他记得的孪生宇宙的所有线索。他利用自己的所有历史和物理知识得出了一个结论——这两个宇宙原本是一个宇宙，1926年或1927年发生了某个关键事件致使其分裂为了两个宇宙。他分析到，一个单一的事件把这两个宇宙分开了。

然后，他仔细地追溯了几个家庭的出生和死亡记录。他用剩余的积蓄采访了许多人，直到他找到了"他"的妻子的家谱。最终，他成功地跟踪到他自己宇宙中的"他"的妻子。小说的结尾是，他将"他"的妻子娶回了家。

巨大虫洞的攻击

有一位哈佛大学的物理学家投身到有关虫洞的这场争论中，他就是西德尼·科尔曼（Sidney Coleman）。他慢悠悠地穿过杰佛逊（Jefferson）大厅的走廊，试图说服那些对他最近的最新虫洞理论持怀疑态度的人。他留着卓别林式的胡子，他的头发像爱因斯坦那样向后梳，他穿着超大号的运动衫，这些特征使科尔曼站在人群中鹤立鸡群。他宣称自己已解决了著名的在过去的80年里一直困扰物理学家们的宇宙常数问题。

他的工作甚至登上了《发现》杂志的封面，题为《平行宇宙——来自哈佛最疯狂的物理学家的新真相》。科尔曼在科幻小说上也是疯狂的，因为他是一个十足的科幻小说迷。他甚至与人合作创立了降临出版公司，出版有关科幻小说评论方面的书籍。

现在，科尔曼精力旺盛地忙于攻击那些认为科学家在我们有生之年不能证实虫洞理论的批评家。如果我们相信索恩的虫洞，那么我们将不得不等到有人发现外来物质或者掌握了卡西米尔效应的那一天。在那之前，我们的时间机器没有"引擎"，不能将我们带回到过去。与此类似的，如果我们相信霍金的虫洞，那么为了能在虫洞之间穿梭，我们必须在"虚时间"中旅行。无论是索恩的虫洞，还是霍金的虫洞，对于一般的理论物理学家来说都是非常糟糕的。他们受到了20世纪不充足的、薄弱的技术的挫折，只能梦寐以求地获得普朗克能量。

这就是科尔曼的工作所承担的任务。他声称，在目前而不是某个遥远的不可预知的未来，虫洞可能产生一个明确的且可以测量的结果。正如我们前面指出的，爱因斯坦的方程认为物体的物质-能量的含量决定周围时空的曲率。爱因斯坦想知道，纯真空的真空空间是否含有能量？纯真空没有能量吗？这个真空能量是用某个叫做宇宙常数的物理量来衡量的。原则上，没有什么能阻止宇宙常数出现在方程中。爱因斯坦认为，这一项从美学观点看是丑陋的，但他不能用物理根据或者数学根据将其抛弃。

20世纪20年代，当爱因斯坦求解它的宇宙方程时，他非常懊恼地发现宇宙在不断膨胀。当时的人们普遍认为，宇宙是静止不变的。为了使他的方程不出现宇宙膨胀解，爱因斯坦插入了一个微小的宇宙常数到他的解中。选择好它的数值，使它正好与宇宙膨胀相抵消，从而建立一个静态的宇宙。1929年，哈勃天文望远镜证明了宇宙确实在膨胀。随后，爱因斯坦消除了这个宇宙常数，并称其为"我一生中最大的错误"。

今天，我们知道宇宙常数非常接近于零。如果存在一个既小且负的宇宙常数，引力的吸引将会极强，整个宇宙将坍缩到只有几英尺大小（伸出你的手，就能抓住你面前的人，他恰好是你自己）。如果存在一个既小且负的宇宙常数，引力就是排斥的，所有的东西都在快速飞离你。其速度甚至大于光速，以至你永远看不到它们发出的光。因为以上这两种噩梦般的场景均未出现，所以我们相信宇宙常数是极小的，甚至等于零。

这个问题在20世纪70年代又重新出现，那时在标准模型理论和大统一理论中正广泛研究对称的破坏。每当一种对称被打破，大量的能量就倒入真空。事实上，充斥在真空中的能量比实验所能观测到的大10^{100}倍。"10^{100}"毫无疑问是一个巨大的值。在物理学的任何地方，我们都没看到理论和实验有这样大的分歧——理论预测对称破坏时真空能量很大，而实验测量出宇宙常数为零。这就给科尔曼的虫洞带来了用武之地，它们用以抵消对宇宙常数多余的贡献。

根据霍金的理论，有无穷多个可供选择的宇宙与我们的宇宙共存，所有的这些宇宙都被一张无限连通的虫洞网连接起来。科尔曼试图将这些无限系列的贡献相加。当这个总和求出之后，他发现了一个令人吃惊的结果：宇宙的波函数正如人们所预期的那样倾向于零宇宙常数。假如宇宙常数为零，其波函数将变得非常大，这意味着找到零宇宙常数的宇宙的概率非常大。此外，假如宇宙常数为非零，宇宙波函数会很快消失，这意味着发现多余宇宙的概率为零。这正是取消宇宙常数的理由，换句话说，宇宙常数为零。因为这是最有可能的结果。存在万万亿个平行宇宙所带来的唯一效果，就是保持我们宇宙的宇宙常数为零。

因为这个结果非常重要，大多数物理学家都开始投入到这个领域中。"当西德尼完成了这项工作后，每个人都跳了起来。"斯坦福物理学家伦纳德·斯坎德（Leonard Susskind）回忆道。科尔曼以他典型的恶作剧的方式，幽默地发表了这一潜在的重要结果。他写道，"我不知道流沙已经淹到了我的脖子，且很快就要将我全部淹没。这种情境始终具有可能性。"

消除宇宙常数到 10^{-100} 的可能性小到令人难以想象。科尔曼喜欢生动地把这个问题的重要性强加给听众。他说，"试想，在 10 年时间里，你从不看自己的工资，且花掉数百万美元。最后，当你将自己在这 10 年里挣的钱与你的花销对比时，发现它们收支相抵"。因此，科尔曼的计算，证明可以消掉宇宙常数到 10^{-100} 是一个非常不平凡的结果。锦上添花的是，科尔曼强调，这些虫洞还解决了另一个难题：它们有助于确定宇宙的基本常数的值。科尔曼补充说，"这是一个与以前被考虑过的任何机制完全不同的机制。它是在自己的圈中飞旋的蝙蝠侠。"

但是，批评也随之涌现。最持久的批评是，他假定的虫洞是非常小的（在普朗克长度的量级），他并未对大虫洞求和。根据评论者的意见，大虫洞也应该包含在他的求和中。但是，由于我们看不见大的、可见的虫洞，因此，他的计算似乎存在一个致命的漏洞。

科尔曼并不为这样的批评而苦恼，他用自己惯用的方式予以回击——为他的文章选取一些耸人听闻的题目。为了证明大虫洞可以在他的计算中忽略，他写了一篇文章反驳他的批评者。文章标题是——摆脱巨大虫洞的威胁。当有人问到他的标题时，他回答说，"如果诺贝尔奖的授予是因为标题，我早就得到诺贝尔奖了。"

如果科尔曼的纯数学论证是正确的，那么，他也许给出了虫洞是所有物理过程的基本特征的坚实实验证据，而不仅仅是痴心妄想。它意味着，把我们的宇宙与无穷多个死宇宙连接起来的虫洞，在阻止我们的宇宙将自己包裹进一个紧致的小球或者阻止它以令人不可思议的速度向外暴胀。在这点上，它发挥了重要作用。它还意味着，虫洞具有使我们的宇宙保持相对稳定的重要特征。

但是，随着科学界在普朗克长度上取得的重大进展，这些虫洞方程的终解必须等到我们能彻底理解量子引力理论之后才能得到。科尔曼的许多方程都需要消除普遍存在于量子引力理论中的无穷大，这意味着必须使用超弦理论这一方法。特别地，我们可能还要等到能有把握地计算对这个理论的有限量子修正。许多这些奇特的预言都将等待计算工具的改进。

正如我们所强调的，问题主要在理论上。我们尚不具备解决这些明确难题的数学能力。这些方程在黑板上看着我们，但我们却没有办法得到它们的严格的有限解。一旦物理学家对在普朗克能量尺度上的物理有了更好的认识，一个全新的概率宇宙就会从此开始。任何人或任何文明如果掌握了在普朗克长度发现的能量，将成为所有基本力的主人。这是我们将要进行的下一个主题——什么时候我们才能成为超空间的主人？

Part IV

Masters of Hyperspace

第四部分

超空间的主人

第四部分　超空间的主人

13　超越未来

> 百万年的文明意味着什么？在过去的几十年里，我们有了射电望远镜和太空飞船，我们的技术文明也已经有数百年之久……正如我们超越非洲丛林中的丛猴或者猕猴那样，一种数百万年之久的先进文明也大大超越了我们。
>
> ——卡尔·萨根（Carl Sagan）

一旦我们揭开了"将所有力统一到单一超力"的神秘面纱，我们的愿景是什么呢？物理学家保罗·戴维斯（Paul Davies）曾对此作了一番评论，他写道：

> 我们可以改变时间和空间的结构，在虚无中产生物质，并建立秩序。控制这种超力，将使我们能够随意地构造和改变粒子，从而生成奇异形式的物质。也许，我们甚至可以改变空间本身的维度，创造奇异的有着不可想象性能的人造世界。我们真的成了宇宙的主人。

我们何时才能拥有利用超空间的力量呢？超空间理论的实验验证（至少是间接的），或许要等到21世纪。然而，掌握操控（不只是验证）十维时空并成为"宇宙的主人"所必须的能量尺度，要超出今天的技术许多个世纪。如前所述，需要巨量的物质-能量才能实现这个近乎神奇的业绩，如产生虫洞和改变时间的方向。

要成为第十维度的主人，我们要么遇到已能够利用天体级能量的银河系中的智慧生命；要么是在我们获得这种能力之前已为此奋斗了数千年。

例如，我们目前的原子加速器可以将粒子的能量提高到1兆（1万亿）电子伏特（1个电子由1兆伏电压加速所产生的能量）。现在，世界上最大的加速器坐落于瑞士日内瓦，由14个欧洲国家的组成的一个财团掌管。但这种能量与探索多维空间所需的能量（10^{20}亿电子伏特）相比是那么的微不足道。这个能量比超导超级碰撞机（SSC）产生的能量大千万亿倍。

1万亿（10^{15}）或许看起来像一个不可企及的大数字。探测这个不可思议的能量所必需的技术，或许需要几十亿英里长的原子加速器，又或许干脆用一种全新的技术。即使我们用全世界国民生产总值之力建立一个超级强大的原子加速器，也无法接近这个能量。初看起来，要掌握这一水平的能量似乎是一个不可能完成的任务。

然而，如果我们理解技术其实是呈指数发展的，那么，这个数字看起来就不像上面所说的大到荒谬的地步了。为了理解技术的这种指数型发展到底有多快，可以通过细菌分裂实验加以比较。如果一个细菌每30分钟分裂一次，且它的生长不受限制。那么几个星期之后，这个细菌将繁殖为一群细菌，其总重量将超过地球的重量。

虽然人类已在地球上存在了大约200万年，但直到最近的200年，才迅速上升到现代文明。这可能要归功于科学知识呈指数型增长这一事实。即，它的膨胀速度正比于人类已知的知识。我们知道得越多，我们就能以更快的速度认识更多的事物。例如，自第二次世界大战以来，我们积累的知识远比我们在地球上200万年演化所积累的知识还多。事实上，我们的科学家所获得的知识总量，大约每10年到20年就翻一番。

因此，分析我们自己在历史上的发展变得尤为重要。要认识技术是怎样按指数增长的，让我们按照每个人可用的能量分析自己的演化。这有助于展望何时能拥有开发十维理论所需要的能量。

文明的指数发展

今天，我们驾驶一辆发动机200匹马力的汽车去乡村度周末或许是很平常的事情。但是，对普通人来说，我们在这个行星上进化的大部分时间里能够获得的能量是较少的。

在这段时间里，最基本的能量来自于我们双手的力量，大约为1/8匹马力。人类以成群的方式生活在地球上，像动物一样成组地狩猎和觅食，只能使用自己肌肉的能量。从能量的角度来看，这种情况仅仅在最近 10 万年里才发生改变。随着手用工具的发明，人类扩大了肌体的功能。矛扩大了手臂的力量，棍棒扩大了拳头的力量，刀扩大了牙齿的力量。在这期间，他们的能量输出加倍了，大约可达到 1/4 匹马力。

大约在过去的 1 万年间，能量输出又一次翻倍。发生这种变化的主要原因，可能是冰川期的结束。冰川期使人类的发展延误了数千年。

由成群猎人和采集者构成的人类社会，随着冰川融化后农业的发现改变了。居无定所的人群不再需要在平原和森林之间迁徙，他们可以在稳定的村子里安定下来。在那里，他们可以年复一年地收获谷物。此外，随着冰川融化，动物（诸如马和牛）的圈养也开始出现，人类所能获得的能量上升到大约 1 匹马力。

随着阶层的兴起，农村生活开始出现了劳动分工，直到社会经历了重大变化——向奴隶制社会转变。这意味着，一个人（奴隶主）将掌握数百个奴隶的能量。能量的突然增加使非人道的野蛮成为可能。人们开始建造第一个真正的城市。在那里，国王们可以命令他们的奴隶使用大型起重机、杠杆、滑轮为他们建造堡垒和纪念碑。由于能量的增加，人们在沙漠和森林中建起了寺庙、塔、金字塔和城市。

从能量的角度看，地球上的人类在 99.99% 的生存时间中所掌握的技术水平仅比动物超前一步。人类所能获得的能量超过 1 匹马力也仅仅在最近的数百年里才得以发生。

具有决定性的变化发生于工业革命。牛顿发现了引力和运动的普遍规律，这使将力学化简为一组明确定义的力学方程成为可能。因此，牛顿的引力经典物理理论在某种意义上为现代机械原理铺平了道路。这有助于使蒸汽机的广泛使用在 19 世纪成为可能。有了蒸汽机，一般人能掌握数十至数百匹马力。例如，铁路的发展促进了整个大陆的发展，轮船开辟了现代国际贸易。它们都是以煤加热的蒸汽能驱动。

人类花费了 1 万年时间才创造出了遍及欧洲的现代文明。有了蒸汽机和内燃机，美国在 100 年内就实现了工业化。因此，仅仅掌握一种基本的自然力，就能极大地增加人类所获取的能量以及不可避免地改变社会。

19 世纪末，麦克斯韦掌握了电磁力，再次掀起了能量革命。电磁力使我们的城市和我们的家庭电气化，呈指数地增加了我们的机器的多样性和功率。蒸汽机现在被强大的发电机所取代。

在过去的 50 年里，核力的发现使人所能获得的能量增加了 100 万倍。因为化学反应的能量以电子伏特来计量，而核裂变和聚变的能量则以百万电子伏特来计量，所以，我们在所能获得的能量上取得了 100 万倍的增长率。

用图像法对人类的能量需求进行历史性分析，得出结论——人类仅用了历史生命中的 0.01% 的时间，就掌握了远超动物所能控制的能量。最近几百年间，我们已能通过电磁力和核力释放巨大的能量。现在，让我们离开过去，讨论未来。使用同样的方法去了解我们何时才能利用超力。

超空间 I 型、II 型和 III 型文明

未来学（根据合理的科学预测未来的科学）是一门有风险的科学。有些人不称它为科学，称其为骗术或巫术。未来学理所当然地获得了这种狼藉名声，因为，未来学家所作的下个 10 年的每个"科学"预言都被证明为不切实际。使未来学变为一门落后的科学，是因为我们的大脑思维是线性的，而知识的发展却是指数型的。例如，对未来学家的调查表明，他们采取的预测方法是将已知的技术简单地增加 2—3 倍来预测未来。20 世纪 20 年代的未来学家在他们所作预测中预言——未来几十年内，会出现庞大的舰队携带旅客横跨大西洋。

但是，科学也以不可预料的方式发展着。在短期内，以几年的时间作为基础进行外推，会得到科学将稳定发展的结论，科学将在业已存在的技术上通过量变而持续发展。然而，以几十年作为基础进行外推时，你会发现质变才是新领域突破的主要因素，在新领域里，新产业在出乎意料的地方出现。

未来学发生错误最著名的例子，或许是约翰·冯·诺依曼（John von Neumann）作出的预测。他是现代电子计算机之父和 20 世纪最伟大的数学家之一。他在战争结束后作了两个预测：第一，未来的计算机将变得巨大而昂贵，只有大型的政府机构才能购买得起；第二，未来的计算机可以准确地预报天气。

实际上，计算机的发展恰恰走上了相反的方向：便宜的、能放在我们

手掌上的微型计算机到处都是。计算机芯片的价格变得低廉、货量充足，以至它们成为了一些现代电器的组成部分。我们已经拥有了"智能"打字机（文字处理），最终将会拥有"智能"真空吸尘器、"智能"厨房、"智能"电视等。同时，计算机无论多么强大也不能预报天气。虽然在原则上，计算机可以预测单个分子的经典运动，但天气太复杂了，即使某个人打喷嚏也会造成新的扰动。这种扰动逐渐扩散并跨越千里，最终或许会形成一次飓风。

作了这些重要的开场白后，让我们来判断一种文明（我们的文明或外太空的文明）什么时候才能获得掌握第十维度的能力。苏联的天文学家尼古拉·卡尔达舍夫（Nikolai Kardashev）曾将未来文明按照下面的方式进行了分类。

Ⅰ型文明，是能控制整个行星能量的文明。这种文明能控制天气、防止地震、在地壳深处开矿、获取海洋资源。这个文明将能够完成对太阳系的探险。

Ⅱ型文明，是能控制太阳自身能量的文明。这并不意味着被动地获取太阳能。这个文明可以全面开采并利用太阳的能量，直接用太阳的能量驱动任何机器。这个文明将开始局部恒星系统的殖民化。

Ⅲ型文明，是能控制整个银河系的能量的文明。它可以将几十亿个星系的能量作为自己可利用的能源。这个文明也许已全面掌握了爱因斯坦方程，能够随意管理时空。

这种分类的基础相当简单：不同的文明级别是根据掌握不同级别的能源进行的分类。Ⅰ型文明使用整个行星的能量。Ⅱ型文明使用整个太阳系的能量。Ⅲ型文明使用整个银河系的能量。这种分类忽视了与未来文明的详细特征相关的预言（这必然是错误的），而集中在诸如能量供给等物理定律能够予以合理解释的方面。

按照这种分类法，我们的文明可被归为零型文明。因为我们刚进入行星能量开发领域，还没有足够的技术全面掌握并控制它们。像我们这样的零型文明，能量来自：石油、煤炭等化石燃料；在第三世界的大部分地区，能量来自人类的原始劳动。我们最大的计算机也不能预测天气，更别说对它实现操控了。从更大的角度看，我们的文明就像一个初生的婴儿。

尽管人们或许会猜想，从零型文明到Ⅲ型文明的慢步发展或许要经历数百万年的时间。但是，有关这种分类方法的一个异常事实是——我们的发展攀升呈指数型增长，因此这个过程比我们原先预想的要快得多。

有了这些限制条件，我们可以对我们的文明何时能到达这些里程碑作出有条理的猜想。考虑到我们现在文明的增长速度，我们也许能在几个世纪内达到Ⅰ型文明的状态。

例如，我们的 0 型文明所能获得的最大能量来自于氢弹。我们的技术是如此原始，只有引爆炸弹才能将氢聚变产生的能量释放，而不是用一种能量控制器对它进行控制。然而，一次简单的飓风就能产生数百个氢弹所能带来的能量。因此，控制天气作为Ⅰ型文明的一个重要特征，距离今天的技术至少还有一个世纪。

类似地，Ⅰ型文明完成了对太阳系的探险，已掌握了太阳系大部分区域的能量运用。相反，今天我们的空间旅行发展的是以几十年为尺度衡量的，因此，空间殖民应以几百年为尺度衡量。例如，美国国家航空航天局载人登陆火星的最早计划日期是 2020 年。因此，火星的殖民化也许会在 40—50 年后发生，而太阳系的殖民化也许要等到 100 年以后了。

相比之下，从Ⅰ型文明到Ⅱ型文明的过渡可能需要 1 000 年。鉴于文明呈指数倍增长，我们可以预计在 1 000 年内，文明对能量的需求将会变得非常巨大，大到我们必须全面开采太阳的能量才能供应我们的需求。

Ⅱ型文明的一个典型的例子是，在《星际迷航》系列影片中描绘的"行星联盟"。这个文明刚学会控制引力，即掌握了通过虫洞使时空弯曲的方法，因此，他们第一次具备了到达邻近恒星的能力。它逃脱了爱因斯坦广义相对论限定的光速极限。在这些系统上已建立了一些小型的殖民地，"企业"号星船发誓要保卫这些殖民地。该文明的飞船是由物质与反物质碰撞来提供能量。事实上，拥有制造高密度的适用于空间旅行的反物质的能力，需要等待几个世纪甚至上千年的时间。

从Ⅱ型文明推进到Ⅲ型文明，可能需要几千年或更长的时间。事实上，这是艾萨克·阿西莫夫在他的经典小说《基地》系列中预言的时间尺度，它描述了银河文明的兴盛、衰落和复兴。不同阶段所涉及的时间尺度都超过了千年。这个文明可以利用银河系本身所包含的全部能量。对这一文明来说，利用弯曲驱动而并非外来驱动实现恒星旅行，成为了银河系中不同区域间贸易和商业活动的标准途径。因此，尽管我们这个物种离开森林这个安全家园，建立一种现代文明总计花费了 200 万年的时间。但是我们离开太阳系这个安全家园，建立一种星系文明或许只需要几千年就能达到。

开创Ⅲ型文明的一个选择是,学会获取并利用超新星或黑洞的能量。这种文明的星际飞船甚至可以探测银河系的核心,这也许是最神秘的能量源。天体物理学家分析,由于银河系的核心无比巨大,银河系的中心可能含有几百万个黑洞。如果真是那样的话,银河系将能提供无限的能量。

在这一阶段,掌握比现今大几千万亿倍的能量将成为可能。因此,Ⅲ型文明可以掌握无数恒星系统的能量,甚至可以掌握银河系核心的巨大能量。于是,掌控第十维度,也许成为了可能。

太空鸡

我曾与普林斯顿高等研究院的物理学家弗里曼·戴森(Freeman Dyson)共进午餐。在物理学界,戴森是一位资深级的人物,他善于解决一些最理智的、最具挑战性的、最有趣的,人类面临的问题。如:太空探索的新方向、地外生命的特征、文明的未来。

戴森与那些过分专注某个狭窄的完全确定的专业领域的其他物理学家不同,他丰富的想象力漫游于整个银河系。"我不像玻尔和费曼那样,可以将自己的整个思想集中在一个深奥的问题上长达数年之久。我的兴趣分散于太多的不同方向。"他坦白地说。他身体单薄但却充满朝气,他有着牛津大学教师所具有的严谨风格,说话时带有英国口音。我们进行了一场长时间的、范围广泛的午餐会谈,触及了许多在这些年里让他着迷的思想。

戴森审视了我们的文明向Ⅰ型文明过渡的过程,他发现我们原先的太空计划被引导到了错误的方向上。目前的趋势是"太空计划朝着更重的有效载荷"、"太空船发射的时间间隔越来越长"。这严重阻碍了空间探索。在他的著作中,他提出了一种彻底偏离这种趋势的方案。这种方案建立在他所谓的太空鸡上。

太空鸡体积小、重量轻、智能化,是多功能的太空探测器。相比过去的飞船,太空鸡有着显著的优势。过去的飞船笨重,太空飞行成本也非常昂贵,这成为了太空探索的一个瓶颈。"与太空飞船动辄几吨的重量相比,太空鸡仅有1公斤重,"戴森继续说道,"太空鸡将不用建造,它是生长出来的。"他继续补充道，"太空鸡可以像大脑重量不足 1 克的蜂鸟那般敏捷。"

太空鸡利用了生物工程中最先进的技术。它部分是机器，部分是动物。它身躯虽小，但却有充足的能力探索外层行星，如天王星和海王星。它不需要大量的火箭燃料，它被培育出来，并按照制定的程序"吃"在外行星周围的环上所能找到的冰和碳氢化合物。它用遗传工程设计的胃，将这些材料消化为化学燃料。一旦它的胃口得到满足，它会发射到下一个卫星或者行星上。

太空鸡依靠遗传工程、人工智能以及太阳能电力推进器方面的技术突破。由于这些领域的显著进步，戴森预计，太空鸡所需的各种技术在 2016 年前可以到位。

戴森以长远的观点审视文明的发展，他相信，以现在文明的发展速度，我们在几百年后就可以进入 I 型文明。戴森认为，促进各种类型之间的文明过渡并不困难。他估计，划分不同类型文明时所用的尺度和能量的差别大约为 100 亿倍。尽管这个倍数看起来像一个巨大的数字，但是以每年 1% 的增速缓慢发展的文明可以在 2 500 年后实现不同类型文明之间的跨越。因此，一个文明稳步发展到 III 型文明的水平几乎是可以得到保证的。

戴森写道，"一个偶然的具有较强扩张力的社会，将在几千年的时间内把自己的居住地从单一的行星（I 型）扩张到占据整个恒星的生物圈（II 型）。在几百万年的时间内，从单个恒星（II 型）发展到整个星系（III 型）。已经超越了 II 型文明的种族将不再惧怕天灾人祸带来的种族灭绝。"

然而，还存在一个问题。戴森认为，从 II 型文明向 III 型文明过渡，可能会遇到强大的物理困难，即如何突破光速的限制。II 型文明的扩张，必然会以低于光的速度行进，戴森认为这个问题极大地限制了它的发展。

II 型文明能够利用超空间的能量打破光障和狭义相对论的约束吗？戴森不敢肯定。他提醒我，普朗克长度是一个非常小的距离，要探测到这个距离需要不可想象的能量。他觉得，或许普朗克长度是所有文明都必须面对的天然屏障。

太空中的Ⅲ型文明

假如说达到Ⅲ型文明的漫漫长路对我们自己的文明似乎非常遥远,那么,或许有朝一日我们将遇上地外文明。它为了自身的需要已经掌握了超空间并能为其所用,且愿意与我们一起分享它的技术。然而,我们面临的难题是——在我们的太阳系乃至银河系中,几乎看不到任何先进文明的迹象。我们的空间探测器,无论是20世纪70年代登陆火星的"海盗号",还是20世纪80年代发射到木星、天王星、海王星上的"旅行者",都发回的是令人沮丧的信息。这表明了我们的太阳系是凄凉的,没有生命的。

两个最有希望出现生命的行星——金星和火星——已被证明不存在生命的迹象,更不用说先进文明了。金星以爱的女神命名,天文学家以及浪漫主义者曾设想它是一个郁郁葱葱的热带星球。而事实正好相反,我们的空间探测器发现它是一个严酷的、荒芜的星球。它的大气层由令人窒息的二氧化碳构成,温度超过400摄氏度。它下的是有毒的硫酸雨。

1938年,广播电台广播了奥逊·威尔斯(Orson Welles)关于火星人入侵地球的科幻小说,这在美国的大萧条时期引起了恐慌。火星其实在此之前就引起了人们的极大关注,但它同样令人失望。我们知道它是一个荒凉的布满沙漠的星球,这里没有地表水的痕迹。古老的河床和消失的海洋在火星表面留下了鲜明的印记,但我们没有看到任何文明的废墟或迹象。

科学家们分析了太阳系以外从邻近恒星发出的辐射,同样没有结果。戴森强调,根据热力学第二定律,任何先进的文明都必然会产生大量的废热。它的能源消耗应该是巨大的,一小部分废热应该很容易地用我们的仪器检测到。因此,戴森主张对我们附近的恒星进行观察,用仪器去探测先进文明产生的废热的踪迹。但无论我们如何扫描天空,也看不见来自Ⅰ型、Ⅱ型、Ⅲ型文明的踪迹或通讯信号。比如在我们自己的地球上,在过去半个世纪,我们已经掌握了广播和电视艺术。因此,围绕着我们的星球有一个半径为50光年左右的无线电波的球体。在离开地球50光年内的任何恒星,如果它包含智慧生命,应该能探测到我们的存在。同理,任何Ⅱ型或Ⅲ型文明在过去的几千年中应该会不断地发出大量的电磁辐射,因此,在这个文明的行星几千光年的范围内的任何智慧生命都能检测到它的存在。

1978年，天文学家保罗·霍罗威茨（Paul Horowitz）扫描了所有类似于太阳系的恒星系（总共85个）。遗憾的是，他没有发现任何来自智慧生命的无线电发射踪迹。天文学家唐纳德·戈德史密斯（Donald Goldsmith）和托比乌斯·欧文（Tobius Owen）在1979年报告说，他搜索了超过600个恒星系统，没有发现任何信号。这个被称为SETI（搜寻外星智慧）的搜索遭到了持续的失败。[为了鼓励大家进行天文探索，1992年美国国会表现出了少有的慷慨，划拨了1亿美元的专款用于为高分辨率微波测量建立一个10年计划。这种微波测量将负责检测附近恒星系统上是否存在智慧生命。利用这些资金，政府在波多黎各阿雷西沃建立了巨大的口径为305米的固定无线电盘，系统地扫描距离地球100光年范围内的星球。它将辅助加利福尼亚戈德斯的口径为34米的移动无线电天线，辅助其扫描夜空的宽广地区。在出现否定结果的数年后，加州大学圣塔克鲁斯分校的天文学家弗兰克·德雷克（Frank Drake）对他们将会找到智慧生命表示了谨慎的乐观。他评论说，"许多人类社会通过将好奇心与创造美好生活的努力结合起来，都独立地发展了科学。我认为这些相同的动机亦存在于其他生物中。"]

当我们意识到，在我们银河系中出现智慧生命的概率大得出奇时，我们更加困惑了。德雷克甚至导出了一个简单的方程，用以计算银河系中有智慧生命形式的行星的数量。

例如，我们的银河系包含大约2 000亿颗恒星。为了给存在智慧生命形式的恒星数量一个大致准确的数字，我们可以做以下的粗略估计。我们保守地认为，这些恒星中的10%是黄恒星（类似我们的太阳），黄恒星中有10%拥有围绕自己运转的行星，行星中有10%的类地行星，类地行星中有10%拥有适合生命的大气，类地行星且拥有适合生命的大气的10%拥有类地大气层并孕育出了生命形式，而这其中的10%拥有某种形式的智慧生命。这意味着一个惊人的数字，银河系中有20万个恒星拥有某种形式的智慧生命。德雷克方程较乐观的一组解表明，智慧生命距离我们太阳的平均距离也许可以低到15光年。

科学家用近代的高级计算机技术可以使德雷克原始的粗略的计算得到改进。例如，华盛顿卡耐基学院的乔治·W.韦瑟里尔（George W. Wetherill）对我们太阳系的早期演化进行了计算机模拟。他从围绕太阳的一个大的涡旋气盘开始模拟。他让计算机演化该气盘，直到灰尘凝聚成小的岩石。他惊喜交加地发现，与我们地球大小相近的行星可以很容易地从这些岩石核心中演化出来。事实上，大多数时候，地球般大小的行星都会自发地由一块块物质合并而成，这些物质到恒星的距离则为地球到太阳的距离的80%—130%。（奇怪的是，他还发现，距离太阳很远的木星大小的行星的形成对于地球大小的行星的演化非常重要。木星大小的行星通常为清扫彗星的碎片和残核而形成。这些残核如未被清扫，就会撞击类地行星，灭绝类地行星上的任何原始的生命形式。韦瑟里尔的计算模拟分析表明，如果没有木星这类的行星以其巨大的引力清理彗星碎片，则类地行星遭遇彗星撞击的概率将比现实提高1 000倍。这意味着，每10万年就有一次毁灭生命的撞击。）

因此，一个引人注目的（并非严谨的）的结论是，概率法则支持银河系存在其他智能生命的说法。事实上，我们的银河系已有100亿岁了，这意味着它有充足的时间让众多的智慧生命形式在其中孕育发展。Ⅱ型和Ⅲ型文明已经掌握了无线电技术数百年甚至数千年，它们应当发射出很容易被探测到的电磁辐射球面波。这些球面波的直径在数百光年到数千光年。然而，到目前为止，我们并未看到太空中的智慧生命形式的任何迹象。

为什么？

科学家已提出了好几个推测性理论，来解释为什么我们目前还不能探测到距离我们行星100光年外的地方的智慧生命的踪迹。这些解释没有一个令人特别满意，最终的真相也许是所有这些解释的组合。

一个理论认为，德雷克方程可以告诉我们有多少行星包含智慧生命的粗略的概率。但他并不能告知我们，这些行星要到什么时候才可以发展到拥有智慧生命这个水平。鉴于天文时间尺度，也许德雷克方程预测的智慧生命形式存在于我们之前的数百万年前，或者在我们数百万年之后的未来。

例如：我们的太阳系已存在了大约45亿年时间，地球上的生命开始于30亿—40亿年前，但实际上，仅在过去的几百万年前才开始出现智慧生命（并且这个文明仅在过去几十年时间里才建造出了能够向外层空间发射信号的无线电台）。然而，100万年的时间放在几十亿年的时间尺度中仅是一瞬间。因此，我们有理由假设，数以千计的高级文明曾在我们遥远的祖先离开森林之前就已存在，并经历了发生、发展、衰亡的全过程。又或者，一些高级文明会在我们死亡后的很长时间才会发展起来。无论是前者还是后者，我们都不能用当下的仪器探测到他们。

第二个理论认为，银河系实际上充满了许多先进的文明，它们先进到可以隐藏自己的踪迹。故而，我们的仪器无法窥探到他们。他们比我们先进数百万年，因此，他们对我们并不在意。例如：我们在田野中偶然碰见一个蚂蚁群，我们的第一反应肯定不是与蚂蚁接触，要求与它们的领袖相见，在它们眼前挥动小玩意儿并为它们提供无与伦比的繁荣以及分享我们先进的技术成果。我们的正常反应，通常将它们忽略（甚至踩死几只蚂蚁）。

这些长期存在的问题使我困惑。我问戴森，他是否考虑过在不久的将来，我们会与地外生命相接触。他的回答完全出乎我的意料。他说，"我希望不"。我对此非常不解，某个对外层空间中的智慧文明思考了数十年的人对真正与他们会面持保留态度实在令人不可思议。然而，了解英国历史的人必定有恰当的理由不鲁莽地闯入或接受其他文明。英国文明可能只比其他许多文明（如被英国陆军和海军征服的印度文明和非洲文明）先进几百年的时间。

虽然大多数科幻作家抱怨空间探索中由光速所设置的限制，但戴森的观点则是非正统的，他认为这也许是一件好事。考虑到贯穿在我们世界历史中频发的血腥的殖民主义历史，他陷入沉思：各种Ⅱ型文明将遥远的距离分割，致使普朗克能量无法达到。他打趣地说，看到光明的一面，"至少，我们可以逃避税收"。

不幸的是，两个不平等的文明之间的碰撞通常会给较弱的一方带来灾难性的影响。例如，阿兹特克文明在墨西哥中部地区经历了数千年的发展已变得非常优秀。在某些方面，它掌握的科学、艺术、技术可与欧洲的成果媲美。然而，在该地区的阿兹特克人的火药和军舰却落后西班牙人几个世纪。1521年，400名西班牙的衣衫褴褛的征服者与先进的阿兹特克文明之间的一场意外冲突，以阿兹特克的悲剧告终。在一个非常短的时间内，人口几百万之众的阿兹特克人被彻底打败，并沦为西班牙人的奴隶作业于矿上。他们的财富被掠夺，他们的历史被抹去，甚至他们伟大的阿兹特克文明也被汹涌而来的传教士抹杀了。

我们考虑当自己遇到外太空的来访者时我们会作何反应。读一读阿兹特克人遇到西班牙来访者是如何反应的。这是发人深省的，"他们像猴子一般抢夺黄金。显然，他们对黄金的渴望永不满足。他们渴望黄金、贪求黄金，他们像猪一般想用黄金将自己填饱。因此，他们拿起亮闪闪的黄金，将黄金据为己有，喋喋不休地胡言乱语。"［鉴于此，也许我们不应如此热情地期待与智能的外星人接触。科学家指出，在地球上有两种类型的动物：一类是捕食者，如：猫、狗和虎（它们的眼睛位于脸的前方，能凭借立体的视觉瞄准目标）；另一类是被捕食者，如：兔子和鹿（它们的眼睛位于脸的侧方，以便360度观察捕食者）。通常情况下，捕食者比被捕食者更聪明。试验表明，猫比老鼠更智能、狐狸比兔子更聪明。人的眼睛位于脸的前方，也是捕食者。我们在寻找智慧生命的历程中，应保持谨慎。我们遇到的外星人也许同样是从食肉动物进化而来。］

在宇宙尺度上，文明之间的突然碰撞可能会更富戏剧性。因为我们正在谈论的是天文学的时间尺度，所以一种比我们超前100万年的文明也许根本对我们没有兴趣（我们在他们眼中就像"蚂蚁"）。此外，我们的行星也几乎不能为他们提供大量的别的恒星可使用的自然资源。

然而在《星际迷航》系列影片中，"行星联盟"遇到了其他行星的敌对文明——克林贡和罗慕伦人。他们恰好与"行星联盟"处在相同的技术水平。这明显增加了这个系列影片的戏剧性和紧张性，但这个事件发生的概率是天文数字。实际情况中更可能出现的是，我们驾驶星际飞船冒险进入星系时，将会遇上与我们处于不同技术发展水平的文明。有些文明或许比我们领先成百上千万年。

文明的兴衰

除了"我们可能与其他文明错过了几百万年"或者"别的文明太先进以至于对我们不屑一顾"这两个理论外，还存在第三个理论，它比之前的两个理论更有意思。该理论认为，数以千计的智慧生命形式均从沼泽中产生，但他们都无法跨越一系列的自然灾害和自致灾害两方面的惩罚。如果这个理论是正确的，那么或许在有朝一日，我们的飞船将在遥远的行星上发现古老文明的遗迹。或者更可能的是，我们自己的文明也将面临这些灾难。我们不但没有成为"宇宙的主人"，还走上了一条自我毁灭之路。因此，我们要问的问题是：先进文明的命运是什么？我们（他们）是否能存活足够长的时间去掌握第十维度的物理？

文明的兴起并不是以技术和知识稳定且确定的增长为标志。历史告诉我们，文明的崛起、成熟、消亡，有时无轨可循。在未来，人类也许会打开技术恐怖的潘多拉盒子。从原子弹到二氧化碳，这些技术恐怖到可以威胁我们的生存。一些未来学家预言，我们也许等不到新时代的到来，就会迎来技术和生态的崩溃。对于未来，他们凭空给出了一幅人类的恐怖图像，它浓缩为查尔斯·狄更斯（Charles Dickens）小说中可怜的、受到恐吓的守财奴。他跪自己的坟墓里，卑躬屈膝地恳求上苍再给他一次机会。

不幸的是，大部分人几乎都选择忽视或未意识到面向我们的潜在的灾难。有些科学家认为，也许我们可以将人类这个单一的实体比作一个横冲直撞的失控的少年。例如，心理学家告诉我们，青少年的行为通常都是无法无天的。他们开车、饮酒、吸毒的习惯就是他们漫不经心和鲁莽的最鲜明的证明，影响着他们的生活方式和前景。在美国，青少年死亡的主要原因不再是疾病，而是意外事故。这些事故也许正是由于他们天真地认为谁也管不了他们，他们能永久活下去造成的。

如果这是真的，那么我们在滥用技术和环境，就好像我们能永久活下去似的，丝毫未注意到潜在的未来的巨大的灾难。社会作为一个整体，也有"小飞侠彼得潘情结"。不希望长大，不希望面对由于自己缺少责任心而导致的后果。

为了使我们的讨论具体化，我们可以利用已有的知识找出一些重要的在未来漫长的时间里必须跨越的障碍，才能成为第十维的主人：铀的屏障、生态崩溃、新冰川期、天体碰撞、复仇和灭绝、太阳和银河系之死。

铀的屏障

乔纳森·谢尔（Jonathan Schell）在其划时代的小说《地球的命运》中指出，我们已非常危险地接近了相互毁灭的阶段。虽然最近苏联的解体使得大规模的武器削减成为可能，但全世界仍存在至少 5 万枚战术和战略核武器，还配有相当准确的用于发射它们的火箭。人类已最终掌握了彻底毁灭自己的可能性。

假如在核战争中公开发射导弹，我们又恰好幸免于难未被摧毁，那么，我们仍有可能在核冬天导致的极度痛苦中死去。在核冬天中，燃烧着的城市产生的浓烟和灰烬慢慢挡住了生命赖以生存的所有阳光。计算机研究表明，1亿吨的核爆炸不仅会在城市中造成巨大的火灾，它还可以有效地遮蔽大气层。随着温度的急剧下降，农作物歉收、城市封冻，最后残剩的那一点文明将像蜡烛似的熄灭。

核扩散最终加剧了危险。美国情报机构估计，印度在1974年引爆了第一颗核弹之后，现已储存了大约20颗原子弹。美国情报机构声称，巴基斯坦在其秘密的卡胡塔核工厂已经建造了4颗原子弹，其中还有一颗原子弹的重量未超过400磅（181公斤）。在以色列迪莫纳核安装厂的工人声称，他看到在内盖夫沙漠有足够建造200颗原子弹的材料。南非承认，它制造了7颗原子弹，并在20世纪70年代末在其海岸进行了两次原子弹试验。美国间谍卫星"贝拉"（Vela）在南非海岸附近拾取到了原子弹的"指纹"，当时还有以色列的军舰在场。像朝鲜、韩国这样的国家和地区正处于核危机的边缘。这是非常可能的，美国情报局披露，到2000年底，有20个国家将拥有核弹。核弹将扩散到世界上最热点的地方，包括中东。

这种局面是极其不稳定的，并将变得更加不稳定，以至于国家之间将为了争夺日益减少的资源和势力范围而竞争。不仅是我们的社会，银河系中的每一个正在建立工业社会的智能文明都会发现92号元素（铀）以及它的大规模杀伤力。铀元素有维持链式反应和释放存储在原子核内巨大能量的奇妙性质。有了主宰铀元素的能力，我们就有了把自己这个物种从贫困、愚昧和饥饿中解放出来的能力，或者用核爆炸把我们这个行星毁灭的能力。但是，铀元素的能量只有在智能生命达到零型文明的特定发展水平时才能被释放出来。它依赖于有内聚力的社会单元的规模大小和它的工业发展状态。

例如，火的利用可以由孤立的一群聪明的个体（例如部落）掌握。为制造武器所需要的熔炼和原始冶金技术，则需要一个更大的社会单位才能掌握，大约需要数以千计（如一个小村庄）的个体。内燃机的发展（例如，汽车引擎）需要更为复杂的化学和工业基础为前提，它只能由数百万以上的个体组成的社会单位来完成（例如，一个国家或一个州）。

铀元素的发现打乱了这种缓慢的社会单位稳步上升与其技术发展之间的平衡。核能的释放使化学炸药相形见绌，它们甚至可以带来100万倍的差距。有的能够利用内燃机的国家，也能提炼铀元素。因此，一个严重的错配发生了，尤其是当这个假想文明的社会发展仍旧停留在敌对国家的形式时。由于铀元素的发现，用于故意损害和破坏的技术在发展速度上突然超越了社会关系的缓慢发展。

因此，我们可以得出一个很自然的结论：零型文明大量出现，是在我们的银河系的 50 亿—100 亿年期间，他们最终都发现了铀元素。如果一个文明的技术能力的发展速度超过了社会发展的速度，那么随着敌对的民族国家的兴起，这个文明极有可能自我毁灭。[28] 令人遗憾的是，假如我们的寿命足够长，能达到银河系中我们所在区域的附近的恒星系上，我们或许会看到为数众多的已故文明的灰烬。他们用核弹解决了民族感情、个人嫉妒和种族仇恨。

正如海因茨·帕格尔斯（Heinz Pagels）所言：

> 对我们的文明的挑战，必然会碰到道德秩序和政治秩序的建立。这种文明产生于我们对供给恒星燃料支持其燃烧的宇宙能量的认知，我们对光和电子通过物质的运动的认知，我们对生命的生物基础分子秩序的认知。道德秩序和政治秩序主要起协调作用，否则，我们将被摧毁。这种挑战将考验我们最深处的理智和情感之源。

因此，理性分析，我们的银河系中偶然产生了许多先进的文明。但他们都未跨越铀的障碍，尤其是当他们的技术超越了他们的社会发展速度时。

例如，我们在图表上绘制一个无线电技术的产生图，我们看到我们的地球在演化了 50 亿年后才有了一个智能的人种发现如何操纵电磁和核力量。然而，如果我们在核战争中进行了自我消灭，那么，这条曲线将成为一根竖线或归零。因此，为了与先进的文明交流，我们必须审视准确的纪元，精度在几十年，在这个文明毁灭自己之前。存在一个几乎看不见的"小窗口"，通过它，我们可以与另一个活着的文明在其自我毁灭之前接触。在图 13.1 中，我们看到整个银河系中外星文明的产生，它们用一系列峰线表示，每个峰线代表了一种文明的迅速崛起，以及由核战争导致的迅速衰落。因此，在太空中扫描智慧生命也许是一项艰巨的任务。也许在过去的几十亿年的时间中，已出现了成千上万的峰线，或者说，有成千上万的行星在自我毁灭之前掌握了无线电技术。不幸的是，每一个短暂的峰线都发生在不同的宇宙时间。

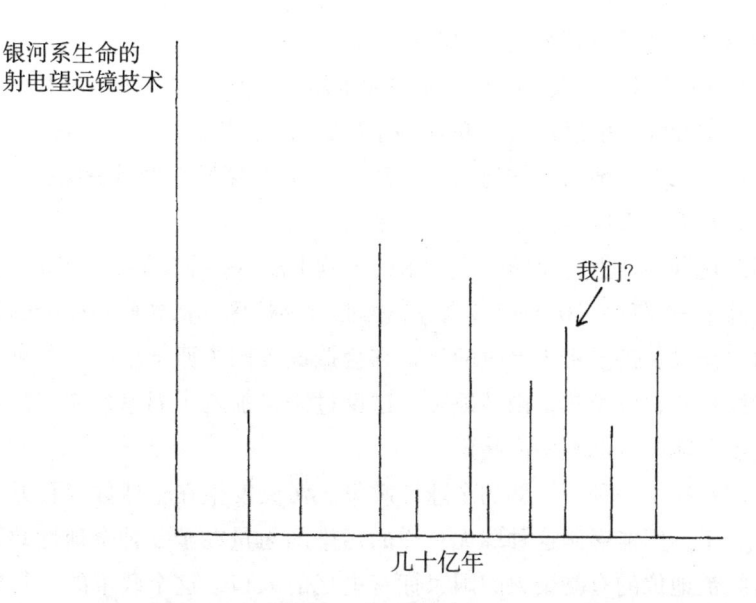

图 13.1 为什么我们在银河系中看不到其他智慧生命？也许能够建造射电望远镜的智慧生命在过去几百万年间频繁出现过，但他们最终都消亡于核战争。我们的银河系可能曾经充满了无数智慧生命，但它们或许大多数都消亡了。我们的文明会有所不同吗？

生态崩溃

假设一个零型文明可以掌握铀而不会遭致核战争的毁灭，那么，他将面临的下一个障碍将是生态崩溃。

我们回忆之前提到过的单一细菌的例子。它进行着频繁的细胞分裂且不受限制，最终，它的重量将超过地球。然而，我们在地球上并不能看到这种大量的细菌。事实上，细菌菌落在通常情况下几乎长不到一分钱硬币的大小。我们将实验室里的细菌放在一个盛满营养液的盘子里，它确实会呈指数倍地增长，但它们最终会死亡，因为它们产生了太多的废物并耗尽了食品供应。这些菌落在它们自己生产的废物中窒息而亡。

与细菌菌落相似，我们也可能会耗尽自己的资源而淹死在我们不断产生的废物中。我们的海洋和大气层并非是无限的，它们是地球表面的极薄的一层薄膜。一个零型文明发展为 I 型文明之前，人口通常会膨胀到数十亿，从而带来资源紧张和污染加剧的问题。一个最直接的危险是大气中毒。人们会产生大量的二氧化碳，这些二氧化碳会吸收阳光并提高地球的平均温度，还可以带来失控的温室效应。

自1958以来，大气中的二氧化碳的浓度增加了25%，其中绝大多数来自石油和煤炭的燃烧（全球45%的二氧化碳来自美国和苏联）。这在极大程度上加速了地球平均温度的上升。从1880年始，世界平均温度100年才上升0.5摄氏度。但今天，世界平均温度每10年就会上升0.3摄氏度。气温的这种加速上升将转化为海水的持续上涨。科学家预计2050年，海水将上涨1—4英尺（0.3—1.2米）。类似孟加拉国、洛杉矶和曼哈顿地区将被海水淹没。甚至更为严重的是，它会造成美国中西部地区粮食歉收，加速沙漠扩张，以及热带雨林破坏。这反过来又加剧了温室效应。饥荒和经济崩溃可能在全球范围内蔓延。

问题在于一种不协调的全球性政策。污染发生在全球数以百万计的个体工厂里，但能遏制这种肆无忌惮的污染的力量在于一种全球性政策。如果占统治地位的有凝聚力的国家拥有上亿的人口，这个政策的执行即便是可能的，也会非常困难。在短期内，这或许意味着需要采取紧急政策，急剧削减内燃机及煤和石油的燃烧。它可能会导致生活水平的下降。这意味着，发展中国家会面临更多的困难，因为他们需要获得廉价的能源。然而，从长远来看，我们的社会可能会被迫采取以下三个可能的解决方案之一——太阳能、核聚能、增殖反应堆。因为它们不会产生二氧化碳，且是用之不竭的能源。其中，太阳能和核聚能最有希望。核聚变发电（聚变在海水中发现的氢原子）和太阳能虽然距离实际应用还有数十年，但它们应当能为以后的数个世纪提供大量能量，直到社会过渡到 I 型文明。

问题再次出现在技术的发展超过社会文明的发展。只要，污染是由单个国家产生的，而纠正这种状况所必须的措施又是全球性的。那么，造成灾难的致命的不协调性就会显现出来。在解决这种不协调性之前，对零型文明来说，铀屏障和生态崩溃的存在将一直威胁零型文明的生命。

然而，一旦文明超过了零型状态，就较为乐观了。要达到 I 型文明，需要在全球范围进行非凡的社会合作。试图开发铀、内燃机和化学品资源，需要聚集几千万甚至几亿的人。试图利用全球资源，则需要聚集几十亿的人。因此，I 型文明的社会组织必须是复杂且先进的，否则技术将难以得到发展。

根据定义，I 型文明需要的一个团结的社会单位就是整个地球的人口。I 型文明的本质必须是行星文明，它不能在较小的尺度上运行。

从某种意义上说，这可以比作生孩子。最危险的时期是婴儿初生的几个月。因为婴儿在这个阶段要完成内部环境向外部环境的过渡，外部环境中有大量潜在的敌对细菌威胁婴儿。一年后，他们很大程度上适应了外部环境，死亡率大幅下降。同样，一个文明最危险的时期是它取得核能力后的最初的几个世纪。文明一旦建立了全球性的政治体系，那么，危险时期也就过去了。

新冰川期

没有人知道是什么原因导致了冰川期的产生，它持续存在了几万年乃至几十万年的时间。一种理论认为，冰川期是由于地球自旋的细微变化引起的。这个变化太微小，以至在几个世纪的期间内，我们也无法观察到它。在几十万年的时间内，这些微小的影响逐渐累积，并造成极地射流的极细微的变化。最终，射流改道，冻结的极地气团跑到越来越远的地方，造成全球气温剧降，直到一个新冰川期的开始。这个新冰川期确实大大地损坏了地球的生态，消灭了大批哺乳动物的生命形式，隔绝了各个大陆的人群，甚至产生了各种不同的种族，这是一个比较新的现象。

不幸的是，我们的计算机太原始，甚至无法预测明天的天气，更不用说下一个冰川期的来临了。例如，计算机现在正准备步入了第五代。回想一下，无论第四代计算机多么复杂和强大，它也在同一时刻进行单线程的数值计算。这是一个巨大的瓶颈，也正是第五代计算机要解决的问题。第五代计算机将拥有并行处理器，可以在同一时间进行多线程的计算。

我们的文明（如果它成功跨过了铀屏障和生态崩溃）有了控制天气的能力，在数百年内达到Ⅰ型文明是非常可能的。如果人类在下一个冰河期到来之前达到Ⅰ型文明或更高的文明，那么，有充分的理由相信新冰川期不会将人类毁灭。人类要么改变天气阻止冰川期，要么离开地球。

天体碰撞

在几十万年到几百万年的时间尺度上，零型文明和Ⅰ型文明都必须时刻警惕小行星碰撞和附近的超新星爆发。

在本世纪内，人类拥有了精确的天文测量能力，故而明白了地球的公转轨道与许多小行星的轨道相交。这种轨道相交使得地球与小行星发生碰撞的概率大大增加。（零型文明和Ⅰ型文明防止发生类似碰撞的一种方法是——在小行星距离地球尚有数千万英里时，发射载有氢弹的火箭，使小行星偏离初始轨道。事实上，这种方法是国际上大批科学家提出的。）

这种碰撞发生的频率比一般人认识的要大。最近一次的碰撞发生在1993年1月3日，美国国家航空航天局的天文学家用雷达拍摄到了全程照片。小行星图塔蒂斯的照片显示它由两个岩石核心构成，每个直径2英里（3公里）。它在距离地球220万英里（350万公里）的范围内出现。1989年3月23日，一个直径大约0.5英里（0.8公里）的小行星运行到离地球更近的地方，大约70万英里（110万公里）（这个距离只有地球到月球距离的3倍）。

事实上，1992年底，科学家还宣布了一个巨大的彗星或许将在2126年8月14日撞击地球。这次撞击也许会结束地球上的所有生命。哈佛-史密森天体物理中心的天文学家布莱恩·马斯登（Brian Marsden）预计这次彗星撞击地球的概率是万分之一。斯威夫-特塔特尔（Swift-Tuttle）彗星（以内战期间首次发现它的两名美国天文学家命名）很快被媒体称为"末日石"。即将失业的核武器物理学家们指出，他们应该被获准去建造巨大的氢弹，以便在末日来临之前将它炸成碎片。

事实上，斯威夫-特塔特尔彗星的碎片早已影响了地球。它每130年围绕太阳公转一周，并释放出了大量的碎片，形成了太空中的流星和粒子流。当地球穿过粒子流时，我们将会看到一年一度的英仙座流星雨，好像烟花一样照亮天空。（我们应该指出，预测彗星侥幸脱险是一件没有把握的事情。由于太阳的辐射热使彗星上的冰表面不规则地蒸发，显现出成千上万个小鞭炮一样的溅射，使它的轨道发生轻微的但却重要的偏离。马斯登几周后就收回了他之前说的话，因为它是不正确的。"我们在下一个千年是安全的"，马斯登更正道。）

美国国家航空航天局的一个研究小组在1991年1月估计，大约有1 000—4 000个直径大于0.5英里（0.8公里）的小行星的轨道与地球相交。这足以构成对人类文明的威胁。然而，雷达只对这其中的150个较大的小行星进行了跟踪。此外，据估计，大约还有30万个半径较小的小行星穿越地球轨道，它们的直径大约为300英尺（0.1公里）。不幸的是，科学家对这些更小的小行星的轨道一无所知。

在1967年的冬天，我还是哈佛大学的一名大四学生。在那时，我有一次与外星物体的近距离接触的经历。我宿舍中的一位密友在哈佛大学天文台有一份兼职工作。他告诉了我一个严格保守的秘密：天文学家发现了一个直径有好几英里的巨大的小行星，且正向地球的方向飞来。此外，他还告诉我，虽然具体时间还未有定论，但通过计算的演算，它可能会在1968年6月撞击地球，即我们毕业的时候。这样尺寸的物体与地球的地壳发生碰撞，地球会喷出数十亿吨岩浆，并在全世界范围内引起巨大的地震和海啸。随着时间的推移，我定期得到了这个世界末日小行星行程的新版本。天文台的天文学家显然非常小心，他们担心这些信息会引来不适当的恐慌。

20年后，我几乎忘记了这件事，直到最近，我浏览到一篇关于小行星侥幸脱离的文章才联想起曾经的记忆。果然，这篇文章提到了1968年的那个小行星。显然，这个小行星当时从距离地球大约100万英里（160万公里）的地方经过。

比小行星碰撞更罕见的且更壮观的是，在地球附近发生的超新星爆炸。一个超新星会释放出巨量的能量，甚至超过了数千亿的恒星所放出的能量总和。它最终发出的光或许比整个银河系还亮。它会产生一场X射线暴，它们足以在附近的恒星系造成严重的干扰。即便在最小的情况下，附近的一个超新星爆炸也会产生巨大的电磁脉冲（EMP），类似于在外层空间引爆一个氢弹所释放的电磁脉冲。X射线暴最终会撞击我们的大气层，将电子从原子中破碎出来。之后，电子会在地球磁场中旋转，产生巨大的电场。这些电场足以毁坏数百英里内的电器和通讯设备，造成混乱和恐慌。在大规模的核战争中，电磁脉冲将彻底摧毁或破坏在地球范围内的任何形式的电子器件。事实上在最坏的情况下，在一个恒星系附近的超新星爆炸足以毁灭所有生命。

天文学家卡尔·萨根（Carl Sagan）推测，也许就是这样一个事件致使恐龙灭绝：

> 如果在大约6 500万年前，距离太阳系10光年—20光年的范围内，碰巧有一个超新星。超新星会向四周发射致密的宇宙射线，这些射线中的一部分进入了地球的大气层，使大气层中的氮气燃烧并生成了氧化氮。氧化氮会将大气层中的臭氧保护层清除，致使地球表面太阳紫外线的辐射剧增。故而，地面上许多未能得到保护，未能避开紫外线的生物备受煎熬，并发生变异。

不幸的是，超新星在爆炸之前不会给出任何警示。超新星爆炸非常迅速，它的辐射以光速传播。因此，Ⅰ型文明必须迅速进入外层空间。文明所能采取的唯一的预防措施就是，谨慎地监视那些临近的濒临爆发的超新星。

复仇和灭绝

1980年，现已故的路易斯·阿尔瓦雷斯（Luis Alvarez）和他的儿子沃尔特（Walter），还有弗兰克·阿萨罗（Frank Asaro）和加州大学伯克利分校的海伦·米歇尔（Helen Michel）共同提出——6 500万年前彗星或小行星撞击地球，从而引发了巨大的大气扰动，导致恐龙突然灭绝。通过对6 500万年前的河床上的岩层的检验，他们确定出有大量铱的存在。铱这种元素在地球非常少见，它通常存在于像流星那样的地外星体中。这个理论是合理的，因为一个直径为5英里（8公里）的彗星以每秒约20英里的速度（32公里）（比飞行的子弹快10倍）撞击地球，会产生100万亿吨的力（或全世界核武库的10 000倍）。它会形成一个60英里（96公里）宽20英里深（32公里）的撞击坑，并释放出大量的碎片，足以在很长一段时间里遮蔽所有的阳光。这必然导致行星上的温度急剧下降，而温度下降又致使这个行星上的大量物种消亡或者严重减员。

事实上，科学家在1992年宣布，他们已经确定了一个杀死恐龙的彗星或小行星的强有力的候选者。众所周知，在墨西哥的尤卡坦靠近克苏鲁伯村的附近，有一个直径为110英里（176公里）的超大撞击坑。1981年，墨西哥国家石油公司和地球物理学家告诉地质学家，他们偶然发现了重力和磁力的奇异点，它们呈环状。然而，只有在阿尔瓦雷斯的理论变得广为人知后，地质学家才主动去分析那引起巨大灾变的冲撞的遗迹。采用氩-39放射性年代测定法检测说明，尤卡坦地坑的年龄是 $(6.498 \pm 0.005) \times 10^6$ 年。令人印象更深刻的是，地质学家在墨西哥、海地，甚至佛罗里达州发现了地面上铺着一层小的、像玻璃似的碎片。它们或被称为玻璃陨石，它们可能是一些硅酸盐，受到小行星或彗星的冲撞发生玻化的结果。这些玻璃陨石可以在第三纪和白垩纪之间沉淀的泥沙中找到。地质学家对5种不同的玻璃陨石样品所作的分析表明，它们的平均年龄是 (65.07 ± 0.10) 百万年。假如这些独立测量的数据是准确的，那么，地质学家现在为杀死恐龙的小行星或彗星找到了确凿的证据。

但是，恐龙的灭绝只是地球上生命灭绝的有文献记录的大规模灭绝之一。其他的生物大灭绝比6 500万年前的白垩纪时期的恐龙大灭绝更糟。例如，2.5亿年前结束的二叠纪时期的大灭绝破坏了当时地球上96%的植物和动物物种。三叶虫曾是统治海洋的地球上的一种主要的生命形式，在这次大灭绝中神秘地消失了。事实上，过去总共发生过5次动物和植物生命的大灭绝。假如我们将那些尚未被完全证实的大灭绝加入进来，则会得出一个显而易见的模式——地球上每2 600万年左右将会发生一次大规模的物种大灭绝。古生物学家戴维·劳普（David Raup）和约翰·塞普科斯基（John Sepkoski）表明，如果我们画出任何给定时间地球上已知物种数目，那么，这张图将显示出，地球生命形式的数目每2 600万年呈现一条陡峭的下降线，就像时钟一样准确。这张图显示出，过去的2.6亿年中有10次这样的循环（有2次循环不包括在内）。

在6 500万年前白垩纪末期的那次灭绝循环中，绝大多数恐龙被灭绝。在另一次发生在3 500万年前的始新世末期的灭绝循环中，陆地上的许多哺乳动物物种被灭绝。困扰我们的一个中心论题出现了——究竟有什么具有2 600万年的循环周期？通过生物学、地质学，乃至天文学数据搜索表明，没有任何一个事物的循环周期为2 600万年。

伯克利的理查德·穆勒（Richard Muller）分析认为，我们的太阳实际上是一个双星系统的一部分，我们的姐妹星（称为复仇女神或死星）决定了生活在地球上生命的周期性大灭绝。他猜想，我们的太阳有一个巨大的看不见的合作配偶子，每2 600万年绕太阳转一圈。当它穿过奥尔特云（被认为存在于冥王星轨道之外的彗星云）时，会带来不受欢迎的彗星崩落物。部分崩落物会袭击地球，这些足够多的碎片将挡住太阳的光线到达地球表面。

这种不寻常理论的实验证据，来源于过去的每一个灭绝循环末期对应的地质层出现的不寻常的大量的铱元素。因为我们在地外流星中发现了天然的铱，很可能这些铱的踪迹是复仇女神发出的彗星的残留。目前，我们处于灭绝周期的中间时期，这意味着复仇女神如果存在的话，它此时应处于它轨道的最远点（几光年之外）。距离它下次到来，我们还有1 000万年的时间。（还有一个理论可以解释这种巨大尺时间尺度上的周期性灭绝。那就是我们的太阳系环绕银河系运行的轨道。太阳系环绕银河系的轨道时而高于银河平面，时而低于银河平面，就像旋转木马转圈时木马上下移动那样。当它周期性地沉浮并穿越银河平面时，太阳系可能会遭致大量的尘埃，这些尘埃会干扰奥尔特云，并带来一阵彗星雨。）

值得庆幸的是，当来自奥尔特云轨道的彗星再次迅速经过太阳系的时候，我们应已到达Ⅲ型文明的水平。这意味着，我们不仅征服了邻近恒星，同时还征服了穿越时空的旅行。

太阳之死

科学家有时会思考一个问题——在我们死亡很久之后，我们身躯中的原子最终会发生什么。最大的可能性是，我们以分子的形式回归太阳。

我们的太阳是一个正值中年的恒星。它大约有50亿岁了，在未来的50亿年，它也许将持续保持黄恒星的状态。当太阳耗尽它的氢燃料后，会继续燃烧氦燃料，并快速膨胀成为红巨星。此时，它的大气层会迅速膨胀并最终延伸到火星的轨道。地球的轨道将完全掩埋在太阳的大气中，因此地球将被太阳带来的高温蒸发。组成我们躯体的分子——实际上也是地球自身的分子，将被太阳的大气所毁灭。

萨根做了以下描述：

> 亿万年之后，地球将迎来最后一个完美的一天……北极和南极的冰盖将融化，使全世界海滨泛滥。高高的洋温会释放更多的水蒸气到空中，云量大量增加并屏蔽了来自太阳的阳光，延缓末日的到来。但是，太阳的进化演变不可避免。最终，海洋将会沸腾，大气将被蒸发而逃逸进入太空。一个最巨大的无法想象的灾难将会突然袭击我们的星球。

因此，对于那些想知道地球最终是毁灭于冰还是毁灭于火的人，物理学已给出了明确的答案——它将毁灭在火中。然而，如果我们能在这样长的时间里幸存下来，人类很可能已离开了太阳系。与超新星的突然爆炸不同，太阳的死亡有大量前兆可以预测。

银河系之死

在几十亿年的时间尺度上，我们必须面对这样一个事实——我们生活在其中的银河系最终也会死亡。更准确地说，我们居住在银河系的"猎户座旋臂"上。我们凝视夜空，会看到无数的天空中的巨量的星灯。此时，我们会感叹于自己的渺小。实际上，我们看到的仅是位于猎户臂上的极小部分的恒星。这些激发历代恋人和诗人情怀的数以百万计的恒星，只占猎户臂的极小部分。银河系内其余的2 000亿个恒星位于非常遥远的地方，它们像一根截断夜空的模糊带状物勉强可以被我们看见。

离我们最近的邻近星系是仙女座大星系，它比银河系大2—3倍，距离银河系大约200万光年。两个星系正以每秒125公里的速度互相靠近，原则上，它们会在50亿年到100亿年的时间内相撞。正如加州大学圣塔克鲁斯分校天文学家拉尔斯·赫恩奎斯特（Lars Hernquist）所说，这次碰撞将类似于"恶意的接管。我们的银河系将被消耗和摧毁"。

从外层空间观看仙女座星系，它看上去将要与银河系相撞，然后慢慢地将银河系吸收。对星系碰撞的计算机模拟表明，引力较大的星系将压倒引力较小的星系。在旋转几圈之后，引力较小的星系将被引力较大的星系吞噬。相较于恒星的碰撞，其概率远低于星系。因为银河系内的恒星相距甚远且其间均为真空，所以恒星之间的碰撞次数非常少，数量级为每世纪几次。所以，我们的太阳也许在一个超长的时间周期内不会发生恒星碰撞事件。

最根本的是，在几十亿年的时间尺度上，我们有着更致命的命运——宇宙自身的死亡。聪明的智慧生命形式会设法制造空间方舟，以避免大多数的自然灾害。但当空间本身成为了我们最大的敌人时，我们应如何应对才能躲避宇宙之死呢？

阿兹特克人相信，当太阳又朝一日从天空坠下时，世界末日将会来临。他们预言，"当地球变得疲惫不堪……当地球的种子消耗殆尽"，这一天就会到来。太空中的恒星将会被摇落。

也许，他们接近了真理。

人们可以希望，我们在太阳开始熄灭之前逃离太阳系并到达别的星球。（事实上，在阿西莫夫的"基地"系列科幻小说中，我们离开原来的恒星系统的位置已经数千年了。）然而，一个不可避免的事实是——太空中所有恒星都有核燃料耗尽并熄灭的那天。在几十亿年到几百亿年的时间尺度上，我们正面临着宇宙自身的死亡。如果宇宙是开放的，在这种情况下，它将永远膨胀下去，直到温度逐渐接近绝对零度；如果宇宙是封闭的，在这种情况下，宇宙膨胀将被逆转，宇宙会葬身于火海。即便是Ⅱ型文明，这也是一个巨大的威胁。掌握超空间，能将文明从它的最终灾难（宇宙之死）中解救出来吗？

第四部分 超空间的主人

14　宇宙的命运

有人说世界将死于火。
有人说世界将死于冰。
从我的欲望出发，
我赞同那些偏爱火的人。

——罗伯特·弗罗斯特（Robert Frost）

在它结束之前，它没有结束。

——约吉·贝拉（Yogi Berra）

无论是地球上的文明还是在外层空间的文明，能否达到掌握超空间的技术发展阶段部分取决于是否能跨过零型文明的一系列灾难（正如我们已经看到的）。危险期是核时代出现后的几百年，当文明的科技发展远远超过了它的社会和政治上处理地区冲突的能力。

当一个文明已经达到Ⅲ型文明时，它的行星的社会结构已先进到足以避免自我毁灭；它的技术已先进到足以避免生态或自然灾害（如冰川期或太阳坍缩那样的生态崩溃）。然而，即使是Ⅲ型文明也很难避免终极灾难——宇宙之死。即使最强大、最完善的Ⅲ型文明的飞船也无法逃离宇宙的终极命运。

19世纪的科学家就已经知道宇宙必定会死亡。查尔斯·达尔文（Charles Darwin）意识到这个深奥且令人沮丧的事实，他在《自传》中痛苦地写道："我相信遥远的未来的人类，将是一种无比完美的生物。令人无法忍受的是，经过这么长时间的持续的进步，他和其他众生注定要毁灭。"

数学家和哲学家伯特兰·罗素（Bertrand Russell）写道，人类最终会灭绝是"彻底绝望"的一个起因。罗素写的下面一段话，一定是科学家看到过的最令人沮丧的一段话，他说：

> 人无法预见他们最终将取得什么结局；他的出生、成长、希望和恐惧、爱和信仰，不过是原子偶然搭配的结果；火、英雄主义、强烈的思想或感情都不能永生不死；所有的劳动、奉献、灵感、人类天才的光辉，注定要消失在太阳系的灭绝中；所有的人类成就必会被掩埋在宇宙的碎片和废墟中——所有这些虽然远未摆脱争论，但还是如此近乎的肯定，没有反对它们的哲学能够有望成立。只有在这些事实的框架内，只有在彻底绝望的牢固基础上，才能安全地建造灵魂的家园。

罗素的这段话写于1923年（空间旅行到来前的几十年），太阳系死亡的阴影笼罩在他的心头，因为这是物理定律导出的必然结果。受限于他那个时代技术的约束，得出这个令人沮丧的结论似乎是不可避免的。自那时以来，我们已掌握了充足的关于恒星演化的知识。我们知道太阳会演化为红巨星，且在核火中将地球毁灭。不过，我们也了解了空间旅行的基础知识。在罗素的时代，大型飞船将人类送往月球或行星的想法纯属疯子行为。然而，随着技术呈指数级增长，太阳系死亡的前景对人类来说已不再像以前那样可怕了。在太阳变为红巨星之前，人类或已死于核尘埃中，或已在群星之中找到了栖息之所。

不过，将罗素的"彻底绝望"的太阳系之死推广到宇宙之死并不困难。在这一事件中，似乎没有任何方舟可以将人类从灾害中拯救出来。结论似乎是无可辩驳的，物理学预测，"所有的智慧生命形式，不管其自身有多么先进，在宇宙自身死亡的时候都终将灭亡"。

根据爱因斯坦的广义相对论，宇宙不是在一片鸣咽声中将永远膨胀下去并最终无限接近绝对零度的宇宙温度，就是收缩为一个火球而崩坠，即"大坍缩"。宇宙或者以开放的形式死于"冰"，或者以封闭的形式死于"火"。无论哪种方式，Ⅲ型文明注定会因为温度将趋于绝对零度或无穷大而灭亡。

第四部分　超空间的主人

　　为了弄清楚自己的命运，宇宙学家用爱因斯坦方程计算了宇宙中的物质－能量的总量。因为在爱因斯坦的方程中，物质决定了时空弯曲的量。我们必须知道宇宙的平均物质密度，以确定其是否有足够的物质－能量使引力扭转最初宇宙大爆炸造成的宇宙膨胀。

　　一个平均物质密度的临界值决定了宇宙和宇宙中所有智慧生命的命运。如果宇宙的平均密度小于 10^{-29} 克每立方厘米（相当于 10 毫克的物质分布于地球的体积内），那么宇宙将继续膨胀下去，直到变为一个均匀的、寒冷的、毫无生气的空间。然而，如果平均密度大于 10^{-29} 克每立方厘米，那么就有足够的物质使宇宙引力逆转大爆炸，宇宙将遭受大坍缩造成的烈火的煎熬。

　　目前，实验状况是令人困惑的。天文学家们有几种测量星系质量推演而成的测量宇宙质量的方法。第一种方法，计算一个星系中恒星的数目，然后，用恒星数乘以每个恒星的平均重量。用这种麻烦的方法进行的计算，结果显示平均密度小于临界值，因此宇宙会继续膨胀下去。这一计算的问题是，它忽略了不发光的物质（例如：尘埃云、黑洞、冷矮星）。

　　还有第二种方法，即利用牛顿定律来完成计算。牛顿用月球围绕地球转动所花的时间，估算出了月球和地球的质量。以此类推，通过计算恒星绕星系运行所需的时间，天文学家就能利用牛顿定律估算出星系的总质量。

　　问题是，这两种计算方法给出的结果不一致。事实上，天文学家知道，星系中有超过 90% 的质量以隐藏的、无法探测的"缺失质量"或不发光但有重量的"暗物质"的形式存在。即使我们将那些不发光的星际气体的质量的近似值包含进来，根据牛顿定律预测的银河系的重量也远大于统计恒星数目方法得出的值。

　　在天文学家彻底解决缺失质量或暗物质的问题之前，我们无法确定宇宙是坍缩成一个火球或者永远膨胀下去。

熵寂

　　假设宇宙的平均密度小于临界值。由于物质－能量的含量决定了时空的曲率，因此我们发现没有足够的物质－能量使宇宙重新坍缩。它将无限膨胀直到温度接近绝对零度。这个过程增加了熵（熵是衡量宇宙中混乱和无序的度量）。最终，宇宙死于熵寂。

英国物理学家和天文学家詹姆斯·琼斯（James Jeans）先生在19世纪末20世纪初谈及了宇宙终极死亡问题，他写道，"热力学第二定律预示宇宙的结局只有一个——'热寂'。在'热寂'中温度低得足以使生命无法生存。"

要理解熵寂如何发生，重要的是要弄明白热力学三定律，这三个定律支配地球上和恒星中的一切化学和核过程。英国科学家兼作家 C. P. 斯诺（C. P. Snow）提出了一种巧妙的方法记忆这三条定律：

1. 你不能赢（也就是说，你不能无中生有，因为物质和能量是守恒的）。

2. 你不能收支平衡（你不能回到相同的能量状态，因为无序总在增加，熵也总在增加）。

3. 你无法摆脱这个游戏（因为绝对零度是无法达到的）。

对于宇宙之死来说，最重要的是第二定律，它规定任何过程都会造成宇宙中无序（熵）的净增加。第二定律实际上是一个我们日常生活中不可或缺的部分。例如，考虑把奶油倒进一杯咖啡，有序（分开的一杯奶油和一杯咖啡）自然地转变为无序（奶油和咖啡的随机混合）。然而，逆转熵（从无序中提取有秩）是极其困难的。"分开"这个混合液体，让其回到一杯奶油和一杯咖啡的原始分离状态，在没有一个精心设计的化学实验室的前提下是几乎不能完成的。又如，一根点燃的香烟可以使一个空房间充满烟雾，增加了那个房间中的熵。有序（烟草和纸）自然地转变为无序（烟雾和炭）。逆转熵，即迫使烟雾回到香烟中、炭放回到未燃烧的烟卷中，即便是这个世界上最强大的化学实验室也无法完成。

类似的，人人都知道，破坏比建设更容易。建造一座房屋也许需要一年的时间，但火灾可以在一小时内将其摧毁。花费了近5 000年时间，一群狩猎者造就了伟大的阿兹特克文明，造就了墨西哥和美国中部的繁荣，建立了高耸的纪念碑。然而，仅仅几个月的时间，科尔特斯（Cortez）和征服者就毁灭了这个文明。

与我们的行星一样，熵在恒星中也无情地增长着。这意味着，恒星最终将耗尽它们的核燃料并死亡,变成死的核废料。随着恒星逐个死亡并停止发光,宇宙将逐渐变暗。

鉴于我们对恒星演化的认识,我们可以描绘出一幅关于宇宙将如何死亡的绘景。随着恒星核反应堆的关闭,它们将在 10^{24} 年内变为黑洞、中子星,或冷矮星(这取决于它们的质量)。当恒星沿着结合能曲线向下滑时熵增加,直到核聚变不能再提取更多的能量。宇宙中所有质子和中子,在 10^{23} 年内都有可能会衰退。根据大统一理论,质子和中子在这个巨大的时间尺度上是不稳定的。这意味着,所有我们知道的物质,包括地球和太阳系,都会最终分解为较小的粒子(例如电子和中微子)。因此,智慧生命将不得不面对令人不快的可能性——它们体内的质子和中子将最终瓦解。智慧生命的身体将不再由熟悉的 100 种化学元素组成,在这个巨大的时间跨度上它是不稳定的。智慧生命将不得不寻找创造新躯体的方法,这些新躯体由能量、电子和中微子组成。

在难以想象的 10^{100} 年之后,宇宙的温度将无限接近于绝对零度。在这个惨淡的未来中,智慧生命将面临终极灭绝。它们不可能栖身于恒星上,故而,它们将会被冻死。但即使在温度接近绝对零度,孤寂寒冷的宇宙中,仍残存着最后一点忽隐忽现的能源——黑洞。根据宇宙学家史蒂芬·霍金的理论,黑洞并非完全是黑的,它会在一段持久的时间内缓慢地向外层空间泄漏能量。

在这个遥远的未来,黑洞也许会变为"生命维护者",因为它缓慢地释放能量。智慧生命聚集在黑洞的周围,提取来自黑洞释放的能量,以维持他们的机器正常运转。智慧生命像瑟瑟发抖的无家可归的人齐聚在即将熄灭的炉火旁。智慧文明将被迫迁移至紧靠黑洞的可怜的悲惨的边缘地区。[29]

但是,我们可能要问,10^{100} 年之后,当蒸发的黑洞耗尽了它们的大部分能量时又会怎样?瑟赛克斯大学天文学家约翰·D. 巴罗(John D. Barrow)和伯克利加利福尼亚大学的约瑟夫·西尔克(Joseph Silk)告诫人们,以当今的知识还不能回答这个问题。例如,在那种时间尺度下,量子理论使我们的宇宙"隧穿"到另一个宇宙是具有可能性的。

这类事件发生的概率极小。人们将不得不等待比我们现在宇宙的寿命还要长的时间间隔,才能看到它们发生。因此,我们不必担心在我们的一生中，宇宙会突然坍塌并带来一套新的物理规律。但是，在 10^{100} 年的时间尺度上，这些罕见的宇宙量子事件不能被排除。

巴罗和西尔克补充道，"哪里有量子理论，哪里就有希望。我们永远不能完全确定宇宙的热寂将会发生，因为我们永远不能完全确定地预言量子力学宇宙的未来。因为在一个无限的量子未来，任何事情都有可能发生且终将会发生。"

通过更高维度逃离

如果宇宙的平均密度太小，我们将不得不面临宇宙持续无限膨胀并最终冷却的悲惨结局。假设，宇宙的平均密度大于临界值。这意味着，持续数百亿年的膨胀过程将变为大坍缩，宇宙将终结于火而不是冰。

在这种情况下，宇宙中有足够的物质和足够强大的引力使宇宙停止膨胀，然后，宇宙会开始慢慢收缩，使遥远的星系聚在一起。星光将从"红移"变为"蓝移"，表明恒星正迅速地相互靠拢。温度再次上升到天文学极限。最终，热量将会变得足够大，足以将宇宙中所有物质蒸发为气体。

智慧生命将会发现，他们行星上的海洋已被完全蒸发，他们的大气层变为了一个火炉。当他们的行星开始崩溃时，他们会被迫乘坐巨型火箭逃离到外太空。

即便是外太空的避难所，也不一定是友好的居住点。温度持续上升到超过能使原子稳定的那个温度点，电子将挣脱原子核的束缚被剥离出来形成等离子体（像我们在太阳中发现的那样）。在这个温度点上，智慧生命可能不得不建造一个巨大的护盾放置在他们的巨型火箭的外层，用他们所能输出的全部能量阻止他们的护盾在强热中被瓦解。

随着温度的持续升高，原子核中的质子和中子将会剥离出来。最终，质子和中子将被撕裂分解为夸克。像黑洞那样，大坍缩可以吞噬一切，任何东西都不能残存。因此，不用说平常物质，就算智慧生命也不能在这个剧烈的大崩溃中幸存下来。

然而，有一种逃离是可能的。如果所有时空都陷入一场剧烈的火灾，那么，逃离大坍缩的唯一方法是离开时空——通过超空间逃离。这并不像听起来那样不着边际。卡鲁扎 - 克莱因（Kaluza - Klein）进行的计算机演算和超弦理论表明：在宇宙创生之后，四维宇宙的膨胀是以六维宇宙的牺牲为代价的。因此，四维宇宙和六维宇宙的终极命运是互相联系的。

假设这个观点是正确的，当我们自己的四维宇宙坍缩时，我们的六维孪生宇宙则可能正在膨胀。在我们的宇宙坍缩到无之前，智慧生命可能会认识到那个六维宇宙此时正是开放的，并找到一个办法来利用这一事实。

超时空旅行在今天是不可能的，因为我们的姊妹宇宙已缩小到了普朗克尺度。然而，在我们的宇宙发生坍缩的最后阶段，姊妹宇宙可能是开放的，这或许使空间旅行成为可能。如果姊妹宇宙膨胀充分，那么物质和能量可以逃到其中。聪明机智的能够计算出动态时空的智慧生命将可以制定一个现实可行的逃亡计划。

已故的哥伦比亚大学物理学家杰拉尔德·费因伯格（Gerald Feinberg）曾推测通过额外维度逃避宇宙终极坍缩的这一冒险：

> 目前，这不过是科幻小说中出现的情节。然而，假如所存在的维度确比我们所知道的更多，或者说，在我们居住的四维空间之外还存在其他的四维空间。那么，我认为很可能存在提供他们之间联系的物理现象。可以合理地认为，如果宇宙中的智慧生命坚持努力，他们将在大坍缩之前比数十亿年短得多的时间内，找出这种推测是否合理的答案，并学会如何利用它。

殖民宇宙

几乎所有研究宇宙死亡的科学家，从伯特兰·罗素（Bertrand Russell）到现在的宇宙学家都认为，智慧生命在面对不可逃避的宇宙终极之死时将束手无策。即使是提出智慧生命能穿过超空间，避免大坍缩的理论者也认为，直到坍缩的最终时刻为止，这些生命将一直是被动的牺牲品。

然而，瑟赛克斯大学的物理学家约翰·D.巴罗（John D. Barrow）和图兰大学的弗兰克·J.蒂普勒（Frank J. Tipler）在他们合著的图书《人类的宇宙原理》中，背离传统智慧得出了相反的结论：经过数十亿年的进化，在我们宇宙生命的最后时刻，智慧生命将起到积极的作用。他们的非正统观点认为，在数十亿年间技术将继续呈指数上升，与现有技术成比例地加速。可供智慧生命居住的恒星系统越多，他们就能越多地在这些恒星系统中移居。巴罗和蒂普勒认为，在数十亿年后，智慧生命将占据大部分的可见宇宙空间。但他们又是保守的，他们不认为智慧生命可以掌握超空间旅行的技术。他们最大胆的猜测是，火箭将以接近光速的速度行进。

他们提出的这种观点应该受到重视。分析其原因，火箭以接近光速的速度旅行（用大功率激光发动机推动）到达遥远的恒星系统也许只需要几百年的时间。巴罗和蒂普勒认为，智慧生命的技术水平将在数十亿年间茁壮成长，他们就算用亚光速火箭也有充足的时间占领邻近的星系。这在理论上具有其合理性。

巴罗和蒂普勒假定在没有超空间旅行的情况下，智慧生命可以以亚光速的速度发射上百万个小型"冯·诺依曼探测器"进入空间，寻找可殖民的恒星系统。普林斯顿大学的数学天才约翰·冯·诺依曼在第二次世界大战期间研制了第一台电子计算机。他严格地证明了机器人（或自动机）能自编程，自修复，甚至能创建自身复制品。因此，巴罗和蒂普勒提出，冯·诺依曼探测器的功能在很大程度上独立于它们的创造者。这些小型探测器与前一代的"海盗"和"先锋"探测器大不相同，后者是被动的、预编程的机器，它们服从于人类主人的命令。冯·诺依曼探测器更类似于戴森的宇宙鸡，但相比于宇宙鸡，它更加强大和智能。它们进入新的恒星系统，降落这些恒星系统里的行星上，开采合适的化学物质和金属。然后，它们将创建一个小型的工业综合体，能够制造无数的机器人复制品。它们以这些基地为始发地，继续发射更多的冯·诺依曼探测器，探索更多的恒星系统。

这些探测器是自编程的机器人，不需要接受它们母体的指示；它们将自主地探索上百万的恒星系统，并将它们的发现发送回来。数以百万计的冯·诺依曼探测器遍布银河系，它们"吃"并"消化"每个行星上的化学物质，创建了数以百万计的自己的复制品。在这种情况下，智慧文明将能节约浪费在探索毫无意义的恒星系统上的时间。（巴罗和蒂普勒甚至认为，遥远的文明很可能已发射了冯·诺依曼探测器进入了我们的太阳系。或许，在《2001年：空间奥德赛》影片中出现的神秘巨石，就是地外智慧生命的冯·诺依曼探测器。）

例如，在《星际迷航》系列影片中，探索其他恒星系统的行星联邦是相当原始的。探索的过程完全依靠于为数不多的星船上的人所掌握的技能。虽然这种剧本的戏剧性结果可能有利于激起人们的兴趣，但如果不适合于生命生存的行星数目巨大，影片中的星球探索就显得非常低效。与此相比，冯·诺依曼探测器虽然没有柯克船长或皮卡德船长及船员们的冒险活动那样有趣，但它在事实上更适合于星系探索。

巴罗和蒂普勒对他们的观点还提出了第二个非常关键的假定：宇宙的膨胀最终会慢下来，并在数百亿年后实现倒转。在宇宙的收缩阶段，星系之间的距离将会逐渐减小，这使得智慧生命在星系移居上变得容易。当宇宙加快收缩时，对邻近星系的殖民速度也将加快，直到整个宇宙被完全殖民化。

尽管巴罗和蒂普勒假定智慧生命将遍及整个宇宙，但他们仍无法解释什么样的生命形式能经受难以想象的高温和宇宙收缩期产生的压力。他们承认，在宇宙收缩期将产生巨大的热足以使任何生物蒸发。也许，他们创造的探测器有足够的热阻，能承受宇宙坍缩的终极时刻。

重造大爆炸

艾萨克·阿西莫夫沿着这些线路推测智慧生命面对宇宙的终极死亡会有怎样的反应。阿西莫夫在"最后一个问题"中问了一个古代的问题——宇宙是否必然死亡，以及当我们到达世界末日时所有的智慧生命将会怎样？然而，阿西莫夫认为，当恒星耗尽了自己的氢燃料，温度会骤降到绝对零度，宇宙将死于冰而不是火。

故事将发生于 2061 年。那时，巨型计算机已可以设计庞大的太阳卫星，它可以将太阳的能量带回到地球，解决了地球的能源问题。模拟计算机巨大且先进，技术人员只是模糊地知道它如何运行。两个喝醉了的技术人员以 5 美元为赌注，向计算机问询生命可否避免太阳的终极死亡，或问，宇宙是否会与太阳一起死亡。模拟计算机静静地思考后回答：数据不够充分，无法获得有意义的答案。

在未来的数百年后，模拟计算机解决了超空间旅行这个难题，人类开始在成千上万的恒星系统上移居殖民。模拟计算机非常大，以至于它在每个行星上都需要占据几百平方英里的面积。模拟计算机非常复杂，复杂到可以进行自我维修和服务。一个年轻的家庭在模拟计算机准确无误的引导下正穿越超空间，在一个新的恒星系统中搜索居住地。当父亲无意地告诉孩子们恒星最终注定会死亡时，孩子们变得歇斯底里。"不要让恒星死去"，孩子们恳求道。为了使孩子们平静下来，他问模拟计算机，熵是否可以逆转。父亲读着模拟计算机的反应，向孩子们保证道，"看，它能解决任何事情。"他安慰孩子们，"当那个时刻来临，它会照顾一切，所以不必担心。"他并未告诉孩子们，事实上，模拟计算机打印输出的是——数据不够充分，无法获得有意义的答案。

在未来的数千年后，银河系本身已经有了移居者。模拟计算机解决了不朽的难题并学会了如何利用银河系的能量。但为了继续殖民下去，它必须找到新的可居住的星系。模拟计算机非常复杂，以至于没人能明白它具体是如何工作的。要弄清这个问题，也许要等待很久之后了。它不断地重新设计并改进自身的电路系统。银河议会的两位成员，都是几百岁的年纪了。他们争论着如何为银河系寻找新能源的紧迫问题，并希望搞清楚宇宙本身是否正在走向死亡。"熵能逆转吗？"他们向模拟计算机提问。模拟计算机的回答：数据不够充分，无法获得有意义的答案。

在未来的数百万年后，人类已遍及了宇宙的无数星系。模拟计算机已解决了从身躯释放心灵的难题。人的心灵可以自由探索浩瀚的数百万个星系，而他们的身体则安全地存放在一些星球上，哪怕这些星球渐渐被人们遗忘。两个心灵在外层空间偶然相遇，由于某种原因，他们想弄清楚在无数的星系中人类发源于何处。模拟计算机现在更为巨大了，以至于它的大部分躯体不得不安置在超空间中。模拟计算机的回应是，立即将他们送往一个不起眼的星系。他们很失望。银河系是如此的普通，就像数以百万计的其他星系一样，而那个原始的恒星早已死亡了很长时间了。这两个心灵开始变得焦虑，因为天上的数十亿计的恒星正慢慢地遭遇同样的命运。他们又问，"宇宙的死亡是无法避免的吗？"模拟计算机从超空间中回答：数据不够充分，无法获得有意义的答案。

在未来的数十亿年后，人类社会将由无数个不死的躯体组成，每一个躯体都由一个机器人（自动机）照料。人类的集体意识随意自由地漫步在宇宙中，最终融合成一个单一的思想，进而与模拟计算机本身融合。这时，问"模拟计算机是由什么组成的"或者"模拟计算机被放置在超空间中的什么地方"已没了任何意义。这时的人们已统一了意识，"宇宙正在死亡"。当恒星和星系一个接一个停止产生能量时，整个宇宙的温度接近绝对零度。人们绝望地问，寒冷与黑暗缓慢地吞噬星系是否意味着宇宙的终极死亡。模拟计算机在超空间中回答：数据不够充分，无法获得有意义的答案。

当人类请模拟计算机收集必要的数据时，它作出回答：我将会做这件事。我已经这样做了上千亿年。我的前辈处理器就这个问题已问了自己许多次了。我所拥有的全部数据，尚不够充分。

一个无始无终的时间间隔过去了，宇宙最终进入了死亡阶段。在超空间中，模拟计算机用尽了浑身解数收集数据并沉思这最后的问题。最终，即使不再有任何人提问，模拟计算机还是发现了这个解。它精心编制了一个程序，然后开始逆转混乱的过程。它收集寒冷的星际气体，将死亡的星聚在一起，直到一个巨大的星球被创建为止。

当模拟计算机完成了这件事后，它在超空间中大吼一声：让这里有光！

于是，就有了光——

第七天，它安息了。

15 结论

> 已知的是有限的，未知的是无限的。我们的智力站在一个充满未知的无边际海洋中的一个小岛上。我们每一代要做的事是开拓更多一点土地。
>
> ——托马斯·H. 赫胥黎（Thomas H. Huxley）

自然界在其最基本的层次上比任何人所想的都要简单，这一认识或者就是19世纪物理学中意义最深远的发现。虽然十维理论的数学复杂性猛涨到使人茫然的高度，并在这个过程中开创了新的数学领域，但它向前推动统一的基础概念（如高维空间和弦）仍然是最简单的几何概念。

尽管现在就说引入高维时空理论（如超弦理论和卡鲁扎-克莱因理论）是一个伟大的概念革命还为时过早，但是将来的科学史家在回顾混乱的20世纪时或许会这样认为。正如哥白尼用他的一系列中心圆简化太阳系并废黜地球在天体中的中心地位一样，十维理论有希望极大地简化自然规律并废黜三维世界的描述。我们已经看到，关键认识在于世界的三维描述。如"标准模式"太小了，无法将自然的所有基本力统一到一个完善的理论中去。人为地将四种基本力放进三维理论中将产生一个丑陋的、不自然的、不正确的自然描述。

因此，在过去的十年中，占主导地位的理论物理学的主流已经认识到，物理学基本规律在更高的维度中将变得简单。所有的物理规律似乎都可以被统一到十维之中。这些理论允许我们用一种简洁的、优雅的方式简化庞大的信息量。这种方式统一了20世纪两个最伟大的理论：量子理论和广义相对论。下面，我们探讨十维理论对未来的物理和科学的多方面的意义；自然界中还原论与整体论之间的争论；物理、数学、宗教和哲学之间的美学关系。

十维与实验

兴奋与混乱总会伴随伟大理论共同诞生，人们通常忘记在科学世界的任何理论都必须经过实验的检验。无论这个理论看上去如何优雅或美丽，如果它与现实不符，就一定会被判处死刑。

歌德曾经写道，"教条是灰色的，但生命之树常青"。历史已多次证明了他尖锐观察的正确性。科学界存在许多旧的错误理论的例子，它们只是由于愚蠢而出身名门的科学家的威望所维持，而顽固地存在了多年。有时，对这些僵化的资深科学家提出反对意见甚至会带来政治上的风险。但当一些具有决定性的实验将他们的错误暴露时，这些理论仍然难逃淘汰的命运。

例如，赫尔曼·冯·亥姆霍兹（Hermann von Helmholtz）在19世纪的德国非常有名望且影响力巨大，他的电磁理论比麦克斯韦的相对模糊的理论在当时要流行得多。但无论亥姆霍兹有多么知名，最终的实验证实了麦克斯韦的理论，让亥姆霍兹的理论沉默。与此类似，当爱因斯坦提出他的相对论时，纳粹德国的许多有政治权力的科学家，如诺贝尔奖得主菲利普·莱纳德（Philip Lenard）之流对他不断迫害，直到1933年将他逐出柏林。因此，勤恳的工作在任何学科（特别是物理学）中总是由实验家们完成，他们使理论家变得诚实。

麻省理工学院的理论物理学家维克多·韦斯考普夫（Victor Weisskopf），曾总结了理论和实验科学之间的关系。他发现有三种类型的物理学家：机器建造者（他们建造原子加速器并使实验能够进行）、实验物理学家（他们设计并进行实验）、理论物理学家（他们提出解释实验的理论）。之后，他将这三种类型的物理学家与哥伦布去美国的航程进行了比较。他得出结论：

> 机器建造者对应于船长和船舶建设者，他们真正开发了那个时候的技术。实验物理学家对应于船员，他们航行到世界的另一边并跳上

新的岛屿将自己所见的事物尽数记录下来。理论物理学家对应于那些留在马德里的人，他们告诉哥伦布他就要在印度着陆了。

然而，如果在十维空间将物理定律统一起来所需要的能量远超我们今天技术水平可用的能量，那么，实验物理学的未来就处在了危险的边缘。过去，每一代新的原子加速器都产生了新一代的理论。这种周期也许即将结束。

假如超级原子加速器在大约2000年底能运行的话，虽然每人都期待着新的惊喜，但也有人正在打赌：它只不过会再次证实我们当今的标准模型是正确的。最有可能发生的是，证明或否定十维理论的判定性实验不能在不久的将来的某个时候完成。我们可能会进入一个漫长的等待期，十维理论的研究将变为纯粹的数学练习。所有的理论都依靠于从实验中获得的力量，就像肥沃的土壤可以滋养和维持扎根生长的一片开花的植物。如果土壤变得贫瘠并干燥，那么，耕植于上的植物将随之枯萎。

戴维·格罗斯（David Gross）是杂化弦理论的创始人之一，他将物理学的发展与两个登山者之间的关系进行了比较：

> 过去，当我们攀登自然之山时，实验物理学家通常会成为领路人，懒惰的理论物理学家通常会成为滞后者。每隔一段时间，实验物理学家偶尔会踢掉一块石头从我们头上掠过。最终，我们会通过这块石头获得灵感，我们将沿着实验物理学家开辟的道路前进……但现在，我们理论物理学家必须带起头来。这是一种非常寂寞的事业。过去，我们总是知道实验物理学家在哪儿，我们的目标是什么。现在，我们对山有多高，顶峰在哪，一无所知。

虽然在传统上，开创新领域的通常都是实验物理学家，但物理学的发展在下一个世纪也许会变得十分困难。它迫使理论物理学家站出来，正如格罗斯所说。

也许原子加速器可能发现新的粒子。希格斯粒子可能会出现，夸克的"超级配偶子"可能会出现，又或者在夸克之下可能发现一个子层。然而，如果这个理论继续有效，那么，束缚这些粒子的基本力将是相同的。我们可能会看到更复杂的杨-米尔斯场和胶子从原子加速器中涌现出来，但这些场可能仅代表较大的粒子和较大的对称组，或代表更大的来自弦理论 E（8）× E（8）对称的片段。

在某种意义上，这个理论和实验之间的不稳定关系的起源来自这样一个事实，如威滕指出的，"21世纪的物理不小心掉进了20世纪"。由于理论和实验之间的自然辩证关系在1968年被这个理论的偶然发现所破坏，因此，也许我们要等到21世纪才能期待新技术的到来。到那时，有望开辟新一代的原子加速器、宇宙射线计数器和深空探测器。或许这是我们为违禁"预映"21世纪物理学所必须付出的代价。或许到那时，通过间接的手段，我们可以在实验室里看到第十维度的微光。

十维和哲学：还原论与整体论

任何伟大的理论都会在技术和哲学基础上产生同样巨大的反响。广义相对论的诞生开辟了天文学研究的新领域，实际上，它创造了宇宙学这门科学。大爆炸的哲学意义已在整个哲学界和神学界中发出了回响。数年以前，杰出的宇宙学家与梵蒂冈教皇甚至探讨了大爆炸理论对《圣经》和《创世纪》的启示。

类似地，量子理论催生了亚原子粒子科学的诞生，促进了电子学革命。晶体管这个现代科技社会的支柱，是一个纯粹的量子机械装置。海森堡测不准原理已对自由意志与决定论的争论产生了深远的影响，它影响了教会在罪恶和赎罪上的角色的宗教教义。天主教和基督教都受到了量子力学这一争论的影响，其结果有着重大的思想意义。虽然十维理论的含义还不明朗，但我们最终期望，物理世界正在萌发的这场革命在这个理论变得为大多数人所能理解时，将会产生类似的意义深远的影响。

然而，在一般情况下，大多数物理学家不大愿意谈论哲学。他们是最大的实用主义者。他们偶然发现的物理定律并非依靠计谋和意识形态，而是通过反复的试验和精明的猜想。年轻的物理学家从事大量的研究工作，忙于发现新的理论，而不愿意浪费时间在哲学上。如果年长的物理学家花太多的时间在显贵的政策委员会中任职，或者在科学哲学上大放厥词，年轻的物理学家实际上会对他们不以为然。

Hyperspace

大多数物理学家认为，在"真"和"美"的模糊概念之外，哲学无权侵犯他们的私人领域。通常情况下，他们认为，"现实总是被证明"比"任何先入为主的哲学"更复杂和微妙。他们使我们想起一些科学上的著名人物，在他们的晚年开始接受一些尴尬古怪的导致死胡同的哲学思想。

大多数物理学家在面临棘手的哲学问题时会习惯性地耸耸肩，如"意识"在量子测量过程中的作用。只要他们能计算出实验的结果，他们丝毫不在乎其哲学意义。事实上，理查德·费曼（Richard Feynman）几乎将自己的职业生涯全数用于揭露某些哲学家的华而不实的伪装。他认为，他们越花言巧语，越装得有学问，他们立论的科学基础就越弱。（当讨论物理学与哲学的相对价值时，我有时会想起一个匿名的大学校长的话，他分析了它们之间的差异。他写道，"为什么你们物理学家总是要求这么多昂贵的设备？而数学家只要求买纸、笔和废纸桶的钱。而哲学系就更好了，他们甚至连废纸桶都不需要。"）

然而，尽管一般的物理学家不操心哲学问题，他们中最伟大的科学家还是会受到哲学问题的困扰。爱因斯坦、海森堡和波尔长期进行着激烈的讨论。他们就测量的意义、意识问题、概率的含义，全力思考到深夜。因此，询问高维理论怎样去考虑这种哲学冲突是合理的（尤其是有关"还原论"和"整体论"的争论）。

海因茨·帕格尔斯（Heinz Pagels）曾说，"我们热心于我们的现实体验，我们中的大多数人把我们的希望和恐惧投入到宇宙中"。因此，哲学问题（甚至个人问题）不可避免地闯入到高维理论的讨论中。物理学上高维理论的复兴将不可避免地重新点燃在过去10年时间里时热时冷的"还原论"和"整体论"之前的争论。

《韦氏大学词典》定义"还原论"为"将复杂数据或现象化简为简单的项目的程序或理论"。这是亚原子物理的指导哲学——将原子和原子核缩减为它们的基本成分。例如，标准模型在解释几百个亚原子粒子性质时，惊人的实验成果证明，寻找物质的基本构建块是有价值的。

《韦氏大学词典》定义"整体论"为"决定性因素（特别是现存自然界中的决定性因素）是不可还原的整体的理论"。这一理念认为，西方的哲学将事物打碎成它们的组成部分过度简单化，可能会失去包含重要信息的更大图景。例如，考虑包含成千上万蚂蚁的一个蚁群，它服从复杂的、动态的社会行为规则。问题是：了解蚁群行为的最好方法是什么？还原论者会将蚂蚁打碎成它们的组成要素——有机分子。然而，人们可能需要花上几百年的时间来解剖蚂蚁并分析它们的分子结构。这明显不是发现一个蚁群如何行为的最简单的线索。显而易见的方法是，将蚁群的行为作为一个整体来分析，而不是将其分解。

类似地，这场争论在脑研究和人工智能领域引发了相当大的争议。还原论的方法是将大脑简化到它的终极单位脑细胞，再试图由脑细胞重新组装大脑。人工智能的一种学派认为，通过制造基本的数字电路可以建造越来越复杂的电路，直至创建人工智能。尽管这一学派开始时成功了，在20世纪50年代沿着现代数字计算机的路线模拟"智能"，但最后依然令人失望，因为它不能模拟最简单的大脑功能，如认识照片中的图案。

人工智能的第二种学派采取一种更加整体的方法对待大脑。它试图定义大脑的功能，并创建模型将大脑作为一个整体。虽然这已被证明在起初阶段会非常困难，但它具有巨大的潜力。因为某些我们认为是理所当然的大脑功能（如，容忍错误、衡量不确定性、在不同的对象间建立创造性联系）从一开始就内置于系统中了。例如神经网络理论采用的就是这种有机的研究方法。

这场还原论-整体论之争的各方，都在互相指责贬低对方。在他们互相揭穿对方的狂热图谋中，他们有时甚至会削弱自己。他们经常互揭老底，却不亮出彼此的主要观点。

对这种争论最近的曲解是，还原论者在过去的几年宣布战胜了整体论者。最近，在大众媒体中出现了一阵风似的还原论者的断言，他们声称"标准模型"和大统一理论的成功是将自然化简为更小的更基本的成分这种方法的有力证明。通过探测深入到元素夸克、轻子和杨-米尔斯场，物理学家终于分离出了所有物质的基本组成要素。例如，弗吉尼亚大学的物理学家杰姆斯·S. 特菲尔（James S. Trefil）在《还原论的胜利》一文中就出现过对整体论的猛烈抨击：

> 20世纪60—70年代，当粒子世界的复杂性一个又一个在实验中体现出来，一些物理学家背弃了还原论哲学，开始在西方传统以外寻找指导。例如：福来特霍夫·卡普拉（Fritjhof Capra）在他的《物理学之道》一书中提到，还原论哲学已经失败，现在是时候采取一个更全面的神秘的自然观了。……然而，20世纪70年代可以被认为是这

样一个时期。在这个时期中，西方科学思想的伟大传统似乎受到了20世纪科学进步的危害，但是它们已经被证明是正确的。可以推断，这种认识将很快从一小群理论物理学家中渗透出去，逐渐被融合进我们的常识之中。

然而，整体论的信徒们扭转了这场争论。他们宣称，统一的思想是整体论而不是还原论，这也许是所有物理学中最大的主题。他们指出，还原论者在爱因斯坦一生的最后岁月中时常在他背后偷笑，说他正变得老态龙钟，还妄想统一世界上的所有力。发现物理学可以统一是爱因斯坦最先提出的想法，而并非还原论者。此外，还原论者无法提供一个令人信服的解决薛定谔猫的佯谬问题。这表明对于更深层的哲学问题，他们只是选择不予理睬的解决方式。还原论者可能已经在量子场论和标准模型上取得了巨大成功，但那些成功仅是建立在沙滩之上。因为量子理论终究是一个不完备的理论。

当然，双方都有优点。每一方都只是在谈论一个难题的不同的方面。然而，这场辩论走向了极端，有时退化为一场我称之为好斗科学对无知科学的战争。

好斗科学以僵化科学观挥舞大棒对待反对者，而不是用友好的劝告的方式对待他们。好斗科学试图在辩论中赢得积分，而不是赢得观众。不是通过展示自己是有见识的分析者和健全的实验捍卫者来吸引观众，而是给别人一种新的西班牙宗教裁判所的感觉。好斗科学是盛气凌人的科学。它的科学家指责整体论是愚蠢的，他们的物理学是困惑的，用伪科学的胡言乱语来掩盖自己的无知。因此，好斗科学也许能赢得个别战役，但最终将会输掉战争。在一对一的厮杀中，好斗科学通过夸耀成堆的数据和博学的博士而击败对手。但是，从长远来看，傲慢与自负可能会疏远它原本试图说服的观众，而产生事与愿违的恶果。

无知科学走向相反的极端，它拒绝实验，信奉偶尔出现的一时流行的哲学。无知科学视不合意的事实为纯粹的枝节，视所有哲学为一切。如果事实不符合哲学，就认为事实是错误的。无知科学是伴随一个预制的议程出现的。它建立在个人行为的结果上而不是客观的观察上，作为一个事后的想法试图使自己符合科学。

这两个派别之间的分裂，最早出现在越南战争时期。那时候，为对付一个农业国而大规模使用致命技术，震惊了年轻力壮的一代。但是，这种似乎合理的争论最近在人们的健康领域再次燃起。例如，在20世纪50—60年代，待遇很高的强大的农业企业和食品工业对美国国会和医疗机构带来了相当大的影响。它们妨碍对胆固醇、烟草、动物脂肪、农药和某些食品添加剂做彻底的检查，它们造成了很大程度上的心脏疾病和癌症患者。

最近的一个例子是围绕苹果中的农药引起的骚动。当环保主义者在国家资源保护委员会宣布，当下苹果中的农药含量水平可以致使5 000名儿童死亡，这引发了消费者的关注和愤慨。而食品工业谴责环保主义者危言耸听。后据披露，这个报告是使用了联邦政府的图表和数据后才得出的结论。换言之，这意味着食品和药品管理局为了"可承受的风险"而牺牲了5 000名儿童的生命。

此外，铅可能会大范围污染我们的饮用水，它可能使儿童产生严重的神经系统疾病。揭露这件事所起的作用，只是降低科学在大多数美国人心中的威信。医疗行业、食品行业、化工行业，已开始遭到社会上很大一部分人的不信任。这些和其他一些丑闻，都对美国兴起风行一时的健康饮食活动起了推波助澜的作用。健康饮食活动中的绝大多数怀有善意，但也有一些在科学上不健全。

超空间 在高维中的高合成

这两种哲学观显而易见难以调和，必须从更大的视野去审视它们。只有以极端的形式看待它们时，它们才会对立。

也许在高维中这两种观点可以得到融合。几何受限于定义几乎不能适合于还原论模式。研究一小股纤维，我们不可能理解整个挂毯。同理，通过隔离一个表面的微观区域，我们也不能确定该表面的整体结构。根据定义，更高的维度意味着我们必须采用更大的全局性观点。

几何也并非纯粹的整体论。我们观测到高维球面是球形的，这种简单观测并未计算其中包含的夸克的性质提供所需的信息。一维空间蜷曲成球的精确方式决定了它表面的夸克和胶子的对称性。因此，整体论本身并未为我们"将十维理论转变为物理学上一个相关理论"提供所需的证据。

高维几何在某种意义上迫使我们认识到整体论方法和还原论方法两者

的统一。它们不过是处理同一事物（几何）的两种方式。它们是同一枚硬币的两面。从几何观点来看，我们用还原论方法（在卡鲁扎－克莱因空间组装夸克和胶子）或用整体论方法（采用卡鲁扎－克莱因表面以及发现夸克与胶子的对称性）皆无差别。

我们可能偏爱一种方法胜过另一种方法，但这只是为了历史目的或教学目的。出于历史的原因，我们可能强调亚原子物理学的还原论根源，强调粒子物理学家在一段长达40年的时期里通过对撞原子拼合三种基本力，或者我们可能选择一种更加整体的方法，宣称量子力与引力的最终统一隐含着对几何的深层理解。这引导我们通过卡鲁扎－克莱因理论、弦理论探讨粒子物理学，将标准模型视为把高维空间卷作一团所产生的结果。

这两种方法同样有效。在詹尼弗·特雷纳（Jennifer Trainer）和我合著的书《超越爱因斯坦：探索宇宙理论》中，我们采取了一种更加还原论的方法，描述了在可见宇宙中发现的现象如何最终导致物质的几何特征。在《超空间》这本书中，我们采取了相反的做法，从看不见的宇宙开始，以在更高的维度如何简化自然定律的概念作为基本主题。然而，两种方法产生了相同的结果。

根据类比，我们可以讨论有关"左"脑与"右"脑的争论。神经学家最初实验发现左半球和右半球大脑执行着明显不同的功能，但大众媒体严重歪曲了他们的数据。实验中，他们发现当一个人看一张图片时，左眼（或右脑）更注重细节，而右眼（或左脑）更容易掌握整个照片。然而，当科普专家开始说左脑是"整体论大脑"和右脑是"还原论大脑"时，神经学家变得心绪烦乱。他们认为这是脱离实际地理解左右脑的差别，它会对人在日常生活中应如何组织自己的想法做出许多匪夷所思的解释。

他们发现了一个更正确的研究大脑功能的方法，大脑在同步过程中必然使用两个部分，即大脑两个半脑的辩证法比单独每一个半脑的具体功能更重要。当两个半脑和谐互动时，真正有趣的动态变化发生了。

类似地，在物理学的最新进展中，如果一个人认为某种哲学好某种哲学不好，很可能是他的实验数据读得太多了。也许，我们可以得到的最可靠的结论是，科学受益于这两种哲学之间的强烈互动。

让我们具体看看两种哲学之间的强烈互动如何发生，分析更高维度的理论如何给出截然相反的哲学之间的解答，我们用了两个例子，薛定谔的猫和S矩阵理论。

薛定谔的猫

整体论的信徒们有时通过攻击量子理论的最薄弱环节（薛定谔的猫的问题）来攻击还原论。因为还原论者不能就这个量子力学悖论给出一个合理的解释。

我们记得量子理论最尴尬的特征在于，需要一个观察者进行测量。因此，在观察进行之前，猫可能是死的也可能是活的；月亮可能在天上也可能不在天上。通常，这会被认为是痴人说梦，但量子力学已多次在实验室得到验证。由于整个测量的过程需要一个观察者，而观察者需要意识，所以整体论认为，必须有宇宙意识才能解释任何物体的存在。

高维理论并不能完全解决这个难题，但却对此有一个新的见解。问题在于观察者和被观察者之间的区别。然而，在量子引力中，我们写下了整个宇宙的波函数。观察者和被观察者之间没有什么区别，量子引力只允许一切事物的波函数存在。

在过去，这样的声明是毫无意义的，因为量子引力并未作为一种理论而存在。每当有人想进行物理上的相关计算时，分歧就会出现。因此，整个宇宙的波函数概念虽然吸引人但却没有意义。然而，随着十维理论的出现，整个宇宙的波函数的意义再次成为一个切题的概念。宇宙波函数的计算可以诉诸这样一个事实，即该理论最终是一个十维理论且是一个可以重整化的理论。

这种部分解决观测问题的方法，又一次充分利用了两种哲学之长。一方面，这种解释遵循还原论，因为它严格遵循量子力学对现实的标准解释，不依靠于意识。另一方面，这种解释遵循整体论，因为它从整个宇宙的波函数出发，这是最终的整体表达！这种解释不区分观察者和被观察者。在这种解释中的所有的东西（所有的物体和它们的观察者）都包含在波函数中。

这仅是一个局部的解决方案，因为宇宙波函数本身并不处于某一确定的状态中，事实上，它是所有可能宇宙的某种组合。因此，最早由海森堡发现的测不准原理，现在被扩展到了整个宇宙。

在这些理论中，人们可以处理的最小单元是宇宙本身，可以量子化的最小单元是所有可能的宇宙组成的空间（所有可能的包括死猫和活猫的宇宙空间）。因此，在某一个宇宙中，猫的确死了；但在另一个宇宙中，猫还活着。然而，两个宇宙驻留在同一个家园：宇宙波函数。

S 矩阵理论的孩子

具有讽刺意味的是，在 20 世纪 60 年代，还原论方法看起来像是败局已定；量子场论由于在摄动展开中发现的分歧而千疮百孔，成为了没有希望的不解之谜。由于量子物理学的混乱，一个被称为 S 矩阵（散射矩阵）的物理学分支脱离主流并开始发展。这个物理学分支最初由海森堡创立，后由加州大学伯克利分校的乔弗利·丘（Geoffrey Chew）进一步发展。S 矩阵理论不同于还原论，它试图将粒子散射看作一个不可分割的、不可还原的整体。

原则上，如果我们知道了 S 矩阵，我们就知道了粒子相互作用的一切，以及它们是如何散射的。在这种方法中，粒子是如何彼此碰撞并结合在一起的就是一切，单个粒子什么也不是。S 矩阵理论认为，散射矩阵的自洽性（单靠自洽性）就足以确定 S 矩阵。因此，基本粒子和场被永远排除出了 S 矩阵理论的伊甸园。在最终的分析中，只有 S 矩阵有物理意义。

作为一种类比，给我们一台复杂的、外表奇特的机器，要求我们对它的功能作出解释。还原论者会立刻取出螺丝刀，将机器分解。他们试图通过将机器分解来了解机器的功能。然而，如果机器的构造太复杂，拆开它也许会使情况更糟。

然而，整体论者不想把机器拆开，有如下几个原因。首先，将机器分解为成千上万的齿轮和螺丝钉也许对我们了解机器并无帮助。其次，试图解释每个小齿轮如何工作也许是一种徒劳无益的举动。他们认为，正确的方法是将机器看作一个整体。他们开动机器，并了解零件如何运动以及相互作用。用现代语言来说，这台机器就是 S 矩阵，而这种哲学就变为了 S 矩阵理论。

然而 1971 年，随着杰拉德·特·胡夫特（Gerard 't Hooft）发现杨－米尔斯场可以提供一个自洽的亚原子力理论，形势朝着支持还原论的方面发生了戏剧性的变化。每一种粒子互相作用突然像森林中的巨树那样轰然倒下。杨-米尔斯场给出的结果与原子加速器得出的实验数据具有不可思议的一致性，这导致了标准模型的建立，而S矩阵理论陷入越来越模糊的数学领域。到了20世纪70年代末，这似乎是还原论战胜整体论和S矩阵理论的不可逆转的胜利。还原论者开始宣布对无能为力的整体论和S矩阵的团体取得胜利。

然而，在20世纪80年代，潮流再次改变。随着大统一理论的失败，物理学家不能对引力得出任何认识，也不能从实验中得出任何可证实的结果，物理学家们开始寻找新的研究方法。这种对大统一理论的背离始于一个新的理论，这个新理论的存在要归功于S矩阵理论。

1968年，S矩阵理论处于鼎盛期，韦内齐亚诺（Veneziano）和铃木（Suzuki）深深地为在整体上确定S矩阵的哲学所影响。他们为了寻找整个S矩阵的数学表达，偶然发现了欧拉β函数。如果他们寻找还原论的费曼图，就绝不会无意中撞上过去几十年中最伟大的发现之一。

20年后，我们看到由S矩阵理论栽下的种子正在开花。韦内齐亚诺-铃木理论分娩出弦理论，它又通过卡鲁扎-克莱因被重新解释为宇宙十维理论。

因此，我们看到的十维理论横跨两个传统。它作为整体论S矩阵理论之子出生，但它又包含了还原论的杨-米尔斯理论和夸克理论。实质上它已相当成熟，因而可以吸收这两种哲学。

十维和数学

超弦理论的一个有趣的特点是，数学水平飙升的高度。在科学上还没有其他理论在如此基础的水平上使用如此强大的数学。从事后来看，这是必须的，因为任何统一的场论首先必须吸收爱因斯坦理论的黎曼几何和产生于量子场论的李群（Lie group），然后必须融合一个更高级的数学使它们协调。融合这两个理论的新的数学是拓扑学，它负责完成那项看起来不可能完成的任务，即废除量子引力理论的无限性。

突然将高级数学通过弦理论引进物理让很多物理学家措手不及。不止一个物理学家偷偷跑到图书馆查阅数学文献以理解十维理论。欧洲核子研究中心（CERN）的物理学家约翰·艾利丝（John Ellis）就承认，"我走遍了书店寻找数学百科全书，以抓紧了解同源性、同伦这样一些数学概念，攻读以前我从来不想费心去学的所有的这类东西！"对于那些担心在本世纪中数学和物理的分歧会日益扩大的人，这本身就是一个令人高兴的历史事件。

从传统上讲，数学家和物理学家自希腊时代就难以分割开来。牛顿和他的同时代的人从不将数学和物理进行明显的区分。他们称自己为自然哲学家，他们对数学、物理和哲学世界都充满兴趣且对它们感到亲切。

高斯、黎曼和庞加莱都认为物理是新数学的最重要的源泉。在18—19世纪，数学和物理之间有大量交流。但在爱因斯坦和庞加莱之后，数学和物理的发展出现了急转弯。在过去的70年中，数学家和物理学家之间很少出现真正的沟通，即使有也非常少。数学家研究N维空间的拓扑结构，开发新的学科，如代数拓扑学。数学家进一步深化高斯、黎曼和庞加莱的工作，在过去的世纪建立了数量惊人的抽象的与弱力或强力没有联系的定理和推论。然而，物理学开始使用在19世纪已知的三维数学探索核力。

所有这一切都随着第十维度的引入而改变了。相当突然，过去的一个世纪的数学兵工厂被纳入物理世界。数学家们长期以来一直珍视的数学中的强有力的定理现在具有了物理意义。现在，似乎数学和物理之间的鸿沟被填平了。事实上，即使是数学家也为大批新数学被引入到物理学中而大吃一惊。一些杰出的数学家，如麻省理工学院的伊萨多·A.辛格（Isadore A. Singer）曾声明，或许超弦理论应该作为数学的一个分支，不论它是否与物理相关。

没有人会怀疑为什么数学和物理是如此地交织。量子理论创始人之一，物理学家保罗·A. M. 狄拉克（Paul A. M. Dirac）指出："如果我们只是遵循物理思想本身，数学就可能引导我们走向未知的方向。"

20世纪最伟大的数学家阿弗烈·诺夫·怀海德（Alfred North Whitehead）曾说，在最深的层次上，数学与物理是不可分离的。然而，对于这种不可思议的趋同现象的准确理由，看起来全然不清。似乎没有合理的理论解释为什么两个学科可以分享概念。

人们常说"数学是物理学的语言"，例如，伽利略曾说："如果不懂宇宙的语言，就没人能读懂宇宙这本伟大的书，这个语言就是数学语言。"但这引出了一个问题："为什么？"此外，如果数学家所研究的整个学科被降低为语义学，他们会感到自己受到了侮辱。

爱因斯坦注意到了这个关系，评论道，纯粹的数学也许是解决物理学之谜的一条大道："我坚信，纯粹的数学结构可使我们发现概念以及连接这些概念的定律，它为我们提供理解自然的钥匙……因此，在某种意义上，我认为纯粹的思想能够抓住现实，正如古人所梦想的那样。"海森堡作出了自己的回应："如果自然引导我们到极简单和美丽的……在此之前还没人触碰过的数学形式上去，那么，我们会情不自禁地相信数学形式是'正确'的，它们揭示了自然的真谛。"

诺贝尔奖得主尤金·维格纳（Eugene Wigner）曾写过一篇文章论述这个问题，其文章的题目直截了当——"数学在自然科学中的毋庸置疑的有效性"。

物理原理和逻辑结构

多年来，我观察到数学和物理服从某些辩证的关系。物理不只是费曼图和对称性的一个盲目的随机的结果，数学也不只是一组混乱的方程，物理和数学服从一定的共生关系。

我认为，物理学最终是建立在一些基本物理原理之上的学科。这些基本的物理原理通常可以用普通的英语表达，而无需引用数学。哥白尼理论、牛顿运动定律、爱因斯坦的相对论，这些基本物理原理通常可以用几句话来描述，它们在很大程度上独立于任何数学。值得注意的是，只要少数几个基本物理原理就足以总结大部分现代物理。

相反，数学是所有可能的自洽结构的集，数学比物理原理拥有更多的逻辑结构。任何的数学系统（如算数、代数、几何）都具有一个重要特征，它的公理和定理彼此一致。数学家主要关注的是这些体系之间不要产生矛盾，他们对某个体系比另一个体系更优越的问题并不关心。他们认为，存在很多的自洽结构，这些自洽结构都具有研究价值。因此，数学家比物理学家分散得多，某个领域的数学家的工作通常与其他领域的数学家的工作相隔千里。

物理（基于物理原理）和数学（基于自洽结构）之间的关系现在是显而易见的：为了解决物理原理，物理学家可能需要很多的自洽结构。因此物理学自动地连接了很多不同的数学分支。从这个角度看，我们就能理解

Hyperspace

理论物理学中的伟大思想是如何演变的。例如，数学家和物理学家都声称艾萨克·牛顿是他们各自行业的巨头之一。然而，牛顿研究引力并非始于数学角度。对落体运动的分析，使他相信月球正不断地落向地球。但月球永不会与地球相撞，是因为在它下方的地球是曲面的。地球的曲率补偿了月亮的下落。因此，他受其启发提出一个著名的物理原理——万有引力定律。

但是，牛顿无法对引力方程求解，因此他开始了为期 30 年的探索。他的目的是创立一种新的数学，它的作用大到足以对引力方程求解。在这个过程中，他发现了许多自洽结构，它们合起来统称为微积分。从这个角度来看，物理原理是第一位的（引力定律），然后才开始构造解方程所需要的各种不同的自洽结构（如解析几何、微分方程、导数、积分）。在这个过程中，物理原理将这些自洽结构统一为一个一致的数学体（微积分）。

同样的关系也适用于爱因斯坦的相对论。爱因斯坦也是从物理原理（如光速、引力等效原理）出发的。然后，通过搜索数学文献发现自洽结构（李群、黎曼张量微积分、微分几何）以求解方程。在这个过程中，爱因斯坦发现了如何将这些数学分支连接成一个连贯的图像。

弦理论也印证了这种模式，但其所用的方式却惊人地不同。弦理论具有较强的数学复杂性，它将众多的不同的数学分支［如黎曼表面、卡克·穆迪（Kac Moody）代数、超李群代数、有限群、模函数和代数拓扑］连接起来，让数学家们大吃一惊。与其他物理理论一样，弦理论自动地揭示了许多不同的自洽结构之间的关系。然而，弦理论背后的物理原理是未知的。物理学家希望一旦这个原理被揭示出来，人们将在这个过程中发现一个新的数学分支。换句话说，弦理论之所以不能求解，其原因是人们还未发现 21 世纪的新数学。

这种表述的一个结果是，统一许多基本物理理论的物理原理，必须自动统一许多貌似不相干的数学分支。这正是弦理论要完成的事情。事实上，在所有的物理理论中，弦理论统一了迄今为止最多的数学分支于一个自洽的绘景中。也许，数学的统一将是寻求物理学统一的一个副产品。

当然，逻辑一致的数学结构集比物理原理集要大得多。因此，一些数学结构，如数论（一些数学家称其为纯粹的数学分支）就从未被纳入到任何物理理论。一些人认为，这种情形可能永远存在：也许人类的思维总能构想出逻辑上一致的结构，它们不能通过任何物理原理表达出来。然而，有迹象表明，弦理论在不久的将来，也许能将数论合并到它的结构之中。

科学与宗教

由于超空间理论开辟了物理学与数学之间全新的、意义深远的联系，所以一些人谴责科学家基于数学创建了一种新的神学。即，我们拒绝宗教神话，却信奉一种建立在弯曲时空、粒子对称性和宇宙膨胀上的更加怪异的宗教。当牧师用拉丁语念叨那些几乎无人能理解的咒语时，物理学家则在念叨着几乎无人能理解的神秘的超弦方程。对万能上帝的"信仰"，现在被对量子理论和广义相对论的"信仰"所取代。当科学家断言，我们的数学咒语可以在实验中得到检验时，所获得的回应是"创世"不能在实验室中被检验，因而，这些像超弦那样的抽象理论是不能被实验检验的。

这场辩论并不新鲜。历史上，科学家们经常被要求与神学家辩论自然法则。例如，英国伟大的生物学家托马斯·赫胥黎（Thomas Huxley）是19世纪末反对教会批评的达尔文的自然选择理论的捍卫者。同样，量子物理学家也已出现在电台与天主教会的代表们展开辩论。论题是海森堡的测不准原理是否否定了自由意志。需要确定的一个问题是，我们的灵魂是上天堂还是下地狱。

但是，科学家们通常不愿介入关于上帝和创世的神学辩论。我发现，一个问题在于，"上帝"对不同的人来说有着不同的解。使用含蓄的充满了不可言说的、神秘象征的语言，只会将辩论弄得更加模糊。为了在一定程度上澄清这个问题，我发现仔细区分"上帝"这个词的两种含义是有意义的。将上帝区分为"奇迹上帝"与"普通上帝"是有益的。

当科学家使用"上帝"这个词时，他们通常指的是"普通上帝"。例如，爱因斯坦童年时期最重要的一次天启，发生于他阅读了一本关于科学的书。他立即认识到，他所接受的关于宗教的教育大部分不大可能是真的。然而，在他的整个职业生涯中，他始终坚持宇宙存在着神秘的神圣的秩序。他说，他一生的欲望是搜索上帝的想法，以确定在创造宇宙时上帝是否作了任何选择。爱因斯坦在他的作品中多次提到这点，并亲切地称呼其为"老人"。每当遇到棘手的数学问题，他总会说，"上帝是微妙的，但没有恶意"。可以有把握地说，大多数的科学家相信宇宙中存在某种形式的宇宙秩序。然而，对普通人来说，"上帝"这个词几乎遍指"奇迹上帝"。这是科学家与非科学家之间无法沟通的原因。"奇迹上帝"干预我们的事务、创造奇迹、摧毁邪恶的城市、打击敌人、淹没法老的军队，为纯洁和高尚复仇。

科学家与非科学家无法在宗教问题上相互沟通，这是因为他们各执一词，他们谈论的是完全不同的上帝。这是因为，科学的基础建立在可观测的可重复事件上，但奇迹，顾名思义是不可重复的。奇迹如果发生，通常一生只有一次。因此，"奇迹上帝"在某种意义上超出了我们所知的科学。当然，这里并非是否定奇迹的存在，仅是说它处于通常所称的科学之外。

哈佛大学的生物学家艾德华·O. 威尔森（Edward O. Wilson）对这个问题感到困惑。他曾这样问道，"有无一种科学的理由，解释人为何会狂热地坚持他们的宗教信仰。"他发现，即便是那些训练有素的科学家，他们在自己的科学专业中通常是理性的，但他们在替自己的宗教信仰辩护时往往容易陷入非理性的争论。而且，他注意到，宗教在历史上通常被用来作为一种借口，针对无宗教信仰者或异教徒发动骇人听闻的战争和施行令人发指的暴行。事实上，宗教的战争或圣战的残酷性远超最严重的犯罪行为。

威尔森指出，宗教在地球上所有的文化中都普遍存在。人类学家发现所有的初始部落都有一个"原始"神话，以解释他们的起源。此外，这个神话明显地将"我们"从"他们"中分离出来；这个神话产生了一种凝聚力（通常是不合理的），以维护部落和压制针对首领的批评。

这并非异常的，而是人类社会的常规。威尔森分析道，宗教之所以如此盛行，是因为在人类的早期信仰中它具有一定的发展优势。威尔森指出，成群捕猎的动物服从于头领，是由于力量建立的优势确立了群的次序。但是，大约100万年前，当我们的猿类祖先逐渐变得更加智能时，个体可以理智地开始挑战头领的权势。智能，就其本质而言，即通过推理质疑权威。因此，对部落而言，这也许是一种危险的瓦解人心的力量。除非有一种力能遏制这种蔓延的混乱，否则智能的人会离开部落，部落随之会土崩瓦解，所有的个体最终将走向死亡。因此，根据威尔森的观点，智能猿不得不被迫停止质疑并盲目服从头领和头领的神话。否则，部落的凝聚力就会遭到破坏。可以理性使用工具并收集食物的智能猿类相较于其他较低等的个体已拥有了较多的生存机会，当他们面临较大威胁时，部落完整性为他们提供了更多的生存机会。因此，从进化的角度，神话对限定并保存部落成为了必须。

猿类逐渐变得更加智能，形成了一种把他们合在一起的"胶"。对威尔森来说，宗教对于这些猿类是一种非常强大的、能维护生命的力量。如果这个理论是正确的，就可以解释为何如此多的宗教依赖"信仰"而不是常识，为何群众要求暂停质疑。它还有助于解释宗教战争的野蛮暴行，为什么"奇迹上帝"总是看起来偏袒血腥战争中的胜者。"奇迹上帝"较"普通上帝"有着更强大的优势。"奇迹上帝"解释了为什么在宇宙中有神话的存在。在这个问题上，"普通上帝"沉默不语。

我们在大自然中的角色

虽然"普通上帝"不能给人类一个共享的命运或目标，但是我个人发现，关于这场讨论最令人吃惊的是我们人类自己。我们人类刚开始攀登技术的高峰，就能提出有关宇宙起源和人类命运的大胆主张。

在技术上，我们刚掌握了摆脱地球的引力；我们刚学会将原始的探测器送到行星之外。我们虽然被囚禁在自己的小星球上，但仅用我们的头脑和一些工具，我们已能够破译数十亿光年之外的物质的定律。我们以无穷小的资源，在尚未离开太阳系的前提下，已能确定恒星核炉深处发生的演化。

根据进化论，我们是刚离开树的智能猿。我们居住在距离太阳从近至远的第三颗行星上。太阳位于银河系的螺旋臂上，银河系处在室女座星系团中。如果膨胀理论是正确的，那么整个可见的宇宙不过是一个大宇宙中的一个无穷小的泡泡。鉴于我们在大宇宙中充当的角色几乎微不足道，我们似乎应该吃惊于我们竟能宣称自己已发现了万物理论。

诺贝尔奖得主伊西多·I. 拉比（Isidor I. Rabi）曾被问及，在他的一生中是什么事首先促使他迈上了揭露自然奥秘的漫漫旅程。他回答道，那发生于他在图书馆里查阅了一些行星的书籍的时候。使他着迷的是，人类的头脑竟能认识宇宙的真理。宇宙中，不少行星和恒星都大于地球，人们通往这些行星和恒星的距离也如此遥远，但人们的头脑竟然可以认识它们。

Hyperspace

物理学家海因茨·帕格尔斯（Heinz Pagels）陈述了他还是一个孩童时在纽约参观海登天文馆的重要经历，他回忆道：

> 动态宇宙的戏剧性和力量将我彻底制服。我了解到，单个星系所包含的恒星数量似乎比地球上居住的人类还多……宇宙浩瀚而漫长这一现实引起了一种"关乎人类存在"的冲击，震撼了我的心灵。我所经历的或知道的一切，放在宇宙的浩瀚海洋中似乎是那么的微不足道。

我没有被宇宙压倒，我认为这也许是一个科学家具有的深切的体验。几乎接近于宗教的觉醒，我认识到我们是恒星之子，我们的头脑能够理解它们所遵从的宇宙规律。我们身体内的原子诞生于太阳系之前，在爆炸的恒星内由核聚变锤炼而成。我们的原子比山脉更古老，我们由星际尘埃所造就。现在，这些原子合并成智能的人，能够理解控制这些事件的普遍规律。

我发现的激动人心的是，在我们的极小的微不足道的行星上发现的物理定律与宇宙别处发现的定律相同。而这些定律还是在我们从未离开过地球的前提下发现的。没有强大的星际飞船，也没有空间维度窗口，我们已经确定了恒星的化学特性，并揭示了发生在它内核深处的物理反应。

最后，如果十维超弦理论是正确的，那么，在遥远的恒星系统上另一个繁荣的文明将发现有关宇宙的相同真理。他们也想弄明白大理石与木头的关系，并得出结论——传统的三维世界"太小"，不能容纳世界上已知的力。

我们的好奇心是自然秩序的一部分。或许，作为人类的我们思索着理解宇宙，在某种程度上与鸟想唱歌相似。17世纪伟大的天文学家开普勒曾说道，"我们不应该问鸟儿唱歌的目的，因为唱歌是它们的乐趣，它们是为唱歌而创造的。与此类似地，我们也不应该问为什么人类总想探索太空中的奥秘。"又或者，如生物学家托马斯·H. 赫胥黎（Thomas H. Huxley）在1863年的话，"对于人类而言，所有问题的关键是，决定人类在大自然中的地位及其人类与宇宙的关系的问题"。

宇宙学家霍金曾谈到，要在20世纪以内解决统一问题，就必须向最广泛的听众解释构成物理学基础的基本物理绘景。他雄辩地写道：

第四部分 超空间的主人

　　如果我们发现了一个完整的理论，它就应该被每一个人广泛地理解（只是时间早晚），而不只是局限在少数的科学家中。接着，所有的人，哲学家、科学家、普通人，都将参加到这个讨论中来——我们和宇宙为什么存在。如果我们找到了这个问题的答案，那么，它将是人类理性的最终胜利——因为，从此以后我们将了解上帝的心智。

在宇宙尺度上，我们还需继续了解我们周围的越来越大的世界。虽然我们的智力是有限的，但我们仍然可以抽象地理解自然深处的奥秘。
　　这会使生活赋予意义或目的吗？
　　有些人通过个人利益、个人关系、个人经历，寻求自己人生的意义。然而，在我看来，有幸能得到领悟自然之终极奥秘的智慧，才赋予了生命充分的意义。

注释

前言

[1] 这是一个崭新的课题，以至于在理论物理学家提到高维理论时，这个术语还未被普遍接受。尽管人们谈论高维时，广泛地使用"超空间"这一术语，且对高维几何对象来说"超"也是正确的科学前缀。但从专业上讲，当物理学家提到高维理论时，他们通常会更具体地指明是何种理论。例如：卡鲁扎－克莱因理论、超引力或者超弦。我坚持了流行的习惯，用"超空间"这个词来谈论高维。

第1章

[2] 这个难以置信的小距离将在这本书中不断重现。它是任何引力量子理论的典型的基本尺度。道理很简单。在任何引力理论中，引力的强度皆是用牛顿常数来测量的。然而，物理学家使用了一组简化的单位。在这套单位中，光速c被设置为1。这意味着1秒相当于186 000英里（3×10^8米）。另外，普朗克常数与2π相除也等于1，这样在秒和能量单位尔格之间建立了一种数值关系。在这些奇怪但又方便的单位中，所有东西（包括牛顿常数）都可以简化到厘米。当我们计算这个与牛顿常数相关的长度时，它恰好是普朗克长度，即10^{-33}厘米或10^{27}电子伏特。因此，所有的量子引力效应都是以这个极小的距离来衡量的。特别是，这些看不见的更高维度的尺寸就是普朗克长度。

第2章

[3] 这一事件很可能引发了黎曼早期对数论的兴趣。几年后，他对数论中涉及zeta函数（ζ函数）的某些公式做出了一个著名的推测。世界上最伟大的科学家与"黎曼假设"搏斗了100年，也没能找到任何证明。我

们最先进的计算机也不能给我们提供任何线索。黎曼假设现已作为数论中（或许所有的数学中）最著名的未被证明的定理载入史册。贝尔曾指出，"无论是谁，只要能证明黎曼假设成立或不成立，都将获得莫大的荣耀"。

[4] 虽然黎曼被认为是最终打破欧几里得几何限制的人，但发现高维几何的人应该是黎曼年迈的导师——高斯。

1817年，黎曼出生前将近10年，高斯私下表达了他对欧几里得几何的深深不满。在给他的朋友天文学家海因里希·奥伯斯（Heinrich Olbers）的预言信中，他明确指出欧几里得几何学在数学上是不完整的。

1869年，数学家杰姆斯·J. 西尔维斯特（James J. Sylvester）记载，高斯曾认真考虑过高维空间的可能性。高斯想象了可以完全生活在二维的纸张中（他称之为"书虫"）的生物的特性。然后他推广这个概念到包括"能够认识四维或更多维度空间的生物"。

人们也许会疑问，高斯在建立更高维度的理论上比其他人早10年，那为什么他又错过了打破三维欧几里得几何的历史性机会呢？历史学家注意到高斯在他的工作、政治和个人生活中具有非常保守的倾向。事实上，他从未离开过德国，几乎在一个城市度过了一生。这也影响了他的职业生涯。

1829年的一封透露性的信中，高斯向他的朋友弗里德里希·威廉·贝塞尔（Friedrich Bessel）承认，他永不会出版他关于非欧几里得几何的著作。因为高斯害怕这会在"愚蠢的人"中引起争议。数学家莫里斯·克莱恩（Morris Kline）写道，"高斯在1829年1月27日写给贝塞尔的信中说，他永远不会公布他在这个问题上的发现，因为他害怕嘲笑。或如他所说，他害怕'愚蠢的人'（比喻一个愚蠢的希腊部落）的吵闹"。高斯很害怕老的、守旧的、狭隘的相信三个维度是神圣的"愚蠢的人"，因此，他隐藏了他的一些最好的著作。

1869年，西尔维斯特在访问了高斯的传记作家萨特里厄斯·冯·瓦尔德斯豪森（Sartorius von Waltershausen）后写道，"这个伟大的人常说，他把几个已解析的论述过的问题搁置起来，希望等到他的空间概念被扩展时将它们应用到将来出现的几何方法中。因为，正如我们可以设想出只拥有二维空间概念的生命（像一张无限薄的纸片上变得无限纤细的书虫），我们也可以想象出能认识四维或者更高维空间的生命"。

高斯写信给奥尔伯斯，"我越来越相信，欧几里得几何的物理必然性不能被证明，至少不能被人类的推理证明。也许其他的生命形式能够洞察我们现在可望而不可即的空间的性质。到那时，我们一定不要把几何和算数放在同一课堂上，而要把它和力学放在同一课堂上"。

事实上，高斯十分怀疑欧几里得几何，以至于他甚至进行过一个巧妙的试验来检验它。他和他的助理爬上三个山峰：罗肯山（Rocken）、霍赫海根山（Hohehagen）、英塞尔斯伯格山（Inselsberg）。站在其中一个山峰上，可以清楚地看到另外两个山峰。在三个峰之间画一个三角形可以实验测量三角形的内角。如果欧几里得几何是正确的，那么内角之和应是180度。让他失望的是，他的试验发现这个三角形的内角之和正好是180度（正负15分）。他的测量设备的粗略性使他无法肯定地证明欧几里得是错的。（今天，我们认识到这个实验必须在三个不同星系之间测量才能检测出可观的偏离欧几里得的结果。）

我们还应指出，数学家尼古拉斯·I.罗巴切夫斯基（Nikolaus I. Lobachevski）和亚诺什·波利耶（Janos Bolyai）独立地发现了定义在曲面上的非欧几里得几何。但是，它们的构建仅局限于通常的低维上。

[5]英国数学家威廉·克利福德（William Clifford）翻译了黎曼在1873年进行的著名的"自然"演讲，放大了黎曼的很多学术思想。他也许是第一个将黎曼的思想扩大为电磁力是由于空间的弯曲造成的的人。这也使得黎曼的工作具体化。克利福德怀疑在数学和物理中发现的两个神秘现象——高维空间和电磁——实际上是同一件事情，即电磁力是由高维空间的弯曲引起的。

这是首次有人怀疑"力"是由空间本身的弯曲所产生的，比爱因斯坦早了50年。克利福德提出的"电磁力是由四维空间的振动所引起"的思想也超前于试图用高维解释电磁力的卡鲁扎。克利福德和黎曼预言了20世纪科学家的发现，即高维空间的意义是，它能为力给出简单而优雅的描述。首次有人正确地得出高维的真正的物理意义，即超空间理论实际给我们各种力的统一的描述。

数学家杰姆斯·西尔维斯特（James Sylvester）记录了这些先知的观点，他在1869年写到，"克利福德先生已沉迷于一些奇怪的推测之中，这些推测是，我们能否从某些无法理解的光和磁现象推断出我们所在的三维空间正在四维空间中被扭曲……就像一张纸被皱褶而产生扭曲"。

1870年，在克利福德写了一篇非常吸引人的文章——"论物质的空间理论"。他在文章中明确地写道,"空间曲率的变化在我们称之为物质运动的现象(无论是可测量的或是空灵的)中确有发生"。

[6] 更确切地说,在 N 维中 g 黎曼度规张量是一个 $N \times N$ 矩阵,它确定了两个点之间的距离。比如两个点之间的无穷小距离由 $ds^2 = \sum dx^\mu g_{\mu\gamma} dx^\gamma$ 给出。在平展空间的极限情况下,黎曼度规张量变成对角线,即 $g_{\mu\gamma} = \delta_{\mu\gamma}$,因此该公式简化为 N 维中的毕达哥拉斯定理(勾股定理)。度规张量与 $\delta_{\mu\gamma}$ 的偏差粗略地讲是该空间偏离平面空间的度量。从度规张量可以构造黎曼曲率张量,由 $R_{\mu\gamma\alpha}^\beta$ 表示。

任何给定点上的空间曲率都可以通过在那个点画一个圆并测量圆内的面积来确定。在平面二维空间中,圆的面积为 πr^2。但是,如果曲率是正的,如在球体中,该面积小于 πr^2。如果曲率是负的,如马鞍或喇叭,该面积大于 πr^2。

严格地说,按照这个惯例,一张皱褶的纸的曲率是零。这是因为画在这张皱褶纸上的圆面积仍然等于 πr^2。在黎曼的由纸的皱褶产生力的这个例子中,我们隐含地假定了纸是扭曲的、伸展的、折叠的,因此曲率为非零。

[7] 1917 年,爱因斯坦的一个朋友物理学家保罗·埃伦费斯特写了一篇题为"空间有三个维度的物理学定律以何种方式变得明了?"的文章。埃伦费斯特问自己,行星是否可能在高维空间中。例如,我们离蜡烛越远,蜡烛的光就会变得越暗淡。同理,当我们距离星星越远时,星星对我们的引力就变得越微弱。根据牛顿的说法,引力按照平方反比定律变弱。如果我们离开一个蜡烛或星星的距离增加 1 倍,那么光线或引力就会变为原来的 1/4。如果我们把距离增加 3 倍,它就会变为原来的 1/9。

如果空间是四维的,那么烛光或重力会变弱得更为迅速,将与三次方呈反比。将蜡烛或星星的距离增加 1 倍会使烛光或引力变为原来的 1/8。

太阳系能存在于这样一个四维世界中吗?在原则上是可以的,但这些太阳系中的行星的运行轨道会变得不稳定。即便最微弱的震动也会使行星的轨道坍缩。随着时间的推移,所有的行星都会偏离通常的轨道,并坠入太阳。

同理,因为引力会使太阳被挤碎,所以太阳也不可能存在于更高的维度。引力平衡了使太阳分开的聚变力。因此,太阳处在核力和引力之间的微妙的平衡状态,核力会使它爆炸,而引力将它凝聚到一个点上。在一个更高维度的宇宙中，这种微妙的平衡将被破坏，恒星可能会自行坍缩。

[8] 佐尔拉在 1875 年转变为一个唯心主义者，那时他访问了克鲁克斯的实验室。克鲁克斯是元素铊和阴极射线管的发明者和《科学学报》季刊编辑。克鲁克斯的阴极射线管为科学带来了革命。人们看电视、使用电脑显示器、玩视频游戏、拍摄 X 射线都应感谢克鲁克斯的著名的发明。

反过来，克鲁克斯也不是怪人。事实上，他是英国科学界的一头狮子。他获得过各种各样的专业荣誉。他在 1897 年被封为爵士，在 1910 年获得勋章。他的弟弟菲利普在 1867 年因黄热病不幸去世，这激发了他对灵性的探究兴趣。他成了心理研究学会一个杰出的成员（后来的主席），这个学会包括了数量惊人的 19 世纪末重要的科学家。

[9] 想象在三维以上的空间中如何解开结，设想两个环交织在一起。现在取这个交织环构型的二维横截面，结果是一个环位于这个平面上，而另一个环成为了一个点（因为它垂直于平面）。现在在圆中出现了一个点。在更高的维度，我们能够将这个点自由移动，将它彻底移到圆的外面，无需切割环任何部位。这意味着两个环现在已按照要求完全分离。这也意味着，在大于三维空间中的结总是可以解开的，因为有"足够的空间"。但同时也需要注意，如果我们处在三维空间中，我们就不能把点从圆环中移走，这就是为什么结只有在三维空间中才处于成结状态的原因。

第 3 章

[10] A. T. 斯科菲尔德（A. T. Schofield）写道，"因此可以得出结论，比我们更高维的世界不仅在想象上是合理的，也实际上也是可能的。其次，这样的世界可以被认为是一个四维度的世界。再次，通过类比，精神世界神秘的规律与四维的规律、语言和要求大体是一致的"。

[11] 亚瑟·威林克（Arthur Willink）写道，"当我们认识了四维空间的存在时，对承认五维空间乃至无限维空间的存在的问题上将不会再感到太大压力"。

[12] 根据亨德森的说法，"第四维度吸引了如赫伯特·乔治·威尔斯、奥斯卡·王尔德、约瑟夫·康拉德、福特·麦多克斯·福特、马塞尔·普鲁斯特、格特鲁德·斯坦，这样的文学人物的注意。在音乐家中，亚力山大·斯克里亚宾、埃德加·瓦瑞兹和乔治·安塞尔积极关注第四维度，并鼓励他们大胆创新"。

[13] 列宁的《唯物主义和经验批判主义》如今依然是重要的著作，因为它深深地影响了苏联和东欧的科学。例如，列宁的名言"电子无穷尽"即表明了一种辩证观。每当我们深入探讨物质的核心时，我们总会发现新的子层和矛盾。例如，星系是由较小的恒星系统组成的；而恒星系统又包含由分子组成的行星；这些行星由原子组成，其中含有电子，而电子又是"取之不尽用之不竭的"，这是"世界内部有世界"理论的一种变体。

[14] 想象一个平地居民建了一个序列为 6 个相邻的方块，呈"十"字的形状。对一个平地居民来说，这些方块是刚性的。它们不能沿着连接正方形的任何边扭曲或旋转。然而，想象一下，抓住这些正方形，决定将这一系列的正方形折叠成立方体。连接这些正方形的接缝在两个维度下是刚性的，在三维中却很容易折叠。事实上，折叠操作可以在三维中顺利完成，甚至平地居民还没有注意到，折叠就完成了。

现在，如果一个平地居民在立方体之内，他会注意到一个奇怪的现象。每一个正方形通向另一个正方形。立方体没有"外面"。每一次平地居民从一个正方形移动到下一个正方形，他顺利地（在他不知情的情况下）在三维中弯曲 90 度并进入下一个正方形。从外面看，这个房子只是一个普通的正方形。然而，对于进入正方形的人来说，他会发现一组奇怪的正方形序列，每一个正方形不能通向下一个正方形。对他来说，一个正方形的内部可以容纳一系列六个正方形似乎是不可能的。

第 4 章

[15] 通常情况下，存在两个人，他们都认为自己比对方高，这是荒谬的。

其中的一个人一定比另一个人高是荒谬的。然而，存在这样一种情况，我们有两个人，每个人都确认另一个人被压缩了。这并非一个真正的矛盾，因为它需要时间进行测量。这里，时间和空间都被扭曲了。特别是，在同一个参照系中同时出现的事件在另一个参照系中却并非同时发生。

例如，站台上的人拿出一把尺子，当火车经过站台时，使尺子落到站台上进行测量。当火车经过站台时，他们让尺子的两端下落，为的是让尺子的两端同时击中站台。用这种方式，他们就可以证明火车被压缩了，火车从前面到后面，只有 1 英尺长。

反向分析，从火车上乘客的角度来考虑同样的测量过程。火车上乘客

Hyperspace

认为自己处在静止状态，他们看到被压缩的地铁站扑面而来。站台上被压缩了的人将一把压缩了的尺子放下并落向地面。乍看，像这样短小的尺子，能够测量火车的全长是不可能的。但是，当尺子落下时，尺子的两端不会同时碰到地板。当火车站经过火车的前端时，尺子的一端落地。只有当火车站移动了整列火车长度时，尺子的第二端才落地。这样，同一把尺子就测出了在两种框架中火车的全长。

这个"悖论"和出现在相对论中的其他矛盾的实质是，测量过程需要时间。空间和时间在不同的框架（参照系）中以不同的方式被扭曲。

[16] 麦克斯韦方程看起来像这样（我们设置 $C=1$）：

$$\nabla \cdot E = \rho$$

$$\nabla \times B - \frac{\partial E}{\partial t} = j$$

$$\nabla \cdot B = 0$$

$$\nabla \times E + \frac{\partial B}{\partial t} = 0$$

第二行和第四行的公式都是矢量方程，它们分别代表了三个方程。因此，麦克斯韦方程组总计有八个方程。

我们可以用相对论将这些方程进行改写。如果引入麦克斯韦张量 $F_{\mu\gamma} = \partial_\mu A_\gamma - \partial_\gamma A_\mu$，则这些方程可以简化为一个方程：

$$\partial_\mu F^{\mu\gamma} = j^\gamma$$

这是麦克斯韦方程的相对论版本。

[17] 爱因斯坦方程式可以写成如下形式：

$$R_{\mu\gamma} - \frac{1}{2} g_{\mu\gamma} = -\frac{8\pi}{c^2} G T_{\mu\gamma}$$

其中，$T_{\mu\gamma}$ 是测量物质 - 能量含量的能量 - 动量张量，而 $R_{\mu\gamma}$ 是收缩黎曼曲率张量。这个方程表明了能量 - 动量张量确定了超空间存在的曲率大小。

[18] 以定义圆或球相似的方法，可以定义超球。一个圆的定义是：在 $x-y$ 平面上满足 $x^2 + y^2 = r^2$ 方程的点集。一个球的定义是：在 $x-y-z$ 空间中满足 $x^2 + y^2 + z^2 = r^2$ 方程的点集。一个四维超球的定义是：在 $x-y-z-u$ 空间中满足 $x^2 + y^2 + z^2 + u^2 = r^2$ 方程的点集。这个程序可以很容易地扩展到 N 维空间。

[19] 1914年，甚至是在爱因斯坦提出广义相对论之前，物理学家贡纳·诺德斯特姆（Gunnar Nordstrom）就试图引入一个五维的麦克斯韦理论统一电磁力与引力。如果有人去检验他的理论，那么，此人会发现这个理论在四维中正确地包含了麦克斯韦的光理论。但它是一个引力的标量理论被认为是不正确的。结果是，诺德斯特姆的想法大部分被遗忘了。从某种意义上说，他发表得太快了。他的论文写于爱因斯坦的引力理论发表前1年，因此他不可能写出一个五维爱因斯坦引力理论。

卡鲁扎的理论与诺德斯特姆相反，它从定义在五维空间的一个度规张量$g_{\mu\gamma}$出发。接着，卡鲁扎使$g_{\mu 5}$等同于麦克斯韦张量A_μ。只有当μ和γ不等于5时，旧的爱因斯坦规度由卡鲁扎的新规度确定。用这个简单而优雅的方式，无论是爱因斯坦场还是麦克斯韦场都被放置在卡鲁扎的五维空间的度规张量中。

另外，亨利·曼德尔（Heinrich Mandel）和古斯塔夫·米埃（Gustav Mie）也明确提出了五维理论。因此，高维就是大众文化的一个主要方面，这个事实可能有助于物理界的交流。在这种意义上，黎曼的工作兜了个圈子又回到了起点。

第7章

[20] 威滕强调，爱因斯坦是从物理学原理的等效原理导出广义相对论的。（物体的引力质量和惯性质量相等，因此，不管物体有多大，都会以相同的速率落向地球。）然而，对于弦理论来说，与等效原理相对应的物理原理还没有被发现。

正如威滕所指出的，"显然，弦理论确实给出了一个逻辑上一致的框架，它同时包括了引力和量子力学。同时，这个本应被正确理解的'类似于爱因斯坦发现引力理论的等效原理'的概念框架还没有出现"。

这也是威滕现在正在建立所谓的拓扑场论的原因，它与我们测量距离所用的方法完全无关。希望这些拓扑场论可以与"弦理论的完整阶段"（unbroken phase of string theory）相吻合——超越普朗克长度的弦理论。

[21] 让我们用杂化弦来考查紧凑性，存在有两种类型振动：在二十六维时空中的振动、在十维时空中的振动。由于26－10＝16，因此我们现在假定26个维度中的16个维度都蜷缩了起来——"紧凑"成某种流形——留下一个十维理论。任何一个沿着这16个方向行走的人都会恰好回到

同一地点。

彼得·弗罗因德（Peter Freund）建议，将这个16维紧缩空间的对称性群称为群 E（8）×E（8）。经过科学家们的快速核算，结果表明这个对称性非常巨大，包含了由标准模型 SU（3）× SU（2）× U（1）给出的对称群。

总之，重要的关系是 26 – 10 = 16，这意味着如果我们紧缩杂化弦原有的26个维度中的16个维度，留下一个16维的紧缩空间的剩余对称性称为 E（8）× E（8）。然而，在卡鲁扎－克莱因理论中，当一个粒子被迫处在一个紧缩的空间中，它必须继承该空间的对称性。这意味着弦的振动必须根据对称群 E（8）× E（8）重新排列。

因此，我们可以得出这样的结论：群论告诉我们，这个群比标准模型中出现的对称群大得多，因此可以把标准模型作为十维理论的一小部分。

[22] 虽然超引力理论是在11个维度中定义的，但该理论还是太小，不能容纳所有粒子间的相互作用。超引力最大的对称群是 O（8），但 O（8）太小了，无法容纳标准模型的对称性。

11维超引力乍一看比10维超弦有更多的维数，因此也应该具有更多的对称性。这是一种错觉，因为杂化弦由26维空间紧缩到10维空间，留给我们16个紧缩的维度，得到对称群 E（8）×E（8）。这足以容纳标准模型。

[23] 注意，一些其他可选择的非微扰弦理论方法已被提出，但它们都没有弦场论先进。其中最有雄心的是"万能模量空间"，它试图分析具有无数孔的弦表面的性质（不幸的是，没人知道这样的曲面如何计算）；另一种是"重整化群方法"，到目前为止，它只能复制没有洞的曲面（树形图）；还有一种是"矩阵模型"，到目前为止，它只能定义二维或二维以下的维度。

[24] 为了了解这个神秘的系数2，考虑一束光，它具有两种振动物理模式。例如，偏振光可以在水平方向或垂直方向振动。然而，一个相对论的麦克斯韦场 A_μ 有4个分量，其中 $\mu = 1, 2, 3, 4$。可以用麦克斯韦方程的规范对称性从这4个分量中减去2个。因为 4 – 2 = 2，原来的4个麦克斯韦场化简为2个。类似地，一个相对论弦在二十六维中振动。当我们打破弦的对称性，留下24个振动模式时，这些振动模式中的2个可以去除，这是在拉马努金函数中出现的模式。

第9章

[25] 轨形理论实际上是几个人的共同产物，包括普林斯顿的 L. 狄克逊（L. Dixon）、J. 哈维（J. Harvey）和爱德华·威滕（Edward Witten）。

[26] 几年前，数学家们问自己一个简单的问题："给定 N 维空间中的一个曲面，它能存在多少种振动？"比如，把沙子倒在鼓上。当鼓在一定频率下振动时，沙粒在鼓面上形成优美的对称图案。鼓面的不同频率将对应不同的沙粒图案。类似地，数学家们计算了弯曲的 N 维曲面上的表面允许的共振振动的数目和种类。他们甚至计算了电子在这样一个假想的表面上振动的数量和种类。对数学家来说，这是一次聪明的智力演习。没有人认为它会带出什么物理后果。毕竟，他们认为电子在 N 维表面上不会振动。

现在可以用这个庞大的数学定理来解决大统一理论的家族问题。如果弦理论是正确的，每个大统一理论家族必须是轨形上某些振动的反映。由于振动的各种类型已被数学家编目，因此物理学家所要做的就是看着一本数学书，告诉他们有多少相同的家族！因此，家族问题的根源是拓扑学。如果弦理论是正确的，那么，我们只能将自己的意识扩展到 10 个维度，否则绝不能理解大统一理论这 3 个重复的粒子家族的起源。

一旦我们将多余的维度卷成一个小球，我们就可以把理论和实验数据进行比较。例如，弦的最低激发对应于一个非常小半径的闭合弦。在一个小的闭合弦振动中产生的粒子正是那些在超引力中发现的粒子。因此，我们重新找到了超引力的所有好结果，排除了结果。这种新的超引力的对称群是 E(8) × E(8)，比标准模型的对称性甚至大统一理论的对称性大得多。因此，超弦理论包含大统一理论和超引力理论（却没有这两个理论的众多坏特征）。超弦理论并非将它的竞争对手消灭，而是将它们统统吞掉。

但是，这些轨形也带来了一些新的问题——我们可以构造成千上万的轨形。我们陷入了富裕的困境！每一个轨形原则上都描述了一个宇宙。怎样才能辨认哪个宇宙是正确的呢？在这些数以千计的解中，我们找到了许多解，它们能准确地预测 3 代或 3 个家族的夸克和轻子。我们也能预言数以千计的解，它们中有许多超过了 3 代。因此，大统一理论认为 3 代太多，弦理论的许多解却认为 3 代太少。

第 10 章

［27］更精确地说，泡利不相容原理指出，不能有两个电子处于完全相同的量子态。这意味着，白矮星可以近似为费米海，或服从泡利不相容原理的电子气。

由于两个或两个以上的电子不能处于相同的量子态，所以排斥力使它们不能被压缩到一个点。在白矮星中，正是这种排斥力最终将引力抵消。

同样的逻辑也适用于中子星中的中子，因为中子也服从泡利不相容原理，只是计算更为复杂，因为它还掺杂了其他的核效应和广义相对论效应。

第 13 章

［28］事实上，亿万年前自我毁灭更加容易。为了制造原子弹，任何种族都必须面对的根本问题是，将铀－235 从它更丰富的双胞胎铀－238 中分离出来，因为铀－238 不能维持链式反应，只有铀－235 会维持链式反应。但铀－235 在天然的铀中极少（所占比例仅为 0.3%）。为了维持失控的链式反应，我们必须将铀－235 的浓度保持在 20% 以上。实际上，武器等级的铀中，铀－235 的浓度通常能达到 90% 以上。（这也是铀矿山不会自发性发生核爆炸的原因。因为铀矿山中的天然铀－235 富含量太低。铀－235 的浓度不足，将无法维持失控的核链式反应。）

因为铀－235 相比其丰富的双胞胎铀－238 寿命更短，所以在远古以前，在我们宇宙中天然形成的铀－235 的浓度远大于 0.3%。

换句话说，当时的任何文明制造原子弹都比当下的我们轻松许多，因为，天然形成的浓度远大于今天。

第 14 章

［29］英国瑟赛克斯大学的天文学家约翰·巴罗和加州大学伯克利分校的约瑟夫·西尔克在这场令人沮丧的情景中看到了一些希望。他们写道："如果生命以任何形状或形式在最终的环境危机中幸存下来，那么，宇宙必须满足某些基本的要求。智能生命赖以生存的基本前提是能源。

"宇宙膨胀的各向异性、黑洞蒸发、残留的裸露的奇异性，都是所有生命的同一类保护者……在一个开放的宇宙中，有无限量的信息潜在可用。消化这些信息，将是任何智能生命的主要目标"。

《超空间》重在为普通读者打开科学的心扉，将最前沿的科学思想告知大众，打开对未来科学的探索之门。

作者生动而形象地为我们解释了维度问题，以帮助读者对高维世界的理解。通常来说，某一维度总会在它的次级维度中展示它在那个维度中的一个局部。次级维度的生物只能按此方法逆向构思上级维度的景象。作者认为可以通过弦理论推导出十维宇宙。

其次，作者为我们分析了时间与空间的关系、恒星的演化、黑洞的诞生、虫洞的可能性，以及宇宙之死的问题。从理性的角度层层推理，帮助读者理解时间的性质、天体物理学的奥秘。

最后，作者提出了建造时间机器的可能性。我们的四维宇宙死亡之时，正是宇宙大爆炸时我们的孪生六维宇宙发展之时。我们通过超空间开启虫洞之门，实现穿越时空的旅行。

加来道雄，世界著名理论物理学家，纽约城市大学城市学院理论物理学教授。曾任普林斯顿高等研究院和纽约大学客座教授。著有畅销书《平行宇宙》、《物理学的未来》、《心灵的未来》等。

伍义生，原中国科学院力学研究所研究员。荷兰代尔夫特理工大学、德国宇航研究院材料所、澳大利亚悉尼大学客座教授。中国科学院翻译协会理事、中国翻译协会资深翻译。译著：《平行宇宙》、《物理学的未来》、《心灵的未来》、《量子宇宙》、《终极理论》、《玻尔与爱因斯坦大论战》等。

果壳书斋　科学可以这样看丛书（39本）

门外汉都能读懂的世界科学名著。在学者的陪同下，作一次奇妙的科学之旅。他们的见解可将我们的想象力推向极限！

序号	书名	作者	价格
1	平行宇宙（新版）	〔美〕加来道雄	43.80元
2	超空间	〔美〕加来道雄	59.80元
3	物理学的未来	〔美〕加来道雄	53.80元
4	心灵的未来	〔美〕加来道雄	48.80元
5	量子时代	〔英〕布莱恩·克莱格	45.80元
6	十大物理学家	〔英〕布莱恩·克莱格	39.80元
7	量子宇宙	〔英〕布莱恩·考克斯等	32.80元
8	生物中心主义	〔美〕罗伯特·兰札等	32.80元
9	终极理论（第二版）	〔加〕马克·麦卡琴	57.80元
10	遗传的革命	〔英〕内莎·凯里	39.80元
11	垃圾DNA	〔英〕内莎·凯里	39.80元
12	量子理论	〔英〕曼吉特·库马尔	55.80元
13	达尔文的黑匣子	〔美〕迈克尔·J.贝希	42.80元
14	行走零度（修订版）	〔美〕切特·雷莫	32.80元
15	领悟我们的宇宙（彩版）	〔美〕斯泰茜·帕伦等	168.00元
16	达尔文的疑问	〔美〕斯蒂芬·迈耶	59.80元
17	物种之神	〔南非〕迈克尔·特林格	59.80元
18	失落的非洲寺庙（彩版）	〔南非〕迈克尔·特林格	88.00元
19	抑癌基因	〔英〕休·阿姆斯特朗	39.80元
20	暴力解剖	〔英〕阿德里安·雷恩	68.80元
21	奇异宇宙与时间现实	〔美〕李·斯莫林等	59.80元
22	机器消灭秘密	〔美〕安迪·格林伯格	49.80元
23	量子创造力	〔美〕阿米特·哥斯瓦米	39.80元
24	宇宙探索	〔美〕尼尔·德格拉斯·泰森	45.00元
25	构造时间机器	〔英〕布莱恩·克莱格	39.80元
26	不确定的边缘	〔英〕迈克尔·布鲁克斯	42.80元
27	自由基	〔英〕迈克尔·布鲁克斯	42.80元
28	阿尔茨海默症有救了	〔美〕玛丽·T.纽波特	65.80元
29	科学大浩劫	〔英〕布莱恩·克莱格	45.00元
30	超弦论	〔美〕加来道雄	预估49.80元
31	搞不懂的13件事	〔英〕迈克尔·布鲁克斯	预估49.80元
32	超感官知觉	〔英〕布莱恩·克莱格	预估39.80元
33	宇宙中的相对论	〔英〕布莱恩·克莱格	预估42.80元
34	哲学大对话	〔美〕诺曼·梅尔赫特	预估128.00元
35	血液礼赞	〔英〕罗丝·乔治	预估49.80元
36	语言、认知和人体本性	〔美〕史蒂芬·平克	预估88.80元
37	修改基因	〔英〕内莎·凯里	预估42.80元
38	麦克斯韦妖	〔英〕布莱恩·克莱格	预估42.80元
39	生命新构件	贾乙	预估42.80元

欢迎加入平行宇宙读者群·果壳书斋QQ:484863244
邮购:重庆出版社天猫旗舰店、渝书坊微商城。
各地书店、网上书店有售。

扫描二维码
可直接购买